현대 교육철학의 다양한 흐름 Ⅱ

Nigel Blake · Paul Smeyers · Richard Smith · Paul Standish 편집
강선보 · 고미숙 · 권명옥 · 김상무 · 김희선 · 심승환 · 장지원 · 정훈 공역

The Blackwell Guide to the Philosophy of Education

학지사

The Blackwell Guide to the Philosophy of Education
by N. Blake, P. Smeyers, R. Smith, & P. Standish

| 역자 서문 |

이 책의 원제는 '*The Blackwell Guide to the Philosophy of Education*'이다. 블랙웰 출판사는 그간 철학 및 교육철학 분야의 많은 양서들을 출간해 왔는데, 이 책은 인식론, 윤리론, 정치철학, 과학철학 등 현대 철학 분야의 주요한 주제들을 대상으로 엮은 블랙웰 철학 가이드(Blackwell Philosophy Guide) 시리즈 중 하나다. 비록 이 같은 시리즈 분류는 다분히 상업적 의도가 담겨 있지만, 이를 감안하더라도 철학자들조차 이제는 교육철학을 철학의 주요한 주제 영역 중의 하나로 본다는 사실을 알 수 있다. 물론 교육철학이 철학의 하위 분야 혹은 그중의 한 주제 영역인지, 아니면 철학과 일정 부분의 공집합을 가지고 있지만 나름대로의 독립된 연구방법 및 대상을 갖춘 독립 학문 영역인지는 깊은 논의를 요한다. 그러나 불과 50년 전만 하더라도 철학자들 중에 교육철학이란 영역을 인정하고 그에 주목한 사람들은 많지 않았다. 다만 철학자들의 논의 중 일부가 교육적 주제와 관련되는 정도이거나, 일부 교육학자들이 철학자들의 관점을 교육적 문제에 비추어 알기 쉽게 소개한 정도였다. 전자의 경우는 교육이라는 사태의 특수한 배경으로부터 문제 제기 및 접근방법이 도출되었다고 보기 어렵고, 후자의 경우는 다른 학문 영역과 구별되는 철학적 연구방법을 보여 주지 못한 경우가 많았다.

아직까지 '교육철학이란 무엇이다.' 라고 전 세계적으로 합의되어 정립된 어떠한 정의나 준거는 없다. 그러나 분명한 것은 특히 20세기 후반기 이래 세계 도처에서 이 분야의 전문적인 연구 및 교육 활동이 늘어났고 이 학자들이 지역과 관점, 심지어는 시대적 맥락을 넘어 학문적 교류를 시도하였다는 점이다. 이러한 심화되고 특화된 연구 및 상호교류를 통해 교육철학은 다양하면서도 일정 부분 공유된 문제의식 및 접근방법을 발달시켜 왔다. 교육은 개인의 삶 전반에 관련된 것이며 사회 및 문화의 역동적 변화과정과 긴밀하게 연결된 활동이기에, 이 분야에 대한 연구는 불가피하게 다양한 국면을 그 대상으로 할 수밖에 없다. 철학적 논의는 어떠한 사태나 진술의 배경 및 근거를 밝히며, 문제 상황을 진단 · 평가하고 규범적 방향성을 논하며, 다양한 상황을 구분하거나 종합하는 복합적 성격을 가진다. 그러므로 철학적 연구는 분석적, 비판적, 규범적, 사변적인 다양한 접근방법을 취한다고 하겠다. 이에 교육철학을 가장 간단하게 '교육' 이란 대상을 '철학적' 방법에 의하여 탐구하는 학문 영역이라고 정의한다고 하여도 그 연구 대상과 방법은 실로 방대하다고 하겠다. 만일 어떤 교육철학자가 이를 보다 협소하게 국한시키려 한다면 인간 삶, 사회, 교육, 철학의 폭넓은 국면의 상호작용을 인식할 때 어려움에 처하게 될 것이다.

이 책은 바로 교육철학의 이러한 다양성을 보여 주는 데 특히 주력하였다. 이 책의 원서는 총 5부로 구성되어 있다. 1부 '사회 및 문화이론' 은 프래그머티즘, 비판이론, 포스트모더니즘 및 후기구조주의, 페미니즘을, 2부 '정치 및 교육' 은 자유주의 및 공동체주의, 민주 시민성, 교육과 시장, 다문화교육을, 3부 '교육으로서의 철학' 은 철학활동과 교육실천, 비판적 사고, 실천이성을, 4부 '교수와 교육과정' 은 고등교육, 정보 및 의사소통 기술, 인식론, 직업교육, 진보주의를, 그리고 5부 '윤리학과 도야' 는 성인과 아이들, 자율성 및 본래성, 도덕교육, 영성 등을 다루었다. 이 주제들 중 상당 부분은 그동안 교육철학 분야에서 잘 다루어지지 않은 것들이다. 특히 그간 한국의 교육철학 분야 문헌들을 보면 '~주의' '~이즘' '~의 교육사상' 등 특정한 사조나 사상가들의 관점, 이론들을 병렬적으로 정리하여 나열하는 것이 대부분이었고, 교육 현실의 다양한 문제를 폭넓게 수용하지 못하였다. 이에 비해 이 책은 교육 현실 및 교육연구의 주요 문제와 주제들을 중심으로 각 장이 구성되었고, 각 장의 내용에서도 특정 이론을 일반적으로 정리하는 방식이 아니라 그 주제와 관련하여 지금까지 제기되고 논의된 수많은 문제들과 관점들을 소개하고 평가하였다. 이 책의 서술 방식 역시 이러한 다양성을 보여 주고자 한다. 머리말 및 서론에서 언급되듯이, 각 장은 그 분야에서 현재 세계적으로 권위 있는 연구자들 두 명이 짝을 이루어 작업하였고, 대부분의 장에서 두 연구자들은 그 분야 내에서도 서로 다른 관점을 보여 준다. 이 책의 제목을 '현대 교육철학의 다양한 흐름'으로 정한 이유가 바로 여기에 있다. 교육철학은 어떤 잘 정리된 사전이나 처방책이 아니다. 혹 독자들이 이런 것을 기대하였다면 이 책은 다소 실망감을 줄지 모른다. 역자가 미국에서 공부할 때 미국 헤겔철학회 편집장인 콜린스(A. Collins) 교수가 해 준 말이 기억난다. "생각의 극한에 도달했다고 느낄 때 바로 그 지점에서 철학이 시작된다." 이 책은 바로 교육 실제에 대한 다양한 사고의 흐름을 보여 주며 독자들로 하여금 그에 관해 보다 폭넓고 깊게 사유할 수 있도록 안내하는 데 그 목적이 있다.

이러한 측면에서 이 책은 플라톤, 루소, 듀이 등 교육에 관해 비교적 많은 분량을 할애하여 저술한 사상가들의 사고를 잘 정리하여 소개하거나, 교육의 개념에 대해 분석적으로 고찰하는 기존의 교육철학 경향과는 다소 상이한 접근을 취한다. 어떤 장을 보면 플라톤, 아리스토텔레스, 칸트, 듀이, 자유주의, 분석철학, 비판이론 등의 다양한 관점이 특정한 주제와 관련해 함께 다루어지는 것도 볼 수 있다. 특히 시장경제체제, 정보 및 의사소통 기술, 직업 교육 · 훈련, 다문화교육, 영성 및 종교 등의 주제들은 기존 교육철학의 일반적 주제 영역에 비추어 볼 때 상당히 이질적인 것이다. 아마도 일부 보수적인 교육철학자들은 "저렇게 산만하고 잡다하게 늘어놓는 것이 교육철학인가?" 혹은 "저런 주제는 다른 데서 다루어야지 어떻게 교육철학에서 다루는가?" 와 같은 비난을 할 것이다. 그러나 이제 교육철학도 시대적 흐름과 함께 중요한 전환을 해야 할 시점이다. 즉, 본질, 보편성, 합의, 일관성, 효과성을 추구하는 모던의 접근방식에서 실제, 다양성, 차이, 모순성, 비판을 추구하는 포스트모던의 접근방식으로의 전환이다. 물론 전자의 방식을 전적으로 부정하고 후자의 방식으로 이행하자는 것 자체도 포스트모던의 방식은 아닐 것이다. 그것은 기존의 것을 지속적으로 반성하는 열린 접근으로 바로 끊임없이 새로운 각도에서 보도록 시도하는 방식일 것이다. 독자들은 이 책을 읽으며 교육이라는 원천으로부터 흘러나온 수많은 사고의 물줄기들이 제각기 상이한 방향, 속도, 모양을 가지고 흐르다가 한곳에서 합쳐지기도 하고 다시금 분할되기도 하는 역동적인 체험을 할 것이다.

사실 이 책을 번역하게 된 배경은 작은 스터디 모임에서 비롯되었다. 고려대학교 대학원에서 교육사 · 철학을 전공하던 몇몇 사람들이 이 책을 읽으며 함께 공부하다가 이를 번역하면 좋을 것 같아 몇몇 선배들과 함께 각기 관심 분야를 맡아 번역하기로 한 것이다. 이 책의 내용이 상당한 배경지식을 요하고 문장 표현도 다소 난해한 것들이 많아 사실 번역자들의 역량을 벗어난 부분들이 많았다. 조금 더 정확하게, 그리고 우리말에 맞게 더 알기 쉽고 부드럽게 번역하지 못한 점에 대하여 미리 독자들에게 머리 숙여 사과 드린다. 어떤 부분은 정말 원어민이 아니면 그 정확한 뜻과 뉘앙스를 파악하기 어려웠고, 어떤 부분은 그 뜻을 알아도 우리말로 적당하게 옮기지 못해 답답해하기도 하였다. 조금 더 보고 찾고 검토하며 생각했더라면 좀 더 좋은 번역이 나왔을 것인데 그렇지 못한 점에 대해 독자들의 양해를 구한다. 아울러 잘못되었거나 더 나은 표현이 있다면 주저하지 말고 역자들이나 출판사에 지적해 주기를 바란다. 상술하였듯이, 이 책은 각 분야를 알기 쉽게 정리한 참고서가 아니어서 교육철학을 처음 시작하려고 하는 사람들에게는 다소 난해할 것이다. 따라서 교육학 및 철학에 대한 어느 정도의 예비 지식을 갖춘 사람들에게 특별히 이 책을 권하고 싶다. 특히 이 책은 교육철학을 본격적으로 진지하게 연구하려고 하는 사람들에게 아주 유용할 것이다. 그 이유는 전술하였던 책 내용뿐만 아니라 본문에 소개된 교육철학의 분야별 권위적인 학자들 및 방대한 참고문헌이 제시되어 있기 때문이다. 독자들은 교육철학의 다양한 분야에서 현재 가장 이슈가 되고 있는 핵심 논점들을 알 수 있고, 각 분야의 전문가들은 누구이며 그들의 저작들은 무엇인지를 한눈에 알 수 있다. 따라서 특별히 각 장 내용 중간중간에 인용된 학자들 및 참고문헌과 장의 말미에 제시된 추천도서, 책의 말미에 수록된 참고문헌과 원저자 소개를 충분히 활용할 것을 제안한다. 혹시 유학을 생각하고 있는 후학들이 있다면 특히 원저자 소개를 잘 참고하기 바란다. 과거에 유학을 갈 때는 교육철학 각 분야의 권위자가 누구이며 그들이 현재 어디서 무엇을 하는지를 파악하기가 힘들었다. 바로 이 책의 원저자 소개에는 현재 왕성히 활동하는 교육철학 각 분야의 권위자들에 대한 자세한 소개가 있기에 독자들이 유용하게 활용할 수 있으리라 본다.

이 책을 보다 깊이 읽으려면 원서 및 관련 참고문헌을 옆에 두고 메모하면서 읽기 바란다. 읽어 나가는 데 중점을 두지 말고, 어떤 논점이 어떻게 생성되고 다양하게 논의되며 각각은 어떻게 평가될 수 있는지 깊이 이해하면서 독자 나름대로의 생각을 정리하며 읽기 바란다. 이런 식으로 이 책을 독파한다면 교육철학 분야에서 상당한 실력과 사고를 갖추리라 믿는다. 이 책의 원서는 한 권으로 되어 있으나, 한글로 번역하고 독자들이 보기 좋게 편집하는 과정에서 그 분량이 많아 두 권으로 나누는 것이 좋겠다고 판단하였다. I권은 주로 이론적인 내용이 많고 II권은 현실적이며 실천적인 주제들을 위주로 엮었다.

끝으로 이 책의 출간에 도움을 주신 학지사 사장님과 편집부 상무님, 판권 담당자, 그 밖의 모든 관계자 분들에게 감사 드린다. 아울러 역자들을 가르쳐 주신 은사님들과 좋은 아이디어로 도와주신 많은 선후배님들께 감사 드린다. 또한 역자들이 번역에 집중할 수 있도록 여건을 마련해 준 역자들의 가족들과 일터의 모든 관계자 분들 그리고 사랑하며 존경하는 우리 학생들에게 진심 어린 감사를 표한다.

2009년

역자 일동

| 머리말 |

교육철학은 철학만큼이나 오래된 것이다. 지식의 본질, 좋은 삶, 정의로운 사회에 대한 탐구는 모두 명시적으로나 잠재적으로 배움에 관한 문제를 수반한다. 즉, 이런 탐구들은 사람들이 지향해야 할 실제와 갖추어야 할 가치들에 관한 문제를 수반한다. 아마도 이러한 파급적인 현재성 때문에 교육철학의 역사는 복합적이라 하겠다. 어떤 지역에서는 교육문제에 관해 비교적 체계적인 철학적 탐구가 장기간에 걸쳐 잘 성립되어 왔지만(예: 미국, 스칸디나비아, 독일), 영국의 경우는 교육철학 분야의 자아비판적인 학구적 연구가 단지 40년 정도밖에 되지 않았다. 영국 분석철학 운동의 정점기로부터 시작하여 당대의 수많은 주도적인 사상가의 연구에 영향을 받아 드디어 소수의 철학자들이 교육문제에 주목하기 시작하였고, 현재 이 분야의 고전적 저작이 된 일련의 연구물들이 발표되면서 교육 목표 및 과정에 관한 학문적으로 체계화된 철학적 성찰이 전개되었던 것이다. 교육철학은 때때로 장구한 철학의 역사에 걸쳐 있는 수많은 사상가들의 생각들에 주목하면서도, 주로 현재 교육의 이상들 안에 존재하는 개념적인 관계, 논리적인 구조, 정당화의 방식들을 해명하고 비판적으로 조사하는 복합적인 시도를 추구하였다. 교육철학이 교육의 이론과 실제에 준 분명한 영향은 완전히 새로운 어떤 교육적 신조나 실제적 정책보다는 중요한 문제들에 대한 논의였다. 교육에 대한 이러한 새로운 철학적 접근의 중요성은 유사한 발전과정이 북미를 포함한 전 세계에 걸쳐 일어났다는 점에서 영국뿐만 아니라 광범위한 지역에 걸친 문제라고 볼 수 있다. 교육철학은 새로운 시각으로 '정착하였다' 고 할 수 있다.

그러나 시대의 정신과 상응하여 이 같은 새로운 접근방식에 잠재된 몇몇 근본적인 철학적 주장들은 검토되지 않은 채로 남아 있게 되었고, 이러한 선구적인 접근이 천명하고자 하는 교육사상의 강력한 전통 안에서 그리고 그것이 강력하게 도용하는 철학적인 방법 안에서 사전에 용인되었다. 그 후 대략 15~20년이 지나서야 이러한 주장들에 대한 비판적인 성찰이 시작되었고, 교육철학의 영역은 더욱 새롭고 흥미신진하며 다양한 범주로 전개되어 갔다. 공교육에 대한 새로운 요구, 영국 및 타 지역의 광범위한 사회경제적 변화 그리고 영국, 미국, 유럽 대륙의 철학 분야 발달의 영향을 받아, 교육철학은 보다 풍성하고 실험적인 활동으로서 진보적으로 변모해 갔다. 교육은 개인적으로 그리고 모든 형태의 인격적 · 사회적 · 제도적 관계를 통하여, 인간의 인격 성장에 관련된 모든 관심사를 총망라하는 것으로 폭넓게 인식되기에 이른다. 일반적인 현대 서양철학의 전개 맥락에서 현저히 강조되었던 계몽주의의 주요 주장들 중 특히 인간 본성, 이성, 가치, 사회적 관계와 관련된 주장들은 교육철학의 초기 연구에서 매우 강력하게 부각되었다. 이러한 배경에서 교육철학이란 학문 분야는 현재의 역동적인 영역으로 성숙하고 교육의 이론과 실제의 가장 근본적인 문제들에 대해 우리가 보다 깊이 인식하도록 이끌었다.

이 책은 현재 교육철학 분야의 최고 학자들이 팀을 이루어 작업한 것이다. 각 분야 전문가들의 깊은 성찰이 담긴 이 책은 교육철학의 핵심적인 질문들에 대해 우리가 적절히 사고하도록 안내해 줄 것이다. 이 책은 교육철학의 역사와 성과를 보여 줄 것이다. 그러나 이는 단순한 제시라기보다는 교육이 무엇이며 그것은 실제에서 어떻게 최선으로 수행될지에 대한 우리의 심오한 이해에 근거하여 심각한 철학적 연구의 높은 중요성을 드러내는 방법이라고 하겠다. 이것은 의심할 바 없이 하나의 획을 긋는 연구물로서 우선 현재의 주요 논쟁들을 알기 위해 필요하며, 현대사회가 직면한 많은 난해한 교육적인 딜레마들의 해답을 찾고자 하는 모두가 반드시 활용하여야 할 책이다.

폴 허스트(Paul H. Hirst)
케임브리지 대학교 교육학과 명예교수

| 차 례 |

▣ 역자 서문 _ 3
▣ 머리말 _ 9

제1장 비판이론과 비판적 교육학 ·· 19

비판이론의 특징과 발전과정 _ 19
비판이론의 교육적 관련성 _ 26
특유의 통찰력과 기여 _ 29
비판이론의 상이한 수용 _ 36
비판이론과 학생운동 _ 43
하나의 '다른' 비판교육학? _ 44

제2장 페미니즘, 철학 그리고 교육 ·· 51

도입: 일상적인 철학과는 다른 것 _ 51
(교육)철학과 관련된 페미니즘 _ 55
정체성과 교육철학에 관한 두 가지 이야기 _ 58
교육에서 사회적 정의와 정치의 상호적 중요성 _ 67

공적인 영역에서의 여성 _ 68
정해지지 않는 결론 _ 80

제3장 자유주의와 공동체주의 ·· 81

I _ 81
II _ 94

제4장 교육과 시장 ·· 109

도입 _ 109
I _ 111
II _ 124

제5장 고등교육과 대학 ·· 139

I _ 139
II _ 151
III _ 162
IV _ 166

제6장 정보와 커뮤니케이션 기술 ·· 171

교육공학의 표면과 이면 _ 171
존재론적 가정 _ 177
교육을 위한 비판적인 주제 _ 185
일과 놀이 _ 188
상상력 _ 196

제7장 인식론과 교육과정 ·· 203

I _ 203
II _ 220

제8장 성인들과 아동들 ·· 235

'전통적' 장면 _ 235
'진보주의적' 장면 _ 238
사회의 일반적인 변화 _ 240
아동기 및 현대의 결혼 _ 243

아이의 권리 _ 245
부모의 권리와 아동양육의 본질 _ 247
오늘날의 교육실천: 시론적 해석 _ 250
리오타르와 아동의 '비인간성': 교육철학을 위한 급진적 영감 얻기 _ 256

제9장 교육에서의 자율성과 본래성 ‥ 263

자율성과 본래성에 대한 합리주의적 관점과 실존주의적 관점 _ 263
자율성, 본래성 및 의욕적 필연성 _ 267
본래성, 실존적 의미 및 개인적 정체성 _ 271
어떤 합리성인가? 어떤 정설인가? _ 273
자율성, 본래성 및 공동체 _ 277
본래성, 책임 및 교육 _ 282

▣ 참고문헌 _ 289
▣ 찾아보기 _ 343

『현대 교육철학의 다양한 흐름』 I권 차례

제1장 프래그머티즘과 교육

제2장 포스트모더니즘과 포스트구조주의

제3장 민주 시민성

제4장 다문화교육

제5장 철학활동과 교육실천

제6장 비판적 사고

제7장 실천이성

제8장 직업교육훈련

제9장 진보주의

제10장 도덕관 및 도덕교육관의 변화

제11장 종교 및 영성 교육

제1장

비판이론과 비판적 교육학

Nigel Blake & Jan Masschelein / 김상무 역

비판이론의 특징과 발전과정

우리는 여기서 비판이론을 1920년대 후반에 형성되기 시작하여, 1930년대에는 독일에서 그리고 1940년대에는 미국에서 번창하고, 1950년대와 1960년대에 발달을 계속했던 프랑크푸르트 학파의 철학과 사회이론에 관련된 사상의 전통으로 언급하려고 한다. 하버마스(J. Habermas)는 자신이 프랑크푸르트 학파의 전통을 지속하고 있다고 주장하지만, 몇몇 저자들(예: Jay, 1973)은 비판이론이라는 명칭을 엄격한 의미의 프랑크푸르트 학파에만 적용하여 하버마스를 제외시키고 있다. 우리는 그를 포함시킬 것이다.

우선 비판이론은 그 뿌리로부터 아주 먼 길을 여행해 왔지만 마르크스주의의 비판적 재활용과 수정으로 여겨질 수 있다. 그리고 그 때문에 처음에는 교육과의 관련성도 모호해 보일지도 모른다. 그러나 마르크스주의가 비판이론에 남기고 있는 가장 강력한 흔적의 하나는, 비록 전통 마르크스주의의 표현과는 분명히 다른 것이기는 하나 느슨하게 얘기해 '거짓 의식' 으로부터의 해방이다. 이것은 필연적으로 이데올로기에 대한 비판 혹은 '당연한 것으로 여기는' 것에 대한 비판에 관심을 갖게 한다. 그래서 달리 생각해 보면 비판이론가들의 관심과 심각하게 교육에서 어떤 해방적 역할을 찾으려는 교육자들의 관심이 겹친다는 것을 발견하는 일은 전혀 놀라운 일이 아니다. 유일하게 놀라운 것이라면 호르크하이머(Horkheimer)나 아도르노(Adorno)가 독일의 교육개혁에 간접적인 영향을 끼쳤음에도 불구하고, 교육자들이 비판이론에 가지는 관심에 비해 철학자로서의 비판이론가들이 교육에 직접적인 관심을 덜 가지고 있다는 사실이다(Albrecht et al., 1999).

그러나 단 하나의('the') 비판이론이 있는 것은 아니다. 이 학파에 포함시킬 수 있는 다양한 사상가들—그중 가장 잘 알려진 인물들을 들자면 호르크하이머, 아도르노, 벤야민(Benjamin), 마르쿠제(Marcuse), 프롬(Fromm) 그리고 후기에는 하버마스—과 연관된(모두는 아니지만) 많은 사상적 노선이 존재한다. 그리고 그들은 분명히 여러 차례 그들의 생각을 바꾸었다. 비판이론과 프랑크푸르트 학파의 역사는 정리가 잘 되어 있다(Jay, 1973; Dubiel, 1978; Held, 1980; Friedman, 1981; Honneth & Bonss, 1982). 권위 있는 비판이론만의 사유들(ideas)을 밝혀내기는 어렵지만, 우리는 비판이론의 전통을 보여 주는 몇 가지 모티브와 원칙적인 이론적 관심을 제시할 수 있다. 그 모티브 중에 사회의 실제적이고 발전해 가는 형태들에 대한 비판적 거리두기를 지적할 수 있는데, 그것들은 개인의 윤리적 문제에 대한 커다란 관심과 굶주림, 지배, 굴종 또는 부정의에 대한 모든 종류의 변명의 거부 그리고 보다 나은 세계에 대한 갈망을 담고 있다. 교육자들이 비판이론에 대해 이야기해야 할 주요 원인의 하나가 바로 여기에 있다.

물론 어떤 좋은 이론이나 어떤 진지한 이론가건 비판적이라고 여겨진다. 그러나 비판이론은 탐구과정에서 이론가의 현실에의 개입과 참여가 '객관성' 의 장애가 아닌 필수조건이라고 주장한다는 점에서 분명히 구분된다. 객관성은 현상에 대한 이론적 거리가 아닌 개인적 밀접성에 의해 성취된다. 비판이론은 사회를 "상처 받은 사람들"과 "상처 받기 쉬운" 사람들의 입장에서 바라본다. 비판이론은 객관성을 무이해 관계 속에서 찾지 않는다. 그 자체는 "가치로부터 자유로운(value-free)" 상태가 아니라 이해관계에 얽혀 있다. 객관성은 그 자체가 일반적으로 직접 더 인간적인 세계 창조를 향한 변형적 실천 속에서의 "계기"로 여겨진다.

그러나 프랑크푸르트 학파의 고전적 저작들에서는 더 나은 사회를 향한 갈망이 거의 전적으로 부정적인 방법으로 표명되어 있었다. 우리가 파악할 수 있듯이, 하버마스는 이러한 부정성(negativity)으로부터의 중요한 이탈자다. 포이케르트(Peukert)가 말한 바대로 비판이론의 부정성은 이 이론의 가장 짜증나는 특징이면서 동시에 이 이론이 서구사상에 제공하는 가장 통찰력 있는 도전이다. 그것은 우리의 인본성을 현실화하고 지속적으로 더 나은 세상을 만들기 위한 투쟁이라는 도전, 그러나 우리가 알거나 파악하거나 제시할 수 있었던 인간 역사를 위한 어떠한 목적(telos) 또는 의미도 없는 도전이었다(Peukert, 1983, pp. 204-217) (하버마스는 나중에 언어에서 목적론—합의라는—을 "발견"했다.). 아마도 유대사상의 전통이 이런 접근에 영감을 주었을 것이다(비록 비판이론은 분명 유대사상과의 직접적인 연결을 피하려 했지만— 발터벤야민이 유대신학을 분명하게 참고한 것은 중요한 예외사항이다.). 사실 어떤 이들이 추측하는 것처럼 공허한 허무주의 대신 신의 이미지를 만드는 것을 거부하는 유대적 금기가 프랑크푸르트 학파의 가장 중요한 사상가들의 긍정적 이상 또는 유토피아라 이름 붙이는 것에 대한 거부에 반영되어 있다는 주장은 논란의 여지가 있다. 그러한 이상의 어떤 것들도 쉽게 폭력과 부정의를 정당화하는 데 사용될 수 있을 것이다. 몇몇 대표적 이상을 실현하기 위한 어떤 시도에서도 거의 필연적으로 약간의 테러 실행이 개입된다. 그리고 두 번째 종교적 가르침도 혹독하다. 호르크하이머는 원죄의 교리를 우리의 모든 행복한 순간들이 타인의 고통을 지불하고서 구입된 것임을 기억하게 하려는 부름으로 특징지었다(『유산의 가르침』, Horkheimer, 1972, p. 167). 그러므로 우리의 행복과 기쁨은 언제나 슬픔과 애도에 연결된 상태로 남아 있어야 한다. 마음속의 이러한 생각들로 볼 때, 우리는 비판이론을 비관적 유토피아의 한 유형으로 특징지을 수 있다(Gur Ze'ev, 1998).

비판이론은 핵심적인 이론적 관심에 관한 한 언제나 개인과 사회와 문화의 발전과정과의 관계를 탐구해 왔고, 이해의 틀을 개발하기 위해 다양한 이론들과 학문 영역을 활용해 왔다. 비판이론들은 개인과 집단의 구체적 행위와 사고를 통하여 그리고 그 속 및 문화와의 관계 속에서 항상 어떻게 사회와 경제 구조가 생산되고 재생산되는지를 경험적으로 탐구한다[적어도 다양한 학문 영역에 큰 영향을 준 『권위주의와 가족』(Horkheimer et. al., [1936] 1987)과 유명한 『권위주의적 인성』을 포함한 다섯 권의 편견에 대한 연구 같은 경험적 연구(Adorno et. al., 1950)를 통해서].

포이케르트(1983)에 따르면 비판이론의 발전과정은 이론, 실천 그리고 교육철학에 끼친 영향에 따라 3단계로 나눌 수 있다. 첫 번째 단계는 1930년대의 호르크하이머([1937] 1977)와 마르쿠제([1937] 1972)의 저작에서 볼 수 있듯이 마르크스주의적 사회관계 분석과 프로이트의 심리분석이 사회-심리적 이론으로 통합되는 단계다. 이러한 종합은 프랑크푸르트 학파로 하여금 심리와 사회의 심층구조의 상호관계를 분명히 하게 해 주었고, 불만과 반란조차 지배질서를 재생산하는 요소로 보게 만들었다. 위에서 언급한 경험적 연구들에서 이 단계의 프로그램을 읽을 수 있다. 그것은 이성의 계몽주의적 전통과 그에 의한 사회정의라는 믿음에 근거한 모든 것을 포괄하는 이성이라는 관념에 의해 제공된 것이었다. 그러나 동일한 저자들은 또한 자신의 능력이 "주어진" 현실을 능가하는 것을 거부하는 과학적이고 사회적인 실증주의로 나아간 이성의 역사적 발전과정을 고발했다.

이런 연구 프로그램은 분명 교육이론에 큰 영향을 줄 수 있었지만 동시대 교육연구에서는 수용되지 못했다. 이런 분석들이 어떻게 수용되는가를 보는 것은 1970년대와 1980년대 초 학생운동과 당대의 반권위주의적 부모들이 이를 재발견할 때까지 기다려야 했다. 독일의 교육철학은 마침내 비판이론을 실증철학과 해석학으로부터 구분하는 하버마스의 저작을 통해 호르크하이머의 인식론과 과학철학을 흡수했다. 미국에서는 지루(Giroux, 1983a, 1983b)의 저서 『비판이론과 교육실천(*Critical Theory & Educational Practice*)』, 『교육이론과 저항(*Theory & Resistance in Education*)』에 의해 초기 비판이론이 수용된다.

두 번째 단계는 도구적 이성 비판의 시기다. 핵심 저작은 『계몽의 변증법(*Dialectic of Enlightenment*)』(Hokheimer & Adorno, 1947/1991), 『부정변증법(*Negative Dialectics*)』(Adorno, 1966), 『이성의 소멸(*Eclipse of Reason*)』(Horkheimer, 1974), 『일차원적 인간(*One Elimensional Man*)』(Marcuse, 1964)였다. 여기서는 20세기 전반기의 참혹한 사건 속에서의 이성 자체(그리고 문화)의 복잡성에 대한 가장 급진적 분석과 이성이 본질적으로 도구적으로 여겨지는 분석들을 볼 수 있다. 아도르노가 절반의 교육(Halb-Bildung) 이론을 제시한 것도 이 시기 동안이었다. 이 이론에서 그는 교육이 그 규범적 내용, 바르고 공정한 삶에 대한 관계를 상실한 채 이루어지고 있다고 주장했다. 그리하여 교육은 다른 물건들처럼 소유될 수 있는 것으로 축소되어 복지와 행복의 시장에 제공된다. 단지 절반의 교육은 사람들을 유능하게 만들고 현존 질서에 잘 적응하게 만든다. 반면 원래 교육(Bildung)은 사람들이 그런 질서에 대해 급진적 질문을 던질 수 있도록 만드는 것을 의미해 왔다.

이러한 개인적 자율성 영역에서의 퇴보는 과학과 기술의 진보에 의해 가려진다. 따라서 호르크하이머와 아도르노는 비판이론에서 무엇이 위기에 처해 있는지에 대해 그들의 견해를 급격하게 바꾸었다. 다른 비판이론가들처럼, 그들은 부정의에 대해 둔감하게 만드는 대중매체에 의해 현존 질서가 비판으로부터 거의 면제되어 있다고 믿게 되었다. 이런 상황에서 혁명은 상상할 수 없으며, 할 수 있는 일이라고는 완전히 관료화하고 경제화된 전체주의 세계로부터 개인을 구하는 일뿐이라고 주장했다. 그리하여 우리를 연대와 저항으로 이끄는 개인의 취약성, 고독, 자포자기만이 남았다. 이는 나중에 하버마스의 구속받지 않는 대화의 잠재력 및 해방과 연대를 위한 상호주관성에 대한 헌신에 대비되는 시각이다.

그러나 비판이론은 그런 맥락 속에서 단지 부정적 과업만을 가질 수 있었다. 비판이론은 더 이상 변형적 실천에 있어서 긍정적 계기가 될 수 없었다. 단지 우리에게 "완전히 다름"에 대해 일깨워 줄 뿐이며, 무엇보다 개인의 취약성에 호소하는 이 이론의 중요성을 강조한다. 호르크하이머는 이러한 거리를 약자와 피해자 시각에서 역사를 이해하는 이론적 비관주의와 실천적 낙관주의로 요약했다(Horkheimer, 1972, p. 175). 그리하여 호르크하이머와 벤야민은 (미래의) 진보가 과거의 (역사적) 피해를 정당화할 수는 없다고 강조했다. 따라서 역사의 "참된" 지각은 화해할 수 없는 애도를 수반해야만 한다는 것이다.

이런 해석에 따르면 교육은 단지 사회적이고 개인적인 소외만을 재생산하는 데 기여할 것으로 보일 뿐이다. 그러므로 이 같은 "어두운" 시대의 분석을 가지고 교육적 사유에서 무언가를 하는 것이 진실로 가능한지에 대한 질문이 제기되어 왔다. 그러나 우리는 나중에 비판적 교육철학이 아마도 너무 쉽게 급진적 분석들과 이 시기의 심오한 동인들(motives)을 간과했음을 논증할 것이다.

세 번째 단계는 실천(praxis) 개념을 재형성하여 비판이론이 의도했던 독창적인 해방적 프로그램을 원상 회복시키려는 하버마스의 시도로 특징지을 수 있다. 그는 처음에 과학이 "종(種)적 존재"인 인간으로 하여금 생존하고 번성하는 물질적 맥락을 변형시킬 수 있게 만드는, 물질적 생산의 변형적이고 경제적인 실천의 일부 또는 계기라는 마르크스주의 이론을 지지했다. 그러나 과학이 담론이므로 하버마스는 (전통적 마르크스주의자들과는 달리) 이러한 실천을 한편으로는 노동으로, 다른 한편으로는 언어적 상호작용으로 분화시켰다. 이런 토대 위에서 더 나아가 그는 세 가지 "종족-일반적 관심"을 구분했다(개인의 주관적 관심이 아닌 종으로서의 인간의 객관적 관심). 마르크스주의에서 "기술적" 관심을 경제적 재생산으로 인식하는 데 더하여, 규범적 담론에서의 "실제적" 관심을 추가했다. 그리고 이 같은 바탕 위에서 종적-일반적 "해방적 관심"을 제시했다. 이는 사회적이면서 심리적인 형태 모두의 해방에 필요한 관심이고, 그러므로 사회의 비판적 이해에 대한 관심이다.

"언어적(그리고 실용적) 전환" 이후, 그의 완숙한 저작에서 하버마스는 의사소통능력 이론 안에서 해방적 관심의 아이디어를 다시 발전시켰다. 그는 여기서 그가 의사소통적 행위라고 부르는 인간사에서의 개방적이고 왜곡되지 않는 언어적 상호작용의 필요성을 주장했다. 왜곡되지 않은 의사소통적 행위는 참된 동기의 억압과 조작적 사회관계의 조성으로 규정되는 전략적 상호작용과 대비된다. 이러한 움직임으로 하버마스는 사회화, 사회통합 그리고 문화적 재생산을 위한 상호작용으로서의 전략적 상호작용에 대항하여 의사소통적 상호작용의 필요성을 제시할 수 있었다. 또한 그에 따라 후기 자본주의 사회의 병적 일탈상태를 지배적 사회세력과 돈 및 권력의 중개매체를 통한 "전략적" 담론에 의한 "생활세계의 식민화"라는 표현으로 이론화할 수 있었다. 이런 분석은 그에게 비판이론의 규범적 핵심으로서 "담론윤리"를 제기하는 동기와 수단을 제공했다. 그리하여 그는 함께 모색했던 초기 프랑크푸르트 학파의 부정성과 비관성 또는 부정적 유토피아주의와 단절하게 된다. 의사소통적 상호작용의 필요성이 공개적이고 왜곡되지 않은 의사소통에 대한 사회적 관심을 수반하는 한, 그는 이제 해방을 인간 삶의 목적인(telos)으로, 그리고 의사소통적 행위의 바로 그 필요성, 구조 및 윤리 속에 함축된, 그래서 당연히 보편적인 하나의 규범으로 제시할 수 있었다. 그러나 이러한 발전과정은 하버마스가 여전히 비판이론의 전통 속에서 작업하고 있는지에 대한 논란을 야기했다. 우리는 그가 너무 쉽게, 단지 부정적인 방법으로만 스스로를 표현할 수 있는 절대적인 타자에 대한 갈망을 "잊고 있다"고 논쟁할 것이다.

그럼에도 불구하고 이 세 번째 단계는 1965년부터 1970년대 말까지 독일, 벨기에, 네덜란드의 비판교육학에서 핵심 역할을 했다. 이제 하버마스 노선에서의 비판이론은 교육의 일반목표로서의 해방과 자기 결정을 표현하는 방법을 제공하는 것처럼 보였다. "이데올로기 비판"과 의사소통적 상호작용의 분석은 교육 전문가들에 의해 과제로 다뤄졌다. 그러나 교육이론이 수단-목표 이성에 밀접하게 매여 있는 모든 전통적 교육관들의 기초적인 도구적 논리를 재생산하지 않으면서도 개인적 변화와 지적 비판의 계기를 포함하는 교육실천의 한 형태를 설득력 있게 서술할 수 있는가라는 중요 문제는 남아 있다. 그 문제가 아직 성공적으로 해결되지 않았음은 거의 틀림없다. 우리는 그것의 성공에는 프랑크푸르트 학파의 부정적이고 메시아적인 요소의 재성찰과 행위와 실천 개념에 대한 새로운 사고가 필요하다고 믿는다(마지막 절 참조).

비판이론의 교육적 관련성

사회이론과 철학으로서의 비판이론의 범위와 깊이를 고려해 볼 때, 그리고 이론의 뿌리가 교육에 있었던 것이 아니었기에, 회의론자들은 비판이론을 쉽게 외부의 사회정치적 성찰을 적어도 불공평하고 분파적인 야망을 가지고 교육이론에 수입한 것 또는 일종의 전복(subversion)으로 본다. 그러나 이렇게 생각하는 것은 비판이론과 교육이론의 역사 자체를 잘못 이해하는 것이다. 계몽사상의 유산은 현대교육 전통에 아주 종합적으로 정보를 제공하고 있다. 그 깊은 영향은 교육적 진보주의를 훨씬 넘어서 뻗어 있다. 적어도 인간의 "자연적인" 자유를 존중하려는 루소의 관심과 인간 존중의 근거를 양심을 가진 무조건적 도덕률에서 찾으려 시도하는 칸트의 반응은 진보적이거나 급진적이기보다는 교육에 대한 자유주의적 혹은 보수적이기조차 한 태도를 보여 준다. 그것들은 현대성의 도덕적 공통어다. 그리하여 칸트주의자와 계몽의 도덕적 사고는 보다 일반적으로 진보주의뿐만 아니라 도야(Bildung)에 관한 전통적인 독일의 관심사에 대해 알려 준다. 반면 뚜렷하게도 피터스(Peters), 허스트(Hirst), 디어든(Dearden)이 영국에서 덜 보수적인 분석적 교육철학을 확립하고자 노력했을 때 영국철학의 대다수를 차지하는 경험주의적 성과에 대항하기 위해 그들에게 영감을 제공한 것은 칸트였다. 현대 교육적 사고의 토대로 보이는 것은 후기 칸트의 자율성의 이상과 궁극적인 교육이상으로서의 비판적 이성에 대한 강조였다.

전형적으로 현대 교육이론은 대개 몇 가지 사회이론에 의해 제공된 개인에 대한 이론에 의존하고 있다. 사실상 "교육과학"과 교육연구뿐 아니라 자율적 이론과 교육철학의 출현은 현대 사회와 민족의 출현과 분리될 수 없다. 그리고 학문 분야 또는 영역으로서 교육의 발달은 그러한 사회와 민족들의 문제와 관심사에 관련되어야만 했다. 이런 맥락에서 대부분의 주요 교육이론들은 특정하고 공리적인 관심사에 봉사하는 순진한 도구주의에 저항하려 해 왔고, 그러한 이해관계를 초월하는 개인과 사회의 자기실현과 자기개발의 명분을 포함시켜 왔다. 계몽 및 해방의 이상과 그것의 사회적 필수 전제조건에 대한 분석이 비판이론의 중요 관심사였음을 생각해 본다면, 비판이론이 많은 교육학자들에게 현대세계의 교육에 외래적인 것으로서가 아니라 그것의 아주 기초적인 것으로서 가치가 있는 것은 전혀 놀라운 일이 아니다.

게다가 초기 비판이론이 밝히고 있는(혹은 관심을 가지는) 이론적 입장과 하버마스의 후기 사상에서 볼 수 있는 보편주의 모두 교육 영역에서의 정의에 대한 현대적 관심을 분명하게 드러내고 있다. 더욱이 초기 비판이론의 많은 마르크스주의적이고 그래서 급진적인 영감에도 불구하고, 엄격한 지적 표준에 대한 헌신, 고급문화를 방어하려는 관심 그리고 문화 전통의 중요성에 대한 이해가 부족했던 적은 전혀 없다. 아도르노의 미학과 프랑크푸르트 학파의 여러 이론가들(아도르노, 마르쿠제, 프롬, 벤야민)에 의해 발전된 문화산업의 사회학은 지적 참여를 요구하는 장으로서의 예술에 대한 헌신으로 채워졌는데, 그들에게 예술은 자본주의적 현대화의 보편적인 천박함에 대항하는 마지막 보루였다. (벤야민에게 현대예술의 전복적 측면은 결정적인 것이었다.) 하버마스의 초기 저작에서 밝히고 있는 역사적-해석학적 이해에서 기초 지식을 이끄는 관심은 문화 전통과 그 유지에 대한 지적 업무에 대한 합법적 관심에 근거를 제공했다. 유사하게, 그가 후기 저작에서 제기하고 있는 전문가문화에 의한 '생활세계'의 침식은 급진적이고 보수적인 충동이 만나는 관심의 영역이다. 그리하여 비판이론의 보수적 태도는 공유되지만 먼 계몽의 유산보다 훨씬 강력하다.

그러면 비판이론과 교육의 보수적 또는 분석적 전통 사이에는 어떤 실질적인 교전이 있어 왔는가? 독일에서는 분명 교전이 있었다. 특히 중요한 것은 급진적인 것이 보수적인 것에 훨씬 더 많이 양보했던 하버마스와 가다머(Gadamer) 사이의 유의미한 토론이었다. 그러나 영어권에서는 전통의 차이가 관심과 헌신의 유사성을 말하는 것을 무시해도 되는 이유가 되고 있는 것처럼 보인다. 피터스와 하버마스 사이에서 이에 대한 반향이 컸다. 피터스(R. Peters)의 선험적인 논거는 문화적으로 주어진 형태의 지식에의 입문을 통해서 계몽에 대한 인간의 본래적인 관심을 보여 주려 시도하고 있다. 이와 유사하게 하버마스도 최대한 의사소통적 합리성에 대해 내재적으로 의사소통적이며, 그럼으로써 보편적인 관심을 주장한다. 그리고 이는 그에게 공개적이고 비억압적인 지적 담론에서의 상호작용의 자유화(그리고 논거의 급진화)를 수반한다. 그러나 이들과 같은 반향은 한 전통이 상호 접촉에 대한 이유만큼이나 마치 "우리 스스로의 방식으로 이런 논점들을 더 잘 다룰 수 있다"면서 다른 전통을 무시하는 핑계거리들로 보여 왔다.

그리고 물론 유사한 점들이 무엇이든지, 그리고 두 학파의 목표가 교육에 대한 근본적인 질문들을 얼마나 강력하게 다루든지 그 차이점들은 선명하다. 우리가 특히 강조하고 싶어 하는 것은 세 가지다.

특유의 통찰력과 기여

불투명성

물론 첫째로 그리고 현대문화의 합리주의와 경험주의 흐름에 대조적으로, 비판이론은 개인적 의식에 대한 사회의 투명성과 더불어 자아의 자아에 대한 투명성을 묻는다. 프랑크푸르트 학파는 물론 의심의 두 대가들인 마르크스와 프로이트에 의해 정보를 제공받았다.[1] 프로이트의 『문명과 그것의 불만(*Civilization and Its Discontents*)』과 같은 저작에서 심리분석은 자본주의의 경제적 기초와 그것의 재생산 사이의 다리를 구체적인 행위와 개인의 생각들을 통해 이론화하고자 시도했다. 마르크스와 프로이트 모두 동시대의 현대사회에 대한 어떤 묘사도 수용하지 않았다. 특히 현대사회를 어떤 의미에서건 인간에게 자연스럽다거나 당연한 것으로 받아들이지 않았다. 두 사람 다 인간 본성에 대한 구상들을 가지고 있지만 현대사회가 인

1) 비판이론의 니체(Nietzsche) 수용은 보다 다의적이다. 하버마스가 특히 포스트구조주의에 대한 니체의 허무주의적 영향으로 본 것에 대해 반대한 것은 유명하다. 그러나 호르크하이머와 아도르노는 그의 비판적 태도를 매우 높이 평가했다.

간이라는 "종적 존재"의 요구들에 잘 조정되어 있다고 보지 않았다. 그리고 여기서 그들은 모두 한편에서는 역사적 관찰들(프로이트의 그것들을 포함하여)에 의해, 다른 한편에서는 개인적인 인간의 비극에 대한 관찰들(마르크스의 그것들을 포함하여)에 의해 정보를 제공받고 있다. 프랑크푸르트 학파는 현대생활의 불명예에 대해 유사한 지각과 직관을 공유하고 있다.

투명성, 자율, 신뢰성이라는 계몽의 이상에 대해, 마르크스와 프로이트는 모두 서로 다른 방식으로 소외, 아노미 그리고 맹목적 애호(fetish)—사회와 자아에 대해 잘못된 의식을 구성하는 심리적 실패들—에 의해 육성되는 현실적인 환상에 대해 반대 입장을 취하고 있다. 마르크스와 프로이트 모두 맹목적 애호라는 인류학적 개념을—이를테면 방해받은 성적 애착 또는 착취당하는 노동관계와 같은 고통스럽게 불만족스러우면서도 바꾸기 어려운 관점을 숨기는 실제에 대한 잘못된 관계들의 대체물로서—중요하게 사용하고 있다는 점이 특히 뚜렷하다. "잘못된 의식"이라는 생각은 사회와 자아 모두의 진리들은 대단히 참을 수 없는 것이어서 우리가 승인하기 어렵지만 그것을 수용하면서 살아가야 한다는 통찰을 공식화하고 있다.

이러한 마르크스주의적 그리고 프로이트주의적 개념들은 교육에 이의를 제기하는 이론가들과 실제로 교육에 대해 할 말이 많은 문화이론가들에게 강하게 받아들여졌다. (예를 들면, 그들은 교육적 사고에, 특히 1970년대와 1980년대의 신마르크스주의적인 "신교육사회학"에 이데올로기 이론들을 제시했다.) 초기 비판이론 자체가 이데올로기 비판이라는 관념을 다소간 변경 없이 마르크스주의로부터 넘겨받았고, 독일 비판교육학 운동과 비판교육이론의 앵글로색슨판 번역은 프랑크푸르트로부터 그 아이디어를 수용했다. 프로이트적 유산은 비판이론 외부에서 가다머와 리쾨르(Ricoeur)의 해석학에 미친 중대한 영향을 제외하면 덜 열광적으로 흡수되었다. 교육에서 이를 받아들인 주요한 증거들은 비판이론과는 독립적이었는데, 예를 들면 닐(A. S. Neill)의 극단적이고 불완전한(궁극적으로 비프로이트적인) 자유주의와 윈콧(Wincott) 같은 아동 정신병리학자의 교육적 놀이이론에의 영향이다.

대조적으로 원래 프랑크푸르트 학파는 프로이트로부터 많은 영감을 받았다. 그리고 사실 아도르노와 다른 이들은 간접적으로 상호주관성이라는 후기 프로이트적 관념을 언급하면서 구속받지 않은 대화라는 후기 프로이트적 구상을 품고 있었다고 할 수 있다. 그리고 거의 틀림없이 어떻게 할 수 없는 타자에 대한 그들의 인정과 존중은 분석적으로 영감을 받았다. 그러나 비판이론의 프로이트 수용에 있어서 가장 두드러진 특징이면서 아마도 교육에 가장 영향력 있는 것은 하버마스의 해방과정의 재개념화다. 하버마스의 저작에서 비판이론은 심리분석으로부터 인간을 해방시키는 것이 인간에게 필요하다는 통찰을 얻고 있다(Masschelein, 1997, 1991b). 그의 통찰에 따르면 이데올로기 비판은 특별한 종류의 담론, 특별한 종류의 사람 간의 상호작용을 포함하고 있고, 단순히 담론의 내용과 주제를 언급하는 것과 동일시할 수 없다. 개인적 혹은 사회적 진실은 잘못된 의식의 희생이므로 독백적 숙고는 필연적으로 망상으로 공격받기 쉬워서 그것을 폭로할 수가 없다. 참가자들이 최상의 상호 이해를 위해 노력하는 대화만이 무의식적인 보호로부터 노이로제적 환상으로든 혹은 이데올로기적 미망으로든—그리고 그때라도 오직 성공적인 대화의 적절한 동력에 대한 이해가 주어졌을 때—주체를 풀어 줄 수 있을 것으로 기대된다. 그리고 우리는 여기서 하버마스의 급진적 논의를 위한 조건들로서의 이상적 담화 상황과 상호 주관주의자적 및 후기 구조주의자적 인식론이라는 두 가지 후기 공식의 뿌리를 볼 수 있다. [논리적으로 사적인 언어의 논리적 불가능성과 관련해서는 겉보기에는 여기에서 강조되지 않았으나 유용하게 비트겐슈타인(Wittgenstein)과 양립할 수 있는 것이 있다.] 진리가 체계적으로 가려지는 곳에서 베일을 벗기기 위해서는 적어도 (위의) 두 가지가 필요하다. 근본적인 것에 대한 어떠한 독백적인 호소도, 그래서 아마도 규범적인, 지식은 그렇게 할 수 없다.

억압받지 않은 대화의 가치가 교육에 주는 함의들은 많은 이들에게 특히

를 지닌 것으로 보인다. 그리고 고전적 마르크스주의와 프로이트주의 이론에 내포된 모든 중요한 문제들에도 불구하고, 프랑크푸르트 학파가 일부 저자들에게는 적어도 그들의 가장 가치 있고 영구적으로 방어할 만한 통찰력 몇 가지를 구출해 낸 것으로 보인다. 그러나 우리는 또한 나중에 (사실은 단절되지 않은) 포스트모더니즘처럼 비판이론이 (분명히 그 두 번째 단계에서) 근대주의자들의 확실성의 이상에 대해 실제적으로 이의를 제기하고 자율성의 한계를 물었음을 지적할 것이다. 교육이론이 여전히 이런 도전들에 대해 지적으로 대응해야만 한다는 것은 거의 틀림없다.

역사와 철학

우리는 바로 위에서 철학의 전통적 전략에 대해 암시했다. 그것은 그들의 주장들을 지식의 기초에 대한 호소에 의해 인가받은 것들, 엄격한 분석이 존재론, 인식론 또는 윤리학에서 드러낼 논박할 수 없는 "주어진 것들"과 비교함으로써 세상의 어떤 시각에 대한 비판을 규정하는 것이었다. 그에 따라 기초들은 필연적으로 그러한 전략 안에서 역사적 변화와 그 우연성에 전염되지 않은 것으로 여겨진다. (그리하여 추측컨대 철학은 인간성 안에서 그 탁월성을 보장한다.) 그래서 하버마스가 비판의 해방적 잠재력을 그 내용보다는 형식에 위치시켰듯이 그의 비판이론 또한 비판에서 지식의 기초들에 대한 호소를 무효화하고 있다. (우리는 앞 절에서 비판이론 초기 단계의 기초들에 대한 질문들로 돌아갔다.) 사실상 비판이론에서 지식의 기초들에 대해 말하는 것이 유용하다면 그것은 단지 우연적이고 역사적으로 위치 지어진 엄격한 의미의 "기초들"에 있어서일 뿐이다. 그리고 사회도 자아도 그들 스스로에게 또는 상호 간에 투명하지 않다면 과학, 윤리 또는 심리학에서 위치 지어진 "기초들"의 구분은 오직 비판적 분석에서 비롯될 뿐이다. 즉, 그런 구분이 비판적 분석을 선행할 수 없다. (일단 그것이 비판 자체

속에서 확립되기만 한다면 그것은 물론 나중에 비판에서 쓸모가 있을 것이다.) 이는 분석철학의 전형적인 거리를 정교하게 반대로 하는 것이고, 분석적 접근이 이끌어 기대하게 만드는 것보다 더 평등하고 상호적인 철학, 문화 그리고 교육 사이의 관계를 수반한다.[2] 사실상 분석 자체의 과정은 위치 지어진 것으로 보인다.

이는 1970년대와 1980년대 초기의 급진적 교육이론에서의 이데올로기 이론들에 우리를 접근시키는 것처럼 보일지 모른다. 그러나 여기서 비판은 전형적으로 함축적으로 긍정적인 유토피아적 헌신에 호소했는데, 이는 프랑크푸르트 학파의 비관주의적 유토피아주의와 전적으로 양립할 수 없는 것이었다. 이에 비해 하버마스는 해방에 대한 긍정적인 헌신을 공유한다. 그러나 그의 입장을 두드러지게 하고 상대주의의 중요성으로부터 그의 입장을 구해 내고 있는 것처럼 보이는 것은 어떤 비판적 실천에서건 대화의 중요성을 고집하고 있다는 점이다. 그의 대화에 대한 설명 안에서 가능성은 어떠한 토론과 관련하여 고차적인 질문을 제기하거나 보다 근본적인 전제조건들을 제기하는 것, 유의미하게 제기되고 협조적이면서도 비판적인 시도라는 특허권이다. 추정컨대, 그것은 "주어진" 비판과 어떤 담론 또는 실제의 역사적이고 우연적으로 "주어진" 것의 조사 두 가지 모두를 가능하게 하는 "논거의 급진화"다. 그는 이러한 논거의 급진화에 그에게는 특히 현대 담론의 특징인 재귀성(reflexivity)을 위치시키고 있다(그리고 그는 재귀성을 위해 명백히 "담론"이라는 용어를 예비하고 있다.). 그러므로 현대성은 하버마스를 위한 가치다. 왜냐하면 그것은 이런 형태의 해방적 재귀성을 내포하고 있기 때문이다. 이것이 현대성을, 특히 적지 않게 현대적 도구주의에 대한 경제학자적 호소와 교육의 기술로의 축소를 회피하고 진실로 거부하는, 교육적 가치를 지닌 범주의 하나로 여기는 한 가지 중요한 이유다.

2) 이러한 상이한 관계에 대해서는 Habermas(1990a)를 보라.

아이러니하게도 하버마스는 특히 자주 그 자신이 기초주의자로 비난받는다(그리고 이것이 때로 그의 윤리적 보편주의를 평가절하하는 것으로 여겨진다.). 이것이 형식과 내용 사이의 그 자신의 구분을 흐리게 하고, 그의 지식 산출의 조건에 대한 분석의 역사화를 역사에 무관심한 인식론으로 오해하게 만든다. 그는 다음과 같이 기술한다.

> 보편주의 입장은 다원주의와 "문명화된 인간성"의 역사적 버전의 양립 불가능성을 부정해서는 안 된다; 그러나 그것은 삶의 형식의 다수성을 문화적 내용에 한정된 것으로 여긴다. 또 만약 그것이 일단 '의식적 자각'의 어떤 등급을 획득할 수 있다면 모든 문화는 세상에 대한 현대적 이해의 어떤 형식적 특질을 공유해야만 한다고 난언한다(Habermas, 1981b, p. 340).

때때로 아무 증거없이, 하버마스에게는 "서구가 최고다."라고 단언되기도 한다. 이런 비판을 하는 이들은 문화적 현대화가 명백히 서구화 과정이거나 혹은 그것이 냉혹하게 서구화 방향으로 연결되는 것을 당연하게 여긴다. 그러나 그들은 비판이론에 대한, 특히 호르크하이머와 나중의 하버마스에게 베버(Weber)가 끼친 강력한 영향력을 간과하고 있다. 베버에게 근대화란 획기적인 역사적 과정으로, 그 첫 번째 기원은 일신교(monotheism)와 거대한 세계종교의 부상일 것이다. 인류학에 근거하여, 하버마스는 근대화의 기원이 의식을 인식적, 규범적, 정의적 측면으로 분산시키고, 그리하여 전 역사적 문화에서 역사적 문화로의 이동과 함께 시작되었다고 본다. 그래서 위의 인용문이 보여 주는 것처럼 그에게 문화적 현대성은 "마술적인" 것을 넘어서 "마술에서 풀려난" 형태의 의식으로의 초기 이동에서 확립된 적절한 형식적 특질을 보유하고 있는 어떤 문화 안에서도 얻을 수 있다. 그러나 어떠한 문화도 본질적인 문화의 '기초들'에 의한 근대화로부터 방해받지 않는다. 반면에 이런 조건의 순수한 형식적 본질은 현대성의 많은 버전들을 가능성으로 만든다. 그리고 이것은 차례로 근대화가 문화적 제국주의와 동등시될 필요가 없음을 시사한다(Blake, 1992). 이 점은 정보기술의 폭발에 뒤이은 현대교육의 세계화 문제에 특히 중요하다. (하버마스의 역사에 대한 구상과 현대성 아이디어의 "재구성"은 호르크하이머, 아도르노, 벤야민에 의해 제공된 근대적 합리성에 대한 비판과 아주 다른 설계에 의한 것이다.)

비판의 중심성

분석적 교육철학은 분명히 비판의 해방적 잠재력에 대한 관심과 교육에서의 비판의 그리고 비판을 위한 잠재력을 배제하지 않는다. 그러나 이러한 접근은 그 자체가 교육의 목표 혹은 조건으로 평가되는 개인적 자율성을 위한 지원으로서의 비판을 평가하는 것이다. 하지만 우리가 지금 볼 수 있듯이 비판이론은 비판을 보다 가까이 교육적 관심의 중심에 위치시킨다. 사회적 또는 심리적 투명성을 거부하고 동시에 토대에 대한 어떤 호소도 역사화하고 문제화하면서, 비판이론은 어떤 형태의 경험주의와 합리주의도 강하게 거부한다. 그럼에도 교육이론의 분석적 전통은 때때로 그들과 연루되었다. 그리하여 분석적 전통에서 "해방"을 단순히 "무지로부터의 해방"으로 윤기내는 것이 가능하게 된다. 더불어 비교적 부드럽게 지식에 관한 어떤 "물통이론(bucket theory)"으로 다룰 수 있게 된다[포퍼(Popper)의 경험주의 인식론에 대한 용어를 사용하여]. 비록 분석적 이론가들이 일반적으로 이제 그런 지식이론들을 거부하지만, 이는 그것의 통합적 부분의 하나이기보다는 거의 틀림없이 그들의 기본 입장이 나중에 발달한 것이다. 그래서 그것의 완전성을 존중하기보다, 교육이론으로부터 선별하는 실제의 유형에 취약하기 쉽다. 특히 분석적 전통은 아주 잘 갖추어져 있어서 지식이 아닌 "정보"의 관점에서 교육과정을 재정의하는 것을 거부한다(교육에서의 정보와 커뮤니케이션 기술의 영향 아래에서). 그리고 여기서 인식론적 분석보다 훨씬 기꺼이 가치 주장들에 의존하기를 강요받는다.

대조적으로 하버마스적 비판이론은 비판의 성찰적 과정이 현대적 형태의 지식의 발달에 얼마나 근본적인지, 그리고 비판적 토론과정의 전복되고 방해받는 지식 산출의 위험성에 대해 인식하고 있다. 그리하여 해방의 가치는 (하버마스의 규범적 의미에서 "현대적"이라고 해석하는) 현대 교육과정이 부과하도록 선택할 수 있는 것이 아니며, 교육과정이 첫 번째로 갖추어지는 바로 그 과정에서 구성적이고 중심적인 것이다. 따라서 역으로 더 나아가면 비판을 자율성의 가치에 대한 호소를 통해 정당화하기보다 자율성 자체가 비판에의 참여라는 가치에 의해 유효해진다.

비판이론의 상이한 수용

비판이론의 수용이 서로 다른 국가적 맥락 속에서 상이하게 전개되었음은 분명하다. 그리고 물론 어느 누구도 비판이론의 지지자들보다 이에 대해 덜 놀랄 것이다. 그들은 대부분이 그러는 것보다 더 확고하게 핵심 사고의 수용과 의미를 결정함에 있어서 사회적이고 역사적인 맥락의 중요성을 강조한다. 비록 이탈리아, 스페인 그리고 남아메리카의 주요 저작들을 인정해야 하지만, 우리는 독일, 벨기에, 네덜란드, 미국, 영국 사이의 차이의 개요에만 한정하려 한다. 그러나 우리는 또한 그러한 차이들 아래 깔려 있는 수용에서의 실패의 공통적인 유형을 어렴풋이 파악할 수 있다. 우리는 마지막 절에서 비판이론의 참된 의미는 교육에서 아직 실현되지 않았으며, 지금까지 언급한 사상가들과는 다른 사상가들을 필요로 한다는 것을 논증할 것이다.

독일에서 교육이론은 영향력 있는 비판교육학의 중재를 통해 프랑크푸르트 학파로부터 마르크스와 프로이트를 받아들였다. 그 과정에서 하버마스의 영향은 아주 중대했고, 마르쿠제 또한 특히 1960년대 말의 학생운동과 관련해서 충격을 주었다. 그 시대의 진보적인 사회운동은 교육에 "공정한 사회의 개인적 자율"이라는 목표를 요구했다. 폭넓게 본다면, 이 프로그램은 영국의 피터스가 『윤리학과 교육(*Ethics and Education*)』에서 제안한 것과 차이가 없어 보일지 모른다. 그러나 그 차이는 소외의 재생산을 피하고, 이 야망을 특별한 역사적 계기의 비판적 이해로 "결말짓는" 탈마르크스적 관심에 있다. 클라프키(W. Klafki, 1976) 이외에 여기서 핵심적 인물은 몰렌하우어(K. Mollenhauer, 1972)였다. 그는 그 과업을 국가, 경제, 교회, "사회", 또는 문화 외부적 요구를 우선시함으로써 개인들이 세계를 이해하기 위한 정당한 관심을 사물화(Preempt)하는 교육의 저항적 개념으로 보았다.

몰렌하우어 비판교육학의 첫 번째 시도는 하버마스의 역사의 내재적 발달 방향을 보여 주는 초기 철학적 인류학에 의존하고 있다. 『지식과 인간의 관심(*Knowledge and Human Interests*)』(Habermas, 1971b)에 따르면, 종으로서의 인간이 해석학적-역사적 이해와 기술적-과학적 이해에 대한 어떤 관심보다도 해방적 비판으로 지식을 안내하는 관심에 의해 이끌린다면, 교육은 어떠한 특별하고 실재적이고 부분적인 규범을 청하지 않고도 비판적 지향을 정당화할 수 있었다. 이런 시각에서 이상주의자와 비역사적인 해석학 전통의 교육학뿐만 아니라 새로운 실증주의자, 아마도 가치로부터 자유로운 경험적 지향은 모두 자신들의 역사적 조건에 대한 고집스러운 무시에서 자기전복적인 것으로, 해방적 비판의 산물 자체로서 드러난 것처럼 보였다(이런 점에서 실증주의에 관한 유용한 논의는 W. Carr, 1995, pp. 104-107를 참조). 비판적 교육은 해방의 심리분석 패러다임을 모델로 한 자기 성찰의 과정으로 구상될 수 있다. 그러나 포착한 것은 교육은 교육과정이 필요하다는 것이었다. 따라서 해방적 대화는 실제에서는 이데올로기 비판의 특정한 본질적인 입장들에 의해 미리 점유되고 있을 것이다. 해방의 대화는 정치적으로 미리 규정된 종착지로 인도되어야만 했다.

이것은 비판이론을 위한 문제였을 뿐만 아니라 그만큼 교육을 위한 문제였다. 몰렌하우어는 후에 의사소통능력 이론에 대한 입문적 소견에서 하버마스의 첫 시도의 시각에서 비판교육학을 재공식화했다(Habermas, 1971a; Habermas, 1970b의 번역본). 피터스와 허스트처럼, 그는 이제 그 과업을 교육적 업무에 비본질적인 것이라기보다는 본질적인 목표로 명시하는 것으로 보았다. 몰렌하우어에게 그 목표는 학생과 교사 사이의 비억압적인(그래서 해방적인) 이해다. 이는 방해받지 않은 의사소통적 상호작용을 요구하는데, 그것은 내재적인 규범들—더욱이 비억압적이고, 그러므로 참된 합의와 압력에 굴복한 거짓 합의를 구분하는 기준들을 제공하는 규범들(소용없게도, 하버마스의 번역자들은 후자를 "도덕적" 합의라 불렀다. 그러나 사실상 여기서는 도덕적 체제 순응의 압력에 의한 강제된 합의를 말하며, 따라서 거부되어야 하는 것이다.)—을 가진다. 참된 합의는 단지 "더 나은 논거의 '강요되지 않은 힘'"(하버마스가 흔히 사용한 표현)만을 인정하므로 본질적으로 교육적이다.

이 교육학 버전은 적어도 두 가지 측면에서 비판받아 왔다(Masschelein, 1991a, 1991b, 1998; Blake, 1992). 우리는 먼저 아동교육에서 이 이상(ideal)의 부적응성과 그것의 여전히 본래적인 도구주의적 성격을 지적할 수 있다. 그러한 대화는 아이가 이해를 원하고 또 사실상(그리고 단지 원칙적으로 가정된 것이 아니라) 이해를 원한다는 것을 알지 못하면 불가능하다. 그러나 아이의 참된 소망에 대한 이런 지식은 아이의 자율성을 전제로 하는데, 이는 의사소통적 투명성을 위해 필연적이다. 그러나 몰렌하우어에 따르면 이러한 자율성과 투명성은 정교하게 교육이 성취하고자 하는 것이다. 따라서 조건들은 순환적이다. 게다가 의사소통적 상호작용은 교육의 구성적인 것으로서가 아니라 그것의 목표로서, 그러므로 도구주의적 논리—적절한

"수단들"을 요구하는 교육행위의 "목적(end)"—에 포착되는 것으로서 남아 있다. 더욱이 인간 대화라는 가능성 있는 이상으로서의 투명성이라는 아이디어는 의문시될 수 있다.

더 나아가 의사소통행위 이론(Habermas, 1981b)에서 하버마스의 입장에 근거하여, 우리는 의사소통 행위는 상호작용의 비판적 형태가 고차적인 질문들에 대한 반사적 호소를 가져올 수 있다는 담론과 혼합되어서는 안 된다는 것에 반대할 수 있다. 대부분의 의사소통 행위는 그 성격에 있어서 산만할 것을 요구하지 않거나 또는 그러한 것으로부터 이득을 취하지도 않는다. 그러므로 교육적 상호작용은 전략적(혹은 조작적)이기보다는 의사소통적이어야만 하는 반면, 그것이 담론—문화, 과학 그리고 법 영역에서 고도의 현대성의 전형적인 특정한 형태의 상호작용—을 모델로 해야만 하는 것을 직접적으로 따르지는 않는다.

미국 이론가들은 1980년대 초반부터 독자적인 비판교육학을 발전시켰다(Giroux, 1983a; McLaren, 1989 참조). 그중 첫 번째는 지루(Giroux)였다. 그는 호르크하이머와 아도르노의 초기 비판이론의, 그러나 원칙적으로 마르쿠제의 구체화된 의식으로서의 지배적 이데올로기 분석의 세례를 받았다. 지루의 저서 『교육이론과 저항. 야당을 위한 교육학(*Theory and Resistance in Education. A Pedagogy for the Opposition*)』(1983b)은 초기 비판이론의 분석을 효과적인 방식으로 활용한 가장 중요하고 유일하게 광범위한 미국 교육학 연구로 평가된다. 지루는 먼저 어떻게 교육이 현실 사회의 자본주의 질서를 재생산했고, 그래서 소외적이고 억압적으로 보여야만 하는지에 대한 구체적인 분석을 강조했다. 그는 주로 학교가 어떻게 지배적인 이데올로기를 재생산하고, 이와 같은 방식으로 체제를 비판으로부터 면제될 수 있도록 돕는 "잘못된 의식"을 생산하는지에 관심을 가졌다. 지루는 학교가 서로 다르고 비판적인, 그리고 잘못된 의식이 해체되고 학생들은 사회적 · 정치적 질문들에 대해 성찰하기를 배울 수 있는 행위와 대화의 민주적이고 공적인 공간으로 구상될 수 있는 정도로까지 혁명적인 역할을 할 수 있다고 주장한다. 그러므로 그는 몇몇 후기 저작에서 비판적 교육학은 "비판의 언어"뿐만 아니라 "가능성의 언어"와 긍정적으로 표현된 민주주의의 비전을 개발해야 함을 강조했다(Giroux, 1989).

여기서 미국 비판교육학 발달의 후기 노선이 분명해지고, 비판이론은 단지 주변적인 역할만을 담당한다. 그 프로젝트는 주로 프레이리(P. Freire)의 『억압당하는 자의 교육학(*Redagogy of the Oppressed*)』(1973)과 소위 "신교육사회학"—부르디외(Bourdieu)와 번스타인(Bernstein)을 포함하는—에 의해 결정되었는데, 그들은 듀이식 프래그머티즘, 마르크스주의적 역사적 유물론 그리고 그람시(Gramsci)의 반헤게모니론을 반대했다. 그들은 또한 아로노비츠(Aronowitz), 애플(Apple), 맥라렌(McLaren) 같은 미국 비판교육학의 다른 대표자들에게 강한 영향력을 미쳤다. 이 모든 저자들은 학교는 사회적 재생산과 사회적이고 정치적인 변화가 가능한 장소임을 강조한다. 프레이리의 수탁자적(depositary) 교육의 분석과 잠재적 교육과정의 (마르크스주의적) 사회분석에서, 그들은 어떻게 학교가 기존의 권력지형을 재생산하는지를 밝히는 틀을 발견했다. 이로부터 많은 찬사를 받은 맥라렌의 교육적 의식에 관한 연구인 『학교교육과 의식수행(*Schooling as Ritual Performance*)』(1989), 지, 헐 그리고 랭크셔(Gee, Hull, & Lankshear)의 교육에서의 새로운 자본주의 언어에 관한 연구인 『새로운 노동질서(*The New Work Order*)』(1996)와 같이 학교에서 작동하고 있는 재생산 기제에 관한 아주 재미있고 정교한 연구들이 나왔다(그리고 여전히 나오고 있다). 주로 남아메리카에서의 구체적인 정치적 활동과 자유화운동에의 강력한 개입은(최근의 McLaren, 2000 참조) 미국 비판교육학의 전형적인 것으로서 유럽의 비판교육학과는 다르다.

그러나 미국의 비판교육학은 유럽의 비판교육학과 마찬가지로 교육 실제에 관해 강하게 도구주의적이고 기능적인 개념에 고착되어 있는 상황이다. 왜냐하면 교육적 실천(praxis) 자체의 개념에 대해 질문을 던지는 것이 아니라 그것을 자유화나 억압을 위한 도구로 생각해 왔기 때문이다. 교육적 실천은 여전히 그것이 겨냥해야만 하는 목표 혹은 목적—여기서는 유토피아로 구상된—으로부터 그 의미를 부여받고 있다. 따라서 교육은 이런 이상 혹은 프로그램의 현실화 혹은 실행이 된다(Masschelein, 1998 참조). 그리하여 비판교육학은 본질적이고 근본적으로 기술적 프로젝트를 공식화한다. 그 첫 단계는 이상 혹은 유토피아의 표명인데, 그것은 무비판적으로 가능하고 필요한 것으로 가정된다. 그러므로 그 자체가 자본주의체제의 중심에서 한탄해마지 않는 동일한 도구주의적 논리의 주체로 남게 된다.

영국에서는 교육에서 참된 의미의 비판이론의 전통이 존재하지 않았다. 교육사회학에서 1970년대와 1980년대의 마르크스주의 영향은 당시 영국의 좌파 사회과학의 정통인 알튀세주의로부터 흘러나왔다. 이는 영(M. F. D. Young)을 중심으로 한 집단의 저작에서 전형적인데, 그들은 인정받지 못하였으나 논쟁적인 철학적 회의주의자들이었다. 여기서 사회적 통제 형태로서의 교육이 강조되었는데, 철학적으로는 가령 보울스(Bowels)와 진티스(Gintis)의 것보다 더 "진전된" 버전이었다. 대조적으로 문화이론에서는 그람시의 영향이 다시 중요했는데, 특히 언어와 문화와 관련하여 헤게모니와 반헤게모니적 변화(특히 대중문화 내부에서)의 가능성이 그러했다. 이런 영향은 다른 "서구 마르크스주의"와 동떨어진 영역의 다른 이들과 함께, 특히 문학과 미디어 학자 윌리엄스의 저작(예: R. Williams, 1977, 1981)을 통해 스며들었다. 그리고 가장 직접적으로 버밍엄 문화연구센터(Birmingham Centre for Cutural Studies)의 작품들에서 명백히 드러난다.

영국의 경우, 교육철학 자체에서는 마르크스주의가 일반적으로 충격을 주지 못했다[호주의 경우는 해리스(K. Harris)의 저작과 같이 일부에 영향을 주었으나]. 이는 의심의 여지없이 특히 1968년 학생소동(student disturbances)의 물결 속에서 마르크스주의에 대한 근원적인 학문적이고 정치적인 불신으로 설명될 수 있다. 비판이론과 관련하여 이러한 무사건(nonoccurance)은 또한 거의 틀림없이 작은 영역 내에 미치고 있는 과거의 분석적 전통의 힘이 아니라, 아마도 이미 언급한 하버마스와 피터스의 입장들 간의 유사성을 반영하는 것이었다. 이런 유사성과 아마도 특히 그들이 공유하고 있는 칸트적 전통은 그것들이 실제로 그 통로를 따르게 하는 모티브를 약화시켰더라도 비판이론으로의 통로를 열었다. 그러나 카[W. Carr; 그리고 그의 동료 케미스(S. Kemmis)와 함께]의 저작들은 1980년대의 중요한 다른 목소리였다. 그들은 비판이론과 가다머에 근거하여 교육이론의 본질과 역할에 대한 중요한 비판을 제시하였다(Carr & Kemmis, 1986; Carr, 1995). 카는 이론/실천의 이분법에 대해 행위연구와는 유용하게 다른 입장에서 질문을 던졌다. 그의 교육적 실천에 대한 신아리스토텔레스주의적 분석은 특히 남아메리카에서 영향력을 행사해 왔다. 그리고 (실천에) 필연적인 역사적 영역의 강조는 비판이론과 해석학 모두에 중요한 역사적 중요성에 대한 영국 교육철학의 초기 면모를 보여 주었다. 1990년대에는 고전적인 영국적 패러다임에 대한 불만이 다양한 새로운 출발 시도 속에서 명백해졌는데, 이에 대해서는 이 책의 다른 곳에서 다룬다. 이 그룹 중에서 비판이론에 관심을 보인 것은 블레이크(Blake)였다. 그는 이러한 관심과 후기구조주의의 몇 가지 측면 간의 균형을 시도했다(특히 리오타르와 푸코의 저작으로부터). 블레이크에게 근본적인 것은 하버마스의 현대성과 현대화에 대한 기술, 그의 후기구조주의적 어용론(語用論, pragmatics), 지식 특유의 현대적인 사회적 재생산에서 비판의 역할에 대한 그의 평가다(Blake, 1992, 1995a, 1996b). 또한 블레이크는 하버마스가 의사소통적/전략적 그리고 논증적/전논증적(prediscursive)으로 구분한 것의 차이를 강조함으로써 이상적 담화 상황이라는 아이디어의 교육적 함의를 재검토한다(Blake, 1995b).

비판이론과 학생운동

비판이론이 교육에 끼친 가장 큰 영향은 아이러니하게도 1960년대 말 학생운동에 의해 "잘못" 수용된 것일 것이다. 학생운동에 대한 정치적이고 학문적인 반응은 격렬했지만, 오늘날의 교육적 풍경에서 적어도 고등교육에 있어서는 비판이론의 흔적이 깊이 남아 있다는 것을 부정할 사람은 드물다. 학생의 자율성과 독립적 학습에 대한 고조된 강조, 집단학습 과정에 대한 관심, 훨씬 폭넓은 교육과정(이제 문화이론, 여성, 흑인, 남성 동성애 연구와 같은 새로운 분야들이 포함된다) 그리고 "규범"에 대한 공격, 이 모든 것은 학생운동에 뿌리를 두고 있는데, 특히 교육에서의 권력의 역할에 민감해질 것을 강조한다. 분명히 푸코(Foucault)와 페미니즘의 영향도 여기서 중요하다. 그러나 1965~1967년 베를린에서 학생들의 비판이론 수용은 1968년 파리와 서구사회 도처에서 이러한 새로운 영향력이 발생하고 발휘되도록 하는 최초의 모델을 제공했을 것이다. 그러나 아이러니하게도 1990년대의 새로운 직업실무 중시의 경영주의는 이런 교육적 발달의 많은 부분을 세계화된 자본주의의 기능을 위한 도구적 목적을 위해 매수했다. 반면 비판이론에 대해서는 정반대였다. 이것이 가능해진 이유는 비판이론이 학생운동에 의해 "잘못" 수용되었다는 본질과 관계가 있을 것이다.

의미심장하게도 독일 학생운동은 독일 계몽주의의 첫 번째 교육적 개화라고 할 수 있는 베를린 자유대학(1810년 개교)에서 폭발했다. 교육과정에서의 자원 부족과 황폐한 아카데미즘에 대한 정당한 불만은 빠른 시간에 냉전 상황하의 표현의 자유의 억압에 대한 우려와 융합했다. 게다가 비판이론의 대표자들은 이런 저항으로부터 뒷걸음질쳤다. 그럼에도 불구하고 좌파는 정치적 의제를 공유했다. 아도르노는 고급문화와 그 권위에 대한 신성모독을 지각하고 두려워하며 반응했는데, 그것이 학생들에게는 비판이론을 참조하여 이를 정당화하는 것처럼 보였다. 유사하게 하버마스는 이데올로기 비판의 독단론이라고 보는 것들을 개방되고 억압받지 않는 담론에 대한 모든 헌신으로부터 분리하여 맹렬하게 거부했다. 과도하기는 해도 그가 학생 지도자들을 “붉은 파시스트”[3]로 낙인 찍었던 것은 유명하다. 그러나 우리는 거의 틀림없이 현대교육의 경영주의에 흡수된 비판의 기회주의적 도구화의 몇 가지 초기 형태를 여기서 회고조로 볼 수 있을지 모른다.

영국에서는 학생운동이 프랑크푸르트 학파에 대해 알았지만 그것을 지적으로 받아들일 수 있는 독일 철학의 지적 뿌리에 대한 이해가 부족했다(영국의 철학적 전통은 미국보다 훨씬 엄격하게 경험주의적이다.). 영국 학생들은 비판이론을 마르쿠제의 유토피아적 이념과 동등하게 다루었다. 반면에 그의 “억압적 관용” 개념은 단지 용어상의 모순으로 비방당했다. 우리는 하버마스의 학생운동에 대한 현재적 분석(Habermas, 1969 참조; 영어로 묶인 이 사건에 대한 세 가지 중요한 에세이에 대해서는 Habermas, 1987b를 참조)이 교육에서의 비판이론에 그렇게 미미한 충격만을 준 것에 대해 놀라고 유감스럽게 생각한다. 비판이론에서의 역사의 중요성을 감안한다면 그것의 역사적 분석이 교육에서 보다 추상적인 이론으로 가려진 것은 아이러니하다.

하나의 ‘다른’ 비판교육학?

그러면 비판이론은 지금도 중요한가? 그 이론의 대표자들에게 귀 기울이는 것은 여전히 의미 있는 일인가? 우리는 분명 그렇다고 생각한다. 우리는 지금 대부분의 공산정권이 와해된 이후로 급진적으로 다르고 더 나은 세계에 대한 갈망이 의미 없거나 필요하지 않다고 우리에게 가르치려 하는 세

3) 이 에피소드에 대해서는 Holub(1991, 4장)을 보라.

계에 살고 있다. 새로운 사회질서는 그 자체로 자유의 가치에 기반하고 있기 때문이다. 그리고 남아 있는 불평등과 부정의는 그 질서의 근본적인 결점에서 파생되는 것이 아니며, 미래의 사회 "연구와 개발"에 의해 해결될 수 있는 일시적인 문제들이거나 자신들의 잘못으로 고통 받고 있는 이들의 개인적인 부적응에서 비롯된 것이다. 그러한 세상에서 우리에게 비판이론의 심장에 놓인 가르침을 상기시키는 것은 너무 혹독한 것처럼 보인다. 그것은 과거와 현재의 고통과 부정의가 항상 단수의 존재들(singular beings)인 것처럼 가장해 왔고 또 가장하고 있다는 것을 가르쳐 준다. 따라서 미래 발전에 의한 어떤 결손 없이는 해결될 수(혹은 대답을 얻을 수) 없다는 것이다. 이는 현명한 생각이 항상 어떤 확실한 슬픔과 경험의 부담을 함축하고 있음을 의미하지만, 그럼에도 우리에게 사물의 급진적으로 다른 질서의 가능성을 말해 주고 있다. 현재의 모든 형태의 유토피아적 갈망을 중립화하려는 것처럼 보이는 "리얼리즘"의 승리에 대해 질문을 던질 필요를 느끼는 어떠한 비판교육학 또는 비판교육철학이라도 그 중심에는 이러한 깊은 모티브가 놓여 있을 것이다. 앞에서 언급했듯이, 비판이론에 의해 제기된 도전은 이러한 비판적인 유토피아적 모티브와 어떤 목적인도 부재한 가운데서의 비판적 질문 또는 우리가 알 수 있거나 상상할 수 있는 인간 역사를 위한 의미를 생생하게 하는 것이다.

우리의 관점에서 그런 도전을 받아들이는 것은 곧 비판의 관념들과 지금의 교육과 교육 실제에 대한 우리의 생각을 알려 주는 행위에 대해 재검토하는 것을 의미한다(Masschelein & Smeyers, 2000 참조). 이런 후자의 전통에서 생각과 행위는 보다 나은 세계의 대표와 그것의 필연적인 실현 혹은 완성과 동일시된다. 그러므로 그것은 항상 도구적 또는 기능주의적 논리를 내포하는 경향이 있다.

사실상 이와 같이 함축적으로 기술적이고 도구적인 교육적 실천의 전통은 우리가 위에서 보았듯이 사회를 개선하기 위해 비판이론의 영감을 받거나(예: 몰렌하우어, 지루, 맥라렌 등) 그들의 분석에서 미래에 실행할 몇 가지 교육적 프로그램을 추출해 낸 대부분의 교육이론가들에 의해서도 지속되고 있다. 그들은 비판이론을 그것의 부정주의를 주변화시키고 교육의 도구적 관념을 재생산하여 달성되어야 할 교육적 목표 또는 최종 상태를 진술하는 이상들을 "기초"하거나 "근거 짓는" 데 사용하고 있다.

이것은 어떤 의미에서 첫 번째 또는 두 번째 프랑크푸르트 학파가 기초주의자들인지, 어떻게 비판이론의 "유토피아적 계기"가 도구화되었는지, 그리하여 어떻게 교육적 프로그램들이 (비판교육학과 비판적 사고운동의) 부정의의 "참을 수 없는" 경험에 대한 비판적 인식 대신 실증적 개량주의로 대체되었는지에 대한 질문을 제기하게 한다. 우리는 이것이 적어도 부분적으로 비판이론의 실천 관념이 불명확했기 때문이라고 생각한다.

앞서 언급했듯이, 비판이론은 스스로를 변형적 실천의 한 계기로 생각하고 있었다. 그러나 하버마스가 옳게 본대로 실천의 관념은 아주 불분명하거나 단순히 인간의 자연의 변형으로서의 노동 관념과 동일한 것이었다. [하버마스식 용어로는 이러한 노동 관념이 노동과 의사소통적 행위 또는 상호작용의 차이를 간과하고 있다. 그리고 아렌트(Arendt)식 용어로는 말과 행위의 차이를 놓치고 있고 일과 단순한 노동을 동일시하고 있다.] 노동/일로서의 실천 개념은 비판이론가들의 교육 관련 생각에서 무엇이 역설적인지를 알려 준다. 비록 호르크하이머와 아도르노가 사회의 총체적인 "과학화"와 기술화에 대해 비난을 퍼부었지만, 그들 스스로도 사회-과학적 연구의 결과들이 실천의 발달을 규정할 수 있는 방법을 찾고 있다. 따라서 그들은 아주 도구적인 사고에 빠질 수밖에 없다. 이에 편견의 사회적 및 사회-심리적 배경을 강조하는 "편견에 대한 연구(Studies in Prejudice)" 서문에서, 호르크하이머는 이 연구가 교육에 관한 새로운 "과학적" 계획으로 연결되기를 희망했다(Adorno et. al., 1950, p. vii). 비슷하게 마르쿠제도 한곳에서 대중을 교육하고 사회주의 사상으로부터 벗어나게 하는 "교육적 독재"를 변호했다

(Marcuse, in Korthals, 1981, p. 45). 아도르노조차 그의 유명한 논문 「아우슈비츠 이후의 교육(Education after Auschwitz)」에서 사회과학에 의해 '계몽된' 사람들이 "시골"로 가서 정세의 실태에 대해 사람들을 가르쳐야 한다고 결론짓고 있다(Adorno, 1971a, p. 94).

따라서 우리가 비판이론을 진지하게 받아들이려면 이런 실천 개념을 분석해야만 하고, 실천에 대한 하버마스의 선구적인 노동과 언어의 구분을 따라야 할 것이다. 그러나 우리는 또한 가령 레비나스(Levinas)와 아렌트의 분석을 받아들여 그의 의사소통과 인간의 상호작용의 분석을 급진화하는 것이 필요하다고 생각한다(Levinas, 1987; Hand, 1989; Arendt, 1958). 하버마스의 내용에서 형식으로의 이동은 의사소통과 행위의 중심에 놓인 급진적인 우연성과 비상호성에 어떠한 빛도 비춰 주지 못하고 있다. 그는 의사소통자들에게서 그것 없이는 "인간의" 의사소통이 인간적인 것일 수 없는 분해 불가능한 차이와 단수성을 벗겨내어 버림으로써 의사소통의 우연성을 분해하여 그것을 (합리적) 과정이라는 새로운 결정으로 만든다. 그리고 그는 사람들 사이의 의사소통에서 상호 간의 인정이 단순히 실행과 반실행(counterperformance)의 경제적이고 합리적인 논리의 관점에서 개념화될 수 없다는 것(당신이 나를 인정할 때, 나는 당신을 인정한다.), 그리고 "신뢰"의 선물 또한 비경제적 측면을 포함하고 있고, 타인에 대한 선물이 보답의 확실성을 보장하지 않으며, 그것 없이는 인정이 있을 수 없다는 것을 너무 쉽게 "잊고 있다". 인류를 서로 관계시키는 절대적인 차이(정확히 말해, 인류를 무관심하지 않게 만드는 그들의 차이)와 함께, 너무 손쉬운 호혜의 개념을 방해하는 것은 이러한 비경제적 요인이다. 그리고 그것은 비도구적이고 비기능주의적인 용어에서 행위의 재구상에 결정적이다.

행위의 비도구적 구상으로부터 출발하여 "기초가 없는" 비판적 교육철학과 비판적 교육학의 개발을 시작하는 것은 분명 가능할 것이다. 또한 이러한 비판적 교육학은 비판이론으로부터 개인과 사회와 문화발달의 관련성에 관한 연구 관심을 차용할 수 있을 것이다. 우리가 앞서 보았듯이, 비판이론가들은 개인들과 집단들의 구체적인 행위와 사고를 통해(그리고 문화와 관련하여)서 그리고 그 속에서, 경험적으로 어떻게 사회와 경제 구조가 생산되고 재생산되는지를 이해하고 조사하기 위한 틀을 개발하기 위해 항상 다양한 이론과 학문 분야를 사용했다. 이와 관련하여 그리고 우리의 관점에서 크게 도움이 될만한 저작의 이론가는 푸코다. 그는 "학습사회"라는 현대적인 구성개념을 조명할 수 있게 해 주고, 추측건대 피할 수 없는 논리에 호소하는 이 구성개념이 사실상 단지 부수적인 발달에 지나지 않는다는 것을 보여 주는 흥미 있는 이론적 도구를 제공하고 있다. 같은 이유로, 우리는 교육을 단지 몇 가지 원칙(예: 자율성의 아이디어)의 표현(또는 표현의 실패)으로 보거나 자본의 논리에 종속되며 새로운 종류의 "통치성(governmentality)"으로 생각하는 비판적 교육학적 접근을 거부할 수 있다(이런 방향의 가장 유망한 시도는 Hunt, 1996를 참조). 리오타르, 아렌트, 레비나스 등에 의해 제공되는 다른 자원들과 함께, 그것은 다시 한 번 우리에게 부정의에 대한 사회적 마취상태에 있는 또 다른 중요한 이슈를 다루게 할 수 있다.

사실 비판적 교육학은 지금까지 발전해 오고 있듯이 어떤 의미에서는 비판에 대한 사회의 예방 조치로서 기여해 왔다. "비판적 능력"과 "의사소통적 능력"은 교육의 표준적 목표와 주어진 질서 안에서 작동하고 기능하는 표준적 필수조건으로까지 되었고, 결국 비판과 의사소통으로부터 그들의 주어진 질서의 초월적 요소를 강탈하게 하는 방식에 기여해 왔다. 그것은 부정의에 대한 "참을 수 없는" 경험의 비판적 인식을 실증주의적 개량주의로 대체했다. 우리는 어떤 프로그램이든, 그것이 그것을 뿌리째 뽑아내려 시도하는 것이라 할지라도 운명적으로 부정의를 재생산할 수밖에 없다는 푸코의 견해에 동의한다. 문제는 (교육을 포함하여) 사회적 업무에 대한 어떤 도구주의적 접근도 본래부터 사람들을 그 자체로 목적으로 다루는 데 실패할 것이라는 점이 아니다. 보다 근본적으로 사회적 행위(교육행위를 포함하여)는 그 자체가 말에 의해 실현되므로 교육적인 말이 이미 명시된 어떤 목표를 달성하기 위한 수단들로 보일 필요가 없다는 것이다. 그럼에도 이것은 교육적 프로그램의 아이디어가 전제로 삼고 있는 모습이다. 교육적 대화는 교사 중심적이지도 않고 학생 중심적(주체 중심적)이지도 않다. 그것은 어떤 것에도 "중심을" 두지 않는다. 그렇다면 그것은 대화이기를 중단하는 것이 될 것이다.

그러나 비판이론의 "언어적 전환"은 우리가 더 쉽게 도구주의를 거부하고, 차이와 비호혜성을 (비경제적 관계들로서) 인정하고, 기초에 대한 어떤 호소도 포기하고 교육에 대한 분산된 평가를 제기하도록 해 주었는가? 우리는 그 언어적 전환이 충분했는지에 대해 의심한다. 더 심각한 실패는 비판이론 배후의 그 부정적 측면과 메시아적 충동을 이데올로기 비판과 프로그램 형성 같은 실증주의 형태로의 변형이라는 진지한 모티브를 간과해 왔다는 것이다. 그러나 비판이론의 핵심은 '긍정적 유토피아'를 마음에 그리는 데 있는 것이 아니며, 현존하는 그대로의 세상의 실제적이고 견딜 수 없는 부정의에 대한 날카로운 경험을 하게 한다는 데 있다. 비판이론의 현재적 부활은 거의 분명하게 이러한 비판적 잠재력의 지배를 상실해 왔다. [그럼에도 불구하고 아도르노와 호르크하이머, 벤야민의 메시아적 충동은 마스켈라인(Masschelein)과 구르제프(Gur Ze'ev)에 의해 서로 다른 방식으로 수용되었다. 그들 사이의 이슈는 기초주의다.]

자본주의는 끝없이 지칠 줄 모르는 변화를 촉진한다. 그럼에도 불구하고 자본주의 매개변수들은 여전히 그들이 받아들이는 것보다 더 많이 배제한다. 비판이론은 어떤 변화가 바람직한지 미리 명시된 함정(다시 푸코에 의해 가장 잘 묘사된)에 빠지지 않고, 이러한 매개변수들 너머의 변화 가능성(그리고 수용된 매개변수 스스로의 변화)을 보여 주려 한다. 실증주의자의 마음은 대안이 미리 그럴듯하게 묘사되지 않으면 어떠한 변화에 대한 요구도 믿을 수 없다. 그러나 비판이론의 부정적 측면에 반응하는 것은 "나는 잘 모르겠다. 그러나 이것은 아니다."라는 외침을 근거 있는 것으로 받아들이는 것이다. 그리하여 현재를 강제적으로 수용하는 것처럼 보이는 운명론을 거부하는 것이다. (푸코의 '자아의 기술' 을 거쳐서 권력/지식의 회로 안에서 규정된 니체식의 자기주장과 저항의 형태로서 단언된 '허무주의' 와 비교해 보라.)

만약 비판이론이 도구적 정신 속에서 읽히지 않는다면 그리고 여전히 교사의 교육에 중요한 것으로 여겨진다면, 교사교육은 단순한 교사훈련 형태 이상으로 다루어져야만 한다(오히려 심오한 이해와 성찰적 의식에 의해 특징지어진다.). 비판이론 정신에서의 교사교육은 변형적인 측면을 지녀야만 한다. 한 사람의 교사는 아마 그 자신에게 불만족하는 만큼 좋은 존재로 여겨지게 될 수도 있다.

추 천 도 서

Carr, W. (1995). *For Education: Towards Critical Enquiry*, Open University Press.

Giroux, H. (1983). *Critical Theory and Educational Practice*, Deakin.

Habermas, J. (1987b). *Towards a Rational Sosciety*, Polity Press.

Horkheimer, M. (1972). Traditional and critical theory, in *Critical Theory: selected Essays*, trans. Matthew J. O' Conell et al., Seabury Press.

제2장

페미니즘, 철학 그리고 교육

Maxine Greene & Morwenna Griffiths / 심승환 역

도입: 일상적인 철학과는 다른 것

우리는 먼저 우리 자신을 소개하며 시작하고자 한다. 이 장은 일상적인 철학과는 다르다. 우리는 페미니즘이 일상적인 것을 다시 생각하는 방식이라는 점을 보여 주고자 한다.

그런데 먼저 우리 자신을 설명하는 것이 필요할 듯하다. 왜냐하면 우리의 개인적인 목소리, 관점, 입장, 위치, 사회적 관계—우리의 상황—는 그 자체로 우리가 페미니즘의 교육철학을 하는 방식의 일부이기 때문이다. 우리는 하나의 페미니즘은 없고 페미니즘으로 볼 수 있는 다양한 관점이 있음을 충분히 알고 있다. 페미니즘 이론 혹은 다양한 이론들은 어떤 본질의 일관적인 원리에 의해 통합되어 있지 않다. 더욱이 어떤 유일한 믿음의 체계에 의해서도 묶일 수 없으며, 다만 세계에서 행동을 창출하는 방식에 의해서 묶일 수 있다. 누군가 하나의 과제를 추구할 때, 개인은 자신의 고유한 활동을 시작하며 자신의 고유한 지각, 사고, 목표들을 가동한다. 여성으로서의 존재를 활성화시키면서 '수동적인 틀을 극복하기 위해 자신의 충분한 존재를 찾고 주장하기 위해' 노력한다(Arendt, 1958, p. 208). 그럼으로써 우리 각자는 자신을 단지 여성이 아닌 특별한 존재로 느낀다. 그리고 이러한 특별함은 특정한 이론이나 이야기로써 중요하게 설명될 필요가 있다. 이 장은 이러한 요점을 반영한다. 이 장의 대부분은 대화 형식이며 전체가 편지를 통한 대화 및 녹음된 대화에 의해 이루어졌다. 도입 이후에 우리는 교육철학과 관련하여 페미니즘의 개요를 간략히 소개하겠다. 그 후에 우리 두 저자들은 각자 개인적 정체성의 서사와 교육철학을 소개할 것이다. 그리고 마지막 절에서는 교육철학에 대한 페미니즘의 접근은 어떠해야 하는지를 사회정의와 관련하여 설명할 것이다.

우리 저자 모두는 여성이며 각자의 삶의 역사는 서로 아주 다르다. 우리 모두는 주변성(marginality)을 경험하였다. 한 명은 유대교 가정에서 자라면서 주류인 개신교와 갈등하는 어린 시절을 경험하였다. 다른 한 명은 이주민 가정에서 자랐다. 그녀는 동아프리카에서 태어나 10세 때 영국으로 옮겨 갔다. 한 명은 뉴욕에서 태어나 자랐지만 결코 자신을 중심으로 느꼈던 적이 없었다. 그녀의 이러한 주변성의 경험은 철학 및 교육에 대한 시각으로 연결되었다. 저자들은 서로 다른 세대다. 그렇지만 그녀들의 대학은 모두 남성 교직원들에 의해 운영되었는데, 그들은 여성들을 중심에 포섭하려고 하지 않았다. 이런 아웃사이더의 경험은 자기 자신의 기원에 대해 숙고하게 하였고 인종, 성, 물리적 상황들을 당연시하는 일상에 대한 도전의식을 야기하였다. 한 저자는 듀이(J. Dewey)와 경험주의 사상가들을 연구한 후에 문학, 실존적 문헌, 드라마, 영화 등을 자신의 고유한 시각으로 해석함으로써 철학을 시작하게 되었다. 이러한 모든 활동은 질문하는 능력에 영향을 미쳤고, 특히 자유롭게 외곽에서 지내고자 하는 소망과 주류 집단에 소속되고자 하는 열망 간의 갈등을 조화시키는 능력에 영향을 주었다. 다른 저자는 과학을 전공하면서 지식, 기술, 합리성과 같은 가치에 몰입하였다가, 그녀의 학생들에게 영향을 받아 본래성, 자아의식, 정체성의 문제에 관심을 갖게 되었다. 그녀 역시 무엇인가에 소속되고자 하는 것과 소속되지 않고자 하는 것 간에 발생하는 문제에 많은 관심을 갖게 되었다.

여러 차이에도 불구하고 저자들은 모두 사회정의에 대한 관심을 공유한다. 우리 모두는 공적 영역과 사적 영역 간의 변동하는 관계에 관심이 있다. 더불어 아렌트(H. Arendt)가 말했듯이 공통의 관심을 경험하는 인간들이 조건적 위치가 아닌 주체적 위치에서 자신을 제시하는 '주체 제시적인' 방식으로 함께 연결되는 '관계망'을 엮는 가능성에 관심이 있다. 다른 여성들(예: 드 보봐르, 해러웨이) 및 몇몇 남성 철학자들(예: 키에르케고르, 메를로퐁티, 듀이)과 같이, 우리는 '특정 장소가 한정되지 않은 뉴스'를 제공하는 제3의 관객보다는 다양한 방식으로 모여 특정한 상황으로부터 철학을 행한다.

남성들은 특정한 상황의 의미를 지각하고 상상하며 가치 평가하고 인식하며 추구하는 활동에 도달할 때 느껴지는 성적인 몸의 중요한 역할에 관심을 갖기 힘들다. 그러나 우리는 우리의 성적인 몸을 인식할 수 있다. 우리는 배터스비(Battersby, 1998)가 묘사한 '피를 흘리는 몸'을 인식할 때 이것이 가능하다. 즉, 우리는 아이를 출산할 수 있다는 사실을 안다. 또한 우리는 우리가 자란 사회적 맥락에서 여성이 음식, 주거, 사랑, 보육, 부양, 우애, 친교 등의 의무를 떠맡고 있음을 안다. 정말로 자신의 신체적 자아(양육, 청소, 요리, 부양하는 자아)를 인식하지 못하는 여성은 거의 없다. 또한 여성들은 자신의 외모의 중요성을 느끼며, 이 외모가 변하고 남성들이 외모를 계속 응시하고 있음을 의식한다. 이 모든 것은 여성들로 하여금 삶의 물리적이고 물질적인 실제성과 끊임없이 교류하도록 만든다.

우리는 사고, 인식 작용, 이해를 통해 이러한 점들을 단순히 의식하는 것이 곧바로 철학적 사고를 통해 새로운 길을 여는 것은 아니라는 점에 동의한다. 이것은 철학이라는 행위를 전체적으로 다시 생각해 보는 것을 의미한다. 분명히 최근의 페미니즘의 동향을 교육철학 영역 내에서 요약하는 것은 불가능하다. 왜냐하면 페미니즘의 접근들은 모든 철학의 영역들에 침투해 있으며 동시에 그 영역들을 벗어나는 것이기 때문이다. 페미니즘으로 분류되는 각 철학자는 그녀의 고유한 궤도를 지닌다.

우리는 세계의 다양한 영역들에 존재하는 여성들 간의 관계와 차이를 인정하는 입장에 근거한다. 우리는 지속적으로 성과 페미니즘의 관련성을 확증하지만 어떤 보편적인 동일성을 주장하지 않으며, '여성성의 본질' 을 주장하지 않는다. 우리는 성을 하나의 구성요소로 간주하며 성이 취하는 혹은 수세기 동안 변화되는 다양한 의미들을 고려한다. 모성 이미지, 미성숙함, 노예 이미지, 암흑의 여인(스콧의 레베카와 같은), 천사 같은 여인(금발의 로웨나와 같은), 기타 다양한 이미지들을 여러 가지 통제 및 제한과 함께 고려해 보자. 특히 이것들을 인종 및 민족적 차이와 관련하여 생각해 보자. 우리는 백인 농장주가 노예를 경매하여 사들이고 첩으로 만들어 탐닉하던 시절의 노예 상태에서의 성의 의미에 대해 상이한 관점에서 숙고한다. 우리는 미국의 역사상 '기대하지 않은 열매들' 이 있었고, 백인 여성들은 그들의 흑인 연인들을 격렬히 비방하여 죽이는 일에 참여했던 것을 기억한다. 스티드먼(C. Steedman, 1986)의 어머니에 대한 자서전을 보면 노동자계층 여성에게 있어 성 의미의 복잡성을 볼 수 있다. 쿠마르(R. Kumar, 1993)의 인도에서의 여권운동에 대한 논의와 알리바이-브라운(Y. Alibhai-Brown, 1995)의 우간다에서의 성장과정을 묘사한 자서전을 보면 영국 식민시대에 모든 계층의 여성에게 성이 의미하였던 바를 고찰할 수 있다.

우리는 여러 관계들을 밝히고자 노력할 것이고, 서로 다른 여성들이 여성으로서 연결되면서 동시에 사회적 계층, 민족, 종교, 성적 특질, 연령, 국적, 장애 여부 등의 특수성을 가지고 엮이는 관계망을 지속적으로 추구할 것이다. 우리는 우리 자신을 포함하여 세계 도처에서 억압받는 여성들의 경험에 직면한다. 우리는 동시에 분산된 사회구조 및 '국내 경제'의 재건을 위한 여성의 영향력의 예들도 의식한다(파라과이, 방글라데시, 남아프리카, 영국, 미국, 구 유고슬라비아). 우리는 사태를 읽고 듣는 과정에서 다원주의적 관점을 취하고자 한다. 그리고 글을 쓸 때에 우리의 독자들인 당신들을 상상하면서 최대한 다원주의자가 되기 위해 노력한다. 우리는 또한 우리 노력의 한계와 타인에 대한 지식과 이해가 불완전함을 알고 있다.

(교육)철학과 관련된 페미니즘

이 절은 하나의 큰 주제에 대한 간략한 요약에 지나지 않는다. 그러므로 이것은 간단하고 비교적 명료할 것이다. 독자들은 우선 어떤 보편적인 페미니즘의 입장은 없으며 특별히 페미니즘과 관련된 어떤 내용(돌봄, 양육, 출산 등)은 없다는 점을 분명히 알기 바란다. 또한 특별히 페미니즘적인 관점을 취하는 어떤 철학적 입장도 없다. 페미니스트들은 아렌트의 표현에 의하면(Young-Bruehl, 1982, p. 95) 남성으로부터 혹은 다른 페미니즘을 연구하는 여성 철학자들로부터 떨어져 '진주를 잡으러 간다.' 고 할 수 있다. 우리는 스스로 이러한 일을 한다. 한 예로 아렌트는 확실히 페미니스트 철학자라 할 수 없다. 그녀는 페미니스트들로부터 날카로운 비판을 받았고, 특히 리치(A. Rich)는 '남성 이데올로기 위에서 양육된 여성의 정신' 이라고 비판하였다(Seller, 1996, p. 102). 우리도 많은 비판을 발견한다. 그럼에도 그녀는 이 장에서 특별히 주목받는 학자다. 특히 일상적인 철학에 여성의 독특한 관점을 찾아 부가하여 정리할 수는 없는 일이다. 즉, 어떤 페미니즘의 관점을 취하는 것은 모든 일상적인 철학을 변화시키지만 어떤 유일한 결과로 귀결될 수는 없다.

그러면 다양한 차이에도 불구하고 페미니즘을 하나로 엮는 무엇인가가 과연 있는가? 만약 어떤 간단하고 확고한 제안이 있다면 그것은 곧 반대에 부딪힐 것이다. 하지만 (보편적인 동의는 없다고 하더라도) 수긍할 수 있는 정도의 일반적인 설명은 가능할 것이다. 우리는 바로 이러한 입장에서 다음 논점들을 기술할 것이다.

몸과 성

몸과 성은 세계를 이해하는 데 중요하다. 남성이건 여성이건 결코 순수한 합리성만으로 분리될 수 없고, 그들의 몸은 그들의 이해에 중요한 영향을 미친다. 물론 이것은 우리의 신체가 우리의 운명을 지배한다는 의미는 아니다. 민족성, 가난, 지리, 장애 등과 같이 지식과 이해에 영향을 미치는 다른 신체적 · 물질적 요인들도 있다. 성과 마찬가지로, 그것들은 모두 권력에 의해 혹은 권력을 통해 구성된 사회적 분배다. 우리가 가난, 출산, 불구 등의 영향을 생각해 볼 때, 살아 움직이는 몸은 살아 있는 개인에 의해 경험되며 타인에 의해 주시된다는 점에서 대단한 중요성을 가진다(여성은 타인의 주시의 대상으로 느낌). 그러나 몸에 대한 주의는 반드시 여성이나 페미니즘에 국한된 것이 아니다. 예를 들어, 메를로퐁티(Merleau-Ponty) 역시 몸을 주장하였고 페미니스트 철학자들도 그의 주장을 인정하였다.

성의 중요성

성은 모든 사회에서 중요하다. 성은 상호작용 방식에 영향을 미치며 철학을 행하는 데 영향을 준다. 현저하게 모든 역사 속에서 여성은 생각을 멈추고 여성의 일들에 전념하도록 강요받아 왔다. 4세기 알렉산드리아의 철학자 히파티아(Hypatia)는 고대의 예(여자에게 베틀로 돌아가 일하라는 명령)

를 소개한다(Le Doeuff, 1991). 잘 알려진 다른 예로는 마르티노(H. Martineau; 바느질로 돌아가라는 명령)와 울스톤크래프트(M. Wollstonecraft; 치마 입은 하이에나) 등이 있다. 이 장 후반부에서 우리는 편견에 항거하는 우리 자신의 경험에 근거하여 보다 현대의 예들을 설명하겠다.

상황을 고려한 철학하기

남성이나 여성이나 교육철학을 함에 있어서 경험/주체성 및 구체적이고 실제적인 예의 중요성을 강조하는 것은 필수적이다. 분명히 현실 상황은 여성들이 보다 현격히 느낄 것이고, 이것은 우리의 철학행위에 영향을 미친다. 우리는 움직이지 않는 자들이 될 수 없고 장소를 초월하여 순수하게 객관적인 관점을 취할 수 없다. 우리는 세계를 바라볼 때 '손톱이나 깎고 있는' 조이스(Joyce)의 무관심한 신이 될 수 없다. 우리는 "사고 자체는 삶의 경험들로부터 나오며, 사고의 결실을 산출하기 위한 이정표가 되는 삶의 경험들에 밀착되어야만 한다."고 주장한 아렌트에 동의한다([1961] 1993, p. 14).

느슨한 학문 분류

페미니즘의 강점은 어떤 확고한 학과 구분이 없다는 점이다. 그러므로 페미니즘의 교육철학은 확고하게 범주화될 수 없다. 이것은 철학, 페미니즘 이론, 페미니즘의 실천 및 정치, 교육의 이론화, 교육 실제 등이 엮여 구성된 것이다. 좀 더 깊이 보자면 페미니즘 연구는 특별히 페미니즘이라는 학문 영역에 속하지 않는다. 우리는 페미니즘을 전문 취급하는 출판사들을 볼 때 기쁘기도 하지만 페미니즘을 전문적으로 다루는 학술지나 학자들을 볼 때 일면 당황스럽기도 하다.

정체성과 교육철학에 관한 두 가지 이야기

요약하자면, 페미니즘은 이론이기보다는 세계를 보는 하나의 관점 혹은 행동방식이라 하겠다. 그것은 신념체계이기보다는 실제 결과와 관련된 보다 심각한 과제다. 이를 보는 하나의 방법은 특정한 개인들을 이끌어 교육철학에서 페미니즘의 시각을 취하도록 만들고, 알 수 없는 미래를 향해 그들을 여전히 이끌고 있는 경로를 추적하는 것이다.

우리 저자들 중 한 명은 듀이와 실존사상으로부터 많은 영향을 받았다. 다른 저자는 초기에는 비트겐슈타인, 콰인(Quine) 등의 분석철학에 몰두하였으나, 근래에는 관점과 권력 그리고 양자의 상호작용에 관한 주제에 관심을 가졌다. 그러나 우리는 사회정의의 실현이 공교육의 목적 중 하나라는 점에는 의견을 같이한다.

우리가 얼마나 주류 남성 인식론에 의해 배제되고 부인되었는가를 깨닫도록 만든 것은 바로 가르침, 과제의 수행, 정체성의 탐색, 자기 표현의 수행에 대한 경험적이고 실존적인 접근을 개인적으로 발견함을 통해서였다. 또한 여러 문헌들(그리스 비극으로부터 시작되는 서양의 정경, 아프리카, 아메리카, 오스트레일리아, 영국, 카리브 지역, 인디언 거주 지역, 뉴질랜드 지역의 영어 문헌들)의 영향도 있었다. 이러한 영향은 사실/가치, 사실/정치의 실증주의적인 이분법적 사고를 포함하여, 삶을 볼 때 객관주의적 방식으로 접근하므로 사고의 협소함을 제시하였다. 우리는 남성 학자들과는 달리 보르도(S. Bordo, 1987)가 말한 '객관성에 대한 투쟁'에 참여하는 것으로 우리 자신을 인식하였다. 우리는 '우리의 감각을 벗어나지' 않는 철학활동에 참여하였다(Woolf, [1938] 1977, p. 83). 우리는 여러 곳을 비행하였고, 감성을 살린 채 모험을 하며 세계를 경험하였으며, 상상력과 지각을 발휘하였다. 우리는 정신의 냉철함 속에서 정치, 결속, 기쁨의 롤러코스터를 경험하였고, 우리 자신을 표현하기 위한 언어의 풍성함을 활용하면서 참된 기쁨을 누렸다. 그리고 우리는 논리적이며 주의 깊은 사고를 즐겼지만, 개인적이며 정치적인 중요성을 상기하면서 기계적인 논증의 무한한 반복에는 탐닉하지 않았다.

I

나는 나의 초기의 글을 기억한다. 당시 나는 분석철학을 통해 교육철학에 접근하였다(내가 참고하였던 분석철학자들은 모두 남성이었으며, 모두 술과 담배를 즐겼고 잘생겼고 호텔 방에서 개인적인 교제를 갖는 그런 자들이었다.). 여하튼 내가 계획했던 글은 '무의미의 의미' 였다. 그것은 사람들에게 내가 '부드럽고' 매우 '문학적' 으로 그리고 다분히 '여성적' 으로 보이게끔 하였다. 그때 나는 과거에 내가 '남자처럼 생각하는' 여자이기를 바랐고, 그렇게 사람들이 생각해 주면 감사히 여겼다는 것을 회상하고는 크게 놀랐다. 일전에 하와이에서는 내 목에 무거운 화환이 걸렸는데, 그때 나는 일종의 죄의식을 느꼈다.

바나드에서 나는 역사를 전공하였고 철학을 부전공하였는데 교육에 대해서는 조금도 생각지 못했다. 다음 해에 나는 조교가 되었고, 갑자기 교육사 과목의 매우 규모가 큰 학급을 가르치게 되었다. 그때 나는 남편의 도움 없이도 박사학위를 받을 수 있겠다고 생각했다. 당시 나는 처음 사르트르(Sartre)를 읽었고, 철학적 주변성을 탐색하기 시작하였다. 나는 남편을 기쁘게 하기 위해 긴 논문을 썼는데, 그 제목은 「18세기(1750~1780) 영국의 자연주의적 휴머니즘: 지식의 사회학」이었다. 이 글을 쓴 동기는 오직 남편이 필딩(H. Fielding)에 대해 막 관심을 가지기 시작해서 내가 그에 관한 논문을 쓰기를 원했기 때문이다. 나는 그를 기쁘게 해 주고 기대 이상의 성과를 거두고자 하여 철학, 정치학 등 모든 학문 영역을 연관시켜 연구하였다.

여하튼 1955년 당시에 교육철학 분야의 한 여성이 일자리를 가질 기회는 없었다. 그래서 나는 뉴저지에서 전혀 다른 분야의 과목인 세계문학을 가르쳤다. 나는 영어로 강의하는 수업은 담당하지 못했고, 당시 교수들은 유대인을 받아들이는 분위기가 아니었기에 주로 혼자서 지내면서 호머(Homer) 등 수많은 세계문학에 관하여 오랜 기간 연구하며 많은 것을 배울 수 있었다. 나는 이후에 NYU로 가서 시간제로 철학 강의를 하였는데 너무 문학적이며 부드럽다는 이유로 결국 물러나야 했다. 그 후 브루클린 대학에서 기초교양과목을 가르치다가 콜럼비아 티처스 칼리지에서 *TC Record*의 편집자가 되었다. 나는 당시 교육철학회 회장이 되었으나 콜럼비아 티처스 칼리지의 철학과와 사회과학과는 절대 여성을 임용하지 않았기에 영어과로 임용되면서 철학과에서 한 과목을 가르치도록 허용되었다. 10년이 지나서야 비로소 철학과로 옮길 수 있었고, 학과장이 되면서 여러 철학 과목을 가르칠 수 있게 되었다. 영어과에 있을 때는 철학과 관련된 수업을 하기를 원했으므로 철학과 문학이란 과목을 요청하였다. 학과장은 내게 과목명을 '철학과 문학으로 할지, 문학의 철학으로 할지' 를 물었고, 나는 흔쾌히 '문학의 철학' 으로 해 달라고 부탁했다. 이 수업에서 나는 심미학과 교육을 가르쳤는데, 이것은 이 분야에 관해 논문을 쓰고 토론하는 링컨센터 연구소(Lincoln Center Institute)를 여는 데 도움을 주었다.

II

교육철학을 시작했을 때, 나는 여성으로서의 자의식이나 여성 철학자로서의 의식이 거의 없었다. 이러한 의식은 박사논문을 마치며 들기 시작하였고, 그때 페미니즘의 주장들을 심각하게 받아들이기 시작하였다. 사실 어떤 노력보다는 행운으로, 나는 영국 여성철학회의 창립 회원이 되었다. 이 학회는 대학 철학과 여교수들이 아닌 '철학을 공부하는' 일군의 여성들이 모여 실험적으로 시작되었다. 우리는 1980년대 초반 모임을 시작하였는데, 당시는 여성이면서 철학자인 사람을 발견하는 것 자체가 매우 반가운 시절이었다. 이 모임에서 우리는 학구적이고 다소 엘리트적인 속성을 가진 데 대해 다른 여성들에게 사과할 필요도 없었고 철학하는 모임에서 홍일점으로 전전긍긍해야 할 필요도 없었다. 우리 중의 절반은 우리 자신이 '진정한' 철학자는 아니라고 생각하였다. 우리가 교육학, 불문학, 정치학, 신학 등 철학과는 다른 학과에 속해 있었기 때문이다.

만약에 우리가 서로 대화하고 모임을 갖지 않았다면 아마도 우리 모임 중에 활발히 어떤 교제 기회를 누릴 사람은 별로 없었을 것이다. 이러한 상호 간의 열망이 하나의 모임을 만들게 되었고, 바로 이것이 많은 철학적 차이, 페미니즘 관점의 차이에도 불구하고 즐겁게 모일 수 있는 동력을 만들었다. 그리고 합의를 도출하기보다는 차이 위에 탐구하는 공동체를 시작하도록 이끈 것이다. 내가 우리 모임의 토론을 묘사하자면, '맞습니다! 맞고요! 그렇지만……' 이라 하겠다.

이 단체의 일원이 되면서 교육철학 및 다른 교육철학자들과의 관계는 변하게 되었다. 나는 여전히 주변인이었지만 당시에는 그 주변성이 내 과거사였다고 느꼈다. 우리 학회에 참여한 남성들은 매우 편안한 느낌을 받았다. 그러나 지금은 나 자신의 주변성을 표현할 수 있고 바로 이 주변성 위에서 활동한다고 하겠다. 나는 다른 페미니스트나 교육자들이나 여성주의 교육자들을 포함한 다양한 사람들과 자유롭게 대화하게 되었다. 결국 나는 중심적인 교육철학자가 아니었기에 그들의 표준에 구속될 필요가 없었을 것이다. 1990년대 초, 나는 영국 교육철학자 가운데서는 드물게 영국교육연구회(British Educational Research Association)와 교육철학회(Philosophy of Education Society)를 동시에 활발하게 참여하는 학자가 되었다. 한편으로는 양 학회를 내 집처럼 편안히 여겼지만, 다른 한편으로는 한쪽은 지나치게 이론적이며 추상적이라고 느꼈고 다른 쪽은 너무 실제적이며 정치적이라고 느꼈다.

III

나는 페미니즘이 오늘날 나에게 던져 주는 의미에 대해 매우 당황스럽게 여긴다. 비록 내가 『노인과 바다』를 잘 알고 가부장적인 경고 가운데 살아남아야 함과 내가 말해야만 하는 작은 이야기들의 압박감을 잘 느끼고 있지만 말이다. 일면에서는 내 아버지와 배우자에게 죄책감을 느끼며 그들이 자신들의 남성성이 오그라든다고 느끼지 않기를 바란다. 일전에 나는 상황의 특수성에 대해 절감하였고, 특히 페미니즘의 설움과 이야기에 공감하며 여성의 현실에 무감각한 손톱만 다듬는 무관심한 신에 대하여 반감을 가졌다. 내 기억을 더듬자면, 나는 다른 사람보다 빨리 아이를 가졌지만 그 아이는 몇 년 전에 런던에서 암으로 35세의 나이에 세상을 떠났다. 이와 관련하여 나는 모성, 희망, 죄의식, 실망, 딸과의 다툼, 진정한 이해의 불가능성 등에 대한 갈등의 기억이 있다. 나는 최근 페미니즘 연구에서 『주홍글씨(*The Scarlet Letter*)』를 사용했다. 특히 헤스터가 그녀의 작은 딸 펄을 죽이려고 한 장면을 떠올렸다. 어쨌든 나에게 페미니즘은 과정 중에 있는 나 자신에 대한 정의, 모든 관계선상에 놓인 나 자신이며 한 명의 딸을 가진 엄마로서의 나 자신에 대한 당황스러움을 포함한다. 나는 또한 또 다른 남편과의 사이에서 가진 아들이 있는데 그와는 비교적 지적인 관계를 유지하였다. 그는 대부분의 생애를 간질병으로 고생하였다. 그러나 그는 꿋꿋하게 삶을 살았다. 열심히 공부하여 멀리 버클리로 갔고, 좋은 직업을 얻고 결혼하여 대니라는 루마니아 아이를 입양하여 키웠다. 나의 가장 자랑스러운 기억은 그를 떠나도록 해 주고 그에 대한 나의 열망을 감추며 그를 자유롭게 가도록 격려해 준 것이다. 내 남편은 발작을 일으킬 때나 병원 또는 구급차에 있을 때 결코 나타나지 않았는데 아마도 너무 두려워서였을 것이다.

정말 그렇다. 페미니즘과 철학은 이러한 과정 중에 있는, 변화하는 상황 및 변화하는 관계 속에서의 자아와 많은 관련을 가지고 있으며 '본질' 이란 관념에 대해 거부한다. 일전에 반스(H. Barnes)는 나에게 사르트르에 대해 그와 페미니즘은 어떤 관련이 있고 나는 그에 대해 무엇을 느끼는지를 질문하였다. 나는 사르트르를 나의 분신령(分身靈, Doppelgänger)처럼 느낀다고 대답하였다. 이것은 무슨 의미인가? 페미니즘에 대한 나의 인식은 두려울 만큼의 자유에 대한 실존적 사고와 관련되며, 남성과 여성은 모두 '헛된 열망' 의 빛으로 묘사될 수 있다는 인식과 관련된다. 만약 시간이 있다면 나는 사적 영역과 공적 영역 간의 관계에 대하여, 공적인 공간에서의 엄격한 이성애에 대하여, 내 레즈비언 친구로부터 그리고 퀴어 교육학으로부터 배운 페미니즘에 대하여 추가로 이야기하고 싶다. 당신은 '관점' 이란 것이 어떻게 그리고 왜 나에게 그토록 중요하며 동시에 당황스러운 것인지를 알 수 있게 될 것이다. 나는 두 명의 남편이 있었지만 모두 죽었고 두 명의 아이 중 한 명을 잃었다. 나는 그 모든 상황으로부터 나의 몰리(Molly)로서의 자아, 헤스터(Hester)로서의 자아, 맥신(Maxine)으로서의 자아를 분리할 수 없다.

IV

맥신은 '과정 중의 자아' 라는 것을 고민한 몇 년 후인 오늘날 페미니즘이 그녀에게 무엇을 의미하는지 궁금해한다. 나는 내 관점이 내 생애 동안 거듭되는 사고를 거치고 나 자신의 '과정 중의 자아' 를 겪으면서 얼마나 많이 변했는지를 궁금해한다. 나는 이러한 질문을 하면서 그 증거를 찾으려고 노력하였기에 그것들이 변하였음을 안다. 처음에 나는 가치, 의미, 원리, 계획, 정의들을 명확하게 규정하고 이러한 명확한 생각 위에서 모든 작업을 시작하였다. 혹은 적어도 그러한 것들이 명확해지지 않으면 그렇게 하도록 노력하였다. 그것은 모든 이에게 자신들이 어디에 있는지를 알게 한다. 그것은 모두 일관적이고 정합성을 지니며 논리적이고 사실적이다. 그러나 지금의 나는 그렇게 생각하지 않는다. 나는 윤리학, 인식론, 정치학(이 영역들이 나에게는 모두 연결되어 있음)에서 수정 가능성은 필연적일 뿐만 아니라 환영되어야 한다고 생각한다. 수정 가능성은 타인(그들의 주장, 작은 이야기들)과의 개방되고 비판적인 만남을 통해 나온다. 바로 이러한 수정 가능성의 관점 안에서 나 자신의 윤리학, 인식론, 정치학이 타인과의 대화를 통해 얼마나 많이 수정되었는가를 볼 수 있다.

그런데 다른 한편에서 보자면, 그 수정은 아마도 내가 생각한 것보다는 적었다. 예를 들어, 과거 젊었을 때 나는 분명히 말해 페미니스트가 아니었다. 대신 나는 인간 모두의 중요성과 인간의 필요와 자유에 대한 강한 신념을 주장하였다. 20대 후반에 들어서야 인간은 상호 간에 모두 평등하지만 강하고 중요하게 여겨지는 주류 남성들에 비해 불평등한 대우를 받으면서 열등하게 여겨지는 여성이 있음을 생각하게 되었다. 이러한 깨달음은 나로 하여금 다시 생각하게 하였다. 그러나 지금 나는 그 새로운 생각이 덜 급진적이라고 생각한다. 나는 인간 모두의 정의, 그들의 필요와 자유에 대한 초기의 열정을 결코 잃지 않았다. 그래서 내가 취한 입장은 사회주의적 페미니즘이었다고 회상할 수 있겠다. 나에게 '급진적인' 페미니즘은 유용한 것이었지만 단순히 단기간의 정치적 해결을 지향하는 것으로 보였다(이에 관해 보다 분명히 알고자 한다면 Jagger, 1983을 참조). 이러한 것은 여성에게 자신들의 관심과 시각을 인식하도록 하지만 그 자체만으로는 결코 충분하지 않다. 그래서 결국 나는 현재 나의 페미니즘에 사회적 계층, 성적 특질, 민족, 종교, 국적의 문제들을 주의 깊고 열정적으로 포함하게 되었다. 이러한 문제는 남성 혹은 여성, 소년 혹은 소녀에 의해 경험될 수 있다. 비난받고 부당하게 구속되며 억압받는 자들은 남성이나 여성, 소년이나 소녀 그 누구도 될 수 있다. 나는 세계를 오직 성의 용어로만 기술하는 것은 상당히 단기간의 국부적인 사고일 수 있다고 생각한다.

그렇다면 여기서 더 이상 수정은 없는가? 분명히 있다. 분명하고 타협하지 않는 '페미니즘이 아닌 오직 인간' 이란 관점에서 나는 모호함과 불일치를 발견한다(맥신 역시 이 점에 동의한다.). 나는 가끔 세계를 성의 관점에서 보며, 어떤 때는 보다 복합적인 인간의 관점에서 세계를 본다. 맥락이 변함에 따라 나는 관점을 이동시킨다. 나는 의식적으로 여성과의 유대를 만들려고 노력한다. 나는 모임에서 페미니즘의 관점을 표현하고 지지한다. 그리고 분명하게 페미니즘의 시각에서 글을 쓰며 보다 잘 알려진 남성 저자들의 문헌보다는 여성들의 문헌들을 사용한다. 한편으로 요즈음 나는 "만약 내가 여성들과 철학의 모임으로부터 배제된다면 어떻게 배우고 기여할 수 있습니까?" 하고 다소 냉소적으로 묻는 남자들에게 별로 반응하고 싶어하지 않는다. 그럴 경우 그저 "그렇습니까. 그러면 여자가 되어야겠지요. 당신을 도울 수 없습니다."라고 대답한다. 비록 나는 다양한 소외 집단들이 당연히 주류 집단을 교육할 의무가 있다는 주장에 강력히 반발하고 싶지만 그렇게 하지 않는다.

맥신과 마찬가지로, 나는 나의 개인적인 역사, 과정 중의 나 자신, 매일의 삶, 한 남자와의 관계, 어머니와의 관계, 혹은 친구, 내 양녀, 형제들과의 관계, 성차별과 관련하여 학장들 및 학과교수들과 싸웠던 경험, 그리하여 동등한 위치를 쟁취하였던 경험, 자유롭고 학구적인 환경 안에서 착취와 부정의의 끔직한 이야기들을 들었던 경험의 영향과 힘을 꼭 밝히고 싶다. 나는 또한 계층, 성, 성적 특질, 국적, 인종 면에서 다양한 내 학생들로부터 많은 것을 배웠고 또 여전히 배우고 있다.

V

모웨나는 나로 하여금 내가 어떻게 왜곡된 페미니즘으로부터 변화되었는지를 생각하게 한다. 나는 파이프를 물고 진을 마시며 외설적인 농담을 하는 남자들과 싸웠다. 그들이 이해할 수 없는 언어를 찾으려고 하였고 그들이 개과천선하기를 바랐다. 교육철학회 회장이 되었을 때, 나는 한 저녁 모임에서 일장연설을 한 후에 더 이상 그 모임에 갈 용기를 가질 수 없었다. 그때 나는 회장실 침대에 누워 소년들의 노래를 반복해서 들으며 그렇게 나서지 말았어야 했는데 하는 부끄러움 속에 사로잡혀 있었다. 당시 나는 내가 무엇을 의미하든지 많은 대중들이 결국 나를 이해해 주기를 바랐다.

한 명의 유대교인이 된다는 것 또한 나의 소속 감각에 영향을 주었음을 밝히기 원한다. 나는 '율법' 에 집중하고 있었고, 이것은 확실히 형식주의와 객관주의를 유도하였다. 그러나 동시에 공정성, 평등, 고문, 대학살 같은 '사회적 고통' 의 종결을 위한 원칙들에 대한 갈망이 있었다. 다시 한 번, 나는 유대교인이 되는 것이 뉴욕인, 미국인이라는 내 삶의 영역에 어떻게 다가왔는지를 생각한다. 나는 이 나라에서 자유를 경험하는 것은 제1차 세계 대전 이후의 유럽 경험에 대한 이해를 불가능하게 만든다는 크리스테바(J. Kristeva)의 이야기를 기억한다. 그것은 대학살뿐만 아니라 아렌트가 쓴 노동자연맹의 운명, 바이마르 공화국의 혼령 등에 관한 것이었다. 나는 단지 한 스펙트럼의 끝에 지독한 발칸전쟁과 반유대주의 및 반집시주의 등 민족적 · 종족적 증오의 역사가 존재하며, 다른 한 끝에는 헝가리어로 말하고 생각하는 내 작은할머니가 학살 같은 것과는 무관하게 오스트리아-헝가리 제국의 화려한 위용을 상기시키려는 듯 여전히 황제에 충성한다고 말했던 것을 생각한다. 그리고 브루클린에 사는 한 정통파 유대인 과부는 가족들이 건너온 덕택에 대학살에서 탈출했고, 모든 전통들을 지키려고 노력한다. 비록 할머니는 내가 14세 때 돌아가셨지만 나의 후기 페미니즘이 이러한 것들로부터 영향을 받았음을 생각해 본다. 나는 이민 이야기의 흔적은 우리 모두에게 영향을 미칠 것을 확신한다. 내가 글을 쓰는 이 순간은 아주 더운 일요일 아침이다. 푸에르토리코의 행진이 바깥 거리에서 시작되며 엄마들과 딸들은 운반용 스토브에 요리를 하고 다른 사람들은 그 행진을 즐기는 대조적인 광경을 보고 있다.

교육에서 사회적 정의와 정치의 상호적 중요성

우리의 개인적 이야기를 한 이유가 있다. 부분적으로는 그 이유를 앞에서 제시하였다. 그 이야기들은 한 여성이 교육철학으로부터 페미니즘의 시각을 갖도록 이끈 경로를 보여 준다. 그러나 또 다른 이유가 있다. 우리는 롤러코스터를 타는 비유를 들었는데 이는 단지 흥미를 위한 것이 아니다. 재미있게 하려면 더 쉬운 방법이 있을 것이다. 우리는 철학적 선택이 중요함을 지속적으로 느끼며, 우리가 공유하려고 하는 일에서의 부당함과 상실과 결여의 상황에서 우리의 철학적 시각을 통해 더욱 진취적으로 나아가고자 하기에 롤러코스터라고 표현한 것이다. 이야기들은 교육과 관련하여 우리가 사회정의 및 정치적 행동의 문제에 함께 집중하는 이유를 지적한다. 더불어 왜 우리가 그러한 문제에 대한 접근을 페미니스트로 부르는지에 대한 이유를 보여 준다. 그것은 비록 간단하게라도 그러한 접근이 실제에서는 어떨지를 보여 줄 것이다.

오랜 기간 동안 우리는 일련의 책들과 논문을 통해 정의와 자유를 교육과 연관하여 탐구하였다(최근 연구로는 Greene, 1988, 1995, 2000; Griffiths and Davies, 1995; Griffiths, 1998, 2000). 우리는 정의와 자유의 정치적 추상화가 어떻게 교육적 실제와 맥락에서 작용하는지를 보여 주고자 하였다. 우리는 그것들을 사회적 상상, 공정함, 평등, 파괴 그리고 잔인함, 고문, 폭력, 압제로부터 자유로운 공간의 창출 문제와 연결하여 고찰하였다. 의심할 바 없이 우리 둘은 서로 강조하는 면에서나 상세한 부분에서 많이 다르다. 그럼에도 우리는 공정한 사회는 우리 모두가 함께 참여하며 혜택을 누릴 수 있는 공간이라는 점에 동의한다. 아렌트의 영향을 받아 우리는 상호간의 구성이라는 아이디어를 사용한다(Greene, 1988, 특히 1장). 자유는 타인과의 활동에서 발견된다. 자유는 단지 타인으로부터 방해받지 않는 소극적인 의미가 아니며 단지 개인적인 선택을 마음대로 하는 의미도 아니다(Arendt, [1961] 1993, p. 151). 평등에는 또한 타인이 누구이며 그녀의 존재는 무엇인지에 대한 인식을 통해 타인의 현존을 인정하는 의미가 있다. 이것은 동일함으로서의 평등을 의미하는 것이 아니고, '정의의 원칙에 의해 안내되는 인간 공동체의 결과' 로서의 평등을 의미한다(Arendt, 1968, p. 301). 이러한 공동체는 우리 모두가 타인과 협력하여 지속적으로 창조함으로써 이루어진다(Griffiths, 1998). 그것은 균등하게 혜택을 분배하는 것 이상의 의미를 지닌다. 그리고 그것은 한순간에 종결되는 과제가 아니다.

공적인 영역에서의 여성

정의와 자유의 원칙은 일정한 공적인 영역의 존재를 의미한다. 사람들이 만나고 대화하며 주장하고 아이디어를 제시하며 공동의 관심사를 통해 일하고 최선의 대안을 결정하는 공간이 필요한 것이다. 그러므로 그리스 시대 이래로 서양 정치철학이 그러한 공적인 영역의 본질에 관심을 기울였던 것은 놀라운 일이 아니다. 그리스인들은 아고라(agora)라는 공적인 공간을 가졌다. 그들은 이런 공적 영역을 그들의 사적인 가정과 구분하였다.

이러한 아이디어는 정치철학에 지속적으로 영향을 주고 있다. 비록 그리스의 도시국가는 없어진 지 오래지만, 그러한 대면 접촉을 통한 모임이 장기간의 정체 논의를 위하여 반드시 유용한 방법은 아닐지라도 아고라의 아이디어는 충분히 유효한 함의를 지닌다. 그것은 오늘날에도 강력히 영향을 줄 수 있는 아이디어다. 특히 서양의 정치적 담론에 여전히 지배적인 영향력을 주는 현대 자유주의는 모든 이에게 개방되어 있고 '사적 영역'과 구분되는 '공적 영역'에 대한 인식에 기초한다. 그렇지만 자유주의는 정치적 아이디어의 유일한 혹은 지배적인 원천이라고 할 수는 없다. 자유주의는 또한 사적인 영역과 공적인 영역을 구분하는 유일한 이론도 아니다. 예를 들어, 아렌트 역시 그러한 주장을 하지만 자유주의자로 볼 수는 없다(Young-Bruehl, 1982; Benhabib, 1992). 듀이(1927)는 공적인 영역은 공유된 관심을 지닌 사람들이 결핍된 것을 고치고 빈 공간을 채우는 행동을 취할 때 비로소 개방된다고 설명한다.

지난 몇 십 년 동안, 페미니즘 이론가들은 '공적인 영역'에 대한 주류적인 이해와는 달리 그것을 여성들을 위한 문제로 주장하고자 노력하여 왔다. 그들은 공적 논의를 위해 적절하다고 선택되는 주제들이 남성들에 의해 규정되어 왔음을 지적하였다. '개인적인 것은 정치적이다.'라는 슬로건은 이러한 생각을 표현하며, 가사일, 가정폭력, 성폭력과 같은 문제들에 대한 논의는 사적인 관심사로 여겨졌다. 페미니즘 이론가들은 협소한 남성편향적인 논의의 규칙들과 이를 통한 여성 목소리의 무시를 지적하였다. 자유주의 이론가들은 자유주의가 공적인 영역에 들어오는 개인에 대하여 어떠한 선입견도 없다는 점을 자랑스럽게 여기므로 이런 도전을 황당하다고 여겼다. 그들은 인간은 모두 평등하다는 점을 강조하였다. 벤담(J. Bentham)이 말하듯이, "각 인간은 한 개인으로서 중요성을 가진다." 그런데 벤하비브(Benhabib), 이리거레이(Irigaray), 재거(Jagger), 로이드(Lloyd), 마틴(Martin) 등의 페미니즘 철학자들은 사실 얼마나 자주 개인들이 암묵적으로 남성에 한정되었던가를 비판하였다. 페미니스트들의 이러한 비판은 흑인, 유대인, 게이, 레즈비언, 빈곤 등의 배경 때문에 소외를 당하는 많은 사람들의 경험과 관련된 유사한 비판들과 연결된다.

'공적인 영역'의 더 깊은 문제는 '사적인 영역'에 대한 개념적 대립으로부터 도출된다. 이 대립은 성차별과 관련되는데 '공적 영역' '사적 영역'

이란 개념이 서양에서 성 편향적으로 사용되어 왔기 때문이다. 페미니즘의 철학적 분석의 초기 연구인 『공적인 남성과 사적인 여성(*Public Man and Private Woman*)』에서 엘쉬테인(J. Elshtain, 1981)은 서양 철학의 역사를 통해 성 편향을 추적한다. 오킨(S. Okin, 1995)은 롤즈와 같은 자유주의자 역시 오직 '가정의 지도자들' 만이 정치에 참여할 수 있다고 여긴다고 지적한다. 결국 누군가는 아이 양육과 음식 준비에만 전념해야 할 것이다.

이러한 주장들은 여전히 타당한가? 롤즈는 30년 전에 그의 주요 저서를 냈다. 그 이후로 분명 우리는 '성의 지각변동' 을 경험하였다. 남자들은 아이를 보며 그들의 셔츠를 다리고 노인들을 돌본다. 개인적이고 사적인 영역으로 여겨졌던 것들(양육, 요리, 가사 관리 등)은 현재 공적 영역에서 자주 다루어지고 있지 않은가? 또한 여성들은 공적 영역에서 활발히 활동하고 있지 않은가? 그러나 이러한 변화들은 그렇게 큰 것은 아니다. 성의 지각변동에 관한 보도들은 과장되었다. 공적 영역에서 사적인 것의 등장은 뭔가 과시용의 성격일 뿐이다. 배우자에게 공개적으로 키스하는 것, 공공 인사들의 가족사진 등은 하나의 퍼포먼스라 하겠다. 현재 시민성 논의들은 우리에게 과거의 소외들이 여전히 존재하며 특히 학교 공간에 잔존한다는 점을 일깨운다(예: Arnot & Dillabough, 2000; Enslin & White, 이 책의 I권 3장 참조). 더욱 폭넓게 보자면, 지속적인 소외의 또 다른 구체적인 영향으로서 여성들이 국가 및 국제적 의사 결정과정에서 거의 역할을 하지 못한다는 점이다(예: Brine, 1999; Hutchings, 1996; Okin, 1995 참조).

또 다른 가능성이 있다. 성의 지각변동에 대한 보도들은 아마도 과장일 뿐만 아니라 수십 년 동안, 어쩌면 수세기 동안 지속되었던 부정확한 인식을 지속하고 있다고 하겠다. 여성들은 '정치를 하며' 또 항상 그렇게 해 왔다. 실타넨과 스탠워스(Siltanen & Stanworth, 1984, p. 185)는 수년 전에 '남성 주도적인 문헌들에서 여성들의 정치능력이 과소평가되어 왔다는 사실' 을 지적하였다. 페미니즘 운동은 과연 어떤 방향으로 나아 왔고 또 나가는가? 어쨌든 여성들이 살아가는 공적 영역은 정통의 관점에 의해 간과되어 왔다.

비유적인 사고

우리의 제안은 과거의 범주화, '공적 영역' 에 대한 과거의 시각은 오랜 시간을 거치며 상당 부분 응축되고 가려졌다는 것이다. 우리는 상상력을 다시금 활용하여 다시 생각하며 다르게 생각하는 것이 필요하다. 이것은 매우 비유적인 진술이지만 우리는 그에 대해 사과할 생각은 없다. 오히려 이 절에서 우리는 정통과 사고를 질문하며 다시 생각하는 방식으로서 비유적인 언어를 고려해 볼 것이다.

I

비유는 그것이 작동하는 활동 그 자체다. 비유는 서로 다른 사물들을 한데 엮기 때문에 일상적으로 같은 것들을 묶어 생각하는 의식의 방향을 변화시킨다. 시는 분명히 비유로 이루어진다. 나는 교사들에게 직접적으로 사고하지 말고 보다 비유적으로 사고하도록 요청한다.

모리슨(T. Morrison)의 『재즈(*Jazz*)』는 하나의 비유로 볼 수 있다. 그것은 그 시작방식 때문에 매우 독특한 책이라 하겠다. 화자가 결코 드러나지 않는다. 당신은 추측은 할 수 있겠지만 누가 말하고 있으며 언급하고 있는 대상은 무엇인지에 대해 감을 잡을 수 없을 것이다. 알려지지 않은 화자가 독자에게 이야기를 꺼낸다. 그것은 이 책에서 나에게 가장 강력했던 비유들 중의 하나인데 다른 독자들도 그렇게 여기는지는 알 수 없다. 그것은 바이올렛이란 여자와 결혼한 한 남자에 대한 이야기다. 그는 항상 어머니와 그가 사랑했지만 죽였던 어린 소녀를 찾는다. 바이올렛과 조는 남부 이주민 노동자였다. 그들은 할렘으로 갔고, 거기서 조는 한 소녀와 사랑에 빠진다.

그 소녀는 다른 소년들과 어울려 놀았고, 조는 그녀를 죽인다. 물론 저자는 그가 그녀를 죽인 사람이라고 이야기하지 않는다. 그의 아내 바이올렛은 장례식장에 가서는 그 죽은 소녀의 얼굴을 베려고 한다. 이 이야기는 재즈 같다. 그것은 그 테마를 반복해서 소개한다. 이어서 눈이 오며, 바이올렛이 창을 열어 모든 것, 심지어 '사랑한다.'고 말하는 앵무새조차 창 밖으로 내던지는 장면을 보여 준다. 그 후에 이 책은 시간을 거슬러 올라간다. 바이올렛의 엄마는 남부에서 추방된다. 남자들이 들어온다. 엄마는 테이블에서 커피를 집어올리고, 그 남자들은 그 테이블을 옮겨 버린다. 그녀는 일어나지 못하고, 그들은 마룻바닥 위에 팁을 던져 준다. 그녀는 조금 후에 자살한다. 이러한 장면에서 나는 비유를 발견한다. 창가에서 넌져시려는 앵무새와 가장자리에 있는 여성들. 그래서 나는 흑인들처럼 항상 가장자리에 처한 상황을 의식하며 이 책을 읽었다. 이 책은 어떻게 그런 비유를 발견할 수 있을지에 대한 하나의 예가 될 것이고, 이전에 기대하지 못했던 새로운 것을 발견하도록 안내해 줄 것이다. 큰 안목에서 보자면, 이 책은 1920년대의 흑인들은 항상 주변에 머물렀고 죽음이나 그와 유사한 곤경에 직면해 있었다는 점을 말한다. 그렇지만 현재에도 종종 가려진 차별이 지속적으로 미국 흑인들에게 해를 가하며 그들을 고립시키고 있다.

II

나는 비유의 작용, 사물을 보는 방식을 여는 것에 대한 맥신의 생각에 매우 관심이 깊다. 이러한 관심은 일면으로는 지금 이 책의 집필을 그녀와 공동으로 하고 있기 때문이기도 하지만 그녀와는 상이한 시각에서 접근하고 있기 때문이기도 하다. 나는 비유는 특히 오랫동안 무비판적으로 사용될 때 상상력을 소멸시킬 수 있음을 오랜 기간 의식하여 왔다. 그러한 언어는 '죽은 비유'로 가득한 것이다. 나는 이러한 사실을 아임(M. Ayim, 1987) 같은 페미니스트로부터 배웠다. 그녀는 많은 철학적 저술들이 논쟁에 관한 비유를 사용하는데 오직 폭력적 대립만을 제시한다는 것을 지적하였다. 나는 또한 많은 페미니즘 비평가들이 과학에서 사용되는 비유에 대해 비판하는 것을 보았다. 남성의 과학자들이 여성의 자연을 지배하며 농락한다는 등의 비유 말이다. 일부 페미니즘의 비판에서 과학이 감성을 마비시키는 냉혈한과 같다는 비유는 그 자체로 생각을 구속한다. 일단 냉철하다는 비유에 각인되어 버리면 다른 생각을 할 수 없게 되는 것이다. 라코프와 존슨(Lakoff & Johnson, 1980)은 우리의 말과 행동을 구속하는 많은 죽은 비유의 예를 보여 준다. 예를 들어, 우리는 '토론은 대화다.' 라는 말보다는 '토론은 전쟁이다.' 라는 비유에 얽매여 사고하게 된다.

III

비유는 언어적 구조보다는 상상과 관련된 것이다. 블랙(M. Black)은 비유를 개요(schemata)로 보았다. 그리고 사르트르는 비유를 이미지로 설명하였는데, 나는 이미지와는 다른 것이라고 본다. 우리는 어떤 의미들에 의해 우리의 시각을 확장하며 비유를 생각한다. 비유는 우리로 하여금 사물들을 다르게 보도록 만든다. 호손의 『주홍글씨』는 많은 비유로 이루어졌고 그의 다른 이야기들도 마찬가지다. 이러한 비유들이 제기하는 문제들은 만(H. Mann)의 우수한 리포트로부터 얻을 수 있는 것과는 다르다. 예컨대, 5월 축제의 기둥(maypole)은 하나의 비유다. 또 호손은 프린(H. Prynne)이 세계를 '광야의 인디언과 같이' 여기는 장면을 묘사한다. 여기에는 그녀가 황폐한 가장자리에 처한 상황에서 느끼는 소외감을 묘사해 주는 비유가 숨어 있다. 바로 그때 그녀는 간통보다는 연장자들을 경계했어야 했다는 사색적이고 해방적인 사고를 시작하게 된다.

모웨나는 페미니즘의 과학을 이야기한다. 맥클린톡(B. McClintock)을 생각해 보라. 그녀는 점프하는 유전인자라는 개념으로 메타포를 아주 잘 구사하는데 지구를 착취하는 대신에 친구가 되는 아이디어를 던져 준다. 그리고 해러웨이(D. Haraway)와 그녀의 사이보그에 대한 글은 어떤가?

IV

맥신의 주장은 옳다. 켈러(F. Keller, 1985)는 맥클린톡의 비유가 과학에 대한 그녀의 독특한 접근을 초래한다는 점을 보여 준다. 그리고 해러웨이가 과학에 대한 우리의 사고를 열어 주는 방식으로서 비유를 사용한다는 점은 사실이다. 그녀는 여성(여성적인 것)이 '자연적인 것'과 관련되며 남성(남성적인 것)은 과학 및 공학과 관련된다는 생각을 뒤집기 위해 그것을 사용한다. 그녀는 우리의 상상력을 사용하여 우리가 이미 과학과 공학에 접해 있음을 인식하도록 이끈다. 우리는 이미 사이보그이며, 이것은 환영해야 할 일이다. 그녀의 의도는 독자들이 새로운 방식으로 사태를 인식하도록 이끄는 것이었다.

그러나 나는 여전히 비유는 사고를 열어 줄 뿐더러 그만큼 봉쇄하기도 한다고 생각한다. '물질에 귀 기울이기'라는 맥클린톡의 비유는 사고를 여는 데 강력하다. 하지만 우리는 켈러의 과학자들에 대한 비판의 맥락에서 그것을 읽는다는 점이 중요하다. 그녀는 그들이 맥클린톡을 유별난 자라며 거절하였으며 그녀의 비유를 제대로 이해하지 못하고 반응하였음을 지적한다. 동시에 해러웨이(1991)는 그녀의 저술에서 사이보그에 관한 새로운 비유를 만들지만 이는 생각을 봉쇄하는 과거의 죽은 비유(여성은 자연적이고 남성은 기술적이라는)에 대항하기 위해서였다. 그러나 이런 비유들은 영향력 있는 것들이다. 맥신은 나와는 달리 비유가 다른 시각으로 생각하도록 만들지 못한다면 더 이상 비유가 아니라고 주장한다. 그렇다면 '공공의 격투장' '급소를 찌르다' '자연에 대한 폭행'과 같이 사고를 멈추게 하는 상상적인 것—예전에 누군가의 상상을 통해 나왔던 것—을 우리는 무엇이라 불러야 하는가?

나는 이제 비유는 이해의 방식을 구축하는 틀이라고 제안한다. 어떤 틀은 당신의 세계를 열어 주며 다시 보고 달리 보도록 만든다. 그것들은 새로운 틀을 시도하도록 안내한다. 그러나 다른 틀들은 당신의 세계를 제한한다. 그것들은 사고를 봉쇄하며 다른 틀의 사용을 좌절시킨다. 그것들은 고정되고, 확고하며, 응축되며, 세월 속에 가려진다. 우리가 가진 틀을 통해 창조적으로 행동함으로써 후자의 틀을 전자의 틀로 바꾸는 것은 가능하다. 아렌트(1961)의 서문인 '과거와 미래의 간격'에 한 예가 있다. 그녀는 카프카의 이미지를 사용한다. 그것은 과거를 앞으로 돌진하는 공격자로, 미래는 뒤로 돌진하는 또 다른 공격자로 묘사한다. 그녀는 이러한 생생한 이미지를 통해 (인간의) 시간을 다르게 보는 방법을 제시한다. 이것이 바로 맥신의 '시각을 열어 주는' 비유의 하나라고 생각한다. (나는 카프카의 이미지가 우리를 구속한다는 점을 이야기하려는 것이 아니라 아렌트가 제시했던 바를 강조하려는 것이다.)

비유를 사용하여 공적인 영역에 접근하기

우리는 아렌트가 말한 고대 그리스의 폴리스는 하나의 비유이지만 다소 경직된 비유라고 본다. 우리는 앞에서 사람들이 아고라나 포럼에 대해 이야기할 때 격투장을 연상한다는 점을 지적하였다. 우리는 더 이상 농노들이 생산활동으로 지원해 주는 작은 도시국가에서 살아가지 않는다. 이제 남자들은 공공 광장에서 커피를 마시며 여자들은 들이나 가정에서 일하는 장면은 현대 그리스나 터키의 작은 마을에서나 볼 수 있다. 우리에게 친근한 광역도시 및 대중 커뮤니케이션의 세계에는 모든 남성들이 모이는 그런 마을 광장과 같은 것은 없다. 그러면 왜 우리는 공공의 격투장에 대해 이야기해야 하며, 그것이 마치 유일한 것이고 그 안에서 우리 모두가 우리의 자리를 차지할 수 있을 것처럼 여겨야 하는가? 이러한 관점에서 그것은 도움이 되지 않는 비유일 것이다. 그러나 한편으로 맥신이 주장한 바처럼

(Greene, 2000) 그것은 하나의 울타리의 함축을 통해 우리에게 도움을 준다. 그녀는 『모비딕(*Moby Dick*)』에서 멜빌(Melville)의 공간 개념을 논의한다. 즉, 거대한 바다와 그 개방성의 이미지 그리고 미국의 드넓게 펼쳐진 대초원에서 이러한 이미지의 연결이다. 그녀는 반대되는 이미지인 막힌 울타리 또한 하나의 폴리스를 위해 필요한데, 바로 아렌트의 시각에서와 같이 다른 사람들과의 연관을 통해 창출되며 유지되는 '상호 간의 공간' 으로서의 이미지도 필요하다고 계속해서 주장한다.

비유적 사고가 상호적 영역인 공공 영역을 만드는 데 필수적인 것은 서로 다른 사람들이 한 사회 안에서 각자의 아름다운 다양성을 간직한 채 더불어 살아가야 할 필요성과 같은 이치다. 비유는 이방인에게서 친숙한 얼굴을 떠올리게 한다. 달리 말하면, 상상은 공감을 가능하게 만든다. 그것은 독특함이 표현되고 상호 소통될 수 있는 하나의 수단을 제공한다. 상호 간의 영역은 말하는 대상이 어떠한지 분석하기보다는 화자가 주체적 입장에서 자신을 드러내는 방식을 통해 구성된다. 이것은 바로 '주체 제시적인 목소리' 를 통해 대화하는 것이다. 이것은 사회정의가 순수하게 추상적으로 작용하여 인간 개인의 차이 및 다양성을 보장하지 못하다면 아무런 의미가 없기 때문에 중요하다고 하겠다.

I

나는 사물을 다르게 보고 껍데기를 벗기 위해 예술을 통하여 공간을 창출하는 방식에 관심이 있다. 고정된 것에 대한 대안은 가능한 모든 수단을 동원하여 다르게 보는 것이다. 예술 및 사회정의 등의 모든 것을 위해 지속적으로 노력하려면 사람들이 참여할 수 있는 공간을 보장하기 위해 지속적으로 노력하여야 한다. 이와 관련하여 내가 오랫동안 참여한 교육에서의 예술을 위한 링컨센터 연구소와 '사회적 상상을 위한 센터(Center for Social Imagination)' 를 소개하고 싶다. 그곳에서 나는 사회정의와 사회적 행동이란 목표에 예술과 심미학을 연결시켰다. 이러한 노력은 프레이리가 말한 '의식화' 과정이라 볼 수 있고, 나는 그것을 오랜 시간에 걸친 '폭넓은 깨달음'이라 부른다. 나는 링컨센터 연구소의 교육예술 분야에서 '상주하는 철학자'였다. 3주간의 여름학기 과정에서는 교사들이 전문 예술가들과 협력하여 전시물을 보고 공연을 보고/듣고 기초적인 심미학에 관하여 나의 강의를 듣는다. 그리고 겨울에는 예술가들이 학교로 와서 다문화적이고 여러 시기와 관련된 프로그램들을 개발한다.

『공공 영역과 그 문제(*The public and Its Problems*)』에서 듀이는 기술에 의한 지배를 언급한다. 즉, 기술이 전문가에 의해 제어된다는 것이다. 이어서 듀이는 예술의 중요성을 언급한다. 그는 예술이 일상적 관습을 벗어나 그 기저에 존재하는 것을 탐구할 수 있도록 한다고 주장한다. 그는 많은 공공 논의들이 관습성과 피상성에 물들어 있음을 지적한다. 듀이는 예술이 그런 논의를 막을 수 있다면 당신이 그동안 접할 수 없었던 수준의 소망과 기억을 살릴 수 있다고 주장한다. 링컨센터의 무용교사들의 관점은 그들이 무용에 대해 더 많이 알고 있다는 것이 아니라 사람, 감정, 지식 등과 접하는 새로운 계기를 열어 준다는 것이다. 이렇게 이 강좌에 참여하는 교사들은 무용뿐만 아니라 언어에 대한 것도 배운다. 교사들은 사물들에 대해 다음과 같이 이야기한다. "빛을 발견해 보세요! 단지 이야기를 따라오지 마세요." 이것은 '예술교육'은 아니다. 그것은 구성주의적 입장에서 세계를 보는 방식으로 사람들에게 어떻게 사태에 접근할지를 가르친다. 링컨센터에서 우리는 인내심의 부재, 아동에 대한 학대, 유일한 기준, 네 살박이 아이에게 시험문제를 내는 것과 같은 강박관념에 휩싸인 교육과 예술교육을 통해 창출되는 자유에 대한 공격 간에 연결점이 있음을 발견한다. 예술교육을 통해 나오는 자유는 아이들과 성인들이 선택을 하며, 그것을 토대로 행동하는 공간에서 발견된다. 그러나 상기한 다른 종류의 관점들은 이러한 선택을 저해하는 것이다.

II

비유를 통한 활동은 경직된 비유를 다루는 좋은 방식으로 보인다. 맥신이 말했듯이, 그중의 한 방식은 예술의 창조적인 활동을 통한 것이다. 또 다른 방식은 비유 자체를 가지고 상상력을 발휘하여 활동하는 것이다. 의미를 다시 생각하는 것은 새로운 말과 행동의 방식을 창조하는 상상력을 자유롭게 한다. 나는 우리가 아고라의 비유를 가지고 그것을 연장하고 자유롭게 개방하며 새로운 틀로 해석할 것을 제안한다. 우리는 격투장의 청중과 선수들의 예를 통해 생각해 볼 수 있다(그것은 극장인가? TV인가? 그 행동이 청중을 직접적으로 참여시키는가? 그것은 스포츠 장르인가?). 우리는 인터넷의 채팅룸을 생각해 볼 수 있겠다. 우리는 은밀한 저항운동, 학교, 교사교육이 이 아고라 안에서 혹은 아고라로부터 창출되는 상황을 상상해 볼 수 있다. 우리는 아테네나 스파르타보다 더 큰 도시의 공간들(뉴욕? 노팅햄?)을 생각해 볼 수 있다.

이런 것들 중에 후자(도시 공간들)를 한번 생각해 보자. 예컨대, 우리는 많은 도시 공간들이 있고 그것들이 도로로 연결되어 있음을 알 수 있다. 또한 우리는 공공의 공간들이 집들로 둘러싸여 있고, 집들은 방, 정원, 정원 담장들로 구성되어 있음을 알 수 있다. (뉴욕 같은 도시에는 아마 카페, 클럽, 살롱 같은 것이 있을까?) 아고라의 비유와 그 공간들 사이를 확장하면 무엇이 있을까? 포장도로? 정원들? 또한 정원 담장 너머로 이야기하는 것이나 정원에 앉아 있는 장면들을 상상해 볼 수 있겠다. 그리고 때때로 아고라의 남자들이 다가와 그 정원들에 앉는 장면도 상상해 보자. 이렇게 생각들은 쌍방향으로 이동한다. 비록 남자들이 (대개) 길게 머물지 않고 또 식단을 짜고, 장을 보고, 요리하고, 상 차리고, 음식 나르고, 먹은 것들을 치우지 않더라도, 여성들은 설거지를 하면서도 여성해방의 이야기를 할 수 있을 것이다.

이러한 점은 우리로 하여금 진정한 정치적 행동에 대하여 생각해 보도록 한다. 워커(Walker, 1998)는 19세기에 주로 가정에 머물렀지만 권력 이동을 계획했던 빅토리아 시대 여성들의 교육정책의 영향을 묘사한다. 내가 일했던 한 대학교에서 우리는 매우 비형식적인 '여성들의 점심' 모임을 구상했는데, 거기서 성폭력에 대항한 진정한 역할 이동과 전략들이 가장 성공적으로 논의되었다. 그런데 다른 공간을 찾고 해방을 구상하는 것은 단지 여성들에게만 필요한 것은 아니다. 또한 아고라로 감히 걸어 들어가지 못하는 이발소의 남자들도 있을 것이다. 또한 나는 1980년대 인종차별 정책이 행해졌던 남아프리카에서 다음과 같은 사항을 들었다.

> 가정은 시민사회를 지속적으로 건설하기 위한 우리 능력에(남자건 여자건, 흑인이건 백인이건) 매우 중요한 의미를 지닌다. 공공의 공간들은 여러 면에서 매우 위험하다(비록 우리는 그것들도 활용하지만).
>
> 또 다른 중요한 예는 사적 영역과 공적 영역을 연결하는 '길' 에 대한 생각인데, 이것은 나로 하여금 우리 가정에서 도우미로 일했던 흑인 여성들을 상기시킨다. 그들의 방에서 친구를 사귀는 것에 대한 각종 제한이 있었고, 그렇게 사적인 영역은 매우 주의 깊게 통제되었다. 그러나 전통적으로 목요일 오후가 되면 이들 가정부들의 휴업이 허용되었기에 그들은 백인 집들 가장자리의 도로 위에 모였다. 거기서 무엇이 진행되었을지 어떻게 알랴! (Melanie Walker, 이메일 의사소통)

2000년에 한 영국 중등학교의 흑인 아동들은 학교의 보이지 않는 공공공간들을 성공적으로 활용하여 교장의 인종차별적 언급에 대항하였다. 인종차별적 언급 후 몇 시간 동안, 그 학교의 모든 흑인 아동들은 학급에 있었지만 수업 듣기를 거부하는 행동을 한 것이었다. 결국 그 교장은 자신의 언급에 대해 사과하였다.

정해지지 않는 결론

사회정의를 위해서는 우리 아이들이 단순히 자신의 관점을 정해진 합의에 녹아들도록 하는 방식이 아니라 주장하고 행동하며 참여하는 태도를 가지도록 키우는 방식이어야 한다. 다시 말하면, 우리는 자신의 목소리를 듣도록 만드는 신념과 능력을 소유한 아동과 성인들이 필요하다. 사회적 행동에 기여하는 목소리는 반드시 합리적인 방식으로 말할 필요는 없다. 우리는 아이들과 성인들이 '그들의 상상력을 발휘하여' 타인의 상상력도 자극하고, 자유의 상호소통에 참여하며, 타인과 더불어 존재하는 고유한 자신을 발견하고, 세계에서 힘을 발휘하는 공공의 공간들을 창출하도록 만들 필요가 있다.

우리는 교육철학에 대한 페미니즘의 접근은 어떤 정해진 시스템으로 구속될 수 없음을 주장하여 왔다. 바로 이러한 관점에서 사회정의의 미래는 새롭고 급진적이며 현재로서는 상상할 수 없는 것이라고 주장하는 바다.

추 천 도 서

Greene, M. (1995). *Releasing the Imagination: Essays on Education, the Arts, and Social Change*, Jossey Bass.

Griffiths, M. (1998). *Educational Research for Social Justice: Getting off the Fence*, Open University Press.

Martin, J. R. (1994). *Changing the Educational Landscape: Philosophy, Women and Curriculum*, Routledge.

Milan Women's Bookstore Collective (1990). *Sexual Difference: A Theory of Social-Symbolic Practice*, Indiana University Press.

제3장

자유주의와 공동체주의

Eamonn Callan & John White / 고미숙 역

I

교육철학은 20세기에 명성을 얻었다. 교육철학에서 최초이자 아직도 가장 영향력 있는 목소리를 내는 것은 듀이(J. Dewey)이며 교육철학은 1950년 이후로는 다면적이고 국제적인 탐구를 수행하며 번성하고 있다. 교육철학의 탐구는 비판적인 기획이다. 그리하여 기본적인 가정과 개념체계들은 비판적인 면밀한 검토를 받게 되고, 가끔씩 의견을 달리하는 사람들 사이를 제외하고는 권위주의 체제에서도 그러한 검토를 받지 않는 안전한 곳이란 있을 수 없다. 따라서 20세기 내내 교육철학은 자유로운 사회를 가능하게 만드는 기본적인 정치적 원리에 자주 눈을 돌렸는데, 이는 전혀 놀랄 일이 아니다. 20세기의 마지막 25년 이래, 교육철학의 학문에서 이러한 정치적 자각의 발달은 가장 두드러진 특징이었다. 그러나 비판적 기획으로서 교육

철학은 단순히 자유주의 계보를 이해하는 데 만족하지 않았다. 자유주의 계보 역시 합당한 비판적 평가를 받는다.

최근 교육철학에서 일어나고 있는 일은 자유주의(liberalism) 사회 자체에 대한 보다 광범위한 자기 성찰을 반영한 것이다. 20세기의 마지막 10년까지 공동체주의의 도전, 식민주의의 패배와 그 여파로 인한 새로운 전제정치의 출현, 그리고 세계 도처에서 지속적으로 발생하는 국가적, 종교적, 인종적 갈등, 이러한 모든 것이 자유주의 정치학의 우연성(contingency of liberal politics)에 대한 의식을 고조시켜 왔다. 1950년대와 1960년대 이후로 초기의 롤즈(Rawls)에게서 나온 정치철학은 자유주의의 기초가 얼마나 탄탄한지를 밝히려고 하면서 자유주의의 기초를 체계적으로 다루어 왔다. 이러한 연구체계는 교육철학 내에서도 유사한 탐구를 자극시켰으며, 정치철학에서의 자유주의에 대한 비판은 교육철학에서의 자유주의에 대한 비판과 종종 분리할 수 없게 되었다. 아마도 이러한 종류의 가장 영향력 있는 도전은 공동체주의(communitarianism)로부터 나왔다. 공동체주의 철학의 기초는 자유주의의 정치적 원리가 너무 설득력 없는 좋은 삶과 좋은 사회의 관점에 기초를 두고 있다는 인식이다. 그러한 인식이 주는 함의는 자유주의 교육관이 개인과 사회의 복지에 틀림없이 방해가 된다는 것이다. 철학자 및 정치학자에게 자유주의자와 공동체주의자 사이의 논쟁은 이론적인 견제를 훨씬 넘어서는 것이다. 인간의 삶과 사회를 좋고 정의롭게 만드는 것은 무엇인가에 대해서 상반된 이해를 하고, 이에 파생하여 개인과 사회를 향상시키는 데 요구되는 교육관에 대해서도 경쟁적인 관점을 갖는 것에 관한 문제다.

자유주의의 핵심이 되는 자유(liberty)는 개인이 자신의 삶을 사는 것에 대한 자유다. 19세기 말부터 가끔 '적극적 자유(positive liberty)' 라고 불리기도 하고 보다 최근에는 '개인적 자율성(personal autonomy)' 이라고 불리는 이러한 이상(ideal)은 우리가 원하는 것을 하는 데 어떤 장애물이 없는

'소극적 자유(negative liberty)' 와는 좀 더 분명하게 분리된다. 감옥으로부터 자유롭게 된 죄수는 후자의 의미에서 '자유로운' 것으로 불린다. 그러나 자유롭게 된 죄수가 자신의 삶의 저자가 될지 그렇지 않을지는 그 이상의 문제다. 더욱이 현대 자유주의는 역사적인 전례보다 더 뚜렷하게 평등주의적이다. 자유주의 이론가들을 통합하는 특정한 정의관(conception of justice)이 있는 것은 아닐지라도, 공통적인 가정은 모든 시민이 동등한 관심과 존중을 받을 만하다는 것이다. 자유주의 국가는 자율성을 발달시키고 행사하기 위한 조건을 확보하는 데 모든 사람의 이익을 동등하게 고려한다.

평균적인 인지능력을 갖고 있는 사람들은 모두 어떤 의미로는 자율성의 이상을 받을 자격이 있으며, 그 자율성의 이상은 20세기에 유일한 것은 아니다. 칸트(Kant)와 밀(Mill)은 자신들의 정치이론에 근본적인 자율성의 개념을 발달시켰으며, 두 사람은 각각 현대 자유주의 이론에 여전히 강력한 영향을 미치고 있다. 그러나 1900년 이전 정치적 이념으로서 자유주의는 시장관계를 통제하거나 세습적인 엘리트를 독단적으로 지지하기 위해 행사된 국가 권력에 대한 저항과 너무나 자주 연합되었다. 주된 적이 국가가 되는 소극적 자유에 대한 이러한 강조는 자유민주주의 정치의 우익에서 지속되어 왔는데, 거기서 지금은 소극적 자유가 '자유주의' 의 칭호를 얻고 있다. 자유주의의 정치철학 및 교육철학은 중요한 학문 분야로 남아 있다. 그러나 현대 자유주의 접근에서 볼 때, 자유주의자가 국가 권력을 제한하는 데 집착하는 것은 임의적인 것 같다. 사람들은 지나친 국가 권력으로부터 종종 자유를 필요로 하는 것만큼이나 자신의 삶의 저자가 되고, 또 저자로 남아 있기 위해서 국가의 지지를 필요로 한다. 자유주의자에 따르면 소극적 자유는 그 자체만으로 가치가 있는 것이 아니라 단지 자율성의 필요조건으로서만 가치가 있다.

자유주의는 교육철학에 어떠한 영향을 미쳤는가? 역사적으로 그 이야기는 18세기 말에 시작된다. 데카르트(Descartes), 홉스(Hobbes), 로크

(Locke), 라이프니츠(Leibniz) 같은 교육관을 가진 근대 초기의 철학자들은 전혀 다른 논제들, 즉 지성의 계발, 대학의 목적, 신사의 양성, 왕자의 교육에 대해 글을 썼다. 놀랄 것 없이, 그들은 다른 철학자들이 썼던 것은 거의 언급하지 않았다. 그러나 콩도르세(Condorcet), 스미스(A. Smith), 루소(Rousseau) 이후부터 칸트(Kant), 실러(Schiller), 헤르바르트(Herbart), 훔볼트(Humboldt), 밀(J. S. Mill)과 니체(Nietzsche)를 거쳐 듀이, 러셀(Russell), 넌(P. Nunn) 및 우리 시대의 철학자들에 이르기까지, 우리는 정치적 자유의 조건하에서 시민교육에 대한 철학적 사유의 지속적인 전통—확실히 강조점은 굉장히 다르지만—과 같은 것을 발견하게 된다(Rorty, 1998).

이러한 자유주의 교육철학의 전통은 오늘날에도 영향력 있는 '자유교육(liberal education)' 에 대한 또 다른, 좀 더 고대적인 사유 노선과 구분되어야 한다. 그러한 좀 더 고대적인 전통은 플라톤에게서 시작하는데 인간 선(human good)을 지식의 객관적인 성취와 동일시한다. 이러한 의미의 '자유교육' 에 대한 철학적 설명은 1960년대와 1970년대 초, 예컨대 피터스(R. S. Peters, 1966, 1975)와 허스트(P. H. Hirst, 1974b)의 저작에서 두드러지게 나타났다. 그러나 그들은 우리가 관심 있는 핵심 가치와는 다른 가치에 근거하였다. 논의하고 있는 의미에서의 '자유교육' 은 가령 어떤 외재적이고 직업적인 이유보다는 그 자체로(for their own sake) 가치가 있는 광범위한 사고의 형식으로의 입문이다. 그러나 그것은 이 장에서 이해되고 있는 자유 개념은 아니다. 정말로 그러한 자유 개념은 반자유주의적인 개념으로 볼 만한 근거가 있다. 이러한 자유교육의 설명은 가부장적이다(paternalist). 보호 아래 양육된 학생들은 좋은 삶의 중심이 그 자체를 위한 지적인 활동의 추구라고 생각하도록 장려된다. 그런데 자율적인 생활이 형성될 수 있는 굉장히 다양한 다른 추구가 있는데도 왜 이러한 지적인 활동이 특권을 누려야 하는가?

보다 진정한 자유주의 논쟁은 다음과 같다. 자율성은 선택권의 존재에 달려 있다. 교육은 선택권을 제공해 줄 수는 없지만, 학생들이 그 선택권을 인식하도록 해 줄 수는 있다. 교육의 과제는 부분적으로 어떻게 살아야 할 것인가, 즉 삶의 방식, 관계의 형식, 직업활동과 비직업 활동에 대해 상이한 관점에서 시야를 넓혀 주는 것이다. 그러나 선택권에 대한 광범위한 이해로는 충분하지 않다. 자율적인 행위자들은 또한 자기 자신을 이해할 필요가 있다. 그들은 자신의 주요 목적을 해석할 필요가 있으며, 주요 목적들 간에 우선권을 정할 필요가 있고, 자기 지향성을 일으키는 가능한 심리적 장애물을 분간할 필요가 있다. 그뿐 아니라 그들은 자신이 살고 있는 사회의 주요한 특징과 자신이 선택할 선택권 간의 주요 특징을 이해할 필요가 있다.

자율적인 행위자들은 또한 인격의 자질(qualities of character)을 갖출 필요가 있다. 가령 그들은 권위나 여론이 그들이 하였으면 하는 것에 대한 순응 압력에 저항할 수 있어야 한다. 이를 위해서 그들은 자신의 관점을 지지하기 위한 도덕적 용기만이 아니라 다른 사람의 논쟁을 평가하기 위한 비판적인 독립적 사고가 요구된다. 선택하고 또 그에 대한 반성을 실천하는 것, 즉 자신의 선택활동에 대해 온 마음을 다해 수행하는 것을 어려서부터 실천하는 것은 추가적인 요구조건이다.

이러한 목적이 어떻게 실현될 수 있을까? 거기에는 가족과 학교가 해야 할 과제가 있다. 교육철학자들은 학교와 관련하여 자율성을 증진시키는 데 가장 적합한 학교 교육과정의 종류에 대해 상당한 주의를 기울여 왔다. 어느 정도까지는 선택권에 대한 시야를 넓혀 준다는 것이 전통적인 교과에 의존해야 하지만, 그 기획은 이러한 교과들보다도 더 광범위하게 진행된다. 시민적 요소를 포함하여, 교육과정에서 개인적/사회적 요소도 위에서 요약한 추가적인 목적에 중요하다.

그러나 교육과정은 목적을 실현하기 위한 유일한 방법은 아니다. 전체

학교과정도 어떤 역할을 하며, 많은 사람들은 보다 중요한 한 가지를 말할 것이다. 권위주의적인 풍토(ethos)는 아마도 몇몇 반대자를 예외로 하고 자율성을 장려할 것 같지 않다. 강제적인 활동으로 꽉 짜여 있는 학교 일과도 자율성을 장려할 것 같지 않다. 본보기(example)에 의해서 얼마나 많은 것이 학습되는지를 이해한다고 할 때, 아이들은 독립적으로 사고하며 자신의 삶을 사는 행위에서 자기 주도적인 교사들을 필요로 한다.

자유주의 교육사상(liberal educational thinking)은 이와는 다른 방향을 취해 왔다. 때로는 평등주의적인 가치가 경시되어 왔다. 즉, 교육은 개인적 자율성을 위한 것이지만 모든 사람의 개인적 자율성을 위한 것은 아니다. 니체의 자기 창조(self-creation)에 대한 설명은 이러한 종류의 엘리트주의적 사고에 대한 열망의 한 가지 원천이 되어 왔다.

앞에서 말한 바와 같이, 때로는 소극적 자유에 초점이 주어져 왔다. 특히 학교교육의 내용에 자금을 제공하고 그 내용을 관리하거나 결정하는 데 있어 국가 권력을 축소시키는 데 초점이 맞춰져 왔다. 이것은 부모나 지역사회에 보다 많은 힘을 실어 주려는 의도가 되었다. 그것은 모든 아동이 개인적인 자기 주도성을 위해 교육받으리라는 것을 보장하는 것은 아니기에 위에서 언급한 주류의 자유주의적인 이상과 갈등을 일으킬 수 있다.

때로 자유주의는 '아동 중심적(child-centered)' 방향전환을 취해 왔다. 물론 주류의 관점은 모든 아동이 교과학습에 더 중점을 두기보다는 자기 충족적인 삶을 사는 것을 목적으로 한다는 점에서 아동 중심적이다. 주류의 관점은 자율성을 성숙한 인간의 이상으로 이해하며, 실질적으로 아동의 현재보다는 미래에 있게 될 자율성에 점차 준비시키는 것으로 이해한다. 그러나 이것은 아동과 성인 사이의 구분을 전제하며, 어떤 이들은 그 구분을 거절하거나 적어도 실질적으로 흐리게 할 것이다. 이러한 후자의 관점에 따르면 아동이 정규적으로 받게 되는 필수 교육과정은 자유주의자가 전통적으로 개탄해 왔던 자유 선택에 대한 다른 구속들만큼이나 정당화될 수 없는 것이다.

때로 아동 중심적 관점은 특히 생물학적 해석을 취해 왔다. 이러한 관점에 따르면 아동은 신체가 성장함에 따라 정신도 발달하게 된다. 정원사가 식물이 자랄 수 있는 최적의 조건을 만드는 것처럼, 교육자의 과제는 이러한 발달을 촉진시키는 것이다. 부모, 교사 혹은 국가가 아닌 자연이 교육의 진행 방향을 설정한다. 다시 말하지만, 이것은 필수 교육과정을 아주 싫어한다.

이러한 종류의 이론에서의 변형은 루소를 지나서 넌(Nunn)과 그 이후의 자유주의 교육사상가들의 마음을 끌었다. 넌(1945)에게는 그것이 특히 밀의 개성에 대한 이상, 학생의 개성을 최대한 충분하게 발달시키는 교육 목적에 활용되었다. 이것은 밀의 사회적 이상에서 매우 중요한 개인차가 타고난 근본을 갖고 있다고 가정하는 심리학적 이론과 관련되었다. 지능지수(IQ)에 의해 측정된 지능에 대한 현대적인 견해는 이러한 이야기로 엮어져 있다.

주류의 자유주의적 관점에 의거해 볼 때, 생물학적 접근은 잘못 생각하고 있으며 반생산적이다. 생물학적 접근은 아동의 정신 내용을 형성하는 데 있어 특히 개념 습득에서 사회적 준거의 역할을 소홀히 한다. 가령 아동은 '고양이' '삼각형' 혹은 '고마운'이 무엇을 의미하는지에 대해 다른 사람들로부터 배울 필요가 있으며, 실수할 때 교정될 필요가 있다. 어린 아동의 지적 · 윤리적 학습의 주요 방향이 그 방향에 이미 입문된 성인에 의해서 확고하게 정해진 것이 아니라면, 아동은 자율적인 생활의 필요조건을 습득하는 데 방해받게 될 것이다. (개인의 형성에서 사회적 준거의 역할에 대한 보다 자세한 논의는 공동체주의에 대한 다음 절을 보라.)

그럼에도 불구하고 아동 중심적인 이론은 자율적인 발달과정에 대한 지지할 수 없는 생물학적 관점에 반드시 얽매어 있는 것은 아니다. 원칙적으로 평등주의적인 자유주의(egalitarian liberalism)는 어떤 인간 집단(예: 여성보다는 남성, 다른 인종 집단보다는 어떤 인종 집단의 구성원 등)의 도덕적 지위가 다른 인간 집단의 도덕적 지위와 다르다는 생각, 즉 다른 집단보다는 어떤 집단에 더 큰 권력을 정당화하는 방식으로 도덕적 지위가 다르다는 생각을 의심스러워한다. 그런 연유로 아동/성인 구분은 자유주의자들에게 철학적인 면밀한 검토를 받아야 할 적절한 대상이며, 그 구분이 종종 도덕적으로 적절하다는 것이 용인될 때라도 그 구분의 적합성은 주류 관점에서 필수 교육과정이 확실히 정당화되었던 정도로 그렇게 명백한 것은 아니다.

주류 입장의 몇 가지 문제점들을 좀 더 깊이 있게 살펴보기로 하자. 첫째, 우리 주변에 있는 사람들과 사회로부터의 영향력이 우리의 정체성 형성을 돕도록 한다면 이것이 어떻게 자율성 이상이 요구하는 것 같은 자기 창조가 될 수 있겠는가? 자유주의는 우리를 형성하는 데 도움을 주었던 모든 것, 즉 아동기에 우리의 부모, 우리 사회의 전통에 의해서 우리에게 형성된 인격을 거절하는 경향이 있는 것 같다. 그러나 모든 부분들이 제거된다면 우리에게 무엇이 남겠는가? 자유주의는 일관적인가?

다시 한 번, 우리는 어떻게 자기 창조의 이념을 취할 수 있는가? 플라톤을 연상시키며, 실러와 니체에 의해서 우리에게 이르고 있는 자유주의 교육사상의 한 가지 요소는 미적인 것이다. 하나의 관점에 따르면 인간생활은 예술작품을 모방하게 되며, 상이한 요소들 사이의 조화로운 관계에서 나타나는 충만감을 모방하게 된다. 상이한 미학을 따르고 있는 닌의 경우에는 이것이 '표현성(expressiveness)'으로 이해되었다. 즉, 다시 한 번 명백하게 예술가의 표현력을 모방한 아동의 자기 표현력이 최대한 발휘될 때 아동의 개성은 가장 충분하게 발달된다.

비판가들은 이러한 의미에서 이해된 자기 창조의 이념과 자유주의를 너무 밀접하게 결합하는 데서 나타나는 어려움을 지적할 것이다. 자율성은 우리를 형성시킨 영향력을 거절한다는 것을 함의하지 않는다. 영향력에 대한 반성적 태도가 있어야만 그 영향력이 우리의 주요 목적 및 이상과 일치할 경우 영향력을 받아들여 양립할 수 있다. 학습자가 자신의 삶을 일종의 예술작품으로 바꾸어 나가도록 조종된다면, 자기 창조의 미적인 설명은 비자유주의(illiberalism)로 방향이 바뀐다. 이것은 인간생활을 생각하는 한 가지 방식일 뿐이다. 대부분의 자기 주도적인 사람들은 해결되지 못한 갈등과 심리적으로 느슨한 목적으로 가득 찬 삶을 사는데, 이것이 미적인 유추를 참을 수 없는 긴장상태에 빠지게 만든다.

두 번째 문제는 어쩌면 더 심각하다. 자유주의 교육자의 중심적인 관심사는 학습자의 개인적 자율성을 증진시키는 것이다. 그러나 위에서 언급한 것처럼 이 자체가 자유주의 이상에 맞지 않는 것으로서 부당한 조종의 또 다른 형식이 아닌가? 왜 학습자들은 교육자가 학습자 자신에게 좋다고 생각하는 것에 순응해야만 하는가?

자유주의 측에서의 첫 번째 반응은 학습자가 순응할 필요가 없다는 것일 수 있다. 만일 자율성의 도제 끝에 가령 학습자가 종교적 규범을 엄격히 준수하는 것을 지지하여 자신의 생명을 버리기로 결정한다면 그것은 학습자의 결정일 것이다. 그러나 이런 대답은 충분히 좋은가? 왜냐하면 이런저런 학생들은 이미 자율적인 인간으로 형성되어 왔다. 자유주의자들은 자신들의 가정이 주어진다면 어떻게 이를 정당화할 수 있는가?

비판가들은 자율적인 삶과 번영하는 삶(flourishing life), 혹은 개인적인 복지를 누리는 삶 사이에 구분을 할 필요가 있다고 주장할 것이다. 자유주의 입장은 자율성이 복지에 이르는 길이고 또 그런 길이 되어야 함을 당연한 것으로 여기면서 그 두 가지를 결합하는 것 같다. 그러나 모든 사회와 집단이 이러한 노선을 취하는 것은 아니다. 종교 집단은 개인의 복지를 신에 대한 완전한 복종에 둘 수 있다. 만일 자유주의의 옹호자가 세속주의자라면 그 사람은 이것이 부적절한 형이상학에 근거한다며 버릴 수 있다. 그러나 그 사람은 다음의 논쟁에 대해 무엇이라고 말할 것인가?

복지를 누리는 삶은 다른 무엇보다도 우리의 기본적인 생물학적 필요가 부합되고 삶의 주요 목적이 광범위하게 성취되는 삶이다. 개인적 자율성을 결코 알지 못했던 부족사회를 생각해 보자. 그 부족 구성원의 목적—부족의 준거에 의해서 좋은 농부, 전사, 부모 등이 되는 것—은 모두 먼 옛날의 관습에 의해 규정되어 왔다. 부족민에게 속한 모든 과업을 성공적으로 잘해내고, 동료로부터 높은 존경을 받고 있는 부족민과 어떤 이유—허약한 마음, 불운, 나쁜 건강 등의 사유로—때문인지 자신이 맡은 일 대부분을 실패하고, 부족으로부터 욕을 먹고, 어릴 적에 장님이 되고, 낳은 모든 자식들을 잃은 다른 부족민을 구분해 내는 것은 가능하다. 전자는 확실히 후자보다 더 번영하는 삶을 산다. 그러나 어떤 방식으로든 자율적인 삶을 사는 것은 아니다. 따라서 복지와 자율성은 함께 갈 필요가 있는 것은 아니다.

자유주의에 대한 결론은 다음과 같다. 자율성이 개인의 복지에 필요조건이 아니라면 자유주의자의 자율성에 대한 주장은 무엇이 정당화시킬 수 있는가? 이 지점에서 교육정책의 실천적인 논쟁점이 발생한다. 다문화 및 다종교 사회에서 어떤 집단들은 자율성의 함양을 그 집단이 소중히 여기는 이상, 즉 전통적인 가족관이나 관례적인 종교적 실천 및 교리와 같은 이상에 위협이 되는 것으로 이해할 것이다. 자유주의 국가는 이러한 집단의 아이들에게 자율성의 가치들을 교육제도를 통해 강요해야 하는가? 그 대답이 '그렇다'라면, 그 정당화는 자율성 발달이 가족 애착과 문화적 정체성에 심각한 긴장을 줄 때조차 자율성 발달과 아동 복지를 연결지을 만한 설득력 있는 이유를 발견하느냐에 따라 좌우될 것이다. 그러나 현대 자유주의 철학에서 한 가지 영향력 있는 사상 학파인 '정치적 자유주의(political liberalism)'는 정답이 조건부 '반대'라고 제안하는 것 같다. 정치적 자유주의에 따르면 관용(tolerance)에 대한 헌신은 자율성에 대한 헌신을 이겨야 한다.

지금까지 20세기 후반에 가장 영향력 있는 자유주의 철학자인 롤즈(1993)는 가장 최근의 저작에서 정치적 자유주의를 받아들였다. 개인적 자율성은 이전 저서의 '포괄적 자유주의(comprehensive liberalism)' 라고 불리는 것에서 중심적 위치를 차지했지만(Rawls, 1971), 정치적 자유주의에서 개인적 자율성은 중심적 위치를 차지하지 않는다. 그 이유는 모든 사람에게 개인적 자율성의 이상을 조건으로 하는 그러한 종류의 자유주의가 우리의 삶을 어떻게 살아야 하는가에 대한 '포괄적 교리(comprehensive doctrine)' 의 한 종류일 뿐이기 때문이다. 다원주의 사회에서는 종교와 그 외 다른 종류의 많은 포괄적 교리들이 있기 때문에 자율성에 기초한 교리를 특권화하지 않고 모든 교리들이 번영할 수 있는 여지가 있어야 한다. 케네스 스트라이크(Kenneth Strike)와 같은 후기 롤즈 추종자들은 특정한 포괄적 교리로부터 나오는 교육 목적들이 자유주의 사회에서 합법적인 위치를 차지하고, 윤리적 자유주의(ethical liberalism)로부터 나오는 시민의 목적—자율성과 민주적 인격을 증진시키는 것—에 의해 대체되어서는 안 된다고 주장할 것이다(Strike, 1994).

포괄적 자유주의에 비하여 정치적 자유주의의 장점은 매우 논쟁적인 것으로 남아 있다(Callan, 1997). 한 가지 강력한 반대는 정치적 자유주의 설명에 의거한 국가 주도의 교육이 복종—말하자면 남성에 대한 여성의 복종—의 형태를 주입시키는 문화적 실천을 따라야 한다면, 그때 국가는 억압적인 문화적 실천을 영속시키는 데 공모하게 된다는 것이다. 그것은 자유주의의 평등주의적 측면을 진지하게 받아들이는 모든 이들에게 환영받을 만한 결과가 될 리 없다.

그리고 아동이 가족과 집단의 믿음에 대해 숙고해 보고 자기 자신의 삶을 형성하도록 장려되지 않고 가족과 집단의 믿음으로 사회화된다면 어떻게 될까? 이것이 문제인가? 우리가 살펴본 것처럼, 어떤 이들은 자율성이 없어도 충족감은 있을 수 있다고 강조한다. 그러나 다른 이들은 집단의 가부장적인 선호들이 왜 성공해야 하는지를 물을 것이다. 누가 옳은가?

이것은 우리에게 자율성에 대한 정당화로 되돌아가게 한다. 자유주의자가 논쟁에서 이기려면 모든 아동의 교육에서 자율성이 왜 하나의 목적이 되어야 하는지에 대한 설득력 있는 이유를 제공해야 할 것이다. 라즈(J. Raz, 1986)는 일반적으로 복지가 자율성을 요구하지는 않을지라도 우리 대부분이 살고 있는 현대 산업사회에서 자기 주도적이지 않다면 번영하는 삶을 사는 것이 불가능하다고 주장하였다. 그 이유는 이러한 사회의 모든 주요 제도가 자율적인 행위자를 전제하기 때문이다. 결혼은 부모의 사전 약속이 아니라 합의(consent)에 기초한다. 사람들은 원하는 곳에서 살 자유(어떤 도시에서 살기 위한 허락을 받아야 했던 구소련의 시민과 달리)가 있으며(이론상으로), 직업이나 종교에 대해 지시를 받기보다는 선택할 자유가 있다는 것이 당연한 것으로 여겨진다. 이러한 종류의 '자율성을 지지하는 사회(autonomy-supporting society)'에서는 자율적이지 않을 경우 주요 목적을 달성하는 데 심각한 방해를 받게 될 것이다.

이러한 관점에서 비자율성을 지지하는 집단에 대한 교육정책은 영국에서 이러한 집단의 많은 아이들처럼 성인이 되면 적어도 부분적으로 주류의 자율성을 지지하는 사회에서 살 것으로 예상되는지, 아니면 미국 아미시 공동체(the Amish community)의 아이들처럼 완전히 자신의 집단 내에서만 살 것 같은지에 달려 있다. 라즈의 논쟁에 따르면 후자는 충족적이기는 하지만 타율적인 삶을 이끌 수 있다. 하지만 이것은 전자에는 가능하지 않을 것이다. 그러나 가령 아미시 공동체 아이의 교육이 완전히 그러한 가치 내에서만 이루어진다는 것은 충분히 정당화될 수 있는가? 혹은 모든 아동은 원시 공동체(original community)로부터 떠날 권리가 있는가?

이러한 모든 논쟁점에는 크지만 아직 해결되지 않은 논쟁점이 있다. 하나의 논쟁점은 라즈의 정당화가 타당한지와 관련이 있다. 라즈의 정당화는 어떤 종류의 자율적인 삶을 정당화하는가? 영국과 이에 필적하는 국가에서 많은 사람들은 직업, 배우자, 여가생활, 살 도시, 휴가 행선지 등을 선택한다. 어떤 사람들은 거의 무반성적으로 선택하는데, 그 선택은 아마도 편안함, 부, 권력을 가장 많이 산출할 것 같은 것에 대해 주위 사람들로부터 들어서 알게 된 단순히 실리적인 고려사항에 의해 인도될지도 모른다. 그들 역시 자율적인가? 우리가 가능성, 선택을 하게 되는 기초, 살고 있는 사회의 뼈대가 되는 가치들에 대해 보다 더 비판적인 반성을 하고 보다 엄격한 기준을 주장한다면, 우리는 라즈의 정당화를 넘어설 필요는 없는 것인가?

주류의 자유주의적 입장이 직면하고 있는 추가적인 문제는 다른 가치들 사이에서 개인적 자율성의 위치와 관련이 있다. 만일 개인적 자율성에 절대적인 우선권이 주어진다면, 헤르바르트(1806)의 말대로 "각자가 자신의 개성을 자랑하고 어느 누구도 동료를 이해하지 않는다."고 한 사회, 이기적인 자기 창조자들의 집단이 되고 있는 자유주의 사회를 무엇이 멈출 수 있단 말인가?

이에 대해서는 자유주의 전통 내부에 답이 있다. 우리는 이미 그것을 언급해 왔다. 자율성이 모든 시민에게 이상이라면 자신의 자기 주도성뿐만 아니라 다른 사람들의 자기 주도성을 증진시키는 데 관심이 있도록 아동을 양육하는 것이 최선의 의미를 만들어 낼 것이다. 이것은 소극적 자유와 연합된 공적인 덕, 즉 사람들이 자신의 삶을 자유롭게 이끌도록 관대해지고 사람들에게 약속을 어기지 않으며, 신체적으로 학대하지 않고, 재산을 훔치지 않는 것과 같은 것을 아동에게 함양한다는 것을 의미할 것이다. 그러나 그것은 또한 이것보다는 더 적극적인 어떤 것, 즉 좋은 건강, 교육, 물질적 자원과 같은 자율적인 복지의 다른 필요조건을 제공하도록 돕는다는 것을 가리킬 것이다.

자신들의 자유주의를 이러한 종류의 도덕적/시민적 교육 처방을 가져오는 것으로 생각하지 않는 소수의 자유주의자들이 있다. 그들을 나누는 이론적인 논쟁점은 다음과 같다. 외부로부터 이타주의를 강요한다기보다는 자율성 이상 자체에 이타주의가 이미 어느 정도 내재되어 있는가? 여기서 자율적인 복지에 대한 기본적인 논쟁점은 자율성이라기보다는 진정 복지에 대한 것이다. 우리 자신의 복지에 대한 관심은 다른 사람들의 복지에 대한 관심과 완전히 분리해서 생각될 수 있는 것인가?

II

정치철학으로서 자유주의는 사회의 정치조직의 기초를 개인의 선택과 복지라는 배타적인 가치에 둔다. 그것이 '자유주의적 개인주의(liberal individualism)' 의 실체다. 자유주의적 개인주의를 수용한다는 것은 공동체에 무관심해진다는 의미는 아니다. 그러나 자유주의자가 장려하거나 용인할 수 있는 공동체는 개인의 삶의 가치만이 아니라 각자의 삶에 합당하게 독특한 과정을 부여하는 선택의 자유와 조화를 이루어야 한다. 개인의 권리를 위반하는 공동체는 시간이 지나면서 강제가 집단의 생존에 위협이 될지라도 자유주의 국가의 강제적인 간섭을 받을 수 있다. 예컨대, 개인의 떠날 권리를 축소시키는 집단이나 자유롭게 삶의 방식을 선택하는 능력을 방해하는 방식으로 교육을 제한하는 집단은 자유주의 국가의 권위와 충돌하기 쉽다. 그렇다면 문제는 장려하거나 용인할 가치가 있는 공동체 종류에 대한 이러한 구속들이 정당하다고 인정할 만한 것인가 하는 점이다. 공동체주의자들은 그렇지 않다고 생각한다.

공동체주의의 논쟁은 자유주의가 19세기 초 이래 산발적으로 불러일으켰던 반동적인 철학적 자세를 정의하는 것으로 가장 잘 이해된다. 그러한 반동은 윤리적이고 형이상학적인 질문에 의해 동기부여된다. 자유주의는 좋음(the good)과 정의사회에 대한 해석에서 개인의 선택과 복지에 대한 위치를 과장하지 않았는가? 우리의 삶을 풍요롭게 하는 것 대부분은 우리가 처음에 혹은 아마도 결코 선택하지 않은 가족, 문화, 교리의 결사체 속에서 발견된다. 그리고 좋은 사회란 우리의 삶이 공동선에 대한 공유된 지지에 의해 함께 짜여지는 사회라면, 자유주의는 인간의 충족감과 사회 응집이라는 한 가지 강력한 원천으로부터 우리를 소외시키는 태도를 지지하지 않는가? 마찬가지로 모든 자아를 형성하는 데 사회적 실제의 구성적 역할이 주어진다면 자유주의가 형이상학적으로 일관된 개인관에 기초를 두는 것은 의혹을 받을 수 있다. 공동체주의자들은 자유주의자들이 이러한 의문에 대답하는 데 만족스러운 방식을 제공하지 못한다고 생각한다. 상이한 정치철학은 공동체에 당연한 권리를 부여할 것이 요구된다. 상이한 교육철학 역시 그렇다. 왜냐하면 자유주의 교육사상은 자유주의 정치철학이 표명하는 동일한 정치적 부패와 형이상학적으로 그릇된 개인주의에 물들게 될 것이라고 말해지기 때문이다.

공동체주의 논쟁은 때로는 국가지원 학교에서의 종교행사, 부모의 학교 선택권 그리고 교실에서의 협력학습을 포함하여 다양한 형태의 특정한 교육정책을 지지하는 것으로 제시된다(Haldane, 1986; Bricker, 1988). 그러나 공동체주의와 자유주의 철학 사이의 관련성을 이해하려는 노력으로서 교육정책에 대한 함의를 숙고해 보는 것은 그 관련성을 분명하게 밝혀 주기보다는 종종 더 혼란스럽게 한다. 공동체주의에 대한 많은 견해들은 수렴적인 정책적 함의를 드물게 제공하는 자유주의와 그렇게 첨예하게 대비되는 것은 아니다. 예컨대, 학교 선택권과 시민의 협동학습에 대한 중요성은 공동체주의뿐만 아니라 자유주의의 논쟁도 있다. 더욱이 자유주의와 공동체주의의 내적인 다양성은 각 범주 내에서 이론가들 사이에 상이한 정책적 함의를 낳는 뚜렷한 차이가 있을 수 있다는 것을 뜻한다. 공동체주의자들은 국민국가가 공동체적 동일시(communal identification)에 적절한 대상으로 해석될 수 있는가라는 문제에 대해 의견을 달리한다. 그들의 차이는 국가 교육과정의 적합성 및 내용, 또 학교에 대한 국가 통제의 적절한 규모 및 목적에 대한 문제와 분명히 관계가 있다. 그렇지만 이러한 복잡성에도 불구하고 자유주의와 공동체주의 사이의 구분은 무한한 실제적 결과를 낳는다. 학교 선택권에 대한 최선의 논쟁이 자유주의가 될지 아니면 공동체주의가 될지는 말하자면 그 정책의 목적과 설계에 심오한 차이를 만들 것 같다. 자유주의 논쟁은 아동의 권리가 세대에 걸쳐 문화 집단의 생존에 해로운 결과를 미칠 때도 모든 선택체계에서 아동의 권리에 강력한 보호조치를 실시하는 것이 중요함을 강조하였다. 공동체주의자들은 학교 규칙과 자금 지원에서 아동의 권리를 강력히 보호하려는 논쟁에 회의적일 것 같다. 이러한 논쟁은 아이들에게 공동체의 가치를 보다 성공적으로 가르치기 위해 공동체에 권한을 부여하는 수단으로서 학교 선택의 효과성을 약화시켰기 때문이다. 그러나 우리는 암묵적으로든 명시적으로든 그 논쟁이 호소하고 있는 상대적인 정치철학을 이해하고 평가하지 않고서는 이런저런 유사한 논쟁에서 누가 더 나은 논쟁을 할 것인지에 대해 확신할 수 없다. 자유주의 이론과 공동체주의 이론은 오랫동안 우리의 정치적 상상력에 강력한 영향을 미쳤던 이상을 분명하게 표현한다. 이러한 이상은 우리가 철학적 추상에 무관심한 것으로 가장할 때도 교육에서 국가의 역할에 대한 우리의 생각에 스며든다.

20년 동안 많은 영미 정치철학은 자유주의 이론과 공동체주의 이론의 상대적인 강점과 약점을 주요 테마로 다루어 왔다. 그러나 그러한 논쟁의 기본적인 조건은 그보다 훨씬 더 멀리 거슬러 올라간다. 칸트의 도덕이론(그리고 그의 파생적인 정치이론)에 대한 헤겔의 비판은 공동체주의 논쟁 패러다임으로 남아 있다. 칸트의 윤리학은 주권적 합리적인 행위자를 찬양하는데, 이러한 행위자는 모든 기존의 사회집단이 그 행위자에게 시키는 충성에 대한 요구와 역사적 사건들로부터 추상해 낸 도덕 법칙을 확인한다. 헤겔은 칸트의 도덕관이 실질적인 윤리적 생활을 공허하게 한다고 주장하였다. 왜냐하면 칸트의 도덕관이 명령하는 추상(abstraction)이란 바로 우리의 정체성을 알리는 독특한 역사와 관습을 포함하여 현 공동체의 구성원으로서 지니는 특정한 의무에 눈감게 하기 때문이다(Taylor, 1975, pp. 365-388).

헤겔의 비판이 성공하고 있는지는 논쟁의 여지가 있으나, 여하튼 자유주의 전통의 생존력이 칸트의 도덕철학과 생사를 같이하는 것은 아니다. 그러나 칸트는 변함없이 자유주의 이론에 극히 중대한 영향을 미쳐 왔으며, 헤겔의 비판은 지속적으로 개발되어야 할 자유주의에 반대하는 논쟁 분위기를 펼쳤다.

헤겔이 자율적인 이성의 명령보다는 일반에게 받아들여진 역할과 의무를 고양시킨 것은 공동체주의가 현 형태의 사회적 실제에 대해 반드시 만족한다는 것을 제안하는 것으로 해석될 수 있다. 하지만 그것은 헤겔 이후에는 그렇지 않다. 기존 공동체의 도덕적 쇠퇴와 파편화에 대한 불안은 20세기 공동체주의 담론에 널리 퍼져 있는 테마다. 그러나 정치적 갱생을 위한 자원은 시간이나 장소에 따라 크게 바뀌는 확립된 사회적 실제 내에서 발견되어야 하며, 공동체주의자들은 자유주의 정치학이 이러한 자원을 버린다고 주장할 것이다. 그럼에도 불구하고 자유주의 가치가 공적 문화의 일부분이 된다면(그리고 자유주의 사상의 영향력이 꽤 최근에 아주 약하게 미치고 있는 사회에서조차 자유주의 가치가 공적 문화의 일부분을 차지한다면), 정치적-도덕적 논쟁에 대한 공동체주의의 설명은 자유주의 가치에 대한 호소를 완전히 배제할 수는 없다. 따라서 공동체주의자들이 교육 및 다른 수단을 통해서 창조하려고 노력하는 번영하는 사회는 자유주의자도 소중히 여기는 많은 것들-예컨대, 양심과 언론의 자유에 대한 존중-을 구현할 수 있다. 이러한 가치들에 대한 정당화는 자유주의 철학에서의 가정된 개인주의적 오류를 피해야 할 것이다. 따라서 양심, 언론 등의 자유는 전체적으로 사회의 선에 대한 중요한 헌신과 개인의 삶에서 공동체적 동일시가 갖는 적절한 위치에 의해 해석되고 제한받아야 할 것이다.

적절한 예로는 듀이의 정치이론 및 교육이론을 들 수 있는데, 그 이론은 1880년대에 시작되었고 1952년 그가 죽어서야 끝났던 괄목할 만한 업적을 통해 전개되었다. 듀이의 이론은 중요한 자유주의적 요소를 흡수하는 민주주의 교육과 공동체주의적인 민주주의 이론을 구성하려는 아마 가장 실질적인 시도일 것이다. 그는 미국에서 탁월한 자유주의 교육철학자로 종종 분류되는데, 이는 듀이가 초기에 헤겔에게 지적으로 심취한 이후에 그의 저작에서 오랫동안 지속되었던 뿌리 깊은 공동체주의적 경향을 무시하는 것이다.

듀이 철학의 통일된 특징은 정치적 자치라고 하는 친숙한 개념을 확장하고 공동체에서 이상적인 삶의 방식을 나타내는 민주주의에 대한 이해다. 그런 삶의 방식은 기존의 사회적 균열을 넘어서 공유된 관심이 증가함으로써 실현되며, 또 협동적인 시도에 의해서만 성공할 수 있는 비판적 지성의 집단적인 전개를 통해 실현될 것이다(Dewey, 1916). 듀이는 민주주의 이상이 미국 문화에 잠재되어 있으며, 현대 과학의 진보주의적인 경향과 분리할 수 없을 정도로 관련이 있다고 믿었다. 그러나 그 역시도 민주주의 공동체를 위한 투쟁이 강력한 대립적인 압력들, 즉 산업자본주의의 원자화하는 결과, 전근대적인 형식의 사이비 신앙의 존속, 자유주의 사상이 전통적으로 장려하였던 얄팍한 개인주의(shallow individualism)를 포함하는 압력들과 다투게 된다는 것을 알았다. 듀이는 학교가 민주주의 공동체의 실현을 위한 주요한 장소라고 믿었다. 민주주의 공동체에서 기존 제도가 단지 희미하게만 기대하였던 비판적 지성을 광범위하게 확산시키고 관심의 수렴을 요구하였다면, 사회적 진보는 학생들이 공동의 유일한 육성기관인 공립학교에서 무엇을 어떻게 배웠는가에 달려 있었다. 공립학교는 최적의 민주주의 공동체의 소우주가 되기를 열망해야 한다. 공립학교에서 협동 습관 및 관심의 공유가 길러지게 될 것이고, 학습은 과학적인 정신 속에서 협동적인 문제 해결을 통해 진행될 것이다. 그리고 전통적인 교육이 구현하였던 굴종과 지배는 보다 평등주의적인 관계에 밀려날 것이다.

듀이가 확실히 분명하게 표현하였던 민주주의 공동체의 이상은 어떤 중요한 자유주의 가치를 표현하는 것 같다. 자유의 언어는 그의 저작 전체에 울려 퍼진다. 보다 의심스러운 것은 그의 민주주의 이상이 공동체주의적인 관심과 개인의 자유 및 동종의 가치의 진정한 중요성에 대한 직관을 성공적으로 화해시키고 있는가 하는 점이다. 듀이에게 민주주의 교육은 당연히 정체성 형성에서 압도적으로 강력한 구심점으로 작용한다. 불완전한 민주주의 사회에서 증오에 찬 갈등들이 과학적인 소양이 있는 시민의 협동적인 대화로 점차 물러가게 되고 시민들이 공동의 장애물을 극복하기 위해 협력함에 따라, 사적인 생활과 공적인 생활 사이의 구분을 흐리게 하는 공유된 관심들이 점차 조밀한 망을 통해서 혼합된다. 그러한 공유된 관심과 과학적인 세계관은 목적에 대한 심각한 불일치를 막는다. 과학은 또한 이러한 목적을 성취하기 위한 수단에 대해 합의라는 강력한 엔진으로 작용하고, 목적을 성취하는 데 성공할 가망성을 무한히 제공한다. 듀이의 번영하는 민주주의에서 자유는 침략 국가나 편협한 문화에 반대하는 개인의 존엄에 대한 방벽과는 다른 어떤 것이 된다. 자유는 간단히 민주주의 공동체를 실현하는 데 방해물이 없는 것이다. 권리와 자유에 대한 존중은 그 존중의 결과가 우리에게 진정한 민주주의에 더 가까이 가도록 하는 한 중요하다. 이것은 인간적인 정치학(humane politics)이 현대의 다양성 조건에서 어떠해야 될 것인가에 대해 깊이 있는 어떤 것, 즉 듀이의 시대에는 분명하였지만 지금은 이전보다 훨씬 더 분명한 어떤 것에 반대하는 것 같다.

롤즈가 칭한 바와 같이, '다원주의의 사실(fact of pluralism)' 은 공유된 정치구조 내에서의 교리, 문화, 윤리적 믿음들이 지속적으로 갈등한다. 17세기 유럽에서 자유주의 정치학의 초기 이념은 종교적인 관용이었고, 그러한 관용은 다원주의의 사실에 대한 제한적인 수용을 가리켰다. 즉, 정의로운 국가는 모든 시민에게 종교적인 정설을 강요할 수 없었다. 자유주의가 용인되는 정도를 넓히고 때로는 다양성의 또 다른 원천에 대한 찬양을 촉진하는 방식으로 발달하였기 때문에, 개인의 권리와 자유에 대한 용어는 종종 의견을 달리하는 개인이나 멸시받는 집단에게 불리한 억압적 조치에 비판의 목소리를 내는 강력한 방식이 되어 왔다. 사람들의 행위가 주어진 공동체나 국가의 '공동선' 에 대한 표준적인 이해와 갈등할 때조차 사람들의 관심사를 우리가 존중해야 한다는 것을 전제로 하기 때문에, 그 용어는 그러한 잠재력을 가졌다. 이것은 강조할 가치가 있는 핵심사항이다. '다원주의의 사실' 이 일반적으로 단일 집단이 존재한다는 것을 떠오르게 할지라도, 다원주의는 여성이나 이단교 신봉자와 같은 억압받은 하위집단뿐만 아니라 집단의 내부 작용을 특징짓기 때문이다. 이러한 집단은 그들이 속한 대규모 집단만큼이나 차별이나 불관용에 반대하여 국가의 보호를 필요로 할 수 있다.

그러나 이런 모든 것이 우리에게 듀이의 민주주의 교육 및 공동체주의의 이론적 근거가 다원주의의 사실과 적절히 화해하지 못하는 것은 아닌지 우려할 이유를 제공해 준다. 듀이의 설명에 따르면 가질 만한 가치가 있는 유일한 다양성은 과학적 지성의 승리 및 공유된 관심에 대한 광범위한 확산에도 어떤 것이 살아남을 수 있는가 하는 점인데, 여기서 과학적 지성은 전문화된 형식의 추론보다는 종합적인 세계관으로 이해되었다. 확실히 그의 민주주의 교육은 강압적이지 않다. 그러나 그의 교육이 보증하는 융합의 범위는 완전히 열려 있으며, 그의 정치이론은 개인의 권리 및 자유에 대한 모든 호소가 제한되는 여지를 남겨 두지 않는다. 권리 및 자유가 민주주의 공동체의 목적에 이르는 유일한 수단이라면, 민주주의 공동체에 기여하는 것은 그 어느 것도 권리와 자유를 기초로 하여 일관되게 비난받을 수 없기 때문이다. 듀이의 기획이 제기하는 큰 문제는 모든 형태의 공동체주의가 '다원주의의 사실' 에 대한 설득력 있는 도덕적 적합성과 화해될 수 있는가 하는 점이다.

공동체주의 이론이 어떻게 다양성의 조건하에서 자유주의에 대한 도덕적으로 그럴듯한 대안이 될 수 있는지의 문제가 1980년대 초 공동체주의의 부활로 또다시 표면에 떠오른다. 공동체주의 부활의 가장 영향력 있는 저작은 매킨타이어(A. MacIntyre)의 『덕 이후(*After Virtue*)』(1981)와 샌들(M. Sandel)의 『자유주의와 정의의 한계(*Liberalism and the Limits of Justice*)』(1982)이며, 각각 자유주의에 대한 다소 상이한 비판을 발달시켰다. 그러나 두 책 모두 광범위하게 유사한 결론에 이르렀다. 매킨타이어에 따르면 자유주의는 진정한 덕 있는 삶을 불가능하게 만들었다. 왜냐하면 자유주의는 공유된 사회적 실천 및 일관된 전통을 유지하는 상황으로부터 도덕적 판단을 분리하기 때문이다. 예컨대, 인권이나 자연권에 대한 자유주의의 담화는 '완전한 허구' 에 호소한다. 그 담화가 덕의 발달 및 행사에 초점을 두는 실질적인 공동선과 역사적 상황의 공동체를 초월하는 도덕적 이성을 그릇되게 사용하려고 하기 때문이다. 이러한 담화는 단지 자유주의적 개인의 비도덕적 인격을 가릴 뿐이며, 자유주의적 개인은 사회적 협동을 규칙의 계약체계를 충실히 따르는 것이라고 배우며, 이러한 규칙의 계약체계에서는 이기심만이 계약 당사자들을 동기부여할 수 있다. 따라서 도덕교육은 자유주의 모더니티의 풍조 내에서는 불가능하며, 덕과 공유된 선이 내적으로 어떻게 관련되어 있는지에 대한 전근대적인 이념이 획득한 공동체의 부활을 통해서만 부활될 수 있다.

매킨타이어는 그러한 도덕교육의 부활이 어떻게 성취될 수 있는지에 대해서 아무것도 말하지 않는다. 그러나 합리적으로 추론해 보면 그러한 부활의 성공 여부는 부분적으로 철저히 고립된 교육에 달려 있어야 한다는 것이 된다. 그와 같은 교육에서 아이들은 자신의 선을 출생 시의 공동체에서 확립된 사회적 실천(practices)에 의해 생각하고, 한 세대에서 다음 세대로 이러한 사회적 실천을 유지하는 덕을 습득하는 것을 배운다. 고립성(insularity)은 모더니티와 다원주의의 도덕적 독소로부터 그런 섬세한 학습 과정을 보호하는 데 필연적일 것이다. 그러나 이것은 불가피하게 가장 온건한 해석에 따라 떠날 권리가 교육의 행위에서 어떻게 존중받을 수 있는지의 문제를 제기한다. 매킨타이어는 자유주의에 대한 거절이 절대적이기 때문에 이러한 문제에 대해 무관심할 수 있다. 그러나 기본적인 자유주의 가치에 애착을 갖고 있는 모든 사람—자유주의 이론을 포용하는(심지어 자유주의 이론을 아는) 사람들보다 훨씬 더 큰 집단—에게는 이러한 결론이 거의 받아들여질 수 없다.

샌들의 『자유주의와 정의의 한계』(1982)는 롤즈의 『정의론(*A Theory of Justice*)』(1971)에 대한 일관된 공동체주의적인 비판이다. 형이상학적인 고려사항들은 그 논쟁이 구성되는 방식에서 두드러진다. 즉, 롤즈는 추상적인 합리적 선택자로서의 자아에 대한 지지할 수 없는 관점을 전제한다고 비난을 받으며, 그러한 합리적 선택자는 모든 자아의 존재를 구성해야 하는 사회적 유대 및 애착과는 '무연고적(unencumbered)' 이다. 자유주의자들은 롤즈의 이론(그리고 일반적으로 자유주의)이 이러한 것을 전제하지 않았다는 것을 쉽게 보여 줄 수 있었다. 그러나 샌들의 논쟁도 매킨타이어의 자유주의에 대한 혹평과 명백히 유사한 형이상학적인 읽기보다는 윤리적인 읽기를 불러일으켰다. (비교적) '연고적' 자아와 (비교적) '무연고적' 자아를 인간에 대한 상대적인 형이상학적 이론으로 생각하는 것이 아니라 사회적으로 상황적인 상이한 종류의 자아들 간에 구분을 나타내는 것으로 생각해 보자. 연고적 자아는 자신과 다른 사람들의 삶을 잠재적으로 풍요롭게 하는 방식으로 다른 사람과 밀접하게 관련되어 있다. 공동체에서 다른 사람에 대한 관계는 선호의 변덕에 따라 우리가 포기하거나 버리는 외적인 소유물이라기보다 바로 정체성 구조의 일부로 경험된다. 따라서 샌들은 연고적 자아만이 좋은 사회를 구성하고 유지하는 데 참여할 수 있으며, 그런 자아만이 자유주의 체제에서 우리의 삶을 괴롭히는 아노미와 서로 간의 소원함을 피할 수 있다고 주장하는 것으로 이해될 수 있다.

매킨타이어의 경우와 마찬가지로, 교육은 샌들의 주요 관심사가 아니다. 하지만 그의 보다 최근의 저작인 『민주주의의 불만족(*Democracy's Discontent*)』(1996)에서 학교교육은 주의를 거의 받지 못할지라도 정체성의 형성 및 기형적 정체성에서 국가의 역할이 무대의 중심이 된다. 샌들은 공화주의적 자유의 이상이 일찍이 시민들의 연고적 정체성에 확고하게 뿌리박힌 나라로 미국을 묘사하고 있다. 시민들은 민주주의적인 자치를 행사하는 데 설득력 있는 공동선을 아는 이들이다. 그러나 그 이상은 '절차적 공화국(procedural republic)'의 빈약한 가치에 의해 점차 무색해져 왔다. 절차적 공화국은 사적인 목적의 중립적인 중재자로서만 기능할 것을 요구한다. 샌들은 공화주의적 자유의 '인격 형성적 기획(formative project)'을 부활시키기를 원한다. 그러한 기획에서 국가 권력은 책임을 지고 집단적 자치의 내재적 선을 향유하는 시민 형성을 지향한다.

그러나 샌들의 기획은 공화주의적 자유가 백인이며 재산이 있고 프로테스탄트인 남성의 연대와 동일시되었던 기획과는 매우 다른 미국의 현실에 적용되어야 한다. 이러한 현실 사이에는 20세기 이민의 결과인 광대한 규모의 미국 다원주의, 전통적인 사회적 위계와 배제를 강화시키는 공화주의적 공동체(republican community)의 모든 이상에 대한 도덕적 분노, 그리고 그러한 전통적인 사회적 위계와 배제를 손상시키는 수단인 자유주의적 권리의 힘이 있다. 따라서 샌들의 인격 형성적 기획은 듀이의 것과 매우 유사하며 비슷한 어려움을 겪고 있다. 그는 상반된 방향으로 강력하게 끌어당기는 두 가지 요구를 화해시킬 수 있는 방식을 찾을 필요가 있다. 첫째, 그는 자유주의에 대한 최선의 해석을 할 때조차 자유주의 정치학이 지지할 수 있는 것과는 상당히 다른 시민 공동체의 매력적이고 실행 가능한 모델을 서술할 필요가 있다. 둘째, 그 모델은 다음의 세계가 주어진다면 어느 정도 자유주의적 가치를 적용해야 한다. 그 세계는 공동체의 이름으로 오랜 억압의 역사를 갖고 있고, 자유주의적 가치에 대한 호소와는 다른 어떤 것에 의해서 상쇄될 것 같지 않은 역사를 갖고 있다.

듀이는 적어도 화해가 이뤄질 수 있다고 생각한 공동체에 대한 대략적인 윤곽을 끌어내고 있지만, 샌들은 그렇지 않다. 사실 샌들이 해석한 공화주의적 공동체와 자유주의 사이의 대조는 시민 정체성 형성에서 모든 심각한 관심을 배제시키는 단순히 절차적 개념으로서만 자유주의 정치학을 풍자화하는 데 주로 달려 있다. 한편 그러한 풍자화에 대한 책임—공동체주의 부활에 널리 퍼져 있는—은 확실히 공동체주의자의 탓으로만 돌릴 수 없다. 자유주의의 인격 형성적 기획은 최근에서야 자유주의 이론가들에 의해서 그에 합당한 관심을 받게 되었으며, 일단 그 기획이 진지한 관심을 받으면 공동체 및 자유주의적 개인의 발달에서 공동체의 중요성에 대한 문제가 자유주의 이론의 전면에 나서야 한다(Macedo, 1990, 1999).

자유주의와 공동체주의 정치이론을 가장 깊은 수준에서 갈라 놓는 것은 공동체가 공적인 승인이나 용인을 보증하는 조건에 대해 불일치한다는 것임을 생각해 보라. 자유주의자들에게 비판적 논쟁점은 공동체가 자유롭게 선택하는 개인의 가치 및 실현을 유지하고 있는가다. 이런 모든 것에 대한 공동체주의자의 특징적인 반대는 자유주의자가 자율성을 너무 진지하게 생각하여 공동체를 충분히 진지하게 받아들이지 못한다는 것이다.

공동체주의자의 반대를 평가하기 위해서는 공동체가 자유주의적인 개인을 교육적으로 형성하는 것과 어떻게 얽혀 있고, 시간이 지남에 따라 자율성을 번영시키는 데 필요한 조건과 어떻게 얽혀 있는지를 질문할 필요가 있다. 자율성 교육은 기본적인 자기 가치감(sense of self-worth)과 개인 효능감(personal efficacy)을 키우는 가족에서 비롯된 결속력 있는 유대에 결정적으로 좌우된다. 이러한 유대는 이웃, 신념, 공동 민족성 등에 의해 정의된 보다 포괄적인 공동체까지 확장되며, 어쩌면 자유주의 정체 자체를 동일시의 특정한 대상으로 받아들인다. 더욱이 결사의 자유(freedom of association)는 사람들이 자율적으로 받아들이는 많은 생활방식에 필수적이 될 것이다. 왜냐하면 많은 사람들이 선을 발견하는 것은 확립된 공동체(그리고 때로는 새로운 공동체의 창조)와의 동일시를 통해서이기 때문이다.

이러한 설명의 정합성과 타당성은 정서적 억압, 나르시시즘 그리고 많은 공동체주의자들에게 웃음거리가 된 계산적 이성(calculating reason)의 기괴한 혼합과는 거리가 먼 자율성의 개념에 의존해야 한다. 자유주의 정치학에 적합한 의미에서 자율성은 선택하는 데 있어 비판적 사고를 기초로 행위하려는 자신감, 자기존중뿐만 아니라 좋음과 옳음에 대해 비판적으로 사고하려는 능력과 성향을 요구한다. 공동체주의자들은 이러한 의미에서 자율성을 공동체 가치에 대한 위협으로 생각해야 하는가? 자율적이 되도록 배운 사람들이 불만족스럽거나 불공평한 것으로 간주되는 공동체를 거절하게 될 것이라는 것은 단지 좋은 대답이 될 수 없다. 첫째, 현재 약하거나 부패한 공동체 생활에서 도덕을 부활시키는 것이 바로 공동체주의의 목표라면 그러한 목적은 기존의 공동체가 불만족스럽거나 불공평한 것으로 거절될 때마다 악이 행해졌다는 생각과 일치될 수 없다. 둘째, 공동체주의자들이 주장한 것처럼 다른 사람과 연합된 삶이 심오한 인간의 필요에 부합한다면, 그때 좋음과 옳음에 대해 비판적으로 사고하는 것을 배우는 것이 일반적으로 고립되고 의지할 곳 없는 이기주의적인 삶보다는 기존의 공동체에 대한 수정이나 새로운 공동체의 창조를 이끌 것이라고 우리는 기대할 것이다. 그렇지 않다면 그러한 기대는 단지 다음과 같은 가정에 놓일 수 있다. 즉, 좋음과 옳음에 대해 비판적으로 독립적 사고를 하는 사람들은 일반적으로 무반성적인 순응주의자라기보다는 자신의 가장 내면의 필요에 대해 덜 생각하는 경향이 있다는 것이다. 이러한 가정은 정합적이기는 하나 인간 본성과 권위에 대한 어떤 인정할 수 있는 자유주의적 혹은 민주주의적 관점보다는 귀족적 관점을 나타낸다.

공동체주의의 부활에 부응하여 나타난 자유주의 이론은 정체성 형성에 대한 문제를 주변적이기보다는 중심적인 것으로 다루며, 정체성 형성과정에서 결속력 있는 유대의 결정적인 역할을 나타낸다(Macedo, 1990, 1999). 개인적 자율성이 정말로 자유주의 정부의 시금석이라면, 자유주의자는 개인이 자율적인 성인으로 자라는 데 필요한 안정된 문화 상황을 확보하려고 애써야 한다(Kymlicka, 1989). 가족은 개인적 자율성과 정의감의 '첫 학교' 로서 중요한 연구 초점이 된다(Okin, 1989). 더욱이 그렇게 많은 현대 자유주의 국가(특히 다민족 국가)에서의 문화적 다양성은 집단 권리가 때로는 모든 시민에 대한 동등한 존중과 배려를 보장하는 필수적인 수단인지를 자유주의 이론가들이 질문해야 함을 뜻한다. 많은 사회에서 개인의 정체성은 종종 전통적으로 무시되거나 억압받아 왔던 특정집단과 밀접한 관계가 있기에 그러한 질문이 제기된다. 그리고 모든 시민에게 개인의 권리에 대한 획일적인 종합 대책은 억압이나 소외화를 극복하는 데 충분하지 않을 수 있다. 집단의 교육권—예컨대, 특정 언어나 종교에서—은 필연적으로 자유주의 이론에서 이러한 새로운 논쟁의 중요한 부분이 된다(예: Callan, 2000). 집단 권리에 대한 자유주의 논쟁이 성공하게 될지는 미지수다. 그러나 최근 두드러진 논쟁점이 되고 있는 집단 권리는 듀이 이후로 매우 무시되어 왔던 정체성을 발달시키고 표현하기 위한 공동체적 환경의 문제에 자유주의자가 지금 직면해야 한다는 사실을 입증한다. 이러한 논쟁으로부터 나오는 자유주의 이론은 공동체주의 부활 이전에 교육과 문화에 대해 진술했던 것보다 훨씬 더 많이 진술해야 할 것이다. 그리고 자유주의 이론은 그렇게 한다고 해도 전혀 나빠지지 않을 것이다.

공동체주의는 자유주의가 공동체의 지평에 대해 더 많은 것을 지각하도록 하였다. 이러한 공동체적 지평 내에서 자유주의 자체의 주장이 옹호되어야 한다. 이것은 정치철학에서도 진실이고 교육철학에서도 마찬가지로 진실이다. 학문적으로 주의해야 할 논쟁점은 국가주의(nationalism)의 현상과 국가건설에서 교육의 역할이다. 제2차 세계 대전 말과 1980년대 말 사이의 민족적 감정이나 애국심의 증진은 기본적으로 자유주의 원리와 맞지 않는 것으로 광범위하게 이해되어 왔다. 이것은 20세기 전반기에 지나친 국가주의를 고려할 때 이해할 만하다. 국민성(nationality)에 대한 이념의 재평가는 공동체주의 부활의 가장 중요한 성과에 속한다.

자유주의 전통에서 정치철학자와 교육철학자들은 민족 감정을 조장하는 것이 자유주의 이상과 양립할 수 있는지, 양립할 수 있다면 어느 정도로 양립할 수 있는지에 대해 현재 철저하게 나뉘어 있다. 민족 정체성은 일반적으로 세계적인 정치적 정체성의 의미와 대조되며, 둘 사이의 차이는 시민교육에 대한 상충되는 비전에서 나타난다(Nussbaum, 1999). 그러한 논쟁의 결과가 무엇이든지, 그 논쟁은 자유주의 사회에서 시민교육에 대한 우리의 이해를 이미 넓혀 왔다.

추천도서

Bell, D. (1993). *Communitarianism and its Critics*, Oxford University Press.

Callan, E. (1997). *Creating Citizens*, Clarendon Press.

Levinson, M. (1999). *The Demands of Liberal Education*, Oxford University Press.

Mulhall, S., & Swift, A. (1996). *Liberals and Communitarians*, 2nd edn., Blackwell.

제4장

교육과 시장

David Bridges & Ruth Jonathan* / 장지원 역

도 입

저자들은 이 장에서 대처/메이저 정권 및 영국에서 이루어진 교육에 대한 시장원리 적용에 대해 다루고 있다(Jonathan, 1983, 1989, 1990, 1993, 1997a, 1997b; Bridges, 1994; Bridges & Husbands, 1996). 당시에 교육학자들은 이러한 원인을 북미, 영국, 호주를 지배했던 자유주의적 보수주의의 한 특징으로 생각했다. 자유주의적 보수주의란 사회정책에 대한, 특히 정치의 좌경화와 정부의 변화에 따라 일부 국가에서 지나치게 집행되었던(overthrown) 공공 서비스의 경영에 대한 접근방식을 의미한다. 그러나 조나단(Jonathan)은 교육계에서 유사시장(quasi-market)을 정당화하는 경쟁

* I은 David Bridges, II는 Ruth Jonathan.

적 개인주의는 자유주의의 알려지지 않은 특징이라고 말한다. 자유주의는 20세기 중반부터 자유교육의 사회로의 확대와 자유교육의 분석을 위해 그 당시 발달했던 자유주의 교육철학으로 알려져 있다. 따라서 많은 유사시장 개혁을 위한 대중에 대한 호소는 초기의 외면적으로는 평등주의적인 공교육 계획과 다소 모순된다(Jonathan, 1995, 1997).

이러한 정책들은 보통 사람들의 예상보다 더 깊고 넓은 뿌리를 갖고 있기 때문에 더 통시적인 접근이 필요하다. 영국에서 토니 블레어 수상의 새로운 노동당 행정부는 예전의 토리당 전임자들만큼 시장원리를 신뢰하고 있다. 즉, 학부모의 학교 선택권 강화, 학부모들의 학교 선택에 필요한 정보를 제공해 주는 학교 평가(assessment)와 학교 간 평가표(league table)의 공개, 대중학교(popular school)의 확장 허가, 고등교육에서의 수업료 제도 도입, 차등 수업료를 도입하고자 하는 대학에 대한 호의, 성과급 연동제에 대한 교원노조와의 갈등 등이 대표적이다. 세계 각국에서 러시아, 에티오피아, 베트남 등 다양한 정치 상황에 놓인 국가들 모두가 정부 각료들과 관료들을 자본주의 국가로 보내고 사회정책에서 시장원리의 적용을 위해 노력하고 있다. 이러한 시도들은 시장원리의 유혹을 이해하는 데 특히 유용하고, 시장원리를 보다 넓은 역사적 · 정치적 맥락에서 살펴보는 것을 가능하게 한다. 또한 시장 이데올로기의 열광적인 선전(endorsement)만큼이나 시장 이데올로기의 치명적인 비중 속에서 손해를 볼 위험에 놓일 수 있다는 반론을 펼치고 개발하는 데에도 적절하다.

이 장의 첫 번째 절에서는 영국에서 진행되고 있는 교육정책의 배경에 대한 논의와 반론을 다룰 것이다. 두 번째 절에서는 비교적 최근의 정책과 그 실행 및 우선적 관심사에 대한 철학적 분석을 통해 현재 진행되고 있는 논의의 맥락을 확장시키고 심층적으로 다루도록 한다. 마지막으로 그 이론의 핵심 이슈와 향후 연구를 위한 의제에 대해 논의하도록 하겠다.

I

교육 분야에 대한 시장원리의 적용

사회정책은 역사적 배경 속에서 만들어진다. 교육시장 역시 마찬가지다. 거의 모든 상황에서 시장원리는 국가기구를 통해서만 운영되는 이미 확립된 공교육 제도의 기본 원리(background)에 대한 반발로 적용되었다. 따라서 시장원리의 적용은 적어도 영국에서는 국가적, 지역적 단위로 자리 잡은 민주적인 책무성을 기반으로 한 국가 또는 주정부 관료제의 희생을 통해서만 이루어진다. 전통적인 체제에 대한 비판가들은 그 실행과정에서 국가 관료제의 역할이 너무 과하다고 주장한다(Tooley, 1994, p. 138, '국가지원, 국가규제 및 국가원조 학교' 참조). 반면 그 옹호자들은 지역 민주적 책무성이 가진 특징을 강조한다. 놀라울 것 없이, 교육에 대한 시장원리의 도입은 부분적으로는 국가 독점의 해체를 뜻한다. 또 다르게는 플루(Flew, 1991)가 제안하듯 학교교육에 대한 지역교육당국(Local Education Authority: LEA)의 독점을 해체하는 것을 의미한다.

교육의 시장화를 위해 요구되는 주요 조건은 교육경제학의 공급 측면에서는 다양성과 선택의 신장(creation), 수요 측면에서는 소비자에게 필요한 정보와 구매할 권한을 제공하는 것이다. 더 자세히 본다면 교육의 시장화는 다음과 같은 다섯 가지 주요 요소를 갖고 있다.

1. 소비자가 서비스 공급자를 선택하고, 공급자 사이의 경쟁을 유발하기 위해 국가 독점을 약화시키거나 깨트리기. 이 원칙은 영국 내 학교들을 지역 교육당국의 통제에서 해제시키는 과정에서 잘 드러난다. 통제 해제의 과정은 '그랜트 메인테인드 스쿨'[1)]의 설립, 지역 교육당국에 들어

오는 예산 대부분을 학교로 직접 보내도록 종용하기, 지역 교육국이 비용에 걸맞는 최고의 서비스를 제공하는 경우에만 급식, 교육 · 훈련(in-service), 유지 · 보수 등의 서비스를 선택하기 등이다. 더 최근에는 실패한 지역 교육당국을 대신해서 사설 교육기관들이 경쟁 마인드를 도입하고 있다.

2. **선택을 위한 진정한 기회의 산출과 소비자들이 그 기회를 평가하기.** 이 원리는 영국에서 선정된 학교들과 사립학교를 보호하고, 지역 교육당국의 통제 범위 밖에 있는 도시 기술대학과 그랜트 메인테인드 스쿨을 설립하며, 이슬람 공동체의 종교학교 설립을 보호하는 데 사용된다. 이는 외국어, 기술, 스포츠 등 특수목적학교 설립의 동기가 된다.
3. **소비자들의 선택을 알리기 위해 소비자들에게 믿을 만한 정보를 제공하기.** 1991년 부모헌장(Parents Charter; DES, 1991)은 부모를 위해 제공하는 다섯 개의 핵심 문서를 약속했다. 그 문서들은 ① 부모에게 최소 연 1회 제공되는 학생 보고서, ② 독립된 기관이 작성하는 학교 보고서, ③ 모든 지역 학교에 대한 성취표, ④ 개별 학교의 설립 취지서 또는 팸플릿, ⑤ 학교장(governor)이 작성하는 연간 보고서다. 국가단위 평가를 통한 지역 성취표와 OFSTED 조사관 보고서는 특히 그 학교의 상대적인 장점(개별적인 평가형태에 내재되어 있는 성취 기준에 반하여 판단되는)을 학부모들에게 잘 알려 준다.
4. **교육 공급자들이 친기업적이고, 다른 수입원을 만들어 냄으로써 국가재정에 의존하지 않도록 고무하기.** 이러한 원리의 강조는 고등교육 분야에서 더욱 두드러진다. 옥스퍼드와 케임브리지 대학은 오랜 역사를 지닌 개인 기부 전통을 통해 독자적인 수입원을 가지고 있었다. 그러나 워윅과 같은 새로운 대학들은 수입원의 절반 이상을 정부가 아닌

1) 역주: 지방정부의 지도를 받지 않는 대신 중앙정부로부터 재정을 지원받는 공립학교.

다른 곳에서 받고 있다고 주장한다. 학교가 사적인 재원을 이끌어 낼 만한 기회는 많지 않지만, 여러 학교들은 부모의 자발적 후원, 개별적 음악활동처럼 국가의 비용지원에서 배제된 활동에 대한 수업료 부과, 지역 은행으로부터의 토지 임차, 미국에서는 논란이 있지만 특정 광고 TV 채널의 시청자 보장과 같은 방법을 통해 학교가 필요한 수입을 충당한다(Harty, 1994 참조).

5. 공적 혹은 사적 공급자들로부터 소비자가 자신들의 선택권을 보호받을 수 있도록 하기. 구체적으로 이는 소비자가 인증된 공급자로부터 교육상품을 구매할 수 있는 제도인 바우처 시스템[미국 밀워키에서 처음 시도되었고, 이후에 존 메이저 정부에서는 어린이집(nursery education) 등에 도입되었으나 실패함]이나 고등교육 분야에서 학생들이 직접 교육상품을 구매할 수 있도록 하는 형태로 이어졌다.

이미 분명해진 것처럼, 이러한 기준을 충족하는 교육체제는 여전히 순수한 시장 모형에는 좀 부족하다. 교육에 시장원리를 적용하는 데 있어 가장 급진적인 옹호자 중 한 사람인 툴리(J. Tooley)는 "자유시장만한 것은 없다. 그러나 국가 간섭의 크고 작은 정도, 불완전성의 크고 작은 정도는 있기 마련이다."(1997, p. 139)라고 말했다. 교육에 시장원리를 적용하는 툴리의 상당히 급진적인 모형에서도 국가는 중요한 역할을 담당하고 있다. 그 역할은 최소의 적정한 교육으로 간주될 수 있을 만한 기준을 설정하고, 교육기관들이 그 기준을 충족하는지를 확실히 하는 검사 규준(inspectorate)를 법제화하고, 학교에 아이들을 보낼 능력이 없는 가족을 후원하고, 그렇게 할 수 있는 최소한의 가능한 교육 기회를 얻지 못하는 아이들의 경우는 강제하는 것이다. 존 스튜어트 밀이 주장한 것처럼, 국가는 아이들을 해로부터 보호해야 할 책임에 상응하는 최소한의 역할이 주어져야 한다(Mill, 1867).

툴리의 의견에 비추어 보면, 우리는 대처/메이저 행정부에서 도입한 실천들조차 교육의 시장화에서는 절반 정도의 시도(half-heated)였음을 알 수 있다. 대처/메이저 행정부에서 학교는 국가가 교육의 주요한 공급자 역할을 계속하기로 예정되어 있었다. 중앙정부가 직접적으로 지원하는 자금이 학교로 제공되거나 또는 간접적으로 지역 교육당국을 통해 자금이 제공되었다. 그리고 국가는 이전보다 더 구체적으로 모든 공적 자금을 지원받는 학교들이 따라야 할 교육과정을 규정했고, 국가는 교사연수, (꽉 짜이고 중앙집중적으로 규정된) 교육과정을 제공했다. 그리고 이러한 모든 요구조건들은 국가가 규정한 평가, 성취도 기준(benchmarks of achievement), 국가가 통제하는 검사체제의 조합을 통해 세심하게 유지되었다. 꼼꼼한 사람들은 이 특별한 '시장'을 '유사시장'이라고 부르기를 꺼린다. 한편에는 자유주의 수사(rhetoric)를, 다른 한편에는 정부의 손에 거대한 권력의 집중을 나란히 놓는 더 냉소적인 관찰자들은 교원노조, 지역 교육당국, 독립적인 조사기관과 같은 시장원리에 반대하는 기관들을 체계적으로 깎아내릴 것이다. 그리고 교사 양성기관은 유사 스탈린 사회주의 경제로 공평하고 적절하게 기술될 수 있는 인상 때문에 배제될 것이다. 교육 영역에서 파워(M. Power)가 말한 '과도한 검사의 온정적 타당성(pathologicality)' (1999, p. xii)은 감독 없이 스스로 경영하던 기관이 정부의 의지에 순응하는지를 확인하기 위해 더 전통적인 중앙 통제적 체제를 대체했다. 자유시장은 환상과 하찮은 자유가 주어지는 빨간 모자를 쓴 소녀의 시장이다.

그럼에도 불구하고 시장의 수사는 어디에서나 볼 수 있었고, 이것은 사업에서 교육경영에 기업적인 담론을 동시에 적용함으로써 강화되었다. (경영의 언어는 리더십이나 지도자 지위의 초기 양식을 대체했다.) 교장들의 컨퍼런스는 마케팅 전략, 임무 성명, 사업계획, 성과측정, 성과급으로 불리게 되었다. 학부모들은 소비자 또는 고객이 되었다. 그리고 부서는 고위 경영팀으로 구성되었고 핵심 경영자(line manager)가 되었다. 학교는 자신들이 창출할 수 있는 가장 비용 효율적인 곳에 상품을 배달한다. 만약 이 문제에 대해서 곰곰이 생각한다면, 학생들은 이러한 새로운 경제체계에서 자신이 어디에 속해 있는지에 대한 불안감을 느낄 수 있다. 이 새로운 경제체계는 소비자, 고객, 원재료, 생산, 학교의 회계장부, 목표에 대응하는 성취 등으로 이루어진다.

그렇다면 교육의 시장화란 어떤 것을 말하는가? 혹은 적어도 교육에서 유사 시장화의 적용은 무엇인가? 이러한 논의는 경험적 주장과 몇 가지 원칙에 근거한다. 이는 다음의 네 가지 주장으로 정리된다.

첫째, 시장 원리가 주도되는 상황은 국가가 통제하는 시스템이 실패했다는 증거가 드러날 때다. 가장 명백한 증거는 미국과 영국의 도시 학교의 낮은 성취도와 높은 결석률이다. 이러한 실패는 소비자의 선호에 둔감한 과도한 관료적 체제의 결과로 논의 가능할(그리고 아마도 용이할) 것이다. 처브와 모(Chubb & Moe, 1990, 1992)는 동부 할렘가의 이러한 문제에 있어 시장기반 학교의 상당한 성공을 가장 유망하게 주장했다.

이러한 논의의 또 다른 형태는 지역 교육당국에서 학교로의 예산 위임(delegation)과 관련이 있다. 학교는 원거리의 행정관보다는 지출에 대해 더 지역적으로 감각적이고 현명한 결정을 할 수 있고, 그 수입이 정말 필요치 않은 경우에 돈을 아낄 수 있고, 가장 좋은 곳이라고 그들이 판단한 곳에 지출의 초점을 맞출 수 있다(예: Morris, 1994 참조).

둘째, 더 긍정적으로 시장체제는 교육 서비스를 비용 대비 가장 효율적으로 만들기 위한 내적 수단을 가지고 있다. 그레이스(G. Grace)는 이러한 정책의 옹호자인 뉴질랜드 정부를 지지하는 과학적이기보다 교의적인 두 가지 주요한 가정을 서술하고 있다. 하나는 자기조정 능력(self-steering ability)인데, 이것이 교육을 위한 시장 상황에 적용될 때 최적의 결과를 이끌어 낸다는 것이다(Grace, 1994, p. 130). 자유시장은 최소의 비용으로 문제에 대한 최적의 해결, 지각되는 필요에 대한 최고의 반응을 생성할 수 있는 거의 마술적인 힘을 가지고 있는 것으로 여겨진다. '최적의 해결'은 이상적 시장조건 아래서 생산되는 것으로 규정된다는 이러한 믿음이 실제로 강해서, 결과적으로 그 주장은 사실상 항상 진리다.

셋째, 시장화는 소비자의 선택을 확대하고 교육 공급의 수신적 목적(receiving end)을 지닌 자들에게 권한을 부여할 것을 제안하는 본질적으로 자유주의적인 형태의 논의가 있다. 그레이스가 위에서 짧게 언급했던 뉴질랜드 기금(New Zealand Treasury)은 "핵심 요소는…… 교육적 자원의 고객으로서 가정, 부모, 개인의 선택과 정보 흐름을 극대화하여 권한을 부여하는 것이다."(1987, p. 42)라고 보고했다. 시장조건에서 이러한 권한부여는 때로 이것저것 다 챙겨 주는 국가(nanny state)에 의해 형성되는 의존적 문화와 대조된다. 따라서 자기 신뢰, 독립, 개인주의, 진취적 정신(enterprise)과 같은 가치의 발달은 전통적인 공적 서비스의 영역에 시장 실천을 확장시킨 산물이다. 그러나 다른 방법에서 시장은 고객(늘어난 선택의 자유를 즐기게 되는)과 공급자(관료적인 장벽에서 자유로워지고 더 독립적이고 자기 신뢰하게 되는)의 자율성 발달에 기여한다.

넷째, 고객을 유혹하고 유지하기 위해 공급자들 사이에서 형성되는 시장의 경쟁은 그들에게 더 많이, 더 성공적으로, 그리고 이러한 고객들의 선호에 더 가깝게 다가가도록 한다는 주장이 있다. 부과되는 가격의 유연성이 존재하는 환경에서 이러한 경쟁은 서비스를 위한 할인(reduction)이라는 부가적 혜택을 만들어 낸다.

요약해서 있는 그대로 말하자면, 시장조건은 교육적 공급과 실천의 지역적인 개인적 선호와 결정에 대한 개인적인 지적 능력을 적용하게 하고, 따라서 더 책임 있고 성공적이고 소비자가 원하는 효율적인 비용 산출을 가능하게 한다. 국가에게 품질 한계의 결정과 감찰, 검사의 역할을 떠넘기는 유사시장은 완전 자유시장이 노출될 수도 있는 특정한 독립적 성향(maverick tendencies)에 대항하는 부가적 안전장치를 제공한다.

시장에 관한 더 많은 자료들은 쿤스와 슈가맨(Coon & Sugarman, 1978), 콕스 등(1986), 플루(1991), 그린(D. G. Green, 1991), 셀던(Seldon, 1986), 툴리(1992a, 1992b, 1993a, 1994)에 제시되어 있다. 그러나 실제로 주어진 정부정책은 구체적이고 강력한 언어로 교육적인 가정을 만들기 때문에 그 철학적인 언급의 대부분은 비판적이다. 우리는 이제 이러한 비판에 대해 살펴볼 것이다.

교육 분야의 시장원리 적용에 대한 비판

교육 분야에 시장원리를 적용하는 문제에 대해서는 다양한 입장과 적지 않은 비판적인 시각이 있었다. 그리고 엄격한 철학적 논의를 통해서 시장주의에 입각한 교육개혁의 결론적인 혜택에 대해 어느 것이 실제로 경험적인 주장인지를 밝히는 것은 쉽지 않다. 이러한 목적에서 나는 다음의 네 가지 비판적인 접근을 소개하고자 한다.

시장 선택의 합리성

첫 번째 비판은 시장 상황 속에서 합리성 혹은 합리적 선택의 논리, 다시 말해 시장에서의 선택이란 사회 내 개개인이 가장 훌륭한 판단을 내린 것의 총합이라는 논리에 대한 비판이다. 이 논의의 핵심은 흔히 말하는 '죄수의 딜레마(Prisoner's dilemma)' 에 있다(Jonathan, 1990; Tooley, 1992a 참조). 우선 이 논의는 다음과 같이 요약된다. 만약 개인이 자신이 가진 흥미에 따라 의사결정을 하는 경우, 더 넓은 관점에서 그 결정이 실제로 적절한 혜택을 가져올 수 있을지는 판단하기가 쉽지 않다. 시장논리에 비판적인 사람들은 사회 구성원들이 만들어 내는 최적의 혜택은 개인의 이기심에서 나온 개인적 선택의 합에서 도출된 결과가 아니며, 그보다 더 큰 다양한 선택의 결과를 통해서 달성된다고 주장한다. 조나단(1990)은 사회적 재화에 대한 개인의 선택은 그리 이성적이지 않다고 주장한다. 선택하는 개인은 자신의 이익을 보장해 주는 최적의 행동과정을 생각할 것이다. 그러나 동시에 공동체의 민주적인 집합적 선택이 이루어지는 사회에 속한 그 개인은 사회적인 미래라는 것을 형성하는 거대한 영향력에 굴복하게 될 것이다.

죄수의 딜레마에서 도출된 논의 속에서, 브리지스(Bridges, 1994)는 우선 교육이 제공하는 지위적 이익(positional advantage)과 다른 사람의 희생을 통해 한 아동이 달성할 수 있는 지위적 이익 사이의 구분에 대해서 연구했다(예: 상대평가 체제에서 높은 점수를 받은 경우의 취업에 대한 더 높은 준비도). 그리고 교육이 사회 공동체에 기여하고 다른 사람에게 피해를 주지 않는 형태인 비지위적 혜택(nonpositional benefit)에 대해 연구했다(예: 역사나 자연환경에 대한 이해, 예술에 대한 즐김, 지적인 호기심). 문제는 그들이 어떤 종류의 혜택(지위적 또는 비지위적)에 초점을 맞추느냐에 따라 학부모와 학교가 취하는 이성적인 행위과정 사이에는 큰 차이가 있다는 점이다. 자녀들의 이익을 지키기 위해 학부모들은 자연스럽게 다른 자녀들이 손해를 보더라도 교육이 제공할 수 있는 지위적 혜택을 추구하게 될 것이다. 자신의 아이들이 더 나은 삶을 살 수 있게 된다면 불공평한 교육 기회의 분배는 별 문제가 되지 않는다. 비록 학부모들과 아이들은 폭넓게 배분되는 교육의 비지위적 기여를 통해 적지 않은 혜택을 얻지만, 학부모들이 자신의 아이들을 위한 지위적인 이익을 제공함으로써 받게 될 이익을 감안하면 비지위적인 기여는 그리 크지 않다.

이러한 딜레마의 결과는 다음과 같다. 학교교육 체제가 아무리 학부모들에게 자신의 자녀들의 지위적인 이익을 보장하는 기회를 제공하더라도, 학부모들은 더욱더 자녀들의 이익을 보호하려고 노력할 뿐 공교육 체제가 제공하는 비지위적인 이익에 대해서는 별로 관심을 갖지 않을 것이다. 보다 풍부한 교육적이고 보편적인 이익을 목적으로 운영되는 학교교육은 다른 사람은 희생되건 말건 소수 사람만 이득을 얻을 수 있는 속

좁고 자기중심적인 기능으로 변화되고 있다.

교육의 본성

교육 분야의 시장원리 적용에 대한 두 번째 논쟁은 그 특성상 존재론적이다. 시장주의자들은 교육이란 무엇인가에 대해 혼란스러워하고, 이러한 혼란은 교육 서비스의 제공을 위해 고안된 체계 역시 혼란에 빠트릴 것이다. 예를 들어, 퇴니스(Tönnis)의 고전적인 구분을 따르는 서지오바니(Sergiovanni, 1994, p. 143)는 전문가들이 자신들의 전문성을 고객들에게 전달하기 위한 교육적인 전달체제를 형성하는 게셀샤프트 교육전달 모형을 더 수용적이고 공동체 안에서 정보를 주고받는 관계인 게마인샤프트 교육전달 모형과 대비시키고 있다. 상업, 생산 라인에서 사용되는 언어들이 교육의 모든 영역에 광범위하게 적용되는 현상, 즉 교육은 상품, 학교는 생산 라인, 교육받은 학생은 성과(product), 생산성에 따라 성과급을 받는 교사 등의 비유는 여전히 논쟁 중이다. 이러한 용어들은 교육의 본질과 교사, 학생, 그리고 교사와 학생이 참여하고 있는 문화 속에서 선택 사이의 관계를 체계적으로 왜곡시킨다. 시장주의적인 언어들은 학교 현장 속의 내면적인 가치와 본질적으로는 도덕적이고 인간적인 관계를 도구적인 관계로 변화시킨다. 물론 학부모의 학교 선택권이나 학교에 자금지원이 이루어지는 방식에 대한 논쟁과 시장주의적 언어의 과도한 남용은 구분되어야 한다. 그러나 시장 옹호자들이 시장주의적 언어들을 교육의 전 분야에 걸쳐서 마구 사용했다는 점은 큰 문제라고 할 수 있다. 그럼에도 그들의 언어 사용은 매우 상반된 가치들과 이러한 대논쟁에 내재된 전제들을 명료화하는 데는 도움을 주었다.

교육의 본질에 대한 더 구체적인 논의는 '교육이 공공재인가' 라는 논의에서 잘 드러난다. 그레이스는 교육이 공공재이기 때문에 국가에서 직접 제공해야 하며 시민이 그 비용을 부담해서는 안 된다고 주장하였다. 그레이스는 공공재를 다음과 같이 정의하고 있다.

> 공공재란 모든 시민의 생활 수준을 높여 주는 역할을 하는 공적으로 제공되는 서비스를 말한다. 동시에 공공재는 시민들이 그 서비스를 지불할 능력과는 상관없이 개인이 가진 윤리적, 지적, 창조적, 경제적, 정치적 능력에 따라 공공재의 획득이 촉진된다(Grace, 1988, p. 214).

이 정의는 공공재가 어떻게 제공되어야 하는지를 분명하게 보여 준다. 그레이스는 다음과 같이 덧붙이고 있다.

> 교육의 목적이 계급, 인종, 성별, 지역에 상관없이 한 개인의 인성 발달과 미적, 창조적, 지적 능력의 신장이라면 그 교육은 공공재로 인정될 수 없는 것인가? 교육이 시민들의 윤리의식(moral sense)과 타자에 대한 사회적 연대의 책임감을 높이려고 한다면 그것은 공공재로 간주될 수 없는 것인가?(같은 책)

조나단은 교육이 사적 재화이자 공공재의 성격을 가지고 있음을 지적하고, "공공 영역과 사적 영역이라는 단순한 이분법은 교육 분야에서는 적용되지 않는다."고 결론 내렸다. 이는 교육 내용과 교육과정은 국가의 감시를 받고 자원의 분배는 탈규제적으로 진행되는 논리적으로는 전혀 이해되지 않는 신자유주의적 교육개혁의 속성을 잘 보여 준다(Jonathan, 1997b, p. 79).

툴리(1993b, 1994)는 주류 경제학에서 공공재를 보는 입장과 이에 대한 교육 분야의 적용을 다룬 적이 있다. 툴리는 "경제적 관점에서 볼 때 교육은 불완전하지만 공공재다. 그러나 이 결론은 국내 또는 자유 시장이 교육 공급에 있어 적절한 메커니즘임을 뜻하지는 않는다."라고 언급했다. 이 결론은 말킨(Malkin)과 윌다프스키(Wildavsky)의 영향을 받은 것이다. 그들은 "공공재는 대중들이 인정하는 것이며, 공공정책을 평가할 수 있게 하는 기준인 공공재의 기준은 '공공재' 라는 기술적인 개념 뒤에 숨어 있는 것이 아니라 우리 앞에 놓여 있는 유동적인 개념" 이라고 말한다(Malkin & Wildavsky, 1991, pp. 372-373).

이 장에서 내가 한 논의는 두 가지 목적을 가지고 있다. 첫째, 교육은 어떤 부류에 해당하는가(what sort of a thing it is)에 대한 고민을 통해 사회에서 교육이 어떻게 다루어져야 하는지에 대한 질문에 답하는 다양한 문헌을 제공한다. 공공재에 대한 논쟁은 이러한 논의와 크게 관련 있는 것으로 보이지는 않지만, 제조업이나 상업에서 도출된 '공공재' 담론은 그것과는 성격이 크게 다른 '교육' 분야에 대한 처방을 왜곡시킬 위험이 있다는 점에서 매우 우려스럽다. 둘째, 말킨과 윌다프스키의 결론은 우리 앞에 놓인 가치에 따라 공공정책을 분석할 필요성을 강조한다. 이는 시장주의적 가치와 앞으로 우리가 보게 될 그 시장 가치의 비판 사이의 싸움이다.

사회적 가치들의 경쟁

시장주의를 옹호하는 자들은 (신자유주의적 가치인) 선택의 자유, 개별성, 자기 신뢰, 기업가 정신을 중요하게 생각하고, 사회가 발달하기 위해서는 경쟁의 조건이 필요하다고 생각한다. 반면 시장주의에 비판적인 사람들은 (사회민주적 가치인) 공동체 정신, 형제애, 평등이라는 가치를 강조하고, 사회가 발달하기 위해서는 공공 서비스 분야에서 협력이 이루어지는 것이 필요하다고 생각한다. 이 문제는 성과를 내는 데 있어 어떤 수단이 가장 도움이 되느냐에 대한 갈등만이 아니다. 이러한 결과를 초래하는 교육을 제공하는 방식의 차이에서 도출되는 사회적 가치에 대한 갈등도 담고 있다. 이에는 성과에서 측정되는 가치 내재된 행동과 신념이 포함된다. 따라서 나딩스는 다음과 같이 말한다.

> 우리는 아이들에게 산수를 잘 가르치기 위해서 우리가 어떻게 아이들을 다루어야 하는지를 묻기보다는 우리가 행하는 교육적 노력이 아이들의 성장에 어떤 영향을 끼치는지를 고민해야 한다. 수학 또는 다른 과목에 대한 지도원리는 우리가 가르치는 학생들에 대한 관심에서 나오게 되며, 교수방법은 그렇게 도출된 원리들에 바탕을 두고 형성된다. 배려윤리는 우리에게 다음과 같은 질문을 던진다. 내가 사용하는 방법들이 내가 가르치는 아이들에게 어떤 영향을 끼칠까? 내가 사용하는 방법들이 내가 만들려고 하는 배려 공동체에 어떤 영향을 끼칠까?(Noddings, 1986, p. 499)

이러한 접근방식은 학교 내의 조직 배치와 민주사회에서 학교 간 관계를 통치하는 사람들 사이에 널리 퍼져 있다. 논란의 여지가 있기는 하지만, 시장에서 통용되는 가치는 공동체와 관련 있는 가치와는 양립하지 않는다. 이러한 입장을 가지고 있는 필딩(Fielding)은 시장의 그 가치가 공동체와 연결된 것으로 널리 이해되는 가치와는 맞지 않는다고 하였다. 필딩은 코헨(Cohen)의 관찰에 동의하며 그의 글을 인용한다.

> 시장에서 생산활동의 동기는 욕심과 두려움의 혼합이다. 구체적으로 그것은 한 사람이 시장에서 가진 지위와 개인적인 성격에 비례하게 된다. 여기서 욕심이란 다른 사람들을 내 부를 채워 줄 자원으로 생각하는 것이며, 두려움이란 다른 사람들을 내 부를 뺏을 도적으로 간주하는 것이다(Cohen, 1994, p. 9).

필딩은 인간을 보는 이러한 관점은 매우 끔찍하며 교육적 맥락에서도 적절하지 않다고 주장한다. 시장이 중등학교와 대학에 '시장원리'라는 윤리적, 심리적, 절차적 명령을 계속 각인시킨다면 교육적인 가치들은 끊임없이 손상될 것이다(Fielding, 1994, p. 166).

이 연구는 이데올로기 사이의 차이를 구체적으로 보여 주지는 않는다. 그러나 일반적으로 시장원리의 교육 분야 적용은 사회에서 동의된 목표를 대안적인 기술경영 체제와 결합시키는 것이 아니며, 인간의 덕과 사회적 가치 사이의 대립된 견해를 반영하는 이데올로기적인 차이를 내포하고 있다.

특성화, 차이 및 평등

시장은 특성화된(differentiated) 상품을 필요로 하며, 특성화 없이는 살아남을 수 없다. 예를 들면, 영국 정부는 사립학교의 설립을 유도하고, 종교학교 설립을 지지하며, 기술, 언어, 스포츠와 같은 것에 유능한 학생들을 위한 전문학교를 세우는 등 성공적인 특성화 정책을 추진해 왔다.

그러나 시장조건은 때로는 상품 사이의 품질 차이를 만들어 내고 최고의 상품에 접근하지 못하게 만들기도 한다. 시장조건에서 성공은 성공을 낳고, 실패는 실패를 낳는다. 성공은 더 많은 고객을 확보하고, 더 많은 자원과 소비자들의 신뢰로 연결되며, 더 큰 성공을 낳는다. 반면 실패는 기업을 나락으로 떨어트린다. 시장에는 카르티에(Cartier)와 라트너스(Ratners)가 같이 팔리고, 포트넘 앤드 메이슨(Fortnum & Mason)이 구멍가게와 공존한다. 그리고 정부가 체계적 지원 수준을 정하는 정도에 따라서 이 격차는 달라지고(사적 영역은 이러한 지원 밖에 있다.), 주립학교들은 자금을 모으는 다양한 수단을 가지게 되며, 시장 상황에서 성공하는 학생 수의 증가는 재정적인 보상으로 이어지게 된다.

또한 학부모나 아이들이 자신들의 선택에 따라 더 성취도가 높은 학교로 모이게 될 것이라는 주장 역시 비현실적이다. 가장 열정적이고 기동성이 좋은 (대체로 부유한) 부모를 둔 아이들은 이러한 경쟁체제에서 이익을 얻을 수 있다. 반면 기동력이 약한 부모들, 시골 지역에 사는 아이들은 교육적으로 소외되고 고립된 지역에 머물 수밖에 없다. 따라서 시장의 역동성은 학교의 특성이 가진 한계 때문만이 아니라 학교의 공급 수준에 따라서 구별되는 체제를 만들게 된다. 밀리밴드(Miliband)는 다음과 같이 주장한다.

> 학교가 위기에 처하는 것은 시장의 불완전성 때문이 아니라 시장이 가장 효율적으로 작동할 때 생기는 잠재적인 문제들 때문이다. 교육개혁 법안의 시장원리에 의해 만들어진 논리인 '성공'은 우리가 피하도록 사회가 요구하는 것이다. 즉, 엘리트를 위한 수월성을 강조하지만, 대다수의 아이들에게는 함량 미달의 교육을 공급하는 교육체계다(Miliband, 1991, p. 13).

조나단은 교육 부문에 대한 시장 지배의 혜택이 가져오는 자유라는 허상과 이러한 불평등을 관련지어 설명하고 있다.

> 권리, 선택, 통제, 개인의 책임과 같은 용어들은 형식적인 분배의 정의를 위한 조건에 대해 대중들이 관심을 가져 주기를 요구한다. 그러나 이러한 용어들은 대중들이 분배의 문제에 실체적인 불평등 상황이 있다는 사실을 간과하게 만든다. 실체적인 불평등 상황이란 문제 있는 상품은 사회적으로 결정되며 분배의 조건은 경쟁적이라는 것을 의미한다. 필요로 하는 모두를 위한 형식적인 자유로운 선택은 소수의 선택이 박탈될 가능성을 수반한다(Jonathan, 1997b, p. 42).

II

교육의 철학적 관점에서 본 시장화의 주제와 이슈

앞 절에서는 이제 20여 년이 지난 교육 부문에서 시장주의의 도입과 그 주요 분야 그리고 그 실천 및 이에 내재된 몇 가지 주제를 강조하면서 교육

개혁의 얼개를 다루었다. 이 절에서는 이런 주제에 대한 대응과 그것들 이면에 숨어 있는 철학적 이슈와 논쟁이 교육철학이라는 학문 분야에서 어떻게 나타났는지를 다루고자 한다. 브리지가 앞에서 "사회정책은 역사적 배경 속에서 만들어진다."고 언급한 것처럼, 급진적인 정책 변화에 대항하는 선택의 분위기를 만드는 변화하는 가치와 이해 역시 성숙한 민주주의에 기반을 두고 있는 것은 아니다.

교육적 재화와 그 지위적 가치를 국가가 아닌 시장이 분배하도록 한 대전환은 사실 정책 결정자들이 교육적인 병리 현상을 해결하기 위해 계획한 것은 아니었다. 보건의료 정책에서도 비슷한 결정이 내려졌지만 이 역시 병리 현상을 해결하기 위한 것은 아니었다. 그러한 사례가 과거에 있었다면 보건의료의 분배문제에 대해 비슷한 정책이 적용되는 것을 보지 못했을 것이다. 왜냐하면 이 역시 공적 자산을 민영화하고 외주로 위탁(outsourcing)하여 이전에는 사회가 공급했던 의료 서비스 영역에 시장원리를 도입한 것이기 때문이다. 그렇지만 최근 급격히 변화하고 있는 사회보장제도의 이론과 실제에서 교육 분야는 핵심적인 위치를 차지하고 있다. 교육 분야는 규제 철폐론자들이 개혁을 주장한 첫 번째 사회적 실천이었다(그리고 공공 서비스라는 이름으로 가장 꾸준하게 재포장된 분야이기도 하다.). 교육 분야는 정의와 부조리, 이익과 손해에 대한 시민들의 양면성이 가장 두드러지게 드러나는 사회적 실천이며, 정치적 가치와 그 결과인 정책의 변화가 가장 크게 나타나는 분야이다. 더불어 유권자들이 표를 통해 시장화에 대한 전반적인 반대를 표현할 수 있는 마지막 사회적 실천 영역이기도 하다. 이러한 문제는 정책의 원리와 주제에 대한 분석과 함께 다양한 설명을 필요로 하며, 교육철학의 측면에서는 크게 세 가지 방향으로 구분할 수 있다.

첫 번째는 교육적 재화의 복잡한 성격, 가치의 다양한 형태와 그 혜택을 예상할 수 있는 다양한 요소에 대한 탐구다. 두 번째는 교육과 사회적 변화의 관계에 대한 탐구다. 즉, 개인적 · 사회적 열망과 성취를 일으키거나 금지하는 실천과 이해의 복잡함을 연구하는 것이다. 세 번째는 일종의 계보학적 연구다. 즉, 가치 있는 교육적인 목표와 합법적인 수단을 통한 그 목표의 달성에 대한 사회적 이해를 형성하는 구조 변화에 대한 규범적, 인식론적, 존재론적 논쟁의 교육적 근원을 찾아보는 것이다. 이러한 노력을 기울여야만 30년 전에는 상상도 할 수 없었던 교육환경 및 기본적 사회보장제도 민영화에 대한 많은 이들의 수용적인 태도를 완전히 이해하고 적절히 접근할 수 있다. 나는 이 가운데 마지막 방향에 대해서 초점을 맞추고자 하는데, 앞의 두 가지에 대해서는 분량상의 제약도 있고 다른 곳에서 이미 서술한 바가 있기 때문이다(첫 번째에 대해서는 Jonathan, 1997b, 두 번째에 대해서는 Jonathan, 2000을 참조). 그다음 앞 절에서 논의된 정책을 뒷받침하는 과정에서 다루어진 (정치적이고 물질적인 상황과 함께 오는) 이러한 관심의 기원을 찾을 것이다. 이는 유사 시장화의 일반적 경향이나 학부모의 학교 선택권, 지역단위 학교경영 혹은 학교 간 평가표의 도입과 같은 특정 정책에 대한 옹호 또는 비판을 직접적인 목적으로 하는 문헌연구 분석보다 훨씬 흥미로울 것이다. 그런 주제에 대한 문헌연구는 현재 논쟁을 정리하는 데는 유효하지만 이러한 변화를 반영하는 교육적 합의와 정치적 합의로부터 시작되는 그 출발점의 복잡성과 범위를 밝혀내지는 못한다. 게다가 문헌연구는 그 변화가 어떻게 대중적이고 정치적인 이해를 얻게 되었는지, 그리고 어떻게 가치가 생겨나고 그 평판을 얻게 되었는지를 보여 주지 않는다.

개인주의적인 변화를 처음으로 시도한 사회(영국 사회는 그 선봉이었다.)는 오랜 민주주의 역사를 지닌 사회였다. 이러한 국가들은 내부적이건 외부적이건 위로부터 강제되며 대중의 기호에 반대되는 정치적 반동을 경험한 적이 없다. 제2차 세계 대전과 1970년대에 영국 사회가 겪었던 것과 같은 정치체제와 사회윤리의 광범위한 개인주의적인 전환은 개인적 위기 또는 한계 상황이 새로운 방향 전환을 요구하던 시기에 단지 대중과 정치적 의견에만 초점을 맞춰 왔던 과거 정책들에 대한 시민들의 누적된 불만에서 비롯된 것이다. 그리고 각 분수령에서 이러한 변화가 일어날 때 사회보장 정책에서 교육 분야는 정책과 그 실천 면에서 초미의 관심사였으며 다양한 대중들의 폭넓은 지지를 받고 있었다. 1944/1945 영국 교육법은 본질적인 교육상품 및 그 교환 가치에 더 평등하게 접근할 수 있어야 한다는 대중들의 요구를 수용하는 동시에, 전후 재건계획에서 인적자원의 효율적인 사용을 추구하는 상공업계의 요구에 부합하고 있다. 그리고 1988/1989 영국 교육법은 세계시장으로의 성장을 위한 기업가 정신을 증진시킴으로써 사회적 경쟁의 이익을 높일 필요가 있다는 정치적인 입장을 수용하는 동시에, 사회보장제도가 더 이상 기회의 균등을 증진하는 대신 그 비용을 개인이 지불해야 하는 데 대한 대중들의 불만에도 귀를 기울이고 있다.

이러한 풍토와 정책의 주요한 변화는 갑자기 일어난 것은 절대 아니다. 게다가 민주사회의 권력 분배 속에서 일어난 간단한 변화로 귀결되지도 않는다. 유권자들이 다양한 미디어에 접근할 수 있는 근대화된 시대에서 이러한 전환은 변화하는 주변 환경만큼이나 사고, 태도, 가치 변화의 형성을 통해 이루어진 것이다. 우리는 철학, 특히 교육철학이 현재의 사고 변화를 적극적으로 추진하고, 변화하는 아이디어, 가치, 태도에 관해 분석하고 언급하거나 현재 변화하는 사회적 · 교육적 편견과 열망에 내재된 가정에 대한 통찰을 제공하는 데 있어 중요한 역할을 할 것으로 기대한다. 특히 교육은 사고와 환경을 반영하고 재구조화하는 사회적 실천인 만큼 교육철학자들의 역할을 기대해 볼 수 있다. 따라서 교육과 시장이라는 주제에 관한 교육철학은 학부모의 권리나 전문가의 책무성, 학교 선택제 또는 선별 입학과 같은 구체적인 정책보다는 훨씬 광범위한 영역을 다루어야 한다.

사회철학자나 정치철학자과 마찬가지로, 교육철학자들은 지적 환경의 변화를 단지 수동적으로 전달하는 데 그쳐서는 안 된다. 대중매체와 미디어가 조작되는 세계에서 교육철학자들이 자신들의 영향력을 과대평가하는 것은 오만한 일이고, 철학자들 역시 시간과 환경의 산물이다. 그러나 그들은 오늘날의 문제를 분명히 하고 관심의 의제를 향해 접근해야 할 의무를 갖고 있다. 따라서 처음 등장한 지 약 20여 년 정도 되었고 10여 년 전에 교육철학자들의 주요 관심 대상이 되었던 정치적 풍토와 교육적 동의의 전환에 놓여 있는 많은 주제들을 발견하는 것은 결코 어려운 일이 아니다. 이러한 이론적 이슈 사이에서 우리는 교육과 정치학의 관계나 사회 변화의 도구로서 교육이 허용되는 역할을 함께 다룰 것이다. 아동복지에 관한 학부모와 국가의 상대적인 역할, 개인적 자유와 사회적 평등의 주장 사이에서 교육정책의 적절한 균형, 학교교육을 넘어서는 대중 공교육의 문화적인 적용, 개인의 선택에 대한 전문가적 통제의 적절한 범위 등이 바로 그러한 것들이다. 1960, 1970년대를 주도했던 관심사들을 돌이켜 보지 않는다면, 우리는 공교육 시장화의 토대이자 이에 정당성을 부여하는 오늘날의 개인주의적 전환의 뿌리와 범위를 이해할 수 없다. 또한 최근 사회복지제도의 변화에 대한 교육철학의 역할도 이해할 수 없다. 시장주의 메커니즘과 분배가 교육상품의 제작과 분배에 강하게 영향을 끼치게 되는 이러한 전환은 매우 오랫동안 진행되어 온 것이다. 따라서 이에 대한 분석과 비판을 위한 목소리가 대중과 정치권에서 높아지고 있다.

1950년대와 1960년대에 있었던 교육철학의 부활을 돌이켜 보면 두 가지가 분명해 보인다. 한 가지 연구 분야는 그 시기의 이론적 산물로 다시 각광받았던 보편적인 칸트주의에 바탕을 두어 반정치적인 분석에 부합하는 것, 정의 · 자유 · 평등 등 매우 정치적으로 논쟁적인 원리를 보여 주는 그 시기의 지배적인 자유주의적 중립주의, 그리고 언어학적 분석의 불가지론적 연구를 통한 설명으로서의 교육정책과 실천의 핵심 개념이 그것이다. 다른 하나는 놀랍지 않게도 그 문제의 근원이라고 할 수 있는 주요한 교육적 제도(dispensation)의 주제와 이해를 반영한다. 첫째, 교육철학자들은 사회경제적 환경과는 무관하게 모두에게 가능한 자유교육의 목적과 절차를 알려 주는 윤리적 원칙을 분석하는 데 많은 노력을 기울였다. [특히 피터스(R. S. Peters)의 논의가 주목할 만하다. Peters, 1966, 1967, 1973a 참조] 두 번째로, 교육 내용에 대한 건전한 인식론적인 토대에 대한 논의가 진행되어야 한다. 즉, 사회적인 기원 또는 학습자가 추구하는 지향점이 아닌 지식 그 자체의 속성에 따라서 정당화되는 가치인 이성, 자율성과 같은 이러한 능력에 대한 폭넓은 이해와 마찬가지로 교육 내용에 대한 인식론적인 논의도 수반되어야 한다. [허스트(P. H. Hirst)의 저작은 이 영역의 첫 번째 부분에서 매우 생산적이다. Hirst, 1974b 참조. 함린(D. W. Hamlyn)의 논의도 주목할 만하다. Hamlyn, 1978 참조] 셋째, 분석적인 태도는 교육 부문에 다시 활력을 불어넣기 위해 당시에 등장했던 제안들과 그들이 활성화하려고 했던 발달의 측면에 초점을 맞췄다. [디어든(R. F. Dearden)의 주장은 생산적이다. Dearden, 1968 참조]

따라서 전후 재건 이전에는 특권층 사람들에게만 가능했던 자유 교육적 경험의 혜택을 모두에게로 확장하는 데 필요한 윤리적으로 수용 가능하고 교육적으로 잘 다져진 수단을 명료화하는 것이 철학적인 임무였다. 그러한 사회보장제도는 기회를 확대하는 공평한 사회세계를 구상하였으며 공교육이 그 핵심 역할을 할 것으로 이해되었다. 그러나 공교육 계획 자체는 비록 공비가 지원되고 국가가 통제하지만 여전히 개인을 해방시키는 수단으로 개념화되었다. 예상되는 사회적 혜택은 모든 이들을 위한 복지는 개인의 복지의 총합으로 대체된다는 내재된 가정으로 서술되었다. 전후 낙관주의와 자유주의적 중립주의를 당연시하던 시대였음에도 불구하고, 경제학의 통화침투설(trickle down theory) 또는 그것을 지지하는 신자유주의적인 규범적 우선순위에 대한 보증을 요구하는 매우 논쟁적인 가정은 있었다. 지위적이었던 상품을 분배하여 개인을 해방시키려는 사회적 계획에 내재된 모순이 1950년대와 1960년대에는 분명히 표출되지는 않았지만 그 계획과 분석에서 내재된 갈등은 처음부터 존재했다.

따라서 숨어 있던 갈등이 더 분명해지면서 새로이 부활하는 교육철학의 세 가지 주요 흐름에서도 초기의 징후는 세기말 시기의 전면에 등장하는 관심사가 되고 있다. 내가 언급했던 세 가지의 요소 중에서 첫 번째는 교육을 통한 평등(즉, 접근, 과정, 결과의 평등인가 혹은 단지 기회의 평등인가)에 대한 것으로 가장 지속적이고 뜨거운 논쟁을 유발한다. 두 번째로 공통 교육과정을 위한 인식론적 근거(rationale)를 찾는 것은 그것을 찾지 못할 경우 이해집단으로 하여금 모두를 위한 자유교육의 서사를 논증하도록 한다는 것을 확증한다. 세 번째로 교육적인 혁신은 그것을 활성화함으로써 민주적인 가치를 배우거나 혹은 인지적 · 정서적 발달을 고양함으로써 전문적 · 문화적 권위에 대해 질문을 던지거나 하는 것이다.

이러한 요소들에서 몇몇 학자들은 다음과 같은 문제를 제기하기 시작했다. 첫 번째 요소—자유교육의 목적과 절차를 알려야 하는 (정치적) 윤리적 원칙의 설명—와 관련해서 두 가지 대립되는 경향이 1970, 1980년대를 거치며 발전되었다. 반면 교육에서 평등에 관한 논쟁은 평등 개념에 대한 개념분석, 교육에 관한 차이를 동일시하는 기반이 신뢰될 수 있는지의 여부, 그리고 교육적 평등과 기회의 평등 및 기회의 평등과 사회적 공평의 관계에 대한 개념분석에만 천착하지 않았다. 더 나아가 몇몇 교육철학자들은 평등의 원리가 공교육을 조직하는 원리로서 적합한지에 대해 의문을 제기했다. 이에 대해 철학자들은 개인의 자유는 사회적인 평등의 요구에 따라 제한될 수 있으며 그 결과로서 개인과 사회는 당연히 도덕적인 결함과 실제적인 피해를 감수해야 한다는 입장인, 현재 논쟁중인 정치 사회 이론을 반영하였다. [이 논의와 관련된 저명한 학자들로는 노직(Nozick)과 하이에크(Hayek)가 있다. 특히 Nozick, 1974를 보라.] 따라서 개인적인 공적과 업적, 교육 기준에 대한 평등주의자들의 결론은 다시 검증되기 시작했으며, 몇몇 학자들은 교육적 성과를 논의하면서 경쟁과 개인의 책임이라는 가치를 재도입했다. 전후 교육복지 사업의 특징인 평등주의적 경향에 대한 도전은

1980년대에 정치적으로 개인주의적 · 신자유주의적 경향이 득세한 것과 맥을 같이한다.

그러나 당시에 이러한 도전은 교육적으로나 정치적으로나 매우 논쟁적으로 보였기에 개인의 상대적 이익을 보장받을 권리에 대한 대중적인 요구로 인식되기보다는 반대파(자유주의자)의 기준이나 엘리트주의를 옹호하는 것으로 묘사되었다. 게다가 같은 시기에 발달한 사회에 대한 대립적인 시각이라는 점에서 이러한 주장은 교육철학 내에서 매우 대극적이었다. 이러한 사회적 전환은 사회적 맥락을 다시 고려해서 생각해야 할 논의들을 촉진시켰는데, 이는 두 가지 형태로 나타났다. 첫 번째 관심은 교육과 정치의 관계에 초점을 맞추었다. 따라서 교육상품의 복잡성에 대한 논의를 시작으로 그 수혜자(beneficiaries)의 다양성과 사회적 맥락에서의 교육적 가치의 관계에 대해 주목하였다. 이러한 탐구는 개인 간 충돌하는 이익의 문제를 교육학의 보편적인 분석 대상으로 이끌어 냈다. 한편으로 교육철학의 핵심에서 절차적 가치의 선언적인 중립성에 대한 질문(그리고 주요 방법과 역할로서의 개념 명료화에 대한 점증하는 불쾌함)은 일반 철학의 발달과는 대치되었다. 일반 철학에서는 개념분석이 중립적인 자연주의의 부수적인 방법론적 특질로 여겨졌다. 자유주의는 한쪽에서는 신자유주의자들에게, 다른 한쪽에서는 윤리적 자유주의자와 원시공동체주의자들에게 도전을 받았다. 1970년대에 각광받았던 사회철학과 정치철학에 대한 관심의 부활은 교육과 시장에 대해 더 직접적으로 분석하면서 교육철학의 영역을 새롭게 하였다.

1960년대와 1970년대 초—합리성과 자율성을 키우려는 중립적 목적을 달성할 수 있는 교육과정에 대한 인식론적인 근거를 찾던 시기—의 교육철학 내 두 번째 주요 요소와 관련해서 이의를 제기하는 저작들은 더욱 산재해 있다. 교육과정에 대한 인식론적 근거(실제가 아니라면 이론적 논쟁에서)는 사회적으로 발달한 여성주의와 탈식민화와 같은 주제들이 점유하였다. 문화적 헤게모니에 대한 정당화로 (잘못) 이해되었던 이러한 반대는 자유주의의 중립성과 그 핵심적인 가치와 주의에 대한 철학적인 동의가 점차 줄어들고 있는 상황에서 합리성과 자율성 개념 자체에 대한 의문을 동시에 제기하지 않고서는 더 큰 설득력을 가질 수 없었을 것이다. 그 인식론적 작업과 가장 잘 연관되어 있던 철학자 허스트(Hirst)는 그 후 계속해서 자신의 초기 분석 중 많은 부분을 수정했던 반면, 그 작업들은 간접적으로 기술의 개념에 대한 후기 분석과 그것의 확장(문제해결 기술, 생활기술, 윤리적 기술), 역량의 관념과 학습 프로파일, 그리고 이와 관련하여 새롭게 등장한 절차의 내용에 대한 논쟁에 많은 영향을 끼쳤다. 특정 경제 상황을 위해 필요한 것으로 간주되는 시장적 기술과 사회적인 특질을 개인이 획득해야 한다는 주장은 1980년대와 1990년대에는 (1960년대와 1970년대에 교육과정 분석을 주도했던) 교육의 목적은 이성적 · 윤리적 자율성을 개발해야 한다는 주장과 매우 동떨어진 것으로 보였다. 그러나 모순적이게도 후기의 기술 대화(skill-talk)는 초기 입장의 보편화와 확장, 모든 이를 위한 공동 목표 윤리에서 훨씬 더 다원화된 입장이었다. 실제로 이러한 윤리의 연속성—방법의 공통성에서 절차의 공통성으로의 표면적인 변화를 제외하면—은 브리지가 앞 절에서 교육시장의 전제조건과 결과로서 언급한 공급의 다양성을 더 가치 있게 만드는 데 필요하다.

앞에서 제시한 교육철학의 세 번째 주요한 요소—교육(pedagogy)을 재활성화하고 민주화하기 위한 제안의 분석—와 관련하여 1970년대에는 그다지 많은 분화나 이의를 발견할 수 없다. 일반 대중, 정치가, 교육철학자들 사이의 공통된 성향이었던 아동중심주의에 내재된 전문적 권위에 대한 초기의 도전은 가르침에 있어 책무성에 대한 분석, 누가 교육과정을 통제해야 하느냐에 대한 논쟁, 그리고 아이의 필요와 흥미에 대한 관심을 압도하는 '사회의 요구' 라는 새로운 개념에 대한 비판으로 이어졌다. 이어서 교육 소비자의 본질을 분석하고 공적 또는 사적 영역에서의 경제적인 선택에 따라 교육의 우선순위 설정을 다루게 되었다(Jonathan, 1983 참조). 현실 정치에서 개인주의적인 전환을 요구하는 상황이 되면 정책 결정자들의 주장은 설득력을 얻는다. 따라서 교육철학자들은 이러한 요소의 초기에는 위에서 서술된 다른 것들과 마찬가지로 여러 방식을 통해서 개인주의적인 전환을 알렸으며, 이러한 전환은 1980년대에 들어서 명백해졌다.

교육철학 분야에서의 위 시기에는 '이데올로기의 종언' 이라는 주장의 심각한 쇠퇴를 볼 수 있었다. 그 주장의 쇠퇴로 인해 방법론으로서의 개념분석뿐만 아니라 정치적 간섭으로부터 이념적으로 자유로운 사회적 실천이라는 교육에 대한 이해방식 역시 사라지게 되었다. 이전의 주장은 분석가들이 정책과 실천의 적절한 기반을 밝혀내기만 하면 그 정책과 실천을 통해 모든 사람이 동등한 혜택을 누리게 되리라는 것이었다. 교육철학에서는 정치철학이나 사회철학에서 그랬던 것처럼 다양한 논쟁을 통해 윤색된 규범적인 우선권에 대한 근본적인 논쟁이 다시 등장하였다. 1970년대 교육철학자들 사이의 간단하면서 문제를 드러내는 부분적 조사를 통해, 이러한 연구 분야는 이론적 · 대중적 수준 모두에서 흐르는 현재의 이상과 분리되거나 단지 수동적이지만 않다는 것이 분명해졌다.

독자들이 상기할 필요는 없지만, 20년 전에 일어났던 이 사건 이후 많은 교육철학자들은 자신들의 역할과 관심사를 수정하고 확장하게 되었다. 이 절에서 교육의 유사 시장화와 관련된 정책, 수행, 결과, 가치, 가정 전반에 대한 문헌연구를 고찰하는 것은 설령 그 범위를 한 사회로 한정하더라도 쉬운 일이 아닐 것이다. 그러나 당시에 있었던 세 가지 경향을 알아볼 필요는 있다. 첫 번째는 교육의 필요에 대한 여론과 정부의 복지사업 사이의 관계, 그리고 교육적 배치와 사회구조 사이의 관계를 새로이 자각한 것이다. 두 번째는 정책의 개혁과 그에 내재되어 있는 암묵적 가정과 가치에 대해 철학이 기꺼이 관심을 가지기 시작한 것이다. 세 번째는 새롭게 활력을 찾은 사회 및 정치 철학과 교육 철학 간의 관계가 다시 회복된 것이다. (세 번째 영역은 우리의 주제인 교육과 시장과 관련하여 최근 논의된 여러 주제와 관계가 있는데, 이는 분명 역사적 · 사회학적 정책분석 관점이 혼합되어 있다.)

첫 번째 경향은 개인의 지적 해방과 진보를 강조하는 20세기 공교육 계획의 대전제에 대한 문제 제기였다. 자유, 이성과 선 사이에 관계가 있다는 중립주의자들의 입장에 따르면, 만약 교육이 적절하게 제공된다면 더 높은 수준의 번영과 평등을 누릴 수 있게 되어 사회적 진보로 이어지게 된다. 그러나 거버넌스 및 권한 분배의 도입을 통한 공교육 분야의 유사 시장정책의 도입과 수행이라는 개인주의적인 전환은 두 가지 측면에서 공교육을 통한 사회적 진보라는 신념에 의문을 제기했다. 하나는 민주주의에서 공교육의 역할을 재정의하는 것이다(Carr & Hartnett, 1996). 즉, 공교육 계획의 사회적 측면에 내재되어 있는 교육철학의 부분을 뒤따르고, 지금까지는 민주적인 협상의 영역이었던 교육상품의 구성과 분배를 명시적으로 개별화시켜 버리는 정책에 내재된 가정과 함의를 비판하는 것이다(Bridges & McLaughlin, 1994; Jonathan, 1989, 1990). 더 나아가 교육 기회의 평등과 사회적 평등 그리고 사회적 평등과 공평함 사이의 관계에 대한 재개된 관심에 초점을 맞추기도 한다. 교육철학자들이 이러한 작업을 꾸준히 하면서, 단순히 소비자의 시장 참여가 아니라 공유되는 가치와 이익과 관련된 교육과 시민성 문제에 대해 새롭게 관심이 높아졌다. 그러나 이러한 비판들이 완전히 사라진 것은 아니다. 더 경쟁적인 환경 속에서 성과체계의 적절한 보상을 지지하는 철학자들과 정부선택론 및 헤이엑의 사회인식론에 강하게 영향을 받은 이들은 다음과 같이 주장한다. "지난 20년간의 탈규제적 정책에서 평등(equity) 개념이 다소 고통 받았는데, 이는 교육은 완전한 사영화(privatization)를 필요로 하는 반면 국가는 여전히 교육시장의 공급과 규제에 개입하고 있기 때문에 생겨나는 문제다."(이에 대한 논의는 Tooley, 2000을 참조)

두 번째 경향은 철학자들이 실제 정책 및 그 전제와 적용에 참여한다는 것이다. 이러한 태도들은 단지 구태(status quo ante)에 대해 비난하는 것보다 훨씬 흥미롭다. 예를 들면, '양질의 교육' 이란 개념에 무엇이 포함되어야 하는지에 대한 최근 분석들은 교육적 소비주의 이면에 숨어 있는 민주화의 경향을 기술하면서 동시에 그 위험성도 다루고 있다(Winch, 1996). 학부모의 권리에 대한 분석은 자라나는 세대의 이익을 보호해야 할 국가의 역할과 그 한계에 대해서 다시 고찰한다(종교와 도덕 교육에 대한 Terry MaLaughlin, Colin Wringe 및 Mark Halstead의 논문을 참조). 소비자의 압력으로 인해 나타나는 교육과 훈련의 결합에 대한 연구는 이전에 진행되었던 양자에 대한 이해방식에 대해 문제를 제기하고 있다. 그리고 교육 내용과 교수에 대해 전문가들이 가질 수 있는 자율성의 범위가 어느 정도인지에 대한 고찰은 개인적인 문화적 맹종(deference)의 비용과 효과에 대한 새로운 견해를 제공했다.

세 번째 경향은 1950년대와 1960년대의 교육철학자들의 저작에서 분명히 드러나는데, "시대가 변하면 풍속도 변한다."는 속담에서 알 수 있듯이 세부적으로는 어느 정도 구분된다. 이 시기의 교육철학자들은 교육철학을 정치 · 사회철학과 다시 연결 지으려는 모습을 보였다. 정책, 이론, 교육의 실천뿐 아니라 자율성의 사회적 구성, 선호의 형성, 개인적 자유의 본성을 자유주의 철학 내에서 논쟁하는 데 기여했는데, 이러한 논쟁들은 자유주의 재구축의 주요한 주제들이 되고 있다(Jonathan, 1997b). 이 장의 주제 '교육과 시장' 만큼 분명한 주제는 없을 것이다. 브리지스가 I절에서 기술한 정책과 그것의 근거는 오늘날 주도적인 자유주의 사조의 교육정책 내에서 수행되는 것을 반영하기 때문이다. 여기서 말하는 자유주의란 개인의 권리가 절대적이고 개인의 의무는 탈규제적인 국가—탈규제적인 국가에서 사회적 정의는 시민간의 자유롭고 공정한 경쟁을 위한 장벽을 제거하는 것으로 이해된다—의 구조 안에서 개인적 진보를 위한 개별적 노력으로 자기계발, 개방된 선택, 사회적 공헌을 통해 달성되는 것이다.

자유주의적 관점이 가지는 모순은 교육적인 맥락에서 가장 잘 드러난다. 우리 모두는 교육적 경험을 통해 혜택을 보기를 기대하지만 동시에 다른 사람이 성공적인 교육을 받는 경우에도 사회적, 문화적, 경제적 혜택을 받기 때문이다. 만약 우리가 신뢰하는 사회질서가 우리 사회의 핵심적인 사회적 실천의 질서와 일치하지 않는다면, 자유주의를 옹호하는 해석과 정당한 사회적 배치를 위한 실천 사이의 괴리가 철학적으로 정당한지의 여부가 오늘날의 핵심 주제가 될 것이다. 그런 만큼 교육적 배치에 대한 논의가 정치철학과 결부되는 것은 놀라운 일이 아니다. 만약 그것이 피터스의 『윤리학과 교육』(1966)에서 나타나는 관심사와 매우 다른 것으로 여겨진다면, 우리는 그 책에서 다룬 주요 주제는 정의, 자유, 평등의 핵심적인 정치적 원리가 공교육에서 타당한지에 대한 것임을 반드시 기억해야 할 것이다. 교육을 통한 개인의 해방을 지향하는 일련의 기획들이 윤리적인 의의를 가진 것으로 간주된다면, 이러한 강조는 그 시대에 대한 반영인 동시에 당시에 우세한 철학적인 여론과 사회보장제도를 반영한 것이다.

브리지스가 앞에서 다루었던 것과는 매우 다른 시기인 오늘날, 교육과 시장이라는 주제에 대한 철학적인 작업은 교육적 상품의 분배에 대한 개인주의적인 전환이 어떤 의미를 가지는지를 분석하는 데 초점을 맞추고 있다. 분배에 대해 경쟁적인 시장주의적인 모형은 사회적 기회의 분배와 체제를 통한 교육적 재화의 다양한 분배에 큰 영향을 끼친다는 것이 지금까지의 분석을 통해 드러났다. 이 두 가지 분배방식에 대한 변화가 환영받을지의 여부는 무엇이 좋은 사회이냐, 또 그 안에 살고 있는 개인들에게 가치 있는 삶이란 무엇이냐에 대한 서로 대립되는 개념에 따라 달라질 것이다. 교육적 재화의 구성을 위한 교육에서의 유사 시장화가 가지는 의미에 대해 관심이 점차 커지고 있다. 따라서 교육철학 내에서 교육과 시장에 관련된 연구 의제가 활성화될 것으로 보이며, 구체적으로는 윤리학 및 정치철학에 대한 것보다는 인식론과 심리철학에 대한 것이 더 활성화될 것이다. 앞으로 어떻게 전개되건, 우리는 지난 20년 전부터 오늘날까지의 철학적 주제들을 돌아보면 미래에 변화된 교육적 관심사가 어떻게 나타날지를 예상할 수 있다.

추천도서

Brigdes, D. & McLaughlin, T. (eds.) (1994). *Education and the Market Place*, Falmer Press.

Carr, W. & Hartnett, A. (1996). *Education and the Struggle for Democracy, Open University Press.*

Chubb, J. & Moe, T. (1990). *Politics, Markets and America's Schools*, The Brookings Institute.

Jonanthan, R. (1997). *Illusory Freedoms: Liberalism, Education and the Market*, Blackwell.

제5장

고등교육과 대학

Ronald Barnett & Paul Standish * / 김희선 역

I

현대의 대학을 논의하기 위해서는 무엇보다 사회정의에 대한 복잡한 질문에 관심을 가질 필요가 있다. 국가 간, 사회계층 간, 민족 집단 간 고등교육 참여율 격차는 정의의 문제에 있어 핵심적인 질문이다. 기금조성과 관련된 문제는 접근성 제한 및 불평등과 직결된다. 이러한 복합적인 문제들 속에서 개인과 국가의 책임과 관련해서 뿐만 아니라 사적 · 공적 지원의 역할과 관련해서 경제적 차원의 문제 제기가 이루어지고 있다. 경제적 차원의 문제 제기는 분명 대학의 자율과 독립이라는 주제와 관련되며, 직접적으로 학문에 영향을 끼친다. 자기 스스로 경제적으로 책임져야 하는 대다수

* I과 III은 Paul Standish, II와 IV는 Ronald Barnett.

국가의 학생들에게 대학교육은 더 이상 오크숏(M. Oakeshott)이 말한 "휴지의 공간(space of interval)"을 제공해 줄 수 없으며, 오히려 일과 여타의 의무를 절묘하게 해결해 나가야만 하는 경험에 가깝다. 그러나 사회정의의 문제는 비단 참여 기회에만 관련된 사항은 아니다. 지금까지 하나의 정전(正典)으로서 그 본질과 정당성이 인정되어 온 고전적 형태의 대학교육 내용에 대해서도 문제가 제기되고 있다. 물론 이러한 교육 내용에 대한 문제 제기는 학과별로 큰 차이를 보인다.

1900년대 후반 고등교육의 엄청난 성장과 직접 자금지원의 상대적 감소로 인해 대학과 기타 고등교육 기관들은 점점 더 많은 매우 복잡한 상황에 직면하게 되있다. 문제 상황은 언제나 그에 내재되어 있는 진짜 윤리적 이슈로부터 벗어날 수 있는 것처럼 유사 기술적 용어를 잔뜩 사용해 언급되는 경향이 있다. 윤리적 이슈를 보다 직접적으로 다룬 경우에도 대개 고등교육의 해결 과제란 분배적 정의에 관한 질문이다. 하지만 이러한 사항들이 내가 여기서 다루고자 하는 고등교육에 관한 이슈는 아니다. 내가 논의의 출발점으로 삼고자 하는 바는 교육 담론, 특히 고등교육 담론에서 찾아볼 수 있는 특이사항이다. 이 글의 주제로 무엇보다 신중히 고려하고 있는 것은, 대학교육을 논하는 데 있어 적절한 언어가 결여되어 있어 혼란스러운 상황이라는 것이다. 이것은 오늘날 더 이상 뉴먼(J. H. Newman)이나 훔볼트(Von Humboldt)와 같은 인물들이 없어서이기 때문이 아니며, 오늘날의 학자들은 글쓰기에 있어 그들과 같은 방식으로 상상하는 것이 거의 불가능하기 때문이다.

그러나 고등교육 연구에 있어 표준이 되어 온 행정적 · 정치적 논의를 넘어, 최근 수십 년간 대학교육을 고찰한 중요한 목소리들이 나타났다. 예를 들어, 30여 년 전에 마이클 오크숏은 다수의 논문에서 대학의 중요성과 자유교양교육으로서의 고등교육을 훌륭히 변화했다. 앤더슨(J. Anderson)과 매킨타이어(A. MacIntyre)는 모두 대학을 중심으로 학문이 번성하기 위해 반드시 요구되는 조건에 대한 글을 썼다. 블룸(A. Bloom, 1987)은 그의 베스트셀러와 열띤 논쟁 속에서 일류 대학의 가치를 강하게 옹호했다. 약간 다른 각도에서 그리고 다소 메타텍스트적 수준에서, 펠리칸(J. Pelikan, 1992)은 다시 한 번 뉴먼의 문제를 제기하였다. 이러한 텍스트들은 단지 말만 쏟아 놓은 것이 아니라 고등교육에 있어 철학적 이슈를 탐색한 일련의 논문들을 이끌어 냈다. 동시에 철학, 사회학, 정치학 사이 어딘가에 그 적을 둔 새로운 경향의 책들이 출판되기 시작했는데, 그중 몇 권은 나의 동료가 이 장에서 깊이 있게 그 개요를 살피고 있다.

수많은 논문에서 데리다(J. Derrida)는 대학에 있어 인문학의 위상에 대해 논의한 바 있고, 특히 1992년에 출간한 그의 논문은 설득력 있고 심도 있는 일련의 답변들을 이끌어 냈다(Rand, 1992). 그러나 고등교육과 관련한 담론에서 무엇보다 중요한 인물은 리오타르(J.-F. Lyotard)다. 그의 『포스트모던적 조건(*The Postmodern Condition*)』은 이 텍스트가 명백히 철학적이라는 그의 부정에도 불구하고, 정보기술 시대의 대학발전에 대한 탁월한 예지를 보여 준다. 이 절의 나머지 부분에서는 리오타르에 대한 주요 비판을 개관하고 그의 비판의 전개과정을 고찰한다.

리오타르가 『포스트모던적 조건』에서 제기한 핵심적인 통찰은 현대의 교육실천을 비판하면서 그가 일관된 어조로 사용하고 있는 용어인 수행성(performativity)에서 찾아볼 수 있다. "시스템의 진정한 목적은 컴퓨터 설계에서와 같이 투입과 산출 간의 전 지구적 관계를 최적화시키는 합리적 원인, 즉 수행성이다."(Loytard, 1984, p. 11) 수행성은 현대교육의 뚜렷한 특징이라 할 수 있는 효율성(efficiency)과 효과성(effectiveness), 질보장(quality assurance)과 질관리(quality control), 검사(inspection)와 책무성(accountability)이라는 전문용어와 교육 실제를 정확하게 드러낸다. 모든 것은 정시(定時)에 획득되느냐의 여부에 따라 정당화된다. 컴퓨터화(computerization)는 수행성의 적용을 확장하기 위한 '꿈'의 도구가 되어 왔다.

수행성은 특히 리오타르에 대한 반론에서 좀처럼 손상되지 않기 때문에 음험하다. 수행성은 비판을 견뎌 내고 또 결합시키는 능력을 가지고 있다. 그것은 그 시스템을 강화하면서 전통적 이론과 급진적 이론의 힘을 잃게 하고, 대용 저항 혹은 유토피아적 희망으로 그 이론들의 자리를 축소시킨다. 수행성의 추구를 정당화하는 핵심은 일련의 과학적 역할, 객관성 그리고 엄밀성의 가정이다. 그러나 리오타르가 보여 주고 있듯이 이는 과학의 본질에 대한 심각한 오해라 할 수 있다. 과학은 효율성이라는 실증주의(positivism)에 의해 확장되지 않는다. 과학이란 오히려 반증의 제시, '패러독스' 의 발견 그리고 그것을 그 게임을 합리화하는 새로운 규칙으로 정당화할 때 발전한다(Loytard, 1984, p. 54). 특히 어떤 과학 분야의 등장은 미해결 과제들과 관련이 있었다—리오타르는 만델브로(B. Mandelbrot)와 톰(R. Thom)을 인용한다—는 사실은 리오타르에게 수행성의 한계가 결국은 드러날 것이라는 희망을 주었다. 또한 과학적 연구는 현실적으로 효율성의 실증주의가 상상하는 방식대로 작동하지 않는다는 그의 주장은 과학자들의 작업에 있어 정확히 그러하다. 이와 관련해서는 메다워(P. Medawar)의 시각이 탁월하다. "아이디어를 내놓는 것이 과학자에게는 최고의 성취다. '과학적 방법' 이란 존재하지 않는다. 과학자란 무엇보다 이야기꾼이다. 물론 그 이야기를 증명해야 할 의무가 있기는 하지만 말이다." (Lyotard, 1984, p. 60) 상상력이 풍부한 지식의 발전은 대학경영과 대학교육과정의 질에 책임 있는 사람들이 수행성을 실천하고 있는 영역에서 촉진되는 것이 아니다.

물론 이러한 리오타르의 텍스트에 대한 반응은 때로 적대적이다. 몇몇 학자들은 리오타르의 텍스트에 대한 거의 재앙 수준의 오독으로 인해 리오타르가 그가 비난하고 있는 수행성을 각별히 옹호하고 있다고 생각한다. 그의 전체주의적 어휘가 과도하고 마치 연극 같다고 생각하는 사람들도 있다. 그러나 리오타르가 수행성이란 서구문명의 정당화 요구에 지배받고 있다고, 다시 말해 문화적 제국주의에서 비롯되었다고 분석한다는 점을 반드시 기억할 필요가 있다(Loytard, 1984, p. 27). 독자들을 분개시킬 위험을 인정하면서, 리오타르는 항상성(homeostasis)에 의해 지배되는 "과학적" 확정이라는 테러적 경향을 드러내는 시스템의 가혹성을 지적한다. "당신의 열망을 우리의 목표에 적합하게 하라. 그렇지 않으면"이라는 위협은 아마도 오늘날 서구 자유사회에서 살아가는 모든 교육자들이 직면하고 있는 위협이라고 해도 과장은 아닐 것이다(Loytard, 1984, pp. 62-64).

리오타르가 학문탐구에서 최상의 전통을 유지하는 일에 과연 어떠한 기여를 했느냐를 둘러싼 부정적 비판은 그것의 적절성과 무관하게 리오타르가 그의 텍스트에서 제시한 희망을 축소시킨다. 하지만 그의 모든 저작은 고등교육 발전방안에 대한 풍부한 제안이 담겨 있기에, 그런 부정적 비판에서 벗어나 대학에 대한 그의 생각을 심도 있게 살펴볼 필요가 있다.

레딩스(B. Readings)는 『폐허의 대학(*The University of Ruins*)』(1996)에서 리오타르의 저작에 대한 섬세한 독해에 기초해 고등교육을 고찰하고 있다. 그는 현대의 대학을 수월성(excellence)이라는 개념으로 특징짓고 있는데, 수월성이란 부분적으로는 그것이 지배하는 제도를 강조할 뿐만 아니라 이전의 대학에 대한 구체화와는 매우 다른 성격을 갖는다. 이전의 학자들은 철학을 모든 학문의 기반으로 삼는 (칸트적인) 이성의 대학이나 철학을 문학으로 대체함으로써 민족국가의 성립에 현대 대학의 발전을 보다 밀접하게 관련시키고자 한 (훔볼트적인) 문화의 대학과 같은 형태로 대학을 구체화했다. 그러나 수월성은 이성이나 문화와는 전혀 다른 양상을 보인다. 국제화와 민족국가의 퇴조는 수월성이라는 흐름이 소위 지식경제에 적합하게 기능할 수 있는 조건을 만들어 냈다. 이동 가능성(transferability)과 통약 가능성(commensurability)을 가진 균질화된 시스템은 문화자본의 자유로운 흐름을 가능하게 한다. 그리고 이는 내용의 중요성은 퇴보시키고 문화적 애착은 약화시켜 현실화된다. 현대 대학에서는 모두 컴퓨터화에 의해 가속화된 기술, 관리 시스템, 지식에서 정보로의 소위 발단적 환원(incipient reduction)이 강조되며, 내용과 탐구의 전통에 대한 적절한 관심이 손상된 절차적 추론(procedural reasoning)에 지배된다.

수월성의 대학에서 학문적 자유는 위협받기보다는 삭제된다. 다음 연구 평가 과정에서 "계산될" 수 있기에 급진적이고 전복적인 연구도 두려워할 필요가 없다. 보다 난폭할수록 보다 많이 인용된다. 그리고 새롭게 민주화된 교육과정에서는 그것이 무엇이든 최고가 될 가능성이 있다. 여기서의 위험은 독재적 통제나 억압이 아니라 토크빌(de Tocqueville)이 미국 사회에서 나타날 것이라 예견한 일종의 유사자유다. 가장 최근의 유사자유의 예로는 아마도 "사회적 포섭"을 들 수 있을 것이다. 레딩스(1996, p. 164)는 우리가 교수에 있어 이전보다 많은 자유를 누리고 있지만, 그 자유란 대안적 개념들이 효과적으로 중립화되면서 비롯된 것이기에 우리는 더 이상 자유가 무엇인지 알지 못한다고 주장한다.

그럼에도 레딩스는 대학은 이제 글렀다고 단념하거나 과거로 회귀하지 않고, 만약 수월성이라는 이상이 사고(thought)라는 명사의 부활로 대체된다면 우리가 폐허의 대학을 해결해 나갈 수 있을 것이라고 말한다. 그는 "소위 해방이라는 메타서사에 의해 대학을 정당화하는 것을 거부하는 교육, 사고란 우리가 결코 자유롭지 못하는 것에서 기인한 중독임을 인정하는 교육"을 주장한다(같은 책, p. 128). 분명히 실질적이지만 사실은 진공상태인 수월성이라는 지시 대상(referent)은 명백하게 비어 있는 명사인 사고에 그 자리를 양보해야 한다. 우리의 이해의 틀이 우리가 직면한 사건들을 담아낼 수 없을 때, 우리를 안내하는 공인된 아이디어 혹은 공식, 규칙 그 어느 것도 가지고 있지 못할 때, 규칙이 있으나 규칙끼리 모순될 때, 우리에게 무엇보다 요구되는 사고는 비어 있다. 이때 우리에게 펼쳐지는 유혹은 사건을 기존의 틀에 맞추어 버리는 것이다. 대학의 시급한 과제는 바로 이러한 유혹에 빠지지 않게 하는 것이다. 대학은 세계를 이해하기 위해 인간의 언어를 극한까지 몰아가야 하는 공간이다. 즉, 판단과정을 훈련해야 한다.

레딩스는 자신이 대학 교사의 입장에서 글을 쓰고 있지만 교사라는 명사의 명확한 의미는 알고 있지 못한다고 말한다. 그뿐 아니라 만약 교사의 역할이나 의무 혹은 대학 교사직의 특성을 그 본질만 남길 경우, 불확실성과 도전이 교육의 핵심에 있어야만 한다는 사실을 위험에 빠뜨릴 수 있다고 본다. "우리는 그것이 무엇인가라는 사실을 아는 것보다는 바르게 교수하는 것을 추구해야 한다. 우리가 교수가 무엇이다 혹은 무엇이어야 한다는 것을 알고 있다는 믿음은 현실적으로는 실제 교수에 있어 주된 방해물이다."(같은 책, p. 154) 또한 사람마다 교육을 특징짓는 많은 다른 경쟁 용어들을 제시할 수도 있다. "사고란 교육적 장면에서 작동하는 수많은 명사들 중 하나다. 그리고 사고가 갖는 어떠한 의미도 특정한 수사적·윤리적 무게를 가진 것으로 그 자체를 이해해야만 하는 하나의 행위다."(같은 책, p. 160) 사고란 알리바이를 정당화하거나 호소하지 않고서는 폐허로부터 우리를 구원해 낼 수 없으며, 우리에게 직면한 불가피한 상황에 대한 판단에 있어 공식적으로 준비된 답변도 제공할 수 없다. 사고는 논쟁적인 교육을 요구하는데, 이는 곧 탐구의 아포리아가 드러난 것이다. 사고가 절대적으로 요구하는 바는 타자에 대한 관심이다. 타자란 이항적 코딩의 반대 극에서 재현되지 않으며, 사실은 전혀 재현되지 않는다. 존재와 재현의 형이상학은 실로 수월성의 대학이 탄생한 배경이다. 사고는 말하기(speaking)의 방식으로 어떠한 철학, 시스템 혹은 실천도 해결하지 못하는 양립 불가능성(incompatibility)에 답한다.

여기에 어느 정도의 비관주의와 신중함이 현명하다는 것이 리오타르의 이후 저작의 대의다.

> 보편적 이상의 몰락, 아마도 폐허는 전체화하려는 강박관념으로부터 자유로운 사고와 삶이라 할 수 있다. 책임과 그 독립성(그 양립 불가능

> 성)에서 나타나는 다양성은 작거나 큰, 유연한, 관대한, 미끈한 책임자들을 강제하고 또 강제할 것이다. 책임의 특성은 엄격, 정직, 힘의 대조에서 나타나지 않을 것이다. 그 특성은 그들의 기호(signs)일 것이다. 지성인들은 침묵을 지키기 않으며, 그들이 사랑하는 일에서 물러나지 않고, 이 새로운 책임을 실천하고자 노력한다. "모더니티"를 나타나게 한 편집증에서 지성을 구별해 내는 책임이 바로 "지성인"의 역할을 다할 수 있게 할 것이다(Lyotard, 1993b, p. 7).

여기서 부드럽게 표현된 희망은 책임을 받아들이는 것이 분명 긴급하다는 것과 관련된다. 책임이라는 주제는 데리다의 저작에서 보다 현저하게 나타나는데, 이는 그의 최근 논문인 「직업의 미래, 또는 무제한적인 대학(The Future of the Profession, or The Unconditional University)」에서 되풀이 되고 있다. 거기서 그는 "교수의 이상을 신뢰하는 지적 직업"에 관해 검토한다(Derrida, n.d.). 레딩스가 사고란 하나의 행위로서 이해되어야만 한다고 강조한 것과 유사하게, 데리다는 이 논문에서 진리를 교수하는 데 있어 자유롭게 받아들여진 책임과 같이 교수라는 직업적 이상에서 요구하는 바를 탐구하기 위해 오스틴(J. L. Austins)의 유명한 술정적인 것(the constative)과 수행적인 것(the performative) 간의 구분—리오타르주의자들의 수행성 개념과는 또 다른 개념을 포함하는—을 반복한다. 교수는 그들의 노동에서 수행적인 것을 지속적으로 행위한다. 그들이 말하는 바는 진리의 증거다. 따라서 대학에서 교수하는 학문적 노동은 사물이 존재하는 바를 (순전히 술정적으로) 진술하는 것 이상이어야만 한다.

인문학은 인간, 인간성, 자유에 대한 질문을 던지지 않는다면 불가능하다. 인문학은 공적 영역에 대한 개념적 정의와 관련된다. 공적 영역이라는 개념은 현재 새로운 가상 지형에 의해, 즉 프로페션(profession, 직업)이든 컨페션(confession, 신앙 고백)이든 동일 어원이라고 취급하여 하나의 범주로 묶어 버리는 현대의 혼란스러운 편견에 의해 근본적인 변화를 겪고 있다. 데리다는 만약 인문학이 술정적인 것의 기술에 제한된다면 그 역할은 적절히 이루어질 수 없을 것이라고 주장한다. 수행적인 것에 대한 강조는 양상(modality)의 변화를 수반한다. 세계에 대한 기술이 그것이 존재하는 방식(the way it is)과 관련된다면, 교수직에서의 일은 미래상(the as if)을 언급하는 수행적인 것을 포함한다. 또한 교수의 책임은 비판과 같은 수행적인 것을 넘어 비판 수행이라는 사건을 새로운 개방상태로 열어제치며 확장한다. 그와 같은 사건에 돌입하는 것은 탐구 분야를 관리하는 사람들을 방해한다. 늘상 받아들여 온 경계를 뛰어넘으며 현대세계의 대다수 분야에서 구조화되어 있는 안정된 대항세력에 "해체적 동요"를 일으킨다. 하지만 여기서 학문 분야 간 경계가 교차된다면 그런 경계들은 일종의 혼란스러운 간학문성 속에서 해체될 수 없을 것이다. 사건에의 개방성은 모든 학문의 관심사인 진리에 헌신을 다하는 하나의 방법이다. 완전히 자율적인 통제라는 범위를 넘어선 이 개방성은 대학에서의 교수활동이 요구하는 창의성을 훈련하고 성장시키는 데 있어 필수적이다. 이와 다른 길은 대학이 지향해야 할 바로 그 책임을 포기하고 자신이 술정적인 것을 쉽게 재현할 수 있다고 가정하는 안정된 사고방식 내에서 만족하고 안주하는 것이라 할 수 있다. 그리고 그렇게 포기된 책임은 우리가 늘 그 도래를 위해 최선의 노력을 다하는 민주주의라는 최상의 희망을 보류시킨다.

리오타르의 저작에서와 마찬가지로, 데리다의 저작에서 특히 주목할 사항은 상상의 작동을 향한 판단(judgement)이라는 이상이 나타내는 궤적이다. 하지만 이를 좀 더 깊이 있게 확장하기 위해서는 리오타르에 대한 또 다른 해석으로 넘어가야 한다. 이를 위해 레딩스의 잠재적 소극성에 대한 설명에서 숭고(sublime)에 대한 탐구 및 침묵 속의 목격이 갖는 아포리아에 대한 강조를 고찰할 필요가 있다. 또한 번(G. Bearn, 2000)이 그의 최근 논문에서 제시한 해석도 한계를 넘어서는 한 가지 방식이 될 수 있다. "리오타르는 아름다움(beauty)이라는 대학의 이상을 투영하여 아름다움으로 전환했어야 할 시점에서 숭고(sublime)라는 대학의 이상을 투영하기 위해 숭고화로 잘못된 방향 전환을 하고 있다. 이 둘의 차이점은 중복 부정과 완전한 승인 간의 차이라 할 수 있다."(Bearn, 2000, p. 237) 리오타르가 "일종의 정서적인 '예'와 '아니요'"로 언급하고 있는 것은 두 순간 간의 교체 혹은 동요다(Lyotard, 1994, p. 68). 그리고 번이 저항하고자 하는 것은 이 교체의 부정적 의존상태다. 그의 설명은 리오타르의 디오니소스적 정신을 보여 주는 『본능적 경제(*Libidinal Economy*)』에 대한 반향이다.[1)]

아름다움과 숭고 간의 고전적 대립에 대한 번의 노작은 리듬(rhythm)과 격렬함(intensity)에 대한 질문으로 넘어간다. "교육에 기초한 결과"라는 원칙에 대한 극렬한 모독에서 아름다움은 무의미성(pointlessness)이라는 이상과 연결된다. 격렬함은 두 가지 경로를 통해 이루어진다. 그것은 가장 분명하게는 순수 수학문제에 몰두하는 것과 마찬가지로 전념(concentration)에 수반되는 뺄셈 혹은 연결 없음을 통해 나타날 수 있다. 그러나 격렬함은 연구의 대상이 무수한 길로 연결되는 덧셈과 같은 것을 통해 나타날 수도 있다.

> 무정형성과 무의미성은 우리를 공허함이 아닌 황홀할 정도로 아름다운 격렬함으로 이끈다. 이는 차이의 무리, 격렬함의 무리, 정체성이 없는 세계로서, 재현의 반대 측면이다. 그리고 그것의 무의미성 속에서 아름다움은 자율성을 회복하지만, 이 시간은 부정에 의해 존재하지 않는다. 아름다움의 자율성이 나타나는 시간은 연결의 결여에서 비롯되는 것이 아니며, 여기서 모든 장소로 그 아름다움의 자율성이 연결되는 무수한 길에서 시작된다(Bearn, 2000, p. 246).

1) 교수와 학습에 있어 디오니소스적 이상을 다룬 역작이다. Blake et al.(2000) 참조.

이 격렬함의 흐름을 단절시키는 무수한 재현적 실천과 담론의 분야가 있다. 반대로 번은 다중적 차원에 따라 교차점들을 만들어 내는 다차원적 그래프의 교차하는 선들에 의한 아름다운 격렬함을 상상한다. 그는 레오나르도(Leonardo)의 물, 소용돌이, 홍수에 대한 연구를 다음과 같이 그리고 있다.

> 하나의 근원에서 비롯된 물이 물결 사나운 물웅덩이로 쏟아져 들어가면서 만방으로 흘러넘치는 일단의 소용돌이를 만들어 낸다……. 우리는 마치 데카르트 철학의 소용돌이처럼 만방에서 쏟아져 들어간 물이 일으키는, 그리고 다시 반복적으로 그 물이 모든 방향으로 흘러넘치는 극도로 강렬한 움직임을 상상할 수 있다. 아름다움의 대학은 레오나르도가 때로는 산도 부순다고 묘사한 강력하고 사나운 흐름, 강렬한 그래프의 선들을 만들어 내는 근거에 헌정된다(같은 책).

위와 같은 시각은 연구란 가까운 일에 대하여 강하게 매혹되는 것으로 해석한다. 연구는 학습 결과 혹은 교육과정의 목적을 명확하게 구체화하려는 어떠한 시도도 붕괴시키고, 심지어 엉뚱하게 만들거나 단순화한다. 그것은 정보를 축적하여 기술 혹은 역량을 관련성에 따라 배열한 바에 기반을 둔 교육과정의 빈약성을 드러낼 수도 있다. 누구든 여기서 수많은 평범한 반론을 예상할 수 있을 것이다. 그러나 대학의 연구가 추구해야 할 무엇보다 가치로운 것은 바로 황홀할 정도로 아름다운 격렬함을 표현할 언어의 발견이다.

논쟁은 자유교양교육과 직업교육 그리고 내재적 가치와 외재적 가치라는 진부한 이분법을 우회한다. 여기서 이슈로 삼고 있는 아름다움은 학문적 참여의 범위를 가로질러 나타난다. 직업교육은 필연적으로 이론, 실천, 여가, 기능을 포함한다. 예를 들어 두 공동체를 연결하는 다리나 길을 건설하자면 인구변동, 실제적인 화학, 다리 설계를 위한 미학과 물리학, 공동체에 부과되는 비용, 다리건설의 효과로 나타나는 사회 변화와 같이 다양한 시각에서 접근하는 연구의 장이 요구된다.

> 간단하게 말하자면, 그것은 둔탁하고 실천적인 것이거나 혹은 섬세하고 이론적인 것으로 보고자 하는 욕구의 배후로 목적의 다양성을 숨기지 않는 것이다. 이런 다양성을 숨기지 않는 것이야말로 아름다움이 갖는 긍정적인 무의미성의 좋은 예다. 무의미성은 인문학에서 제한되지도 일반화되지도 않아야 하며, 그것이 모든 영역의 진보와 동요에 있어 핵심이다. 아름다움의 대학은 그 어떤 것도 애도하지 않는다. 아름다움의 대학에서는 대학교육의 내재적 가치와 외재적 가치가 모두 무의미성의 긍정적 장을 위한 요청에서, 즉 아름다움의 추구에서 요구된다(같은 책, p. 255).

인생의 모든 시기에 창의력이 풍부한 상상의 중요성이 증가하고 있는 반면 기술훈련의 중요성은 쇠퇴하고 있다는 점은 현재 널리 인정되고 있는 사실이다. 따라서 "(학문 분야와 무관하게) '적절한 빛' 을 발하며, 꺼지지 않는 불꽃처럼 타오르는 창의성에 불을 붙이는 고등교육"(Freeman, 1999)을 조장하는 것이 우리의 의무다(Bearn, 2000: 247). 긍정적인 무의미성은 어느 영역에서든 그와 같은 상상력의 활력을 불러일으키는 열쇠가 될 것이다.

번의 논문에 흐르고 있는 상상의 생명력은 이 글에서 지금까지 점진적으로 나타난 일련의 사고에 보다 집중할 수 있도록 도와준다. 이는 레딩스의 고등교육이 나타내는 색채에서 우울한 톤을 거둬 낸다. 그러나 내 생각에 아름다움과 숭고에는 어떠한 양립 불가능성도 존재하지 않는다. 숭고를 바라보는 것은 현실이라 믿을 수 없을 정도로 아름다움이 넘치는 격렬함과 나란히 존재할 수 있으며, 이 둘은 모두 동일한 학생의 경험의 일부가 될 수도 있다. 이 모든 설명은 탐구에 있어 학문 분야의 전통의 문제와 관련되는데 모두가 이를 우려하면서 바라본다.

II

이야기의 종언?

대학을 이해하고자 한다는 것은 무엇인가? 대학의 이상에 대한 독창적인 텍스트는 카디널 뉴먼(C. Newman)의 것을 비롯해 무수하다. 그러나 이 장의 공저자인 스탠디시는 다음과 같이 지적한다. "오늘날은 누구나 그러한 방식으로 상상할 수 없다." 누구든 그러한 전통에 따라 글을 쓴다면 그 글쓰기는 본질적으로 이데올로기적 프로젝트이기 때문에 진지하게 받아들여지지 않는다. 대학의 이상에 대한 전통적 텍스트는 대학이란 이러이러한 것으로 이해해야 한다는 것뿐만 아니라 이러이러하게 설립되어야 한다고 우리를 설득하려는 시도였다.

그러한 문헌에는 두 가지 다른 측면이 존재한다. 첫째, 대부분은 가치 내재적이다. 대개 문명화된 신사(Newman), 지적 전문성의 개발(Jarpers), 사회 "문화"의 진작(Ortega, 1946; Arnold, 1932), 기독교와 조화를 기루는 가치 정립(Moberly), "지성" 신장(Leavis), 독자적인 학문적 삶(Minogue) 등과 같은 가치를 가능하고 바람직한 것으로 당연시하고 있다.

둘째, 그와 같은 텍스트들은 상대적으로 간단한 스타일로 기술되었다. 게다가 그 텍스트가 기술된 방식은 나름의 스타일이 있다. 그것은 분명 그 텍스트들이 부분적으로는 인간 발달과 사회에 대한 특정 시각을 선호하고 그것에 기여하고자 하는 산물이기 때문이며, 대학 또한 그러한 대업을 성취하는 데 기여해야 한다는 생각이 강하기 때문이다. 또 다른 측면은 그 텍스트들은 연구 영역 제도화가 아직 강하게 이루어지지 않은 상태에서 쓰였다는 것이다. 따라서 텍스트의 저자들은 흔히 한 학문 분야의 독자를 위해서가 아니라 일반 독자를 대상으로 글을 쓴다. 그들의 저작은 개방적으로 짜여 있고, 가독성이 높으며, 심지어 즐겁게 읽을 수 있었다.

이와 같은 대학의 이상에 대한 독창적 텍스트들의 세 가지 특징을 들자면 특정 유형의 대학을 지지하고, 그 비전은 일군의 가치와 신념에 뿌리를 두고 있으며, 비기술적인(nontechnical) 언어로 전개되고 있다는 점이다. 오늘날의 학문세계에서라면 그러한 텍스트는 아마도 받아들여지지 않을 것이다. 경쟁적 학문 분야의 탄생과 국가 수준의 평가 메커니즘 도입으로 인해 학문적인 것이란 과연 무엇인가에 대한 암묵적 규칙이 강화되고 있다. 그 결과, 학문은 학문적으로 말한다. 공개되는 텍스트라면 너무나 옛날 방식으로 혹은 진지하지 않게 사고하는 글쓰기는 불가능하다.

요약하면, 학문적 삶의 구조, 학문적 담론, 학문적 의사소통 방식에 맞추기 위해 대학연구에서 뉴먼의 계보는 종식된 것 같다. 대학의 이상이라는 이야기는 그러한 코스를 달려왔다(Rothblatt, [1988] 1997a, 1997b 참조).

보편성의 종언–그리고 대학의 종언?

잠시 언급한 바대로, 오늘날 더 이상 새로운 뉴먼이 불가능해진 것에는 사회정치적 원인뿐만 아니라 철학적 원인도 있다. 포스트모더니즘은 인간의 삶과 관련된 일반적 시각 혹은 이론의 전개를 추구하는 모든 프로젝트의 토대를 침식시킨다. 포스트모더니즘과 보편성은 양극단에 존재한다. 그 둘은 서로를 배제한다. 혹은 배제한다고 한다. 따라서 데리다(1992)가 오늘날 대학이 어떤 책임을 갖는가라는 질문을 던지고 긍정적인 방식으로는 그 자신도 어떠한 대답을 내놓지 못한다는 사실은 놀라운 일이 아니다. 그 질문에 답한다는 것은 아주 일반적인 어떤 이상, 심지어는 보편적 이상을 내

놓는다는 의미를 가질 수 있고, 그렇게 움직이는 것은 그의 장르에서는 반칙이기 때문이다.

또한 포스트모더니즘은 서구 대학이 두 가지 측면에서 그 토대가 침식될 것이라 예상한다. 이유는 서구 대학이 진보와 보편성이라는 두 축을 기반으로 하고 있기 때문이다. 물론 그 둘은 상호 연관되어 있다. 보편성이라는 프로젝트는 내재적 진보의 하나다. 서구 대학의 이상을 둘러싸고 있는 보편성은 사실상 몇 가지로 구분될 수 있다. 그러나 각각은 모두 진보의 이상과 관련된다.

첫째, "대학"에 의해 승인되어 온 이성의 기준은 보편적이라는 것이 보편성의 한 가지 의미다. 진리의 주장은 보편적이다. 진리는 세계에서 부분적으로 "서구"만 반영하지는 않는다. 둘째, 대학은 의사소통에 있어 개방된 사회적 기관이다. 세상에서 어떤 기관이 하버마스(1981b)의 "이상적 담화 상황"이라는 아이디어에 가깝다면 바로 대학이 그러한 기관이다. 구성원은 누구라도 다른 구성원이 주장한 모든 의견에 대한 반론을 제기할 수 있다. 셋째, 진리의 주장은 보편적 청자를 필요조건이자 그 대상으로 한다. 넷째, 대학은 모든 이에게 개방되어 있다. 어느 누구도 부적절한 이유(예: 젠더, 민족성, 신체적 능력과 같은)에서 배제되거나 참여가 허락될 수 없다. 다섯째, 대학은 모든 형태의 정당한 인식을 받아들인다는 의미에서 보편적이다. 대학이 추구하는 이성의 영역에 선험적 경계란 존재하지 않는다. 또한 원칙적으로 그들이 추구하는 어떠한 이슈도 모든 영역의 탐구에 개방되어 있다.

이러한 서구 대학의 보편성을 언급하는 한 가지 방식은 대학을 비이데올로기적 기관으로 정의하는 것이다. 즉, 대학은 활동, 진리 추구, 보다 넓은 사회와의 관계에 있어 개방적 구조를 가진 사회기관이다. 대학의 모토는 다양할 수 있다. "그 어떤 것도 지배하지 않고 또 지배받지 않는다." 혹은 더 간단하게, "여기에는 어떠한 편견도 없다." 이것은 적어도 서구 대학의 자기이해 방식이다. 대학은 보편적 이성을 진작하고 인간 진보라는 보다 폭넓은 프로젝트를 지원하는 것을 목표로 하는 기관이다.

이 모든 것은 일련의 상호 연관된 신념으로서, 이미 지적한 바처럼 현재는 위험상태에 처해 있다. 포스트모던의 시대에 보편성의 신념을 유지하기란 어려운 일일 뿐더러 보편성이라는 바로 그 개념이 의심받고 있기 때문이다. 차례로 진보라는 이상도 의심받는다. 그 자체를 검토하는 것을 방해하는 보편적 진보 혹은 보편적 기준은 그 어떤 의미라도 해체된다. 이 과정에서 서구 대학의 자기이해 발전의 근간이 된 항목들은 무너지기 시작한다. 그러나 이성의 특징인 일군의 보편적 아이디어의 재현과 멀어진 상태에서, 서구 대학은 오히려 특정 형태의 이성의 재현, 즉 기술적-관료적 사회를 유지하는 도구적 이성의 재현의 장이 되고 있다. [이것은 전혀 새로운 논의가 아니다. 이미 한 세기 전에 보다 직설적인 방식으로 그리고 명쾌하게 레비스(Leavis)가 논의한 바 있다.] 보다 최근의 왜곡은 글로벌 시대에 대학은 네트워크화된 글로벌 경제 발전의 핵심 기관이 되어야 한다는 주장이다. 보편적이 아닌 글로벌이다. 보편적 이성에 반하는 것으로서의 글로벌 경제다. 보편적 이성의 근원이 된 서구 대학의 토대를 침식하는 이러한 주장은 이론적인 것일 뿐만 아니라 경험적인 것이다. 국가는 특히 경제적 발전이라는 영역과 그보다 강조되지는 않았지만 사회통합과 관련된 영역에서 국가적 의제를 완수하도록 대학을 제멋대로 활용해 왔다. 또한 국가는 이러한 의제가 완수되도록 감시기술을 강화해 왔다. 동시에 고등교육은 소비자에게 서비스를 제공하고 시장에 대한 민감성을 갖추는 등 다수의 시장적 특징을 수용하도록 요구받고 있다. 산업과의 연계는 연구, 교수 그리고 보다 기업적인 수입 창출활동으로 진작되어 왔다(Clark, 1998; Slaughter & Leslie, 1997 참조). 이 과정에서 하나의 사회계층으로서 학자들의 권력은 축소된다. 어떤 이들은 심지어 "학문 영역의 상실"이자 "대학인의 프롤레타리아트화"라고 말한다(Halsey, 1992).

이러한 발전의 비의도적 결과로 이성이 대학이라는 성벽 밖의 이익에 그 자리를 빼앗기면서, 대학은 더 이상 보편적 이성의 장으로 여겨질 수 없는 실정이다. 또한 대학 외부로부터의 이익은 그 자체가 대개 모순적인 답변들을 제기하는 이질적인 것이다. "수월성"에 초점을 두는 것과 같은 명백히 통합적인 담론 역시 공허하다(Readings, 1996). 혹은 다시금 고등교육에 대한 대항적 정의들을 포괄하여 중화해 버린다.

대학의 이상의 종언?

현대의 대학에 대한 대안적 해석은 크게 둘로 나뉜다. 한편으로 대학은 국가에 의해 글로벌 지식경제라는 국가적 이익을 증대하는 기관으로 이해된다. 다른 한편으로 대학은 서비스를 제공하거나 자신의 상품에서 교환가치를 찾는 시장경제의 일부로 취급된다. 두 가지 해석 모두 대학이란 보편적 이성을 추구하는 소명을 저버렸고, 지역이나 국가의 의제, 시대적 위기 그리고 특정 사안(때로 이 역시 그 성격상 글로벌하지만)에 그 자신을 포기해 버렸다.

그러나 대학이 상호 관련된 글로벌한 세계의 일부가 되고 있는 상황이 낳은 효과에 대한 제3의 해석이 존재한다. 대학은 중세시대의 출발 이래 전 세계에서 그 구성원을 취했으며, 구성원들의 지식은 세계 곳곳의 대중을 대상으로 한다는 점에서 항상 국제적이었다. 오늘날 대학은 주류 사회와 독립적으로 글로벌하게 네트워크화되어 있고 글로벌하게 행위한다는 점에서 글로벌이 그 특징이 되고 있다. 대학은 더 이상 어떤 물리적 공간이 아니라 "가상" 현실에서 개방적인 관계와 의사소통을 갖는다. 그런데 그 가상현실이라는 새로운 공간에서 대학은 보편적 이성에 대한 관심을 새롭게 시작할 수도 있을 것이다(Zembylas, 2000). 국가와 대학 간의 밀접한 끈이 끊어진 것이 어떤 이(Readings, 1996)에게는 애도의 대상이지만, 오히려 그것이 잃어버린 토대를 개척할 수 있도록 대학을 자유롭게 할 수도 있다. 글로벌 시대는 잠재적으로 소위 글로벌 지식경제의 시대일 뿐만 아니라 글로벌한 의사소통이 가능한 이성의 시대라고 볼 수 있다.

그렇다면 대학의 이상에 있어 문학이라는 위대한 전통을 되살릴 수 있을까? 뉴먼, 아놀드(Arnold), 야스퍼스(Jaspers), 올테가(Ortega), 레비스 그리고 모벌리(Moberly)의 전통을 이어받았다고 할 수 있는 글쓰기나 명제의 방식이 있을까? 우리가 살펴본 바처럼 어려울 것이다. 하나의 이상으로서의 대학은 철학적 토대, 사회학적 토대 그리고 이데올로기적 토대의 실질적 침식에 직면하고 있다. 또한 대학은 스코트(Scott, 1995)가 지적한 대로 문화적으로도 토대 상실에 직면하고 있다.

철학적으로 지식, 진리, 이성이라는 대학 성립의 핵심적 이상은 이제 그 어느 때보다 불안정하다. 대학은 더 이상 지식, 진리, 이성의 최후의 보루가 아니다. 사회가 대학을 인간 자본을 높은 수준으로 발전시킴으로써 글로벌 경제에서 국가적 이익을 증대시키는 도구로 보고 있기 때문에, 사회학적으로 대학은 하나의 국가기구가 되었다. 그리고 이데올로기적으로 대학은 대상 고객 집단의 다양성과 관련하여 그 자체의 지위를 파편화시킨다. 커(C. Kerr, 1972)가 그의 "다원대학(multiversity)"[2]이라는 용어에서 조명한 대학은 각기 다른 인식론적 공동체와 관련하여 그 자체가 기업화되고 다른 시장을 구축하고 있다. 또한 글로벌 웹에 속해 있는 것과 같이 다양한 사회 영역과의 관계에서 오늘날의 대학은 보다 폭넓은 세계가 침투하고 있기에 이미 오래전에 분열되었다. 문화적으로도 대학은 그 스스로 불확실하며, 모든 것을 "엘리트주의적으로 하는 것"을 주저한다. 블룸(Bloom, 1987)의 한탄은 바로 대학의 고급문화가 전혀 문화라 볼 수 없는 것에 그 자리를 내주었다는 것이다.

2) 역주: 교사가 각처에 있는 종합대학.

매니페스토의 불가능성?

이와 같이 명확한 토대 침식을 가정한다면 대학이 "폐허 속에" 있다고 느낄 만하다. 따라서 핵심적인 질문은 명확하다. "대학의 이상"이라는 이야기가 끝이 났음을 어깨 한 번 들썩이고 받아들일 것인가, 아니면 그 계보를 다시 이어갈 것인가? 대학의 이상을 지지하고자 하는 순수한 텍스트의 생산은 그 자체가 그러한 희망이 실현될 수 있는 충분한 조건이 되지 못한다. 이상의 현실화는 제시된 아이디어가 하나의 프로젝트로서 실행 가능할 것을 요구한다. 그리고 여기서 실행 가능성이란 지적 실행 가능성뿐만 아니라 실천과 의사소통에서의 실행 가능성을 모두 포함한다. 논의는 다양한 청자에게 이해될 수 있어야 하고 일종의 행동계획을 담고 있어야 한다. 따라서 요구되는 것은 일종의 매니페스토(manifesto, 선언서)다.

매니페스토는 맥락에 적합해야 한다. 따라서 순수한 고등교육 철학이란 존재할 수 없다. 어떠한 "철학"도 고등교육이 존재하는 폭넓은 사회적, 정치적, 정책적 맥락을 고려해야만 한다. 그러한 미래 예측이 없다면 매니페스토는 순진하고 심지어 이데올로기적일 위험이 있다. 맥락의 고려는 리오타르(1984)의 저작이 갖는 힘이며, 아마도 그의 저작의 영향이 그토록 큰 이유일 것이다. 그의 고등교육에 대한 분석은 현대사회의 특징을 나타내는 인식론의 변화, 컴퓨터 네트워킹 그리고 담론의 변화에 대한 폭넓은 맥락 분석에 깊게 자리하고 있었다.

하지만 그와 같은 상황성은 대학에 대한 적절한 개념화가 나타나는 데 있어 필요조건도 충분조건도 아니다. 리오타르는 오해를 불러일으켰을 뿐만 아니라 자기모순적이었다. 그는 현대세계가 "거대 서사에 대한 의심"에 직면해 있다고 선언한 것에서 오해를 불러일으켰다. 대조적으로 세계는 다양하고, 확장적이며, 모순된 서사에 몰두하고, 그러한 서사 중 상당수는 그 범위가 넓고 심지어 보편성을 주장하기도 한다. 그는 우리가 거대서사를 빼앗겼고, 따라서 국가가 획책한 담론에 의한 동화를 통해 암묵적으로 "수행성"이 사실상 하나의 거대서사가 되고 있다고 선언한 점에서 자기모순적이다. 또한 리오타르는 "수행성"과 그 다중적 현시(顯示)를 심도 있게 분석하는 데 실패했다는 점에서도 도움이 되지 않는다. 분명하게 하나의 교수행위는 모순적 수행의 복합체일 수 있다.

리오타르의 설명에 존재하는 이러한 어려움들에도 불구하고, 그의 이론은 고등교육에 대한 하나의 매니페스토를 나타낸다는 점에서, 즉 더 이상은 불가능한 하나의 분명하게 통합된 시각을 제공한다는 것에서 특별한 가치를 갖는다. 리오타르의 설명은 프로젝트의 기술적 실행 불가능성을 기탄없이 말한다. 거대한 통합적 아이디어란 현재는 상궤를 벗어난 것이다. 포스트모더니즘은 분명 그 모든 것에 주의를 기울였다. 그의 설명은 또한 그 실행 불가능성을 함축적으로 나타내 보인다. 위대한 전통의 저자들(뉴먼, 야스퍼스, 모벌리, 레비스 등)과의 대화가 불가능하듯, 누구도 리오타르의 저서를 쉽게 집어들지 않는다. 리오타르에 대한 해석을 즐기는 사람은 거의 없다. 우리는 이제 포스트매니페스토의 시대에 존재하는 것 같다.

황홀한 아름다움의 탄생?

폴 스탠디시는 경쟁적 구조의 시대에 대학에 대한 실질적 사고를 제공하는 모험에 도전한다. 그는 "우리의 이해 틀이 우리가 직면한 사건들을 담아낼 수 없을 때" 요구되는 사고의 유형에 주의를 기울이면서 분명 레딩스-리오타르의 노력을 승인한다. 또한 그는 "대학의 이상의 몰락, 폐허는 전체화하려는 강박관념으로부터 사고와 삶을 자유롭게 한다. 책임의 다양성과 독립성(책임 간의 양립 불가능성)은 그 책임을 진 사람들이 유연하고 참을성 있고 모양새 좋도록 강요한다." 그러나 비록 우리의 이해를 넘어서는 틀의 다양성과 양립 불가능성이라는 배경에 반한다고 해도, 스탠디시는 하나의 통합적 이상을 강조하고자 한다. 즉, 그는 번이 "황홀할 정도로 아름다운 강렬함"이라 일컬은 곳으로 나아간다. 이 이상을 통해 "아름다움의 대학"은 "여기에서 모든 곳으로 연결된 수없이 많은 길에서 그 자율성을 회복할" 것이다.

확실히 이것은 조리에 맞지 않다. 다양한 틀이 강조되고는 하나의 통합적 틀이 제안되었다. 스탠디시는 우리에게 우리의 이해 틀을 넘어서는 틀을 이해할 것을 요구하고는 우리의 이해를 심지어 상당 부분 통합하는 물의 흐름과 같은 이미지를 제공했다. "책임의 다양성"을 상기하지만, 이 아름다움의 대학이 "창의력이 풍부한 상상", 즉 "긍정적 무의미성(positive pointlessness)"을 통해 창조라는 새로운 최우선적 책임을 맡게 되었다.[3)]

현재 우리가 세계를 해석하는, 심지어 일상에서 이해하는 틀은 다양하고 확산적이며 모순적이다. 틀이 서로 접해 있을 뿐만 아니라 상충하는 소위 초복잡성(supercomplexity)의 시대다(Barnett, 2000). 결국 황홀한 정도로 아름다운 패턴이 존재한다거나 틀 간의 상호작용 속에서 존재하는 패턴들을 의심해야 한다는 가정은 이성을 이겨 내려고 시도하는 희망의 증거다

격변하는 글로벌 시대에 이상, 가치, 이해의 틀은 무질서하게 다양하다. 무질서한 패턴의 밑바탕에 기초가 되는 질서 혹은 시스템 혹은 아름다움이 존재한다고 가정해서는 안 된다. 대학이 이러한 상황을 인식하는 데 소극적이어서는 곤란하다. 대학이란 경쟁하는 틀의 생산과 증식에서 존재하기 때문이다. 오늘날 대학은 확장과 경쟁이 유일한 정의인 세계를 번영시킬 수 있는 교육적 능력을 개발할 책임을 갖는다. 대학은 우리 모두에게 주어진 청구서가 지불될 수 있도록 도와줄 뿐이다.

따라서 강렬하건 아니건, 다면적이건 아니건 아름다움이 우리 안에 있다

3) 대학에 대한 유사한 관점이 "기쁨(delight)"이라는 아이디어에 무게를 둔 마조리 리브스(M. Reeves, 1988)에 의해 전개된 바 있다.

는 주장은 "불가피성을 영원한 질서 속의 아름다움으로 미학화한"(Rosen, 1997, p. 269), 희망에 근거한 사고의 한 형태라 볼 수 있다. 이는 지적이지 않은 것을 지적으로 만들려는 시도다. 그리고 당황한 정신을 편안하게 하기 위한 신화의 창조다. 정신이 당황스러운 상태일 수 있다는 것은 쉽게 이해될 수 있다. 우리의 틀이 서로 경쟁하고 모순되면서, 우리의 삶의 자세는 그 어느 때보다 빈약한 상태다. 물론 우리가 "무지의 폭발"(Lukasiewicz, 1994)에 직면하고 있다는 것은 전혀 들어맞지 않는다. 그러나 분명한 것은 지배적 틀을 도출하는 우리의 능력이 빠르게 감소하고 있다는 점이다. 만약 이 세상에 관찰 가능한 아름다움이 존재한다면 그것은 레오나르도 다빈치의 아름다움이 아닌 히에로니무스 보쉬(Hieronymous Bosch)의 아름다움일 것이다.

새로운 매니페스토

전통적인 "대학의 이상"이란 더 이상 존재하지 않는다. 오늘날 우리는 글로벌 시대에 살고 있을 뿐만 아니라 앎의 시대(knowing age)에 살고 있다. 지식사회의 정의상, 우리 모두는 지식 생산자여야 한다(Stehr, 1994). 대학은 법인화되고 있고, 주요 기업은 지식 관리자를 임명하고 있다. 그리고 전문가의 삶은 대학에서 얻은 전문적 지식을 넘어서서 지식의 복잡성을 잘 해결해 내는 것으로 이해되고 있다. 지식은 문제 해결의 상황으로, 암묵적 지식으로, 인간의 모든 감각을 요구하는 것으로, 그리고 행동학습으로 획득된 복잡한 것으로 이해된다. 그러한 지식 확장은 급속한 국제화에 불가피하게 동반하는 것이다. 즉, 세계는 상충되고, 그 과정에서 새로운 세계가 형성된다.

이러한 환경에서 대학은 게임의 뒷전에 머무르고 있다는 비난을 받고 있다. 대학은 세계 이해의 틀이 다양하고 서로 맞서는 복잡한 세계, 초복잡성의 세계에 직면하고 있다. 여기에는 질서도, 패턴도, 시스템도 존재하지 않는다. 그러나 대학은 목적을 잃지 않았다.

오늘날 대학의 목적은 삼중적이다. 첫째, 대학이 우리가 세계를 이해할 수 있는 틀을 지속적으로 확장해 나가는 것이다. 대학은 인식론적으로 도전받고 있다. 대학은 고급 지식의 일차적 생산자이자 보급자로서의 지위를 위협받고 있다. 대학은 보다 풍부하고 창의적으로 준비하지 않으면 인식론적으로 공격당하게 될 것이다(Gibbons et al., 1994 참조). 둘째, 대학이 인식론적 · 존재론적 폭력에서 자유롭게 살아가는 데 있어 요구되는 수단을 제공하는 것이다. 이것은 일종의 치료적 대학이라 할 수 있다. 그러나 여기서 멈추는 것은 미친 세계를 명상만 하는 관음증 환자를 만들어 낼 뿐이다. 따라서 마지막으로 대학이 목적 있게 살아갈 뿐만 아니라 세계를 번영시킬 역량을 개발하는 것이다. 물론 "목적 있게" 와 "번영시키는" 은 가치판단을 내재하며, 그 용어들이 의미할 수 있는 바는 논쟁적이다. 그러나 초복잡성의 시대에 기본 틀을 둘러싼 그러한 대립은 충분히 있을 수 있으며 헤쳐 나가야만 하는 것이다.

대학에 대한 명확하게 통일된 시각을 제공하는 새로운 뉴먼은 결코 존재할 수 없다. 세계, 지식 그리고 대학은 이제는 알아볼 수 없을 만큼 복잡한 상태다. 세계에 안정적 뼈대란 존재하지 않는다. 대학이 스스로 지속적으로 개조해야 하는 세계다. 따라서 대학의 이상에 대한 어떠한 통일된 아이디어, 질서와 패턴을 제안하는 어떠한 아이디어도 구하기 어렵다. 솔직히 대학에 더 이상 자유교양교육적 이상이란 존재할 수 없다.

그러나 우리는 대학이 여전히 의미있다고 이야기할 수 있다. 대학은 세계의 인식론적 · 존재론적 폭력에 대처하고 인간이 세계 속에서 목적 있게 살아갈 수 있도록 해야 한다는 책임을 갖고 있다. 이해, 창의성, 반성, 토론 그리고 계몽적 · 참여적 행위도 필요하다. 이 모든 것이 바로 새롭고 거대한 의제를 구성한다. 대학은 거의 천 년은 뒤처져 있다. 그러나 천 년을 앞

설 수도 있는 가능성 또한 갖고 있다.

III

“분명히 대학에는 더 이상 자유교양교육적 이상이란 존재하지 않는다.” 이러한 불가능이 나타나게 된 배경이나 자유교양교육의 장으로서의 대학이라는 이상이 그 본래적 의미에서 얼마나 벗어나 있는가에 대한 문제 제기는 일단 차치해 두고, 만약 그렇다고 동의한다면 단순히 뉴먼을 부활시키는 것은 아무 소용없는 일일 것이다. 바넷(Barnett)은 우리가 변화하는 사회정치적 맥락이라는 엄연한 현실에 직면할 것을 요청한다. 그는 대학이 그 정당성을 인정하는 지식의 범위에 있어 인식론적으로 좀 더 관대하고 창의적이어야 하며, 인식론적 · 존재론적 폭력에서 자유롭게 살아갈 수 있어야 하고, 대학의 학생들이 목적 있는 삶과 성공에 요구되는 역량을 발전시킬 수 있어야 한다고 주장한다. 때때로 국가 수준의 이익에 종속되거나 시장의 압력에 복종함에도 불구하고, 현대의 대학은 보편적 이성에 헌신하고 있다. 그러나 바넷은 현 상황을 보다 낙관적으로 해석할 것을 제안한다. 글로벌 세계의 상호관계가 글로벌 수준에서 소통 가능한 이성의 시대를 선도할 수도 있다는 것이다.

그러나 이 분명한 어조에서 우리는 과도하게 양극화된 용어들을 읽을 수 있다. 경제적 강제에 저항한다고 해서 기업이 때로는 학문적 수월성의 제고뿐만 아니라 최상의 자유교양교육을 유지하기도 한다는 것을 인정하지 않을 수는 없는 노릇이다. 사적 혹은 국가적 이익은 필연적으로 대립할 필요도 없다.

보편적 이성에 대한 믿음의 상실과 메타서사에 대한 의심을 둘러싼 논란도 거세다. 바넷은 포스트모더니즘과 보편성이 양극단에 존재한다고 주장한다. 데리다가 책임의 본질에 대해 숙고할 때, 일반적 혹은 보편적 이성에 대한 어떠한 믿음의 가능성도 그의 장르에서는 사전에 금지된다. 그러나 가령 관습과 전통과 같은 비보편적 실천은 그 참가자들에게 의무로 지워지는 책임을 제외하면 이해 불가능하다. 비트겐슈타인이 상세히 설명한 바처럼, 책임을 이해하는 데 있어 어떤 기초가 되는 보편적인 것이 존재한다고 가정하는 것은 일종의 형이상학적 전제다. 더욱이 국지적 실천의 정합성에 대한 인식은 아카데미 내의 학과, 정향, 패러다임의 다양성과 그들 간의 갈등에 주목한다. 데리다(혹은 리오타르)가 주목한 것은 규칙과 명령을 확립시키는 기준에 대한 판단의 책임을 지나쳐 버리는 회피다. 이것은 분명 대학 내에서 교수자나 연구자들이 맡고 있는 책임이다. 반드시 학습해야 하는 규칙과 입문을 위해서는 반드시 실천해야 하는 것이 있다. 그러나 그것은 특정한 비판적 문제 제기에 초점을 맞추어야 하며, 그 비판적 질문이야말로 교수 내용을 생명력 있게 하는 존재 이유(raison d'être)다. 비판이란 곧 판단을 의미한다.

우리를 무차별적 폭력 혹은 초복잡성에 직면하게 하는 상황에 대한 분석에서도 일종의 엄격성이 존재한다. 실제로 무차별적 폭력이나 초복잡성은 동시에 나타나지는 않지만, 바넷은 『초복잡성의 시대에 선 대학(*Realizing the University in an Age of Supercomplexity*)』에서 그가 염두에 두고 있는 바를 명확히 한다. 하이퍼복잡성(hypercomplexity)은 확장(expansion)을 의미한다. 반면 초복잡성(supercomplexity)이란 세계를 이해하는 우리의 틀 자체가 문제적이거나 혹은 갈등하고 있고, 그 복잡성을 조절하는 우리의 전략 자체에 문제 제기의 필요성이 있으며, 우리의 틀은 끊임없이 검사받고 도전받는다는 복잡성의 보다 고차원적 질서다. 초복잡성이라는 조건에서 메타서사는 사라지는 것이 아니라 증식하고 경쟁한다. 복잡성의 퇴조는 이제 인식론적 및 조작적으로 무기력하다. 이러한 도전에 대하여 바넷이 선언한 리얼리즘은 그와 같은 인류평등주의의 평등을 수락하는 듯 즐거워 보인다. 이 상황의 특징인 카오스와 대혼란은 대학이 어느 정도는 그 응답으로 카오스적일 것을 요구한다(Barnett, 2000, p. 130ff). 그러나 (틀들의 존재도 문젯거리이기는 하지만) 틀 간의 경쟁이 카오스 혹은 무차별적 폭력과 동일한 것은 아니다. 데리다와 리오타르에게 책임이란 드라마적이라기보다는 미묘하고 정밀하다.

그러나 이러한 문제들에 대하여 바넷의 접근이 보이는 대담성에도 불구하고, 그의 텍스트는 분명 보편성의 부재에서 모든 가치판단은 단지 주관적일 뿐이라는 오늘날 만연한 신념의 복사판과 같이 가치의 문제를 애매하게 얼버무린다. 뉴먼의 글쓰기에 존재하는 명백히 가치 부가적[4] 특징은 오늘날 진지하게 받아들여지지 않는다. 목적 있게 살아가고 "가치판단 숨기기"를 성공시키기 위해 추천되는 역량들, 보편성으로부터 글로벌한 의사소통적 이성이 선언되는 것과 같은 변화, 선험성에서 경험으로의 이동은 그러한 문제들을 지연시킨다. 인식론적 관대는 모든 사람들을 지식(knowledge, 혹은 'knowledges'?) 생산자나 가치 중재자로 볼 것을 요구할 때 무력한 상대주의가 된다. 가치판단이 부재한다면 다른 기관들처럼 대학도 사라질 수 있다. 이 점을 명확하게 하지 않고 가치판단의 부재에 머문다면 대학은 이데올로기에 의해 무너질 것이다.

바넷은 뉴먼의 글과 같은 텍스트들이 갖는 다음의 두 가지 특징에 모두 적절한 주의를 기울였다. 하나는 일반 독자에 대한 그들의 접근성이고, 다른 하나는 이후의 제도화와 전문화에 좌우되지 않은 그 텍스트들의 자유로움이다. 그러나 현재 대학을 위협하고 있는 또 다른 담론이 있다. 그것은 교육에 대한 정책과 연구로 확장되는 기술지상주의적인 언어다. 기술지상주의적 언어의 엄격성과 합리성에 대한 찬양은 온후하나 음험한 수사학을 구성한다. 너무도 흔히 학습심리학 이론을 채택하고, 관료주의와 질 관리

4) 바넷은 또한 "가치 부가적이라는 용어를 긍정적인 의미에서" 이데올로기적 용어로 사용한다.

및 책무성 개념에 사로잡히며, 정보통신 기술의 가능성에 대한 복음주의적이고 대개 무비판적인 접근을 지지한[5] 이 텍스트들은 어떠한 반론도 "포함시키고" (그래서 중화시키도록 설계된) "참여와 수월성을 확장하는" 포괄적 어조를 채택한다. 그리고 그 텍스트들은 언제나 숫자로 명확하게 표시된 문단, 체크 포인트, 부록, 요약과 같은 시각화된 형식을 갖고 있다. 그래서 누구나 쉽게 접근할 수 있다. 이러한 수사학적 형식의 보완은 교수와 학습에 있어 매우 완전한 기술 수준으로 자격증을 승인하는 교육연구 개발의 결과다. 대학의 자연과학과 교양과목은 이러한 새로운 담론에 반대하는 경향을 보인다. 그리고 당연히 이들은 교육이론과 연구에 회의적 시각을 나타낸다.

대학에 만연되어 있는 막연한 불안의 원인(수행성)을 밝히는 것은 새로운 거대서사를 정립시키는 것이 아니라 아름다움의 대학을 통해 최상의 실천을 추구하는 시도다. 여기서 '아름다움의 대학' 이라는 용어는 미와 숭고 간의 대립에서 비롯된다(따라서 리오타르의 후기 저작에서 숭고의 대학과 대비되는 바를 숙고할 필요가 있다.). 그것은 "영원한 질서의 아름다움"과는 조금도 관계가 없다. 오히려 그것은 정신적으로는 디오니소스적이다. 멋진 완성이 아닌 때때로 발견될 수 있는 강렬함이다. 즉, 엔지니어의 매혹, 형이상학적 자만에 물들지 않은 학생의 몰두, 수학 증명의 황홀한 기쁨, 철학 고유의 당혹감이다. 그러한 경험은 대학공부의 정점일 수 있다. 또 항상 이러한 형태는 아닐 수도 있다. 나는 여기서 언급한 유형의 경험과 보다 음울한 숭고 간의 상반성이 필수적이라 보지는 않는다. 상반되지 않음이란 곧 그러한 경험이 같은 과정 내에서 혹은 같은 학생의 경험에서 동시에 존재할 수 있다는 의미이고, 두 가지 모두 때로는 공부하기의 필수적 요소인 보다 평범한 것에 어떤 의심도 하지 않는 것이다. 이와 같은 사고는 고등교육

5) 그 예로 맥퍼레인 보고서(MacFarlane Report; CSUP, 1992)를 보라.

에 대한 논의에서 빠르게 규준이 되고 있는 균질화된 언어 속에서 이미 사라져 버렸다. 그러나 우리는 무엇이 표준 혹은 질로서 평가되어야 하는지 결정하는 순간에, 즉 무엇이 고등교육에서의 공부인가를 결정하는 순간에 침묵해서는 안 된다.

IV

서구의 대학은 800여 년의 역사를 가지고 있다. 많은 이들이 즐겨 언급하듯이, 커(C. Kerr)도 유럽의 대학들이 실속 있게 장수한 가장 거대한 사회기관이라는 사실에 주목했다. 중세 이후 살아남은 사회기관을 100으로 본다면 약 70은 대학이다. 이러한 배경을 볼 때 대학의 정체성을 구성하는 전통을 유지하려는 노력은 당연하다. 대학세계의 구성원들은 분명 대학에 투자지분을 갖고 있다. 그럼에도 불구하고 오늘날 대학의 전통과 가치는 존속되고 유지되어야 한다는 주장은 도전에 직면해 있다.

대학 내에서 그려낸 대학에 대한 현대의 텍스트들이 제시하고 있는 사회역사적 맥락에 대한 분석은 확실히 잔인하다. 그렇지만 내 생각에 바로 그러한 분석이 우리를 여기에 설 수 있게 한다. 스탠디시와 나는 많은 점에서 의견 일치를 보고 있지만, 불일치하는 측면은 철학적 해석뿐만 아니라 사회역사적 해석을 통해 이해될 수 있다.

스탠디시의 저술에서 몇몇 표현을 들어 보겠다. "어떤 토대가 되는 보편성이 존재해야 한다." "가치판단이 없다면 대학은 사라질 것이다." "현재 대학을 위협하고 있는 담론" "대학에 만연된 막연한 불안" "수학적 증명에 열중하여 기쁜 엔지니어의 열정에 존재하는 강렬함" "학문 집단 내에서 지역적 실천의 정합성" 그리고 "최상의 자유교양교육의 유지"다.

메시지는 확실히 명확하다. 오늘날의 대학은 그것을 파괴할 수도 있는 악의적 힘에 둘러싸여 있다. 또한 우리는 대학이란 단일하며 전체로서 통합성을 갖는다고 추정하는 것에도 주의를 기울여야 한다. 그렇다 해도 서로 다른 학문 영역들은 "그 분야만의 실천"에 정합하는 것들을 포함한 그들만의 "관행과 전통"을 갖는다. 그리고 특정 영역의 종사자들에게 이러한 그 분야 고유의 실천은 개인적 기쁨과 경이의 근원을 제공할 수 있다. 각 분야 고유의 전통을 유지함으로써 아름다움의 대학은 그것을 위협하는 무질서한 힘에 대항하여 유지될 수 있다.

나는 이러한 주장에 찬성을 표하지만 그 입장에 서서 행동할 수는 없다. 대학이 여전히 서로 다른 학문 분야에서 기쁨과 아름다움을 주는 그들만의 내적 정합성과 기준이 추구될 수 있는 인식론적 피난처를 제공할 것이라고 생각하는 것이 좋을 수도 있다. 그러나 불행히도 그것은 폐기해야 할 그림이다. 스탠디시는 내게 이를 지적할 과제를 부여했다. 핵심적 쟁점을 반복하자면 다음과 같다. 소위 자유교양적 고등교육은 개념적으로나 경험적으로나 더 이상 불가능하다. 그러나 이것이 자유교양교육적 고등교육의 이상을 모두 부담스럽다고 버리는 것은 아니다. 그 이상은 다른 방식으로 유지될 수 있다.

첫째, 그럼에도 우리에게 주어진 그림은 폐기되어야 한다. 경험적으로 우리는 학문 분야들이 스스로를 둘러싸고 있는 경계의 약한 부분을 지적할 수 있다. 그 경계들은 아직 해체되지는 않았지만 약화되고 있다. 세상에 들어서고 세계의 현실적 문제에 부딪히게 되면서, 대학은 그 도전에 대처하기 위해 인식론적 자원이 선별되고 있다. 도전은 본질상 이론적일 것이나 학문 분야 간 자원이 상호 교차될 것을 요구한다. 예를 들어, 지식실천으로서의 유전학은 혼성적(hybrid)인데, 생물학, 미생물학, 화학, 농학, 심지어 사회학, 철학, 경제학이 모두 그 몫을 하고 있다. '지식'은 '지식들'이 되었다. 지식의 인지적 측면에 개인적, 윤리적, 정서적, 상호적, 기술적 특성을 더해서 다양한 지식의 결이 드러난다. 이러한 지식에 대한 이해는 개별적이지 않다. 산파적 지식으로서 지식을 이해하는 것은 오직 그 지식의 상호 교차점과 교환을 이해함으로써 가능하다.

기븐스와 그의 동료들(Gibbons et al., 1994)은 상황에 기반한 지식인 모드 2 지식에 대해 언급한 바 있다. 이는 학문영역에 기반한 지식인 모드 1의 대항마다. 그들의 이야기는 원리상 옳다. 즉, 학문 분야에서 인정된 것보다 많은 지식들이 존재하며, 그중 다수는 고유의 가치를 갖는다. 그러나 이러한 이야기는 보다 충분히 전개되지 않는다면 불완전하다. 첫째, 소위 지식사회에는 두 가지가 아닌 다양한 지식들이 존재한다. 둘째, 지식사회에서 지식은 보편적으로 생산되고, 결과적으로 합성된 지식들은 학문 영역에서 상호작용한다. 이때 지식의 경계는 불가피하게 약화된다. 하지만 결국 대학 내 경계를 유지하기 위해 (영국의 경우 20세기 내내) 학계가 나서서 그들 고유의 영역을 지키고자 노력한다(예: 국가면허제).

스탠디시가 우리에게 제공한 그림은 개념적으로도 문제가 있다. 그의 그림은 서구 대학이 그 기반을 확실히 유지하고 있다는 배경에 근거한다. 관련 표현을 들자면 다음과 같다. "토대를 이루는 보편적인 무엇인가가 존재해야만 한다." "분명 비판적 질문이" 제기되어야 한다. "현재 대학을 위협하는 담론" "최상의 자유교양교육의 유지"다. 이러한 표현들은 (대학의 맥락에서) 상호 관련된 일군의 개념적 토대에 기대고 있다는 확실한 표지이며, 이러한 개념적 토대들은 스탠디시가 곳곳에서 그 자신이 혹은 다른 동료들과 해체하고자 많은 노력을 기울인 바로 그 개념적 토대들이다. "토대를 이루는 보편적인 무엇인가가 존재해야만 한다."라는 생각에 대해서는 오늘날 적어도 현대철학에서는 "해야 한다(must)"의 안정성이 더 이상 가능하지 않다는 것에서 이미 많은 문제 제기가 이루어진 바 있다. 대담하게 공격적인 의미에서 포스트토대적 사회에서 살아가고 있다고 선언할 필요는 없지만, 우리는 어떠한 형이상학적 확실성도 부정되는 그러한 시대를 살고 있다. 문화적 소양이 있는 시대, 고등교육이 대중화된 시대, 그리고 사실 그 성격상 포스트토대적인 수많은 철학이 경쟁하는 시대를 살아가고 있다.

유사하게 "대학을 위협하는 담론"이 있을 수 있다는 생각은 대학을 정당화하는 특정 담론이 있다고 추정하게 한다. 그러나 후기구조주의라는 이야기들에서는 어떠한 담론도 그 우위를 주장할 수 없다. 더욱이 "최상의 자유교양교육"이라는 개념은 자유교양교육의 특징이 존재하고, 그것이 자유교양교육의 최상의 형태라 할 수 있다는 매우 한정적인 이상을 의미한다. 자유교양교육이라는 개념은 여전히 규제적 이상으로 기능할 수 있다. 그러나 자유교양교육의 특징에 대한 합의가 존재하고, 그것이 현대세계에서 우리에게 여전히 유효하다는 주장은 주의를 요한다.

로티(Rorty, 1999)의 희망이라는 개념도 매혹적일 수 있다. 즉, 희망을 갖고 살자. 마치 자유교양교육이 가능한 것처럼 세계를 해석하자. 그러나 그러한 지향은 적절하지 못하다. 현재 우리를 둘러싸고 있는 초복잡성의 시대는 복잡하게(그리고 추하게) 경쟁하는 담론들의 단순한 증식의 시대가 아니다. 초복잡성의 시대란 담론들이 서로 동일하지 않은 무게를 갖는 시대다. 담론 중 다수는 경멸적 의미에서 이데올로기적이기도 하다. 그리고 이런 담론은 자유교양적 의제의 정복을 추구할 수도 있다. 단순한 희망은 고지를 점하기 위한 비자유교양적 세력의 처방 중 하나에 불과하다.

초복잡성 시대의 대학을 이해하기 위해서는 탄성, 용기, 그리고 그것이 완전한 토대를 이루거나 성취될 수 없을지라도 대학의 이상을 지지하며 지속적으로 노력하겠다는 결정이 요구된다. 차례로 이것은 보다 폭넓은 사회에 포함되어 있는 외부와의 싸움을 의미한다. 도개교(跳開橋)를 끌어올릴 수는 없다. 하나의 완전한 기관으로 성립된 이래로 서구 대학은 내적담론으로 그 자체를 유지해 왔으나, 이제 그러한 시대는 끝나고 보다 넓은 사회의 담론들이 넘쳐나고 있다. 선택지는 더 빨리 달리거나 혹은 복잡한 사회적 담론에 참여하여 지식들과 존재론을 확장하는 것이다. 인식론적 · 존재론적으로 대학을 초복잡성의 상태로 만드는 것은 바로 대학이다. 희망이나 대학 내의 미학적 경이 속에서 살아가는 것이 아니라 그것을 둘러싸고 있는 모든 참여에 대하여 창조적이고 영속적이며 개방적인 노력을 기울이며 살아가는 것이 바로 대학인 것이다.

추천도서

Bearn, G. (2000). The university of beauty, in P. Dhillon and P. Standish (eds.), *Educating after Lyotard*, Routledge.

Delanty, G. (2001). *Challenging Knowledge: The University in the Knowledge Society*, Open University Press.

Readings, B. (1996). *The University in Ruins*, Harvard University Press.

Wortham, S. (1999). *Rethinking the University: Leverage and Deconstruction*, Manchester University Press.

제6장

정보와 커뮤니케이션 기술

David Blacker & Jane McKie / 심승환 · 장지원 공역

교육공학의 표면과 이면

교육공학(educational technology)은 우리의 가능성을 확장시켜 줄 수 있다. 온라인을 통해 멀리 있는 여러 사람들을 가르칠 수 있고, 지역 교육당국과 기업가들에게 경제적인 효율성을 제공할 수 있으며, 다양한 사람들과 더욱 폭넓고 의미 있는 접속(access)[1]을 할 수 있다. 교육공학의 이러한 목적은 매우 중요한 만큼 많은 이들의 관심을 사고 있다. 그러나 기술은 우리가 이미 하고 있는 것을 양적으로 확장하는 데 그친 것만은 아니다. 높아진 기술혁신과 그 기술들의 적용은 가치에 대한 근본적 질문에 영향을 끼치면

1) 역주: 이 장에서는 많은 기술 용어들이 등장하는데 많은 경우 원어대로 사용되고 있다. 따라서 이 장에서 등장하는 많은 용어들은 중의적인 의미를 담고 있는 경우가 있어 원어를 그대로 사용한다.

서 교육에 대한 목소리를 더 높여 가고 있다. 모든 기술(technology)은 교육적 활동(enterprise) 자체의 본질, 의미, 도덕적 가치에 관해 우리가 던지는 질문에 이의를 제기하고 답변을 수정할 수 있는 잠재력을 가지고 있다.

우리는 잠재력이라는 말을 사용한다. 왜냐하면 기술이 항상 분명한 결과를 드러내지는 않기 때문이다. 주어진 환경에서 기술은 '깨우치다(enlighten)' 와 '교육하다(educate)' 의 차이처럼 눈에 잘 띄지 않고 무의미해 보인다. 사용자 친화성(user-friendliness)이라는 이상에 따른 디자인은 휴먼 인터페이스를 통해 기술과 노력을 더 기울이도록 설계되는 반면, 그 도구에 내장된 가치 선택과 개념적인 지평에 대해서는 별 관심을 보이지 않는다. 계산원이 터치스크린 아이콘을 몇 번 누르면, 맥도날드의 계산대는 저절로 총액과 거스름돈 계산을 알아서 해 준다. 그러나 노동자들이 해야 할 일은 예전 수학적 능력을 필요로 하던 기계를 사용할 때보다 훨씬 적다. 이러한 기술적인 효과는 탈숙련화(deskilling)의 상황이나 교실에서 다른 것을 배제하고 오직 정보 전달에만 초점을 맞추게 되는 반교육적(antieducative) 상황을 만들어 낼 수 있다. 따라서 그것이 고급기술이건 저급기술이건 본질적으로 교육적인 기술은 없다. 주어진 기술이 교육적이냐의 여부는 전적으로 부수적인(contigent) 요소일 뿐이다. 따라서 우리는 교육공학이라는 용어를 세계의 어떤 내적 현상에 대한 객관적인 묘사로 이해하기보다는 하나의 열망으로 볼 수 있겠다. 이 열망은 교육과 기술을 결합하려 하는 교사의 기술 및 학습자의 의지를 통해 실현되는 것이다. 교육 자체가 가치를 가지는 한, 기술은 지적 · 도덕적 변화라는 차원에서 교육철학의 영역에 속하게 된다.

우리가 이러한 변화의 핵심적인 측면을 이해하는 데 있어 듀이(J. Dewey)와 하이데거(M. Heidegger)는 많은 도움이 된다. 듀이는 "도구는 개별적인 것(particular thing)이지만 단지 개별적인 것 그 이상이다. 왜냐하면 도구 속에는 결합, 즉 자연과의 연속적인 결합이 내재되어 있기 때문"이라고 서술하고 있다. "도구는 스스로를 정의하는 고유한 성질과 객관적인 관계를 모두 가지고 있다. 도구의 실제 사용과 도구에 대한 지각은 우리 마음을 다른 곳으로 이끈다." (Dewey, [1925] 1981, p. 101; 또한 Blacker, 1993도 참조) 어떻게 기술이 우리 경험의 특질에 영향을 미치게 되는지, 어떻게 기술이 마음을 다른 곳으로 이끄는지에 대한 듀이의 통찰은 하이데거 철학에서 자주 논의되는, 유용한(ready-to-hand) 도구를 수반하는 모든 활동에 대한 실존적인 분석과 연관된다. 어떤 사람이 아이에게 인형 집을 만들어 주기 위해 못질을 하고 있다면 그 활동은 그 목적을 고려할 때 의미를 갖게 될 것이다. 즉, 첫 번째 목적(아이를 기쁘게 하려는 것)과 두 번째 목적(예: 돈을 아끼려는 것 등)으로 인해 의의를 갖게 된다. 이런 측면에서 사람들은 이러한 경험적 지평(experiential horizons)에 눌려 (스스로를) 상실하게 된다. 그 경험적 지평은 특정한 개인의 기능적 관계의 세계로, 특정한 '목적'을 통해 연결된다(Heidegger, 1962, pp. 116f.). 요점은 망치라는 물질은 점점 망각되는 대신에 끊임없는 확장과 계약을 통해 의미 있는 참여가 이뤄지는 역동적인 세계가 주목되는 것이다. 사람들은 가정에서 자기 자신의 위치가 그렇듯, 아버지가 된다는 것이 그런 것처럼 아이들을 행복하게 만들기 위해 분투한다. 어쩌면 그 아버지는 지난주에 아이의 생일을 챙겨 주지 못했던 죄책감, 나쁜 부모로 낙인 찍힐지도 모른다는 걱정 때문에 인형 집을 만들어야겠다고 생각하게 될 것이다. 결국 하이데거에 따르면 이러한 목적을 집요하게 성찰해 볼 때 사람은 자신이 가장 깊이 열망하는 것, 최고의 목적들에 대해 깨닫게 된다. 이렇게 상위의 목적으로부터 하위의 목적으로 분석해 나가다 보면 못질과 같은 활동은 필연적으로 참여의 그물망에 감추어져 있고, 그 참여의 의의는 그 사람의 역량, 아마도 자기 성찰할 수 있는 개인의 용기에 따라 제한될 것이다.

이는 본질적으로 윤리적 변화에 있어 기술이 교육자들에게 어떻게 영향을 끼치는지를 보여 준다. "기술이 실제로 작동하는 경우 하나의 기술은 그

'작동' (메커니즘)으로 인해 드러나지 않는다."는 것이 하이데거와 듀이가 했던 통찰의 핵심이다. 기술은 원만하게 작동될 때 '문제시되는 것'으로 혹은 '대상'으로조차 드러나지 않는다. 내가 사용하고 있는 워드프로세서 프로그램은 내가 그 프로그램의 문제점을 찾아내거나 그 상품을 좋아하거나 숭배(fetishize)하지 않는 한 내 관심을 끌지 못한다. 그 프로그램은 내게 어떤 대상으로 다가올 수는 있으나 내가 그것에 대해 제한한 맥락 안에서 작동하는 한 드러나지 않는다. 어떤 적절한 기준에 맞추어 제작될 필요가 있는 사물로 간주하지 않고 그저 하나의 도구로서 잘 작동하고 있다면 그 실체는 드러나지 않는다는 의미다. 그러한 도구가 잘 작동할 때 사람들은 그것을 갖고 있는 자기 자신은 신경 쓰지 않는다. 오히려 그것이 무엇이건 일감을 쥔 자기 자신을 신경 쓴다. 따라서 기술은 사람의 마음을 다른 데 신경 쓰도록 만든다. 교육자의 임무는 이러한 마음 흐리기(mind-taking)를 조사하는 것이다. 다시 말하자면, 마음 흐리기가 이뤄지는 방식과 그렇게 만드는 대상에 대한 조사라고 할 수 있다. 모든 가르침은 어느 정도 어떠한 것에 대한 관심을 포함하는데, 이는 결국 다른 어떠한 것의 배제를 의미하게 된다. 이것은 기술은 드러냄과 숨김을 병행한다는 의미다. 기술은 이러한 방식으로 교육과 관계를 맺게 된다. 경험을 구성함으로써 기술은 우리가 의도하건 의도하지 않건 교육에 참여하게 된다.

이데(D. Ihde, 1990, pp. 74-80)가 말했듯이, 기술을 활용하는 것은 우리가 얻을 수 있는 경험의 범위를 늘리기도 줄이기도 한다. 나무에서 사과를 따기 위해 막대기를 사용하는 것을 상상해 보자. 막대기는 손보다 더 멀리 닿지만, 맨몸으로 사과를 따는 데 드는 전략이나 다른 감각은 잃어버리게 된다. 전화를 통해 의사소통할 수 있는 거리는 크게 늘어났지만, 흥분한 듯한 몸짓, 얼굴 표현, 다른 소소한 제스처나 눈짓과 같은 면대면 대화의 요소들은 약화되었다. 이메일에서 냉소적, 반어적 또는 익살스러운 표현이 글쓴이의 의도와는 달리 종종 잘못 전달되는 것은 이러한 현상을 매우 잘 보여 준다. 그래서 면대면 대화나 전화상 대화에서는 잘 나타나지 않는 이메일 대화상의 오해를 피하기 위해서 우리는 문장을 끝맺을 때 이모티콘[2)]을 자주 사용하는 것이다. 기술의 이러한 드러냄–숨김 구조는 이제 불가피한 것이며, 기술의 교육적인 사용을 고민하는 것은 필수적인 일이 되었다. 칠판에 그림을 그려 가며 설명하면 수업을 진행하는 데 도움을 줄 수 있다. 그러나 칠판이라는 기술을 사용하기 위해서는 판서를 하기 위해 학생과 등을 져야 하고, 칠판에 쓰인 내용에 집중하기 위해 수업에서 대화 흐름을 끊어야 하고, 학생들의 사고를 학생들이 생각하는 것과 다른 식으로 끌어와야 한다. 더 나아가 듣기에 어려움을 겪는 학생들을 돕기 위해 교실에서 종종 사용되는 청각도구(listening system)를 생각해 보자. 이러한 도구는 학생들이 기호언어의 시각적 세계보다 음성언어에 집중하도록 만든다. 이는 학생들이 두 언어 모두를 숙달할 수는 없다고 주장하는 것은 아니다. 다만 보조기술을 선택하는 것은 그 시기 아이들에게 음성언어와 시각언어 중 어느 것을 강조할지에 영향을 끼치는 교육학적 선택(pedagogical choice)이라는 것이다.

비록 드러냄과 숨김이 어느 경우에는 항상 존재하기도 하지만, 교육학자들은 숨김보다는 드러냄에 훨씬 초점을 맞추는 것으로 보인다. 적절하게 사용할 경우 간단한 기술도 예상보다 훨씬 깊이 있는 자기 이해를 촉진하기도 하지만, 기술은 우리의 시선에서 많은 것을 숨겨 버린다. 기술의 이러한 양면성은 교육적 경험과 기술을 연결시키는 기술적(descriptive)이고 규범적인 설명을 만들어 내는 핵심 특징이다. 그 양면성은 의식적이건 무의식적이건 항상 어떤 교육적인 방향이 선택되는지, 즉 어떠한 면에서 어떠한 방법으로 무엇을 드러내고 숨길지를 보여 준다는 것이다. 플라톤의 '고상한 거짓말(noble lie)' 의 방법에 따라 아이들의 고유한 선(善)을 위해 일

2) 역주: 글자 대신에 그림 형태를 만들어 표현하는 것.

부를 숨기는 것이 바람직한가? 혹은 자유라는 기치 아래 교육자들은 모든 숨김을 피하고 완전한 드러냄을 추구해야 하는가? 모든 아이들에게 어느 순간에도, 어떠한 정보라도 다 공개해야 하는가? 지나치게 극단적인 태도는 물론 문제라고 할 수 있다. 그러나 교육이 훈련, 교화 등과는 달리 숨기는 것보다 참여의 세계를 드러내는 것이라면 교육자들은 기술을 지향해야 할 것이다. 바로 이 기술은 절대적인 계시는 부적절하다는 조건 위에 세계를 가능한 한 열린 방식으로 드러내는 것이다. 물론 가르침은 단지 주전자 뚜껑을 완전히 열어 버리는 것이 아니다. 예를 들어, 우리는 이성적인 부모가 대체로 아이들의 경험을 이성적 방식으로 거르듯이(filter) 일곱 살 난 애들을 위한 음란/폭력물 차단 소프트웨어를 원할 수 있다. 그러나 동시에 우리는 학습자에게 너무 많은 것을 숨길 수 있음을 걱정하기도 한다. 경험을 선별(censoring)하는 것은 젊은 학습자의 미래 가능성을 위축시키거나 줄일 수 있다. 기존의 교육공학은 숨기는 것과 드러내는 것 중 어디에 더 편중되어 있는가를 평가하는 것이 문제의 핵심이라는 것을 좋은 교육자들이라면 반드시 인식해야 한다.

철학은 교육자들이 무엇이 잘못되었는지를 보다 명확하게 알도록 한다. 말하자면 훈련과 연습 프로그램으로 가득 찬 교육과정은 프로그램이 작동하는 데 필요한 경로를 숨김으로써 전체 효과가 보이지 않도록 프로그램을 제작하게 되는데, 이러한 방식에 대해 철학은 교육자들의 문제 제기를 도와줄 것이다. 사람들은 전문가처럼 2차방정식을 푸는 것을 배울 수 있으며, 반면 교육 그 자체가 지식을 축적하는 방식인 학습은 분명한 목적 그리고 극복해야 할 대상이 있다. 여기서 우리가 주목해야 할 문제는 유용한 정보의 전달 자체가 아니며, 다양한 맥락에서 학습을 조장하는 능력이 쇠퇴했다는 것이다. 극히 협소한 미시적 정보들을 집적한다 해도, 이는 인간의 진정한 생활세계를 드러내는 역동적이고 확장하며 함양시키는(edifying) 능력과 부합하지 않는다. 교육자는 이러한 문제에 대해서 중립적이어서는 안 된다. 비록 '드러냄'을 결정하는 적절한 시간, 장소, 방법을 고민하는 데 있어 전략적인 교육적 선택은 언제나 필요하지만, 교육자는 '드러냄과 숨김'의 두 가지 중에서 '드러냄'을 선호해야 한다. 교육적 활동의 내적인 규준들은 위와 같은 윤리적인 입장을 필요로 한다. 만약 교육과정(educational process)이 사기, 혼란, 이후 학습에 대한 학습자의 능력 감소와 같은 것으로 이어진다면 그것은 중단되어야 한다. 아직까지 교육학자들은 기술의 '드러냄' 속성에 대해 그리 윤리적인 잣대를 들이대지는 않는 것 같다. 우리는 기술이 우리에게 무엇을 드러내는지 좀 더 규범적으로 볼 필요가 있다.

우리는 아래에서 두 가지 입장을 제시하고, 철학이 이 두 입장에 모두 중요한 요소라고 주장할 것이다. 첫 번째는 교육공학에 대한 우리의 이해를 뒷받침하는 기본적인 가정들을 이해하는 것이다. '기술이란 정말 무엇인가'에 대해 우리가 생각하는 복잡한 방식이 실제로는 기술에 대한 우리의 존재론적 가정에서 드러난다는 것이다. 두 번째 더욱 절실한 문제는 새로운 기술의 등장에 따라 교육자들의 현재 활동에 대한 감각이 어떻게 변화하는지를 조사하는 것이다. 이는 우리가 교육, 일, 놀이의 관계를 어떻게 보느냐와 같은 기본적인 문제를 포함한다. 우리는 이러한 논의를 차례로 다룰 것이다. 우선 존재론적인 가정이 어떻게 교육공학에 대한 우리의 이해를 만들게 되었는지를 다루고, 그 후 기술의 본질에 대해 완벽히 이해하게 되면 교육의 사회적·윤리적 목적에 대해 우리가 당연하게 생각해 왔던 것 중 많은 것을 재고해야 한다는 점을 다룰 것이다.

존재론적 가정

기술에 대한 이론적 설명은 소위 '상식의 구조적 불확실성(structural

ambiguity of common sense)' 에 대한 신봉에 그 특징이 있다. 기술적 현상에 대한 상식적 직관(common-sense intuitions)은 깊은 내적 모순으로 가득 차 있으며, 이는 우리의 일상적인 실행과 태도 속에서 요동치는 내적인 모호성(ambivalance)이라 할 수 있다. 한편으로 우리는 도구를 우리가 사용하는 사물로 경험한다. 도구는 도덕적인 실행을 위한 인간의 의도를 기다리기에 도덕적으로 중립적인 것으로 간주된다(예를 들어, 날카로운 칼은 당근을 자를 수도 있고 나를 다치게 할 수도 있다.). 도구를 쥐고 있는 것은 특정한 사람이며, 바로 그 사람의 의도적인 행위를 통해 그 도구의 활용이 결정된다. 비록 의도와 결과는 매우 다양하더라도, 인간은 결국 특정한 위치에서 특정한 방법으로 행동하게 된다.

그러나 우리는 기술에 대한 긍정적인 견해만을 접하고 있어서 항상 우리 삶을 끊임없이 기술에 적응시켜 나가야 하는 것처럼 느낀다. 우리는 사무용 컴퓨터에 대해 피상적인 소비자 선택을 할 수 있지만, 오늘날의 비즈니스는 마치 전화에 대해 그랬던 것 이상으로 컴퓨터를 장만할지 말지에 대한 판단을 하지 않는다. 네트워크 컴퓨터들이 점차 매일 일어나는 인간 간 상호작용을 조정하는 데 필요한지의 문제는 더 이상 특정 개인에게 달려 있는 사안이 아니다. 사람들은 보조를 맞추기 위해서 일터, 가정, 학교에서 사용하는 도구들에 친숙해진다. 기술이 진보해 갈수록 인간은 그것을 따라잡으려고 힘겹게 노력한다. 다시 말해, 기술이 인간을 흔들어대고 있는 것이다. 이러한 경험 속에서 우리는 기술에 대해 어떤 행위자로서의 의미를 부여하기 시작했고, 마치 '기술 자체가' 세계 속에서 무언가를 행하고 우리가 그에 대해 다양한 방식으로 반응해야 하는 것으로 인식하기 시작했다. 즉, 기술 자체가 종종 의도를 지닌 존재로 인식되었다. 데넷(D. Dennett, 1987, pp. 13-34, 49-53, 69-80)은 이를 의도적 스탠스라고 부르는데, 예를 들면 '차가 안 움직여! 컴퓨터가 일을 못하게 하네!' 와 같이 기술이 (인간의 의도에 대해 의도적으로) 반항하는 존재인 것이다. 그러나 어떻게든 우리가 도구와 기술을 사용한다면 그것들은 여전히 나와 다른 이에게 봉사하는 존재로 여겨진다. 따라서 기술과 관련된 직관 갈등이 적절히 해소될 때까지 우리의 종합적 태도는 오직 심오한 모호함(profoundly ambiguous)으로 설명될 수 있을 것이다.

기술과 교육에 대한 사고 중 많은 부분은 이러한 잠재된 모호성에서 비롯된다. 보그만(A. Borgmann, 1984, pp. 9-12)이 기술에 대한 이론을 분류하기 위해 사용한 도식을 빌리자면, 관련된 교육 분야의 문헌은 실체적인(substantive) 것과 도구적인(instrumental) 것의 두 가지로 구분된다. 후술하겠지만, 중요한 구분은 이 범주 속에서 이루어질 것이다.

기술실체론(substantive theories of technology)은 기술이 상당한 정도로 자율적인 힘을 가지고 있다는 상식적인 직관에서 도출되었으며, 인간이 기술을 만드는 것 이상으로 기술이 인간을 형성한다는 주장이다. 그렇지만 기술실체론은 기술 자체가 인간 활동의 영역에서 가장 근원적인 힘이라고 주장하는 기술결정론의 입장과 동일한 것은 아니다.

실체론(substantivism)의 강력한 옹호자는 프랑스의 신학자이자 사회학자인 엘룰(J. Ellul, 1964, pp. 3-22)로, '기술'이 예술 및 정치에서 교육까지 모든 노력을 예속시킬 수 있는 포식자적(all-embracing)이고 악마적인 힘을 가졌다고 보고 있다. 현대 교육이론에서 이러한 견해는 보워스(C. A. Bowers)에 의해 처음으로 옹호되었다. 그는 기술적 사고방식이 우리의 문화에 매우 굳건히 자리 잡고 있기 때문에 현대 교육적 활동의 거의 모든 면을 결정한다는 입장을 취했다(Bowers, 1982, p. 530). 이러한 기술적 사고방식(mindset)이 상당히 만연되어 있어, 주요 학교개혁 운동 역시 힘없이 기술적 사고방식 안에 갇히고 말았으며 기술적인 의도들을 단지 발전시키기 위해 존재하게 되었다. 보워스에게 교육이 진정 인간적인 희망을 회복하거나 희망하기 위해서는 어떻게든 이러한 사고방식의 바깥으로 나갈 필요가 있었다(하지만 어떻게 우리가 이 견고한 사고방식에서 나갈 수 있을지에 대한 의문은 빠져 있다.). 이러한 입장의 초기 견해와 더 일반적인 입장은 프랑크푸르트 학파로부터 도출되었다. 그들은 기술 지배의 근본적 원인이 도구적 이성의 지배라고 보았다. 도구적 이성은 인간 행위의 목적에 관한 공적 논의의 정당성을 뒤엎고 오직 수단만을 남겨 둠으로써 모든 형태의 사회적 · 개인적 삶을 점차 지배하게 되는 것을 뜻한다.

기술실체론은 그러나 열정적인 어조로 자신들과 별 관련 없어 보이는 기술의 자율적인 힘을 인정하고 환영하기도 한다. 이러한 태도를 가진 사람들은 뉴스 매체에서 매우 자주 등장하는 기술 옹호자들, 교사 없는 교수(instruction)를 꿈꾸는 소프트웨어 설계자, 스스로가 전문가임을 주장하는 독특한 기술 권위자(guru) 그리고 소비자의 요구에 반응하는 학계의 행정가들이다. 이러한 기술선호 실체론자(protechnology substantivists)들은 기술이 더 나은 학교와 더 나은 교육의 핵심이라는 입장이다. 그들은 기술이 효과적이고 성공적인 학교개혁에 방해되는 전통적 장벽을 깨트릴 수 있고 또 깨트릴 것이라고 본다. 기술적 진보가 이끄는 곳 어디든지 따라가기만 한다면 우리는 길을 잃을 리 없는 것이다. 학교에서 네트워크 시대가 열린 것을 슬퍼했던 사람들은 "어떤 사람은 변화를 후회할 수 있지만 그것을 되돌릴 수 없다. 그리고 다른 사람들은 변화를 환영할 것이고 그것을 달성하기 위해 일할 것이다."라며 우리를 타이른다(McCliptock, 1988, p. xiii). 동시대의 유명한 비평가들은 "기술은 인간성의 특징에서 가장 완전히 인간적인 것으로서 인간 사회를 움직이는 힘"이라고 주장한다. 동시에 그들은 "국가의 교육기관을 개혁하려는 시도를 멈추고 완전히 새로운 최신 기술의 학습체제로 대체하는 것이 21세기에 가장 경제적으로 부강한 국가를 만드는 길"이라고 예언한다(Perelman, 1992, pp. 25, 20). 기술은 우리가 아는 것처럼 학교교육을 끝낼 수 있다. 교육자들에게 더 이상 선택은 없다. 우리가 최대한 (대세에) 순응하지 않으면 우리는 글로벌 시장에서 사라지게 될 것이다.

기술에 대해 경외심을 가지지 않건 두려워하지 않건 간에, 기술의 두 번째 주요한 범주인 도구주의(instrumentalism)는 기술은 단지 인간이 그것에 부여한 목적을 달성하기 위해 사용하는 도구에 불과하다는 상식적인 직관에 바탕을 두고 있다. 이를 뒷받침하는 강력한 증거는 기술은 언제나 선 또는 악을 향해 개인 혹은 문화의 능력을 신장시키는 인간이 써 내려가는 이야기의 일부라는 것이다. 자동차 뒤에 붙어 있는 슬로건인 "사람을 죽이는 것은 총이 아닌 사람이다."라는 문장은 바로 (도구주의의) 본질을 (적절히) 보여 주고 있다. 개인적 혹은 집합적 인간 행위자야말로 모든 가치의 중심이기에, 도구 자체가 아닌 사회적 맥락에서의 인과관계(casual ensconcement)가 바로 탐구의 적절한 대상이라는 주장이다.

교육 분야에서 도구주의는 다양한 기술들이 줄 수 있는 혜택에 대해 상대적으로 낙관적이라는 점에서 기술에 대한 선호(protechnology)라 할 수 있다. 이러한 견해를 가장 먼저 가졌던 사람은 학교 교실에서 사용할 수 있는 독창적인 LOGO 프로그래밍 언어를 개발한 패퍼트(S. Papert)다. 대표작인 『마인드스톰(*Mindstorms*)』에서, 패퍼트는 LOGO를 이용해서 프로그래밍을 배우는 아이들은 삶의 다른 영역으로 전이될 수 있는 문제 해결에 필요한 강력한 아이디어를 개발할 수 있다고 주장한다. "이 과정에서 가장 중요한 것은 이러한 경험을 통해 아이들이 인식론자처럼 자신들의 미래에 닥칠 일들을 실습(apprenticeships)해 낼 수 있다는 것이다. 즉, 그들은 논리정연하게 사고하는 법을 배운다."(Papert, 1980, p. 27) 자신의 발명품에 대한 열정에도 불구하고, 패퍼트는 전혀 기술 실체론자가 아니다. 그는 LOGO의 교육적 혜택은 특정 정보의 전달이 아니라 아이들이 그것을 통해 유용한 활용 능력을 개발하는 것이라고 주장한다. 아이들은 컴퓨터를 교실에서 함께 사고하는 대상으로 맞닥뜨려야 한다. 그리고 그는 자신이 기술중심적(technocentric) 사고라고 부른 것에 분명하게 반발했다. 사람들은 반드시 교실을 뒤덮고 있는 문화에 참여해야 하고, 이에 기초해서 교사에게 교실에서 쓸 수 있는 기술들을 적절하게 가르쳐야 한다고 그는 주장한다.

패퍼트의 낙관적인 견해와는 달리, 도구주의는 기술에 대한 의심에서 비롯된 것이다. 기술이 비윤리적인 동기에 의해 사용되고 있는 현실을 고려한다면, 도구주의는 기술에 대한 의심에서 비롯될 수밖에 없다. 기술은 여러 문제를 수반한다. 그러나 현재 사용될 때만 문제가 있다. 기술의 해방적 잠재력은 급격한 사회적 변화를 예견한다. 교육에서 이러한 형태의 도구주의는 바로 교조적(in provenance) 마르크스주의였고 사회정치적 비판의 형태를 지녔다. 이러한 입장에 대한 핀버그(A. Feenberg, 1991)의 철학적 진술에 따르면 그것은 '기술비판론(CTT)'으로 부를 수 있을 것이다.

기술비판론은 기술에 대한 모든 다른 관점을 거부한다. 자본주의 또는 어떤 다른 문화적 엘리트로 규명되는 사회적 집단들이 자신들의 지배 의제를 진전시키기 위한 연막으로 본다. 도구 자체에 초점을 맞추는 것은 사회를 움직이는 힘이 실제로는 경제와 이를 통제하는 사람들의 힘이라는 사실을 비판적으로 직시하지 못하게 함으로써 지배계급의 특권을 돕게 된다는 것이다.

교육이론에서 우리는 기술비판론의 두 가지 단계를 분명하게 확인할 수 있다. 첫 번째 단계는 노골적이지만 재구조화되지는 않은 마르크스주의적 분석에 기반하고 있다. 교육 부문에서 첫 번째 단계의 기술비판론의 가장 직접적인 진술을 제시한 『자본주의와 학교교육(*Schooling in Capitalist America*)』에서, 보울스와 진티스(Bowles & Gintis)는 학교교육처럼 기술 역시 본질적으로 사회의 경제적 변화와 그것을 통제하는 사람들에게 의존하는 상부 구조적 변인(superstructural variable)에 의해 작동한다고 주장한다. 토대와 상부구조 사이의 대화적 상호관계를 허용하지만, 그들은 그럼에도 기술 자체는 대부분 초점 밖에 있다고 본다. "만약 생산관계의 전이를 통해서만 오늘날 의미 있는 교육개혁이 일어날 수 있다면 우리는 새로운 기술이 아닌 새로운 사회구조를 만들어 내는 일을 시작해야 할 것이다."

(Bowles & Gintis, 1976, p. 69) 사람들은 물리적 구조를 변경하는 방법으로 오늘날의 억압적인 교실을 해방시키지 않는다. 오히려 내일의 해방된 사회를 위해 해방적인 것을 가르침으로써 교실을 해방시킨다. 두 번째 단계의 기술비판론은 현재 기술은 엘리트 집단에 봉사하며 급진적 교육의 목적은 어떻게 그리고 왜 이러한 일이 일어나는지를 밝히는 일이라는 마르크스주의자들의 주장과 궤를 같이한다. 그러나 이것은 기술을 헤게모니 권력에 봉사하는 중립적인 도구로 보지 않는다는 점에서 적지 않은 차이가 있다. 현재 구성되는 기술은 다른 사람의 희생을 토대로 어떤 집단에 특권을 부여하는 편파적인 영향을 분명하게 끼친다는 점에서 비중립적(non-neutral)이다. 엘리트들은 기술을 '골프클럽' 으로 사용하기도 하지만 골프라운딩이 이루어지고 있다는 것을 가리기 위해서도 사용한다. 기술은 효과적이지만 보이지 않는 완벽한 무기다. 그리고 우리가 기술을 가치 중립적이라고 더 인식할수록 기술은 더욱더 보이지 않게 된다.

겉으로 볼 때는 악의 없는 관념인 '기술적' 혹은 '컴퓨터 사용능력(literacy)' 을 생각해 보자. 컴퓨터 사용을 배우게 되면 어떤 손해가 있을까? 여러 가지가 있을 것이다. 예를 들어, 교육의 목적을 '첨단 기술을 배우는 것' 으로 설정하면 은연중에 특정 집단의 시민권 박탈을 하게 되는 분위기를 만들어 낼 것이다. 예전의 관리인 선발을 위한 읽기시험은 오늘날 모든 종류의 취업을 위한 컴퓨터 경험으로 대체되었다. 그러나 하이테크 사회에서의 일이 기술에 대한 소양이라는 실체론적인 관념을 필요로 한다는 주장에는 적지 않은 반론이 제기된다. 사용자 친화적 사업 기계의 경로(trajectory), 자동화의 성장, 노동의 탈숙련화와 분화 등 첨단사회에서의 노동은 그리 많은 지식을 요구하지 않는다. 앞에서 예를 든 맥도날드의 점원은 고성능 금전등록기(cash register)를 가지고 일하지만 기술에 대한 높은 지식을 필요로 하지 않고, 설령 필요로 하더라도 그 비중은 갈수록 줄어들게 된다. 기술에 대한 지식이 어떤 경제적 필요에 의한 것이 아니라는 많은 증거들이 있다. 오히려 특정한 이해관계에 기여하는 이데올로기적인 정책이 기술에 대한 지식을 주도하는 것이 분명하다. 그것은 '사회를 바꾸면, 기술이 따라올 것이다.' 처럼 그리 간단하지는 않다. 후자는 전자와 너무나 깊게 연관되어 있기 때문이다.

이처럼 드러난 잠재력에도 불구하고 두 번째 단계의 기술비판론은 심각한 위험을 내포하고 있다. 즉, 기술이 일종의 교화의 도구로 사용될 수 있는 잠재력 때문이다. 확연한 권력관계의 일환으로 교실에서 개인의 역할을 일관적으로 조성하는 것은 교사가 학생을 교육하기 위한 확고한 사회적 존재론을 갖고 있음을 뜻한다. 그러나 학생이 잘못된 의식으로부터 벗어나 진리를 향할 때, 이러한 순간은 보나 개방되고 보다 풍성한 교육—즉, 학생의 차이와 더 깊은 도전적인 해석에 열린 가치 있는 방식—을 불가능하게 할 수도 있다. 그러한 개방된 교육은 한마디로 보다 진정한 대화적 교육을 말하며, 여기서 정답은 오히려 경험을 제한한다고 여겨진다. 진리를 권위적으로 제한하는 것은 특히 진리란 것이 본디 대립적인 성향을 지닌 사회정치적 비판에 직면할 때 사람들을 진정으로 보수적인 진리 전달만을 지향하는 교육에 전념케 하고, 교육이란 무엇이 될 수 있는가에 대한 보다 풍성하고 개방된 인식을 저해하게 된다.

도구주의와 실체론에 내재된 존재론은 각기 우리 문화의 상식 범위의 양극단에 놓인다. 각 입장은 통찰력을 제공하지만 그 한계 역시 뚜렷하다. 더불어 각 입장은 강점을 가지고 있다. 기술이 한 사람의 삶을 좌우한다는 실체론적 확신은 기술의 영향력을 그것이 전달하는 의도와 효과 속에서 맥락화하려는 도구주의적 충동만큼 강점을 가지고 있다. 그러나 두 견해의 지나침과 모자람은 모두 피할 필요가 있다. 실체론의 일괄적인 '공갈협박(blackmail)' 을 택할지, 아니면 하나에만 초점을 맞춰 나머지 것을 흐려 버리는 도구주의적인 눈 가리기를 택할지를 고민하는 것이 필요하다. 교육의 측면에서 기술에 대한 설명은 강점을 포섭하고 한계를 피해야 한다. 이러한 설명은 지금까지 우리가 참여한 세계가 어떻게 변화되었는지를 인식하기 위한 더 열린 목적의(open-ended) 견해를 개발시킨다. 도구는 우리의 이성, 희망, 두려움을 제공하지 않는다. 그러나 도구는 우리와 우리의 교육적 노력을 인식하려는 시도와 깊은 관련을 맺고 있다.

교육을 위한 비판적인 주제

기술이 교육에 끼치는 영향에 대해 보다 구체적으로 알아보자. 교육에서 정보와 커뮤니케이션 기술(information and communication technology: ICT)에 의해 제기되는 질문은 다양한데, 그것이 현재 전달되는 방식에는 두 가지 주요한 위험성이 있다. 교육에서 기술을 활용하는 사람들은 교실에서 사용되는 도구인 컴퓨터의 잠재력을 마치 적극적인 기독교도들처럼 무비판적으로 수용하는 경향이 있다. 교육 문헌들을 들춰 보면 교사와 교육 전문가들이 새로운 기술에 매료되어 그것을 활용할 것을 권고하는 수많은 논문들과 특별 기고를 발견할 수 있다. 그러나 이론적인 측면에서 교육을 다루는 문헌들은 그와는 다른 태도를 보이면서 기술을 보다 장기적이고 사색적인 관점에서 바라보고 있다. 이 문헌들은 인터넷이 개인의 정체성을 바꾸는 방식에 관해 다루는 세기말 현상에 주목하고 있다. 우리의 의도는 위의 두 목적의 우열을 가리려는 것이 아니라 현실적으로 중요한 이 문제들을 더욱 강조하되 보다 비판적인 관점에서 접근하자는 데 있다. 우리는 교육에서 철학적 고찰을 필요로 하는 ICT의 여섯 가지 주요 국면들을 다룰 것이다. 그다음에는 일과 놀이에 대한 개념 속에서 ICT가 끼친 영향에 대해 고민하게 될 것이다.

첫째, 지식이 정보가 될 때 지식에는 어떠한 일이 일어나는가? 후기 근대 사회에 정보의 문제를 다루는 좋은 책들이 있다. 어떤 사람들은 이를 후기 근대성의 거대한 변화로 보는 반면, 다른 사람들은 이를 작업 현장에서의 환원론적 경향으로 본다(예: Midgley, 1989). 리오타르의 『포스트모던의 조건』은 그 주제가 그의 다른 저작들에서 더 자세하게 다루어졌는지에 대해서는 여전히 의문이지만 지금도 널리 읽히며 교육 분야에 지대한 영향을 끼쳤다. 리오타르와 같은 방식으로 지식의 환원을 강조하는 현대 교육실천에서 수행성에 대한 비판은 이제 친숙하다(예: Lankshear et al., 2000 참조). 이와 유사하게 월드와이드웹이 거대한 도서관과 같은 것이라는 이미지가 얼마나 순진한 것이었는지는 이제 분명해 보인다(Conlon, 1997 참조). '핵심적인 몰입 정보와 그에 도달하는 기술' 이라는 학습의 개념은 현대 평생교육 개념의 특징이 되어 왔다. '디지털 디바이스' 라는 컴퓨터를 다룰 줄 알고 인터넷을 사용할 줄 아는 사람과 그렇지 못한 사람 간의 새로운 간극이라는 관념은 특정 정치적 색채를 띠고 있다. '우리는 지식경제 속의 새로운 글로벌 세계에서 경쟁하기 위해 교육받아야 한다.' 고 우리를 믿게 만드는 '마이크로소프트' 가 올리는 거대한 수익(great interest)을 보면 그 이면에 담긴 정치적 색채를 알 수 있다. 마이크로소프트의 마케팅은 정치적인 요소라 할 수 있다. 마이크로소프트가 ICT에 호의적인 데는 정치적인 노림수(mileage)가 있는데, 이러한 입장은 또 다른 형태의 광고이기 때문이다. 기술에 접속하는 것은 물론 중요하다. 그러나 학습과 사회적 통합에 대한 기술 지향적 입장은 정치적인 측면을 축소시킨다.

기술과 관련된 두 번째 요소는 소위 관심의 경제(attention economy)다. 이는 아이들의 학습을 위한 능력뿐 아니라 일상생활에서 우리가 관심 가질 필요가 있는 모든 정보를 다루기 위해 우리가 주의를 기울여야 하는 방식과 밀접한 관계가 있다. 관심의 경제는 새로운 것(novelty)에 가치를 두지만 풍부한 교육적 경험의 중요한 부분인 심사숙고와 집중, 깊은 이해도의 측면에는 그리 높은 가치를 두지 않는다. 효율성이 더 빠른 처리량으로 규정되는 사회에서 교육적 실천은 관심의 경제와 결탁하게 된다.

기술과 관련된 세 번째 측면은 인터넷 사용의 현상학과 관련된 형이상학적 질문들을 다룬다. 모니터 화면은 곧바로 리프레시되고 리프레임되며, 모니터에 보이는 것들에 집중하다 보면 시각을 제외한 다른 감각은 무디어진다. 이른바 웹서핑은 바다에서의 서핑과는 전혀 다르다. 그 흐름은 연속적이지 않고 마우스 클릭에 의해서 끊어지기 때문에 그에 따라 급격한 변화가 일어나게 된다. 동시에 웹디자이너가 걸어둔 링크에 의해 미리 정해진 경로를 따라 움직일 뿐이다(Burbules, 1997 참조). 인터넷 공간에서 느끼는 흥분된 경험은 우리의 실제 삶 속에서 우리의 사고와 존재에 큰 영향을 미치는 삶의 여러 흐름들을 잊어버리게 만든다. 우리는 월드와이드웹을 사용하다 보면 세계가 경로, 출구, 창으로 미리 고정되어 있다고 여기게 된다. (교육에서 컴퓨터 활용의 잘못된 형식은 바로 경험을 하나의 프로그램 학습으로 축소시켜 버리는 것이다.) 더 나아가 기술과 관련된 사회적 경험에 대한 중요한 질문이 있다. 집에서 컴퓨터 앞에 고독하게 앉아서 온라인을 통해서 타인과 사회적으로 만나는데, 컴퓨터 앞에서는 혼자서 작업하지만 보이지 않는 다른 학습자에 의해 둘러싸인 학습센터와 같은 경험이다. 이러한 환경에서 학습자들은 대상들을 쉽게 범주화시켜 버리고 그저 현재 진행되는 과정에만 의존하게 된다.

네 번째 측면은 학습자 중심이라는 수사를 가진 ICT다. ICT는 개별적으로 최적화되고 따라 하기를 원하는 학생들에게 가능한 학습 경로를 제공할 수 있다. 이는 열린 학습산업의 시작이다. 그러나 진보주의자들의 ICT에 대한 동기는 효율성과 품질관리라는 의제를 통해 기묘하게 결합되고 있다. ICT는 학습자 중심에 헌신하는 교육자들뿐 아니라 관리주의자들의 열망도 충족시키는 것 같다. 이것은 교육의 상품화(commodification)를 가속화하고, 더 나아가 학습자를 구매자로 전환시키게 된다. 논의의 핵심은 이러한 점이 불가피하게 진행되고 있다기보다 ICT가 수용되는 방식이 위와 같다는 것인데, 이에 대한 이유는 쉽게 찾을 수 있다.

ICT의 교육적 잠재력에 대한 오늘날의 많은 논의는 월드와이드웹에 초점을 맞추지만, 인터넷은 그보다 더 넓은 공간이다. 다섯 번째 관심사는 이메일(채팅룸, BBS, 인터넷 순위 사이트와 같은 것을 비롯하여)이 지니는 분명한 교육적 잠재력이다. 인터넷이 만들어 내는 의사소통과 대화의 독특한 가능성을 인식하는 것은 매우 중요하다. 교육과정 설계자들은 이러한 점을 간과해서는 안 된다. 교육에서 활용될 수 있는 이메일의 비규정성(open-endedness)은 어느 정도인가? 또 이메일과는 대조적으로 매우 엄격하게 규정되어 있는 형태의 유사 프로그램 학습은 얼마나 오래 지속될까? 여기에는 재정적 압박도 존재하지만, 이는 이 문제를 결정하는 이슈로 허용되어서는 안 된다.

기술과 관련된 마지막 측면은 니체에게서 찾을 수 있는 깊은 사고의 흐름과 연결되는 인터넷에 관한 철학적 사고다. 사이버 페미니즘은 ICT가 남성적인 흐름으로만 구성되어 있다고 보았다. 즉, 컴퓨터 기술은 니체의 사고와는 항상 다른 입장에 서 있다. 여기서 깊은 사고의 흐름을 이루는 『비극의 탄생(*The Birth of Tregedy*)』에서의 디오니소스적인 것(아폴론적인 것과 대조되는)에 대한 니체의 설명은 리오타르와 들뢰즈(Gilles Deleuze)의 저작에서도 동일하게 발견되는 흐름이다. 변증법적 대립을 극복하려는 이러한 사고의 강조는 특히 교육 자체에서 구성되어 온 근대적 세계와 그 가치들에 대한 반론을 제기하고 있다. 그것만으로도 근대사회와 근대교육 기관이 형성한 일과 놀이 사이의 불편한 관계를 논의하는 점에서 가치가 있다. 이제 우리는 이러한 이분법에 대해 더 자세히 살펴볼 것이다.

일과 놀이

지금까지의 이러한 고민들은 현대세계 속 일과 놀이의 재구조화(reconfiguration)로 귀결된다. 어떻게 이러한 변화가 사람들이 자기 자신을 정의하는 방식에 영향을 미치게 될까? 어떻게 그것이 교육과 민주주의와의 관계에 영향을 미치게 될까? 이러한 변화에 대한 감각들이 공적인 의식 속에 자리 잡고 있음을 케인(P. Kane)은 *The Observer* 부록에 실린 글을 통해 제안했다. 여기서 그는 밀레니엄을 위한 새로운 윤리로 일 대신 놀이 개념에서 발견되는 내용들을 강조하고 있다.

> 우리는 스트레스를 받고 빚지고 지쳐 있다. 우리는 가정보다는 '의무적인' 일에 시간을 더 할애한다. 우리는 예상했던 것보다 엔터테인먼트와 소비로부터 별로 만족을 얻지 못한다. 그리고 예전에 비해 공동체에 대한 소속감을 덜 느낀다. 직장에서 우리는 어떠한 방향도 없는 일에 매진하며, 더 나쁘게는 비윤리적이고 비도덕적인 일상 업무에 종사한다. 그러나 우리는 속이 빈 시민처럼 느낀다. 너무나 지쳐 있는 우리는 어깨를 들썩이는 것 말고는 어떠한 다른 정치적 탄원도 할 수 없다. 한마디로 우리는 일꾼(worker)이다(Kane, 2000, p. 20).
>
> 그러나 왜 우리가 온순하게 이런 조건을 수용해야 하는가? 언제 우리의 새로운 용감한 기술들로 번창한 미래가 그것을 완전히 바꿔 줄 것인가? 왜 우리는 스스로를 여전히 단순한 대상으로 여기는가?

케인은 직업윤리를 침식하는 잠재적 원인으로 기술을 꼽고 있으며, 그 이유로 기술과 놀이를 연결시키는 오늘날의 트렌드를 꼽는다. 어떻게 보면 그 둘 사이의 결합은 상식적인 결합이다. 컴퓨터 게임과 네트워크화된 사회성은 놀이와 같다. 또 이러한 현상은 어떻게 보면 학문이론 간의 접근(convergence)이라 할 수 있다. 후기구조주의 이론에 나타나는 언어 속에서의 '놀이'는 아마 아이콘이나 하이퍼링크 또는 그것이 촉진하는 여타의 언어놀이(word-play)들에서 더 뚜렷이 나타난다.

우리는 새로운 기술과 그 결과로서의 놀이 사이의 관련성에 대해 두 가지 질문을 제기할 수 있다. 첫째, 신기술의 발달이 직업윤리를 훼손하는 전제조건으로 어느 정도까지 작용하는가? 둘째, 기술과 일상생활의 연결방식은 일을 피할 수 없게 만드는 모순적이고 파괴적인 결과를 가져오는가?

두 번째 문제에 대해 터클(S. Turkle)은 온라인 관계 속에 내재된 자기 성찰과 변혁의 가능성이 심대하다고 본다. 그녀는 온라인 역할연기를 예로 들고 있다. 머드게임(MUDs)은 나와 게임, 자아와 역할, 자아와 시뮬레이션 사이의 경계를 모호하게 만든다(Turkle, 1996, p. 192). 이러한 상황에서, 그들은 놀이시간은 제한되어 있다는 개념을 잊어버리게 된다. "휴가는 성인 유예(moratoria)의 정형적인 구조를 제공한다. 사이버 공간에서의 시간은 휴가와 유예라는 개념을 재설정하는데, 그것들은 언제나 가능한 윈도우 화면 안에 존재하기 때문이다."(같은 책, p. 204) 그러나 내재된 유예에서 주인이 되는 것과는 별개로, 가정용 컴퓨터는 가상 회사가 되는 잠재력을 가지고 있다. 터클은 우리 일상생활로부터의 시간 제한은 온라인에서 시간에 접속하는 것을 통해 확장될 것이라고 하였다. 온라인 게임에 몰입하면서 사용자들은 자신이 느끼는 시간과 실제 흘러가는 시간 사이의 차이를 느끼게 될 것이다. 터클은 채팅룸과 같은 대화의 사회적 활동과 게임과 같은 개인 활동에 특히 관심을 가진다. 우리가 이러한 활동들에 더 관심을 보일 때 시간은 더 빠른 속도로 지나가게 된다. 그러나 가상 게임 시간이 실제 생활 속에서 사용되는 시간과 동일할까? 사이버 공간과 현실 공간 사이에서 벌어지는 상호작용의 수준과 풍부함에 대해서는 많은 의문이 제기되고 있으며 여전히 난제로 남아 있다.

일과 놀이 사이의 관계는 일상의 시간 감각에 영향을 준다. 행위의 내용, 시간, 장소는 우리의 생활을 구성하는 핵심적인 요소이며, 우리의 윤리적 발달에도 매우 중요한 의미를 지닌다. 구체적인 가치들은 일과 놀이의 이분법의 정의에 부분적으로 의존하는 활동들과 관계된다. 이것은 현명한 시간관리(time-keeping)를 강조하는 윤리주의적인 문제는 아니다. 유용성, 의무, 노력, 인내력과 같은 가치들 또는 쾌락, 방종, 상상, 자유 등은 일과 놀이라는 변증법에 따라 종합되는 것이다. 비록 완전히 대조적인 것은 아니지만(왜냐하면 노력은 즐거움이나 상상력을 사용하는 일이 될 수도 있기 때문이다.), 그럼에도 그들은 추상적인 일과 놀이라는 도식에 따라 대립관계로 놓여 있다. 일과 놀이는 단어의 의미에서는 대조적일 것이다. 그러나 현실에서 일은 즐겁거나 노력이 없을 수도 있고, 또 사람들은 스포츠나 다른 활동을 할 때 매우 열심히 한다. 음악가들은 더 나은 음악을 만들기 위해서 열심히 하고, 아마추어나 프로 축구선수들 역시 마찬가지다. 은행 관리자는 저녁에 정원을 관리하기 위해서 집에 일하러 온다. 이에 내재되어 있는 핵심은 일과 놀이는 공존하며 그 대립은 사라진다는 것이다. 그러나 이러한 극단은 완벽하게 무너지지는 않는다. 만약 일이 쉽게 놀이가 된다면 우리의 범주는 우리에게 별 의미를 주지 못할 것이다. 이것은 우리가 현재 그러한 것보다 놀이의 형식에 더 큰 가치를 부여해야 한다는 것을 뜻하지는 않는다. 이에 대해서는 다시 언급할 것이다. 그러나 일을 놀이로 변환하는 것이나 놀이시간과 일하는 시간 사이에 어떠한 구분을 두지 않는 것은 우리 경험의 완전성과 다양성을 혼란에 빠트릴 여지가 있다.

일과 놀이 사이에서 진행되던 변증법의 분열 혹은 전환은 교육을 포함한 모든 영역에 영향(repercussions)을 끼치게 된다. 우리는 어떤 영향이 나타날지 예측할 수 있을까? 그리고 그 영향들은 환영할 만한 것인가? 특히 새로운 디지털 기술은 일과 놀이 사이의 경계를 흐려 놓을 것인가? 어느 정도 수준의 기술적 발달이 놀이의 재정의를 요구하게 될지 다루기 위해서는 네트워크와 애플리케이션의 결합 형태를 주의 깊게 살펴볼 필요가 있으며, 특히 이러한 활동들이 수행되는 정신(spirit)을 살펴볼 필요가 있다.

교육용 소프트웨어는 때때로 에듀테인먼트라고 불린다. 이는 교육용 소프트웨어를 일과 놀이가 혼합된 상품으로 만듦으로써 교육적인 '일'이 재미있어질 수 있다는 뜻이다. 그것은 일과 놀이를 상호 교환시키는 동시에 그 이분법적 의미를 손상시키게 된다. 이러한 소프트웨어가 종종 가정용으로 설계되고 판매된다는 것이 특히 중요하다. 가정의 영역(domestic realm)은 놀이의 영역(domain of play)이다. 그러나 놀이로 가장한 일이 가정에서 일어난다는 사실은 교육적으로 풍부한 환경을 지닌 가정이 학교에서 일어날 수 있는 학습 형태의 배경을 보충하거나 (대신) 제공하게 됨을 의미한다. 가정생활에서 일과 놀이에 대한 이러한 융합은 교육의 공간으로서 가정과 학교라는 경계를 모호하게 만든다. 이러한 소프트웨어를 가정에 구축하는 것은 매우 중요하다.

마이크로소프트 파인 아티스트(Microsoft Fine Artist) 1995년 광고의 메인 타이틀은 '내가 내 방을 치우면 나는 피카소가 될 수 있을까?' 이다. 광고를 통해 이루어지는 이러한 농담은 어머니와 아들 사이의 거래다. 어머니와 아들은 이 소프트웨어를 거래를 위한 수단으로 사용한다. '네가 입체파가 되건, 추상화가가 되건 나는 좋아. 대신 방을 치운 후에만 쓰거라.' 광고 문구 전체를 보면 광고에서는 세분화된 예술사적 지식에 대한 유치한 선입관과 편견들이 쓰여 있다. 여기에서 '놀이' 는 작은 글씨로 쓰인 광고들이 말하듯이 어린이가 한 시간 동안 '아티스트' 가 되는 방법으로 (범위를) 확장시켜 준다. 컴퓨터 덕택에 아이는 마음 내키는 대로 정체성을 놓았다 풀었다 할 수 있다.

'되었다(became)' 라는 단어의 사용은 아이들의 놀이에서 흔한 불신을 멈추게 한다(suspended). 어린이는 카우보이가 될 수도 있고 곡예사가 될 수도 있고 의사가 될 수도 있다. 그는 그날의 시나리오에 완전하고 행복하게 몰입할 수 있고, 이것은 상상의 놀이를 포함한다는 특징을 가지고 있다. 이러한 불신의 종료는 한 사람의 정체성을 유동적으로, 즉 여러 가지로 만들게 된다. 정체성의 유동성에 대해서 터클은 개인 웹페이지에서 자신을 어떻게 하면 잘 표현하는가를 찾을 때 다양한 정체성의 순환이 일어나게 된다고 주장한다.

이는 온라인 서핑과 몰입에 내포된 변화무쌍한 자아라는 리프턴(R. Lifton)의 바다 이미지를 환기시킨다. 피스케(J. Fiske)의 표현에 나오는 '다양하고 다르게 경험하는 실재' 는 어떻게든 모니터에 등장하는 내용에 초점을 맞추게 한다. 현상학적으로 그것은 우리가 다른 사람과 상호작용을 할 때 자아에 대해 우리가 표현하는 본질을 더 밝혀 주며, 이것이 텍스트의 형태로 어떻게 표현되는지에 우리가 관심을 기울이게 만든다. 스크린에서 드러나는 삶은 새로운 메타포를 제공할 뿐만 아니라 지각되는 경험의 모호성을 새롭게 이해하도록 한다. 타인, 무드, 상황에 따른 행위 기준, 다양한 요인들의 등장과 소멸은 한 개인의 드러냄과 숨김에 영향을 미친다. 드러냄과 숨김은 이메일 주고받기나 채팅룸 그리고 온라인 RPG 게임에서 잘 나타나고 확장된다.

마이크로소프트 파인 아티스트의 광고는 '뮤즈' 여신을 괴상하고 웃긴 형상을 가진 맥지(McZee)라는 캐릭터로 소개한다. 맥지는 모든 마이크로소프트의 어린이 프로그램에 등장하는 캐릭터다. 맥지는 너무나 괴상하게 생겨서 전혀 아이들에게 보여 주고 싶은 캐릭터가 아니다. 그는 하와이 셔츠를 입고 데이비 크로켓(Davy Crockett) 모자를 쓰고 킬트를 입고서 백파이프를 연주한다. 이 '뮤즈' 신은 말동무 또는 해설자인 것처럼 말하면서 파인 아티스트 박물관과 화랑으로 달려간다. 맥지는 또한 딸려 나온(allied) 소프트웨어 패키지인 마이크로소프트 크리에이티브 라이터(Microsoft Creative Writer)라는 소프트웨어 패키지도 소개한다. "내가 셰익스피어 무드로 있을 때, 그리고 햄릿 2장을 쓸 때, 맥지는 나를 거기에 있게 만든다." 당신은 무드가 이끄는 대로 당신의 정체성에서 나와 셰익스피어가 될 수 있다.

이와 유사한 사이트에서 일어날 수 있는 일을 상상해 보자. 모니터 앞에 있는 아이가 교육용 소프트웨어에 몰입하고 있다. 마치 영화팬이 영화에 빠져 있는 것처럼 아이는 깜빡이는 이미지에 종속되어 있다. 사람들은 그 두 대상을 동일한 형식으로 흡수하게 되고, 그 아이들은 영상과 음성의 움직임에 동일하게 노출되어 있다. 그러나 양자는 상호작용의 수준과 본질을 놓고 볼 때 차이가 있다. 이러한 상호작용의 본질은 무엇일까? 적지 않은 다른 가능성들이 나타날 것이다. 예를 들자면, 집중의 강도, 열정적인 활동, 끝없는 브라우징 혹은 검색 실패로 인한 좌절, 분명한 채널 고정(channeled)과 엄격하게 프로그램된 활동, 창조적인 놀이 등 다양하다. 우리는 크게 두 가지 가능성으로 모아 볼 수 있다.

첫째, 교육용 소프트웨어 패키지는 지식을 전달하고 이해를 촉진한다는 점에서 개인 교사(tutor)의 대체재로 인식되고 있다. 사용자는 자신의 실수를 인식하고 즉각적인 또는 온화한 권고를 받을 수 있다. 학습자는 자신이 들은 것을 바탕으로 하여 가정을 수정할 수 있고, 칭찬을 들을 수도 있고, 다음 단계로 이동할 수도 있다. 이러한 해석의 과정에서 미디어는 동시에 메시지이기도 하다. 아이들은 지식의 저장고에서 뽑은 현재 데이터를 튜터들로부터 들음으로써 배울 수 있을 뿐이다. 둘째, 컴퓨터를 "사고 대상"을 만나는 환경으로 보는 것이다. 컴퓨터가 단순한 도구 이상이라는 것은 CD롬과 인터넷의 발달로 명백해졌다. CD롬과 인터넷의 발달은 발견과 놀이가 매우 중요해지는 환경을 만들었다. 물론 상호작용의 '교사주도' 혹은 '아동중심' 해석은 임의로 구분된 것이다. 그러나 분명한 것은 ICT를 가르침과 배움에 도입하는 데 교육의 본질에 대한 숙고를 통한 비판적인 관점의 교육과정이 필요하다는 점이다. 그리고 효율적인 관리만 강조하다 보면 프로그램 학습방법을 우선시하게 된다는 사실을 인식해야 한다. 이 장에서 우리가 강조해 왔던 기술의 드러냄-숨김 효과는 지금까지 밝혀지지 않았던 대안적 가능성이 쉽게 발전될 수 있음을 보여 준다. 따라서 인터넷이 은밀하게 우리에게 미치는 영향에 대해 더욱더 심층적으로 고민할 필요가 있다.

특히 인터넷에 관해서 보자면, 컴퓨터는 단지 미디어가 아닌 거의 (영적인) 매체처럼 보인다. 즉, 스크린에 나타나는 이미지는 영적 세계로부터 (전해져 오는) 섬뜩한 커뮤니케이션이며, 컴퓨터(모니터)는 이해를 돕는 단어와 이미지를 베끼는 필사생(amanuensis)처럼 행동한다. 인터페이스가 사용자들을 잡는 잠재력은 디오라마(diorama) 작가인 슬레이터(D. Slater)가 근대성의 성공적인 마술로 묘사하는 다음 예를 통해서 잘 확인할 수 있을 것이다.

> 성공적인 마술에서 우리가 경험하는 것은 드러나는 것을 넘어선 테크닉의 힘에 대한 지각이다. 즉, 물질적 세계에서 새로운 실재로 전환하는 능력이다. 그러나 마지막 단계에서 실제적 환상 그 자체에 대한 기술적인 성취는 기술을 신비화한다. 다시 말해, 마술쇼(또는 디오라마)는 기술적 힘을 보여 주지만 그것을 설명하지는 않는다. 경이로움에 대한 두 가지 감각이 나타난다. 하나는 완전히 현실적인 가상의 세계로 이동되는 존재의 경험에 대한 놀라움이고, 다른 하나는 그것을 가능하게 하는 기술에 대한 놀라움이다(Slater, 1995, p. 219).

컴퓨터 사용에서 예상되는 연결 작용의 가능성에 대해서는 신비한 것이 몇 가지가 있다. 비문자적인 요소들이 컴퓨터 사용의 매력에 미묘하게 공헌하였다는 사실은 간과하기 쉽다. (비문자적인 요소들의) 유혹은 색깔, 애니메이션 그리고 음성으로부터 시작되어 기술적인 도구들이 친숙해지면서 점차 마비시키는 익숙함으로 이어지게 된다. 아이콘 자체는 그 친숙한 사용법으로 우리에게 다가오지만 점차 덜 보이게 된다. 아이콘이 우리 화면에 어떻게 나타나게 되는지, 어떠한 메커니즘이 작동되는지에 대해서 우리는 관심을 가지지 않는다. 터클은 기계의 내부 작동이 사용자에 의해 어떻게 무시되는지를 보여 주고 있다. 우리는 우리가 어떻게 작동하는지 이해하지 못하는 전자제품의 포장된 블랙박스에서 나오는 사용자 친화적 도구에 의존하는 시대에 살고 있다. 이러한 숨김에 익숙해져 있고 결탁해 왔기 때문에, 우리는 더 기꺼이 잠깐씩 스며드는 불신을 잠시 미뤄 두고 기술이 제공하는 화려한 마술에 굴복할 뿐이다.

상상력

이러한 숨김의 패턴들이 '자유'라는 주제와 관련해서 우리 삶에 영향을 미치게 되는 방식은 매우 모호하다. 위에서 언급된 *The Observer*의 칼럼에서 케인(2000, p. 22)은 "놀이는 당신이 가장 자유롭고 가장 자발적으로 느낄 때 하는 것"이라는 사르트르의 주장을 인용한다. 인터넷은 실제 삶에서 감정적, 사회적, 전문가적 관계의 왜곡을 가능하게 만드는 도구이며 더 나아가 환경이다. 그것은 우리를 자유롭게 만들기도 하지만 그렇지 못하게도 만드는 존재방식이다.

이는 분명 문화에 대한 유물론적 · 도구주의적 경향으로서 생산성, 목표, 가시적 성과에 대해 기계적으로 초점을 맞추는 직업윤리를 강조한다. 이러한 입장은 교육학계에서는 환영받지 못한다. '목적에 대한 부합'을 지향하며 초점을 좁히는 것은 자유교육이 함축하는 정신을 자유롭게 만드는 교육에 대한 기대를 약화시킨다. 그리고 그러한 자유로움은 분명 상상력(imagination)의 발달과 밀접하게 관련되어 있다. 수단–목적 접근(means-end approach)에 대한 의심은 새로운 것이 아니다. 여러 사람들은 교육을 포함한 인간 활동의 많은 영역에 내재되어 있는 만연된 (성과지향) 축소주의(reductionism)에 대해서 서술하고 있다. 예를 들면, 페이터(W. Pater)는 워즈워스(Wordsworth)의 시와 관련 있는 비판적인 에세이에서 다음과 같이 현 세태를 절망적으로 보고 있다.

> 숙고—감동적인 숙고—는 워즈워스에게 그 자체로서의 목적, 즉 완벽한 목적이었다. 우리는 다수의 인류가 오직 자신의 본능만이 결정하게 되는 분명한 목적, 낮은 목적 혹은 높은 목적을 위해 나아가는 것을 본다. 그러나 이러한 목적은 결코 달성될 수 없을 것이고, 그 수단은 분명 올바른 수단이 아닐 것이다. 또 그것이 위대한 목적이건 소소한 목적이건 달성되기에는 너무 멀리 떨어져 있고, 그것을 향한 방법은 희미한 세계에서 잘 보이지 않는다. 반면 높은 목적이건 낮은 목적이건 간에 그들은 슬픈 안색(countenance)을 한 채 성급하고 비천한 모양으로 무의식중에 가시와 같은 무의미한 것을 잡기 위해 너무 자주 움직인다. 사람들이 위대한 목적을 추구하면서 스스로는 그 정신과 열정에 있어 연약하고 가난해지게 되고, 따라서 세계에서 완전함의 총합은 줄어들게 된다 (Pater, 1889, in Jones, 1990, p. 83).

페이터가 볼 때, 많은 사람들은 어떠한 심오한 만족 없이, 어떠한 진정한 몰입 없이 그냥 무디어진 감수성을 갖고 자신들의 일상생활을 하는 자동기계장치(automata)인 것처럼 행동한다. 현대교육을 점령하고 있는 경제적 용어들, 즉 목표, 근면, 수행력과 같은 것들은 어디서나 존재한다. 그것은 혹독한 미래지향에 기인한다. 우리가 전진하는 데 우리의 에너지를 소비할수록 우리는 지금-여기(here-and-now)에 우리가 처한 상황에 대해 숙고하기 힘들게 된다. 만약 우리의 현재 상황을 인식하려면 당장 달려가고 있는 과정을 잠시 유예시켜야 할 것이다. 그 자체가 목적이 되는 열정적인 심사숙고는 상상력이 번창할 수 있는 조건을 필요로 한다.

전통적으로 레저와 일은 전통적인 직업의 일상이라는 규범적인 매개변수에 따라서 구분되어 왔다. 매개변수들은 통계상 변화(예: 많은 서구사회에서의 노령화 인구, 비정규직과 임시직 계약의 창궐 등)에 상응하여 변화하게 된다. 일과 놀이는 불안정한 관계를 강요받았는데, ICT와 그것이 공헌하는 더 넓은 경제적 변화의 발달 때문이다. 경제결정론에 저항할 만한 공간이 있는가? 더 본래적인(그리고 더 자유주의적인) 교육을 향한 일/놀이의 진보를 만들어 낼 여지가 있는가? 달리 말하자면, 아무 생각 없이 매일의 긴급함 속에 자신을 내맡기는 것 대신에 우리가 현재 하는 일이 우리의 진정한 열망과 어떻게 관계되는지를 숙고할 수 있는가? 아마도 어떤 활동의 수행을 이끄는 정신에 대한 주의는 연결과 완성에 대한 더 큰 감각을 불러일으키는 첫 번째 움직임이 될 것이다.

어떠한 활동이 일 혹은 놀이로 간주되는 것은 그 활동의 외부적인 묘사뿐 아니라 그것이 수행되는 내부적인 정신에 의해서도 결정된다. 이것은 어른들이 일로 간주하는 것들을 즐거운 놀이처럼 하는 어린아이들의 방식에서 분명하게 드러난다. 어떠한 일이 결과물의 강제에 의해서 이루어지는지 혹은 활동의 자유로운 즐거움에 의해서 이루어지는지는 그 일을 하는 정신적인 태도에 달려 있다. 오늘날 많은 교육적 활동에는 적지 않은 위험이 도사리고 있다. 왜냐하면 그 활동들은 일의 성과에만 초점을 맞추기 때문이다. 이는 학생들이 단기적으로는 더 많은 성과를 낼 수 있게 하지만 결국에는 열의(zest)의 상실, 지루함, 권태로 이어지게 된다(Nash, 1966, p. 52).

일과 놀이를 구성하는 것은 활동의 본질과 그것이 일어나는 맥락과 담화 그리고 그 활동이 수행되는 정신에 의해서 부분적으로 구성된다. ICT에서 이러한 조건과 담화는 급격히 늘어난다. 상호 연관적인 속성을 지닌 일과 놀이를 명확히 구분하는 것은 가능하지도 않고 바람직하지도 않다. 놀이윤리를 개발하기 위해서는 놀이라는 단어를 교정할 필요가 있다. 그래야만 그것이 더 이상 일의 불쌍한 사촌지간이 되지 않는다. 일의 근대적인 주장이 개발되는 데 공헌한 기술은 모든 타인들을 배제하는 경향을 가졌다는 점에서 독특한 드러냄의 형태를 가진다. 이로 인해 일과 레저의 근대적 개념은 부정적으로 인식되었고, 일의 진정한 비즈니스로부터 시간 벌기(time off) 혹은 손실 보전(recuperation) 등으로 이해되었다. 일과 놀이에 관한 새로운 개념은 있는가? 즉, 생산적인 것과 비생산적인 것을 복합적으로 인식하는 개념은 있는가? 비생산적이지만 가치 있는 놀이를 막지 않으면서 생산적인 놀이를 할 수 있는가?

공부는 (이러한 문제를) 본질적으로 보상할 수 있다. 절충주의(eclecticism)는 교육에서 과도한 구체화와 과도한 미래지향에 대한 해독제가 될 수 있다. ICT가 고무되는 절충주의와 간학문성은 놀이에 대한 태도와 조화된다. 그들은 상상력의 놀이를 요구한다. 우리가 함의하고 있듯이, 상상력은 교육이 제공할 수 있는 몰입과 감동적인 심사숙고와 같은 것들과 내적으로 연결되어 있다.

그러나 분명 놀이에는 심각함을 방해하는 무언가가 있다는 반발이 있을 수 있다. 예전에 다뤄지던 좋은 시간 활용의 윤리는 논외로 하더라도 가치 있고 근면함이라는 일윤리의 덕성은 여기서 옹호되는 것과 일치하지 않는다. '가치 있는 놀이' 는 분명 일관적이지 않은 생각을 내포하고 있다. 그러나 놀이가 풍자적이고 부수적이고 어리석고 표면적이라고 말하는 것은 적절치 않다. 놀이는 우리의 존재와 형성의 핵심에 대한 명백한 인식을 통해 깊은 성찰을 발생시키며, 이러한 과정에서 상상력은 핵심적인 역할을 하게 된다. 키어니(R. Kearney)는 우리가 시적(유희적) 상상력과 윤리적 상상력이라는 두 가지 종류의 상상력을 가지고 있다고 주장한다. 윤리적 상상력은 언제나 우리에게 우리의 관계와 타자에 대한 의무를 상기시키는 것으로 매우 중요하다. 그러나 윤리적 상상력과 시적 상상력은 상호 보완되는 것이다.

> 타자성은 윤리적으로도 그렇듯이 시적인 삶에도 매우 중요한 것이다. 양자의 경우에 지금까지 억압되거나 단순히 상상되지 않는 경험의 대안적 형태를 위해 생태학적 실존의 우선성을 단념하는 요구를 가져오게 된다. 의미의 복합성에 대한 시적 개방성이 없는 윤리적 상상력은 힘없는

> 윤리화로 위축될 것이며 권위주의적이고 무서운 검열에 지나지 않는다. 마찬가지로 윤리적 감수성을 모두 잃어버린 시적인 상상력은 참을 수 없는 강한 개인주의 성향으로 너무나 쉽게 빠지고 말 것이다. 이것이 놀이의 비결정성(undecidability)을 용인하는 시적 준비성이 타자에 대한 반응의 다양한 형태 사이에서 결정해야 하는 윤리적 준비성과 관련하여 고려되어야 할 이유다.

놀이윤리가 수반할 수 있는 현상학적 속성의 일부를 좇아가는 것은 가능할 것이다. 우리가 보아 왔던 것처럼, 활동이 추구되는 정신은 그 목적과 밀접하게 관련이 있다. 이러한 것을 인식하면 교사는 학생들이 어떤 목적에 대하여 부수적인 관심을 가지건 큰 관심을 가지건 간에 그 관심들을 해당 과제로 최대한 발휘시키도록 장려해야 한다. 물론 놀이는 일처럼 목표 지향적인 잠재력을 가지고 있지만 순수하게 도구적이지는 않다는 것이 특징적이다.

분명한 목표와 학생들의 성취에 대한 평가활동은 (학생 자신과 가르침의 발달을 위해) 분명 장점이 있다. (지금) 요구되는 것은 현재 인식되는 좋은 실제(good practice)를 모두 바꾸자는 것이 아니라 결과와 과정, 깊이와 폭, 일과 놀이 사이의 관계를 재정립하자는 것이다. 이와 같이 재인식된 관계는 그 파멸의 결과가 새로운 기술에 의해서 이루어지건 그렇지 않건 생활세계의 양상들을 드러내거나 숨기는 독특한 잠재력을 가질 것이다.

우리가 이 장의 서두에서 밝혔듯이, 교육공학은 우리의 가능성을 확장시킨다. 그러나 교육공학은 단순히 가능성의 확장 이상을 할 수 있다. 교육공학은 우리를 위해 새로운 질문을 제기하고 우리가 줄 수 있는 질문의 종류들을 수정한다. 그리고 다양하고 새로운 방식으로 세계를 드러내고 숨긴다. 그리고 현재 (강조되는) 수행성의 중요성을 확장할 수 있는 방법으로 교육에 대한 목소리를 높이며, 여러 방법으로 근대 기술적 세계를 특징짓는 도구주의의 완고한 믿음을 숨긴다. 이러한 제기되는 질문들은 일과 놀이에 대한 재정립과 재개념이 새롭게 이루어져야 한다는 것을 요구한다. ICT는 상상력을 새로운 방식으로 발휘하게 하며 확장시키는 잠재력을 가지고 있지만 동시에 그것을 질식시킬 수도 있다. 교육에서 ICT를 번성시키는 것의 문제는 상상력을 조장하는 그 잠재력을 어떻게 현실화하느냐에 대한 비판적 성찰을 통해 이루어질 것이다.

추천도서

Blake, N. & Standish, P. (eds). *Enquiries at the Interface: Philosophical Problems of Online Education* (Blackwell, 2000, and *Journal of Philosophy of Education,* 34.1, 2000).

Borgmann, A. (1987). *Technology and the Character of Contemporary Life: A Philosophical Inquiry*, University of Chicago Press.

Burbules, N., & Callister, T. (2000). *Watch It: The Risks and Promises of Educational Technologies for Education*, Westview Press.

Feenberg, A. (1999). *Questioning Technology*, Routledge.

제7장

인식론과 교육과정

Andrew Davis & Kevin Williams / 권명옥 역

I

자주 언급되는 플라톤의 동굴의 비유에서 빛은 지식과 진리와 연관되어 있다. 단지 그림자와 열망, 선입견에 불과한 인식을 뒤로한 채 동굴로부터 벗어난 사람은 점점 그 빛에 익숙해지게 되고 이해할 수 있을 만한 실재(reality)를 붙잡게 될지도 모른다. 플라톤에게 교육은 젊은이들을 어둠 속에서 나가도록 만들 수 있고 진정한 가치들에 대한 무지와 오해로부터 구할 수 있는 것이었다. 그러므로 인식론(epistemology)은 그 시작에서부터 인간 행동의 심오한 원인을 구체화하는 것이었다.

20세기의 분석철학은 지칠 줄 모르는 활력을 가지고 계속해서 인식론을 추구하였다. 한 가지 근본적인 측면에서 그것은 그리스의 기원들로부터 방향을 전환하였다. 분석철학은 인식론이 행동의 원인을 찾아낼 수 있다는

가능성에 대해 거의 논의하지 않았다. 인식론은 오히려 전통적인 회의주의적 도전과 관련이 있으며, 지식의 본질과 지식이 어떻게 정당화되는지를 설명하려 하고, 현존하는 지식에는 어떤 것들이 있는지에 관심을 가지고 있다. 그러나 인식론이 가치와 무관한 영역만을 다루어야 한다고 주장하는 것은 아니었다. 많은 인식론자들은 인간의 신념 혹은 아마도 인간 자체에 대한 긍정적 평가가 인간에 대한 지식을 구성하는 데 기여한 바를 인정했다(Greco, 1999).

대조적으로 철학자들이 1960년대에 교육적 이슈들에 관심을 가졌을 때 인식론적 관심들은 교육과정을 결정하는 데 있어 가장 중요한 것으로 간주되었다. 허스트(P. Hirst)는 인간의 심리를 설명하는 데 있어서 지식의 추구가 마음의 선함에서 비롯되는 것이라는 인식론의 그리스적 전통을 직접적으로 끌어들였다. 지식은 총체적으로 행복한 삶을 결정짓는 데 있어서 중요성을 지닌다. 지식의 추구와 관련해서 자유교양교육은 '개인적으로 그리고 사회적으로 어떻게 살아야만 하는지를 이해하는 데 필수적인 것'(Hirst, 1974b, p. 31)이었다. 지식은 일곱 가지 '형식(forms)' 들로 나누어질 수 있는데, 그것은 정신발달에 필수적이어서 학생들에게 전부 가르쳐졌다. '지식의 형식들' 이란 논쟁에 참여한 많은 사람들은 그 결과가 교육과정에 근본적으로 의미 있는 것이 될 것이라고 가정하는 데 조금도 주저함이 없었다.

그러나 학교 교과목을 나누는 세부적인 규정들에 대한 활발한 논의들은 합의점을 찾지 못했다. 허스트 스스로 개별 교과의 '논리' 와 심리학을 날카롭게 구분하였다. 어떻게 하면 교과목을 가장 잘 가르칠 수 있는가는 경험적 연구가 필요한 문제였다. '지식의 형식들' 은 '개별 교육과정에 맞는 양식' 을 제공해 주지 못했다(Hirst, 1974a). 그럼에도 불구하고 광범위한 교육의 목적은 지식의 형식들에 의해 정해졌고, 그런 의미에서 그것들은 여전히 교육과정의 내용을 '결정' 하는 것이었다.

쉐플러(I. Scheffler) 또한 그 시기의 그의 저작들을 보면 지식에 대한 특정한 관점이 적어도 교육과정의 주안점을 '제시해 준다' 는 것을 당연하게 생각했다. 지식은 경험에서 나온다는 경험주의적 관점에서 교육은 '지각 가능한 경험들을 충분히 그리고 체계적으로 제공하는' 것이다. 그것은 '학생들에게…… 경험으로부터 나온 학습을 위한 필수적인 특징, 즉 정확한 관찰, 합리적인 일반화, 사건의 실제 과정을 예측하는 데 실패한 기존의 법칙들을 개선하거나 버릴 수 있는 자발적인 마음을 훈련시킨다.' 반면 지식에 관한 프래그머티즘의 입장에서 교육은 '일반적 사고를 실재의 문제에 연결시키며 실천적 자세를 강조하는 것' (Sheffler, 1955, in McCormick & Paechter, 1999, p. 4)이다.

교육철학자들은 이 시기에 분명히 교육에서 인식론의 '중요성' 을 확신했다. 그들이 특정한 지식의 내용과 교육과정 간의 관계를 단순하게 정당화할 수 있다고 믿었다는 말은 아니다. 이것은 이 장의 두 번째 소단원에서 논의될 것이다.

현대의 교육철학은 어느 정도 인식론으로부터 멀어졌다. 포스트모던 관점의 범주와 더불어 사회적이며 정치적인 이슈들이 현재의 논의들을 지배하고 있다. 로티(Rorty)와 데리다(Derrida)가 굿맨(Goodman)과 콰인(Quine) 혹은 데이비드슨(Davidson)보다 훨씬 더 많이 논의되는 추세인 것이다. 두말할 필요도 없이 거기에는 근본적인 인식론적 반향이 존재한다. 로티는 지식이 실재를 나타낸다는 사실(진리의 대응이론)과 확실성의 추구 그리고 정초주의적 인식론들을 부인한다. 그는 정확하게 '알려질' 수 있는 실재로부터 나온 특권적인 입장이란 존재하지 않는다고 믿는다. "세상이 존재하는 하나의 방식이란 없으며, 그것을 정확하게 재현하는 한 가지 방식도 존재하지 않는다는 굿맨의 말은 옳다." (Rorty, 1999, p. 33) 이것은 어떤 대상의 '실제 크기(real mass)' 를 결정하는 특권적인 시공구조란 없다는 주장과 비슷하다. 크기는 시공구조의 선택과 관련되어 있다(Harman & Thompson, 1996).

이에 대응하여 시겔(H. Siegel)과 같은 저자들(예: Siegel, 1995)은 그들이 보기에 포스트모더니즘의 영역에 있는 그러한 인식론적 상대주의를 문제 삼아 왔다. 시겔은 메타서사를 경멸하는 입장뿐만 아니라 교육과정 결정을 둘러싼 논쟁 결과가 가진 의미에 대한 철학적 안타까움을 가지고 있다. 이러한 의미에서 그에게 인식론은 '중립적' 인 것이 아니다.

많은 교육철학자들이 교육과정의 함의들을 인식론의 관점에서 보았다면, 다른 방식으로 문제들을 바라보아야만 한다고 제안했던 사람들도 있었다. 인터넷과 '디지털 ICT' 의 출현은 '언어적으로 수행되고 문장/명제들과 이론들로 표현되는 어떤 것' (Lankshear et al., 2000, p. 35)으로서의 전통적인 인식론의 지식구조에 관하여 보다 전면적으로 의문을 제기하게 한 것 같다. 이러한 종류의 제안들이 콰인의 전체론(holism)의 충격과 '급진적 해석' 에 관련된 논쟁들 속에서 20세기 전반에 걸쳐 이루어진 인식론의 발전에 대한 무지에서 만들어졌다는 사실은 논쟁의 여지가 있다. 그러나 그러한 이슈들에 관한 논의는 이 장의 범위를 넘어서는 것이다.

교육과정 결정을 정당화하는 데서의 인식론 역할

비트겐슈타인(Wittgenstein, 1953, p. 124)은 철학이 "모든 것을 그 자체로 내버려 둔다."고 말한 바 있다. 우리는 인식론이 교육과정을 있는 그대로 내버려 둔다는 입장을 고수하지 않는 여러 교육철학자들을 보아 왔다. 여기에서 나는 인식론과 교육과정 결정 간의 관계에 대한 논리들을 탐구하고자 한다. 결론적으로 보아 인식론은 언뜻 가치판단이 아닌 듯하다. 그것을 정당화하거나 '의미를 밝혀내지 않은 상태에서 인식론은 교육과정의 내용과 체계를 제안' 해도 되는가?

인식론의 '교육과정 중립적' 본질이라고 알려진 몇 가지 핵심 전제들은 다음과 같다.

1. 인식론적 연구의 결과들은 '평가적'인 것이 아니다. 아마도 현재의 인식론은 여전히 '안다(know)' 및 그와 관련된 용어들의 의미를 설명하려 하는지도 모른다. 혹은 다시금 그것은 지식과 정당화 그리고 진리의 본질에 관해 통찰하는 것으로 보일지도 모른다. 그 밖에 수많은 다른 설명들이 통용되고 있다. 대부분은 인식론이 무엇이 중요한가 또는 가치 있는가에 대하여 우리에게 알려 주지는 않는다는 사실에 동의한다. 인식론은 인간의 번영을 위해 우리가 무엇을 해야만 하는가에 대해, 또는 인간사회가 어떻게 해야 가장 잘 조직화될 수 있는지에 대해 말해 주지 않는다.
2. 교육과정 결정을 정당화하는 일은 필연적으로 인간의 번영과 휴식에 대한 판단들에 일정 정도 의존한다. 그것은 교육의 목적을 어떻게 설명하느냐와 관련하여 간접적으로 방향이 결정될 것이다. 그에 대한 설명은 결국 사람들이나 사회에 대한 근본적인 가치판단에 의존하게 될 것이다.
3. 우리가 그러한 가치판단을 완전하고 믿을 만한 인식론을 가지고 가장 확실하게 정당화할 수 있는 위치에 있다고 가정해 보라. 이조차 빈틈없는 교육과정의 함의들을 충족시키지는 못할 것이다. 또한 교육과정이 추구하는 것을 정당화할 수 있기 전에 아동의 발달과 학습을 경험적으로 연구하여 통찰하는 것 역시 필요하다.
4. 위의 가정 1과 2는 흄적 전통에서의 '존재(is)'와 '당위(ought)' 사이의 차이에 근거한다. 이러한 관점에 따르면 가치 독립적인 사실들을 가지고 무엇을 해야만 하는지(또는 어떤 행동들이 옳은지, 어떤 상황들이 어떤 식으로 도덕적으로 선하거나 가치 있는지)에 관한 주장들을 정당화할 수 없다. 인식론적 통찰들은 '가치 독립적인' 것으로 간주된다.
5. 위의 4와 같은 사고방식은 결국 우리가 도덕적 주장, 그리고 경험과학, 형이상학 또는 인식론의 '기술적' 주장—가치 독립적인 사실들

을 규명하는 것으로 간주되는—을 명확하게 구분할 수 있다는 가정으로 발전한다.

가정들에 대한 논의

오랜 세월 동안 '존재' / '당위' 의 차이에 대한 흄(Hume)의 입장은 근본적인 비판을 받아 왔다.[1] 정말로 가치판단을 정당화하는 것이 가능하다고 믿는 사람들은 그러한 정당화가 궁극적으로 가치 중립적 사실들로부터 나와야만 한다고 주장할지도 모른다. 이러한 입장에 있는 초보적인 주장은 다음과 같은 형태로 발전한다.

어떤 주어진 가치판단 V가 다른 가치판단에 의존한다고 가정해 보라. 만약 우리가 V에 대한 어떤 궁극적인 정당성을 찾고 있다면 이러한 움직임은 다음의 경우가 아니라면 별다른 도움이 되지 않을 것이다. 첫째, 이러한 가치판단들이 보다 상위의 가치판단에 호소할 필요 없이 그 자체로 정당화된다. 둘째, 하나의 가치판단이 상위의 가치판단에 의존하고 그 가치판단은 또한 보다 상위의 가치판단에 의존하는 경로를 따라가다 결국 '스스로 정당화되는' 가치판단에 이르게 된다. 스스로 증명 가능한 가치판단이라는 개념은 가치판단에 대한 직관주의적 설명의 소멸 이후로 그다지 선호되지 못했다. 그러므로 다른 가치판단들에 호소함으로써 가치판단을 정당화하려는 모든 일은 치명적으로 결함이 있는 것이 될지도 모른다.

정당화에 대한 대안적인 이해방식은 흄 학파의 사실—가치 간의 차이—을 거부하는 듯 보인다. 그것은 일반 상식을 진술하는 과학자들에 의해 제안되든 철학자들 자신에 의해 제안되든 가치판단들이 결국 실재에 관해 평가를 배제하면서 정당화된 주장들에 근거할 수 있다고 주장하는 것과

1) 그 예로 Searle(1969), *Speech Acts*를 보라.

같다. 가치들을 포함하는 주장들보다 가치 독립적인 사실들과 관련된 주장들을 정당화하는 것이 더 가능성 높을까? 그렇지 않다면 가치판단들을 정당화하는 그러한 대안적인 프로그램 역시 결함이 있는 것으로 판명될 것이다.

만약 가치에 관한 주장들이 궁극적으로 가치 독립적인 사실들에 의존할 수 있다면, 가령 교육과정의 내용들은 인식론적 통찰에 근거를 두게 될지 모른다. 일례로, 과학적 주장들이 그 반증 가능성을 통해 규정된다는 것을 생각해 보라. 여기서 우리는 과학의 본질과 위상에 관련된 잠정적인 가치 독립적 사실을 하나 확보하게 된다. 그것은 많은 과학철학자들에 의해 거부되었던 포퍼주의적 전통에서의 과학에 대한 설명을 재현한다. 그러나 그런 주장 말고는 그것(가치 독립적 사실에서 가치판단을 이끌어 낼 수 있다는 입장)을 확실하게 방어할 주장이 없는 것일까? 그러면 과학 교육과정은 적어도 학생들이 가설을 설정하고 그것으로부터 검증 가능한 예측들을 만들어 낼 기회를 포함해야만 한다는 것이 명백해질 것이다.

그렇게 가정된 '함의'의 논리적 특성과 강점에 대해서는 물론 쉽게 의문을 제기할 수 있다. 아무래도 과학에 대한 포퍼주의의 설명과 포퍼주의적 과학 교육과정 간에는 아무런 연역적인 관계가 없는 것같이 보인다. 게다가 나는 어떤 종류의 함의를 도출하는 데 실패했을 뿐더러, 적어도 16세기까지는 잠정적 과학의 개념들을 전달하기 위한 최선의 장시간 교수전략이 수동적 수혜자에게 과학적 사실들을 전달하는 것이라는 가정은 이론적으로 가능한 일이었다.

그래서 한 교과의 위상과 본질에 대한 인식론적 통찰과 그 과목을 위한 교육과정 간에 어떤 관계성들이 성립될 수 있다면 그것들은 특성상 비연역적이고 복잡한 것이 될 것이다. 그런 관계성들은 마음의 관점, 즉 특정 교과의 인식론적 특성들이 교육과정 내에서 그 교과를 다루는 특정한 방식을 강력하게 정당화해 주는 듯 보이지만 그런 정당화는 다른 추론에 의해 불식될 수 있다는 관점에서 반박 가능할 것이다. 포퍼(Popper)가 과학에 관하여 옳다면 교육과정상 과학은 '포퍼주의적 방식' 으로 다루어지게 될 것이다. 그러나 이러한 변화는 가령 권위주의적인 과학 교육과정의 포퍼주의적 산물을 경험적으로 발견해 내는 것을 통해 전복될 수 있을 것이다.

가치 독립적 인식론의 통찰에서 교육과정을 결정하는 것으로의 전환에 대한 논의에서는 한 과목을 결정하는 것과 과목의 내용을 결정하는 것을 구분할 필요가 있다. 교육과정에서 과학을 결정하는 것은 과학에 관하여 결정을 내리는 것이다. 이 단계에서는 인식론의 중립성이 받아들여질 것이다. 그러한 결정은 본질적으로 과학의 인식론에 근거를 둘 수 없다. 그러나 그것은 또한 개인들과 사회를 위한 행복한 삶이라는 개념들에 부합해야만 한다. 반면 과학 내부의 교육과정 결정은 과학의 가치 독립적인 인식론의 특성들에 일정 정도 의존하게 될 것이다.

인식론이 교육과정 중립적일 필요는 없다: 한 가지 부정적 예시

선택된 인식론이 필연적으로 교육과정에 대하여 중립적인 것이라 할지라도, 그렇기에 교육을 위하여 확실하게 정당화된 일련의 목적들이 아동 발달과 학습에 대하여 관련된 경험적 지식과 더불어 항상 특정 교육과정의 내용들을 뒷받침하기에 충분한 것은 아니다. 결과적으로 인식론의 결과들은 이러한 기초 위에서 만들어진 권고사항들과 갈등을 일으킬지도 모른다. 나는 이제 이에 대한 한 가지 설명을 하려고 한다. 나는 도구적인 교육의 목적 속에 구체적으로 나타난 특정한 가치들을 가정한다. 사람들은 그런 목적들이 교육과정은 매우 특별한 어떤 내용을 담고 있어야만 한다는 사실을 내포한다고 믿는다. 나는 우리가 현대의 인식론이 주는 어떤 통찰들을 적절히 이해하고 있다면 도구적인 교육 목적들이 일반적으로 생각하는 것과는 달리 교육과정의 함의들을 전혀 가지고 있지 않다는 것을 보여 주고자 한다.

내가 마음속에 두고 있는 교육의 수단적인 목적에 대한 해석은 미숙하지만 다음과 같다. 교육은 학생들이 산업경제 속에서 자신들의 자리를 찾도록 준비시켜야 한다. 나는 이러한 목적이 인간의 번영이라는 개념과 사람들이 어떻게 함께 살아가야만 하는가에 대한 해석의 관점에서 어떻게 훨씬 더 정당화될 수 있는지에 관한 모든 의문들은 배제하려 한다.

'학생들이 자신들의 자리를 찾도록 준비시키기' 라는 것은 설명을 필요로 한다. 몇 가지 가능한 설명들이 있을 텐데 그중 두 가지 해석들에 주목해 본다. 그것은 학생들을 적절한 태도와 도덕적 가치들로 고무시키는 준비로서 파악될 수 있을 것이다. 어른이 되어 가면서 그들은 자신들에게 주어진 임무에 집중하는 노동자의 역할을 하게 되고, 그들의 노력에 비해 너무 많은 돈을 요구하지는 않을 것이다. 또 정말 아프지 않다면 결근하려 하지 않을 것이고, 고용된 기업의 이윤을 극대화하려는 목적으로 동료 노동자들을 도우려 할 것이다.

이러한 매우 논쟁의 여지가 많은 해석은 가치판단에서 기인한다. 두 번째 해석은 일련의 다른 가치들에서 쉽게 도출될 것이다. 즉, 학생들은 어른이 되었을 때 그들의 고용주들에 의해 주어진 임무들을 비판적으로 검토하도록 준비되어야만 한다. 그리고 가령 환경적인 가치 또는 적은 수의 인원에서 가능한 한 최대의 생산성을 도출해 내는 것보다는 오히려 더 많은 사람들을 고용했을 때의 유익 등과 같이 다른 가치들에 반대되는 이익을 비교해 보도록 충분히 견문을 넓혀야만 한다.

첫 번째 해석은 두 번째 해석과 매우 다른 교육과정의 내용을 제안한다. 각각의 장점들을 논의하기 위해서는 도덕적, 정치적, 사회적 철학의 원천이 필요할 것이다. 그러나 이는 여기에서 계속할 일이 아니다. 이 논의의 목적을 위해서, 나는 일련의 가치들을 첫 번째 해석과 굳게 연관지어 전개하고자 한다. 만약 그 가치들이 가정된다면 고용주들은 교육이 단지 '올바른' 태도들이 아니라 장래가 유망한 노동자들이 적절한 인지적이고 실용적인 기술들을 가지고 일터에 올 수 있도록 보장해 주어야 한다고 주장할 것이다. 그런 의미에서 산업적 요구들은 교육과정에 강하고 직접적인 의미를 가지게 될 것이다. 교육과정은 문제 해결을 위한 인지적인 내용과 실용적인 기술들을 포함해야만 한다.

지식과 믿음 그리고 실용적 기술의 본질에 대해 적절히 고민해 본다면 위에서 요약된 것과 같은 고용주의 가정들은 근거가 빈약하다는 것을 알 수 있다. 교육은 마치 학생들을 일터에서 그처럼 직접적으로 명료하게 준비시키는 방식으로 과정상의 내용과 전달 양식을 구성할 수만은 없다는 것이 분명해졌다.

*p*를 알기 위한 필수조건은 *p*를 믿는 것이다. 믿음에 관한 전체론적인 분석과 유사한 주제는 한 개인에 의해 취해진 믿음의 축적이 원자적인 믿음들의 집합으로 여겨져서는 안 되며, 그보다 개별적인 '구성요소들'로 나누어질 수 없는 '전체'로 여겨져야 한다는 것이다. 이와 관련된 주장들을 충분히 다루는 것은 이 장의 영역을 넘어서는 것이다. 그러나 우리는 전체론의 정당성에 대해, 그리고 왜 어떤 사람은 믿음이 각각 독립적 '실존'으로서 존재할 수 있는 심리학적 항목들로 간주될 수 있다고 생각해야 했는지에 대해 간략하게 살펴볼 필요는 있다.

만약 패러데이(Faraday)가 발전기를 발명했다는 것을 존스가 믿는 것과 스미스가 믿는 것이 모두 참이라면, 존스와 스미스는 같은 믿음을 공유하는 것이다. 정말로 이것이 공유된 믿음의 예가 되지 않는다면 그 예가 무엇인지 알기 어려울 것이다. 문제는 우리가 믿음을 공유한다는 것이 무엇인지에 대하여 설명하려고 할 때 시작된다. 그것은 어떤 믿음을 가진 사람이 특정한 문제 속에서 가정된 믿음들을 가지고 있다면 분명히 동의하게 될 어떤 판단을 사용함으로써 특정한 믿음을 동일시할 수 있기 때문이다. 다음의 예들에서 각각은 '패러데이가 발전기를 발명했다.'는 사실에 동의할 것이다. 바로 연관된 판단이 이미 만들어져 있다는 것은 각각의 머릿속에 '같은' 내용의 조각들을 가지고 있다는 믿음을 공유한다는 것을 의미하며, 그 판단은 어느 정도 본질적으로 내용의 특별한 요소에 대해 언급하기도 하고 본질을 나타내기도 한다는 것을 의미할 것이다.

이러한 서술에 반대하면서 데이비드슨(D. Davidson)은 다음과 같이 진술한다. "우리는 오직 사고들이 관련된 믿음들의 밀접한 네트워크 내에 자리하고 있을 때만 그것들을 규정하고 구별하며 그것들이 무엇인지 기술한다……. 사고의 정체성은 다른 사고들의 논리적 네트워크 속에서는 규정될 수 없다." (Davidson, 1985, p.475)

스미스에게 패러데이에 관한 믿음은 그가 발전기와 전기 그리고 빅토리아 시대의 과학자 패러데이에 관하여 어떤 믿음을 갖고 있느냐에 달려 있다. 만약 그와 관련하여 존스의 축적된 믿음이 스미스의 것과 적어도 어떤 측면에서 다르다면, 우리는 '패러데이가 발전기를 발명했다.' 는 문장이 그들이 공유하고 있는 '내용' 속의 항목과의 관련성을 정확하게 규정할 수 없다는 사실을 쉽게 알게 될 것이다. '패러데이가 발전기를 발명했다.' 는 것은 '채링크로스 역의 시계 밑에 녹색 모자를 쓴 남자' 라는 것이 특정한 시간에 특정 사람에 대해 언급할 수 있었던 것과 유사한 방식으로 '사실' 이나 '참 명제' 또는 '내용' 에 대해 언급하지 않는다. 그럼에도 우리는 종종 '패러데이가 발전기를 발명했다.' 와 같은 판단이 참 명제를 표현하거나 사실을 진술하고 있는 것처럼 사용하곤 한다. 전체론자들은 그러한 말하기의 방식이 고결함(respectability)을 결여하고 있다는 주장을 할 필요가 없다. 오히려 중요한 것은 이러한 말하기의 방식들이 어떻게 특정한 의미를 가질 수 있는지에 대해 논의하는 것이다.

어떤 철학자들은 이러한 전체론적 주장이 무언가 잘못되었다고 생각할지도 모른다. 가령 우리는 확실히 동시에 믿음들을 획득하기도 하고 잃기도 한다. 스티치(Stich)는 이러한 점을 '민속심리학(folk psychology)' 의 기본 교의라고 말한다. "헨리는 낮잠에서 깨어났을 때 다른 것은 아무것도 잊지 않았지만 자동차 열쇠가 냉장고 안에 숨겨져 있다는 것은 까맣게 잊어버리고 있었다." 스티치의 '민속심리학' 은 문제의 믿음이 '자동차, 열쇠 또는 냉장고에 대해 아무것도 모르는' 원시적인 부족민에게는 획득될 수 없으나, '관련된 배경 지식' 이 적절히 주어지면 '어떤 사람이 그의 믿음들이 변하지 않고 남아 있는 동안에는 냉장고 속에 자동차 열쇠가 있다는 믿음을 얻게 할지도(혹은 잃게 할지도) 모른다.' 는 것을 인정할 수 있었다(Stich, 1996, p. 96).

이에 대한 한 가지 반응은 믿는 내용의 연관성은 질과 강도의 측면에서 다양하다는 사실을 인정해야 한다는 것이다. 1890년 12월에 런던의 평균기온은 영하 1° 라는 믿음의 내용은 달력이나 날씨, 척도 등에 관한 자료로부터 분리될 수 없다. 동시에 이러한 내용들은 11월의 평균기온과 관련된 사실들로부터도 '분리' 될 수 없다. 헨리는 이러한 종류의 12월에 대한 사실을 그가 고수하고 있는 그에 상응하는 11월의 사실들에 방해받지 않으면서 잊어버렸을 수 있다. 헨리는 자동차, 운송 수단, 범죄 그리고 현대사회의 일반적인 일들에 '연결된' 수많은 믿음들에 방해받지 않고는 자동차 열쇠의 기능에 대한 그의 기본적인 믿음을 '잃어버릴' 수 없다. 그러나 그는 겉으로는 열쇠의 현재 위치에 관한 특정한 믿음을 잃어버릴 수 있다. 우리는 어떤 믿음들은 '상대적으로 불연속적' 이라고 주장하는 전체론의 반대의견을 인정해야 할지도 모른다.

만약 그것이 승인된다고 하더라도, 여기에서 옹호되는 전체론적 믿음의 내용의 중요성이 흔들리는 것은 아니다. 자동차 열쇠가 냉장고 안에 있다는 헨리의 믿음의 내용은 그 문제 내에 단단히 연결되어 있는 믿음의 내용과 함께 다른 믿음들과 생각들의 복잡한 배경 지식으로부터 분리될 수 없다. '자동차 열쇠가 냉장고 안에 있다.' 가 독립적인 하나의 내용을 끄집어낼 수 있다는 전체론적인 반론은 유효하다.

정확하게 이 결론의 반대 입장은 교육과정이 학생들의 지식 습득을 보장해 주어 그들이 노동자로서 산업경제 현장에서 기능할 수 있도록 해야 한다는 주장을 옹호하는 사람들에 의해 고수되었다. 그것은 적어도 노동 현장에서 필요한 어떤 지식은 분명하게 규정될 수 있다는 것을 가정한다. 그리고 그것은 학교 교육과정의 특정 구성요소들을 결정하는 데 사용될 수 있을 것이다. 고용주들은 그들의 직원들이 무엇을 알 필요가 있는지 완벽하게 알고 있으며, 학교에서 그것을 전달해 주기를 기대한다.

나는 전체론이 교육과정에 관하여 그러한 직접적이고 순전한 도구주의의 가능성을 약화시킨다고 주장한다. (물론 이와 비슷한 결론을 내린 다른 주장들도 있다. 여기서의 관심은 그 결론을 위한 인식론적 논의에 있다.) 이러한 전체론의 주장은 인지적 전통에 있는 학자들에 의해 만들어진 주장을 인식론적으로 '채택(take)' 함으로써 이해될 수 있었다. 가령 일터에서 분수(fraction)에 관한 지식이 필요하다고 할 때, 학교 교육과정에서 우리가 분수라고 부르는 지식과 일터에서 요구되는 수학적 지식 사이에는 어떠한 직접적이고 세밀한 관련성도 없을 것이다. 후자는 독특한 정체성을 지니고 있다. 그것은 '상황적(situated)' 이라는 것이다. 노동자의 분수에 관한 지식은 '작업 환경적 현상' 에 관한 다른 여러 지식과 연결될 것이다. 분수에 관한 지식은 관련 상황에서 쓰일 수 있도록 구체적인 방법으로 '모방될' 것이다. 또한 아마도 그 업무의 본질에 관하여 동료 노동자들과 의사소통하도록 허용될 것이다. 거기에는 대부분 명확하게 규명되지는 못해도 문제의 맥락에서 고용과 연관된 관련 관행들과 습관들 그리고 '문화적 요소들' 에 관한 믿음들을 가진 많은 관계들(connections)이 있을 것이다. 그러한 관계들은 독특한 정체성을 가지고 일터에서의 분수 지식을 제공한다. 우리는 대체로 '학교의 분수 지식' 과 '일터의 분수 지식' 간의 직접적인 정체성을 단언할 수는 없다. 결과적으로 후자의 표현으로는 지식의 특정한 '유형' 을 잡아 낼 수 없다.

비트겐슈타인이 종종 우리에게 경고했던 바와 같이, 우리는 여기에서 우리 자신의 언어에 의해 매혹되어 있다. 이러한 이유에서 많은 사람들은 불신을 가지거나 심지어 적개심을 가지고 전체론의 고려사항들에 반응할 것이다. 그들은 노동자들이 일에서 분수 지식을 필요로 한다면 학교가 학생들에게 분수에 관하여 가르쳐야만 하고, 도구적인 교육 목적의 타당성이 받아들여져야만 한다는 것이 매우 명백하다고 주장할 것이다. 일터에서의 분수 지식과 우리가 더 나은 무언가의 필요를 위해 분수라고 부르게 될 영역을 다루는 실용적인 교육과정 사이에는 공통된 무언가가 존재할 수밖에 없다.

의심할 여지없이 전체론으로부터 나온 주장은 너무 극단적으로 취해져서는 안 된다. 그것은 교육과정과 일터의 필요 사이에 아무런 관계성도 없다는 것을 함의하지는 않는다. 그러나 그것은 그 관계성이 어떤 정확도를 가지고 표현하기에 간접적이고 어렵다는 사실을 내포한다. 더 정교한 교육과정의 세부사항들은 이러한 기초 위에서 규정될 수 없다. 만약 노동자들이 일터에서 수학을 사용하게 된다면 교육과정이 약간의 수학을 포함해야 한다고 주장하게 된다. 또 많은 노동자들에게 영어 쓰기가 요구된다면 그들은 학교에서 영어 쓰기를 익혀야만 한다. 그러나 이는 세부적인 교육과정 계획에 거의 영향을 미치지 못한다.

우리가 다른 방식으로 지식을 개념화한다면 어떻게 상반되는 회의적인 주장들이 성립되는지를 이해하는 것이 중요하다. 단순히 개요만을 보면, 첫 번째 주장은 '지식' '내용' '믿음'에 대해 언급하고 있다. 이제 누군가는 교육과정을 능력과 역량을 기르는 것이라 생각하고, 특히 학생들이 나중에 성인 노동자가 되었을 때 고용될 수 있게 일련의 규칙들을 습득하도록 고무시키는 것으로 생각하고 싶어 할지도 모른다. 여기서 규칙에 관한 그러한 생각은 그것을 필요로 하는 일을 할 수 없음을 보여 준다는 두 번째 주장이 있다. 이 주장의 이점은 전체론으로부터 나온 첫 번째 주장이 단지

'내용적 지식(knowledge that)' 에 관해서만 언급하거나 명제적 또는 선언적 지식에 대해서만 언급하는 것처럼 보이는 데 반해 실용적인 기술 또는 '노하우' 를 포함하고 있다는 것이다.

두 번째 주장은 일차적으로 일터에서 중요하다고 여겨지는 규칙들을 언어로 표현하는 것으로 발전해 간다. 여기에 하나의 목록이 만들어질 수 있을 것이다. 어떤 것은 특정한 고용 상황에만 해당될 것이어서 배제될 것이다. 우리는 지금 특정 종류의 고용에 의해 제공된 특별한 신체적이고 문화적인 상황들에서 발생하는 노동현장 학습(work place learning)을 고려하고 있는 것이 아니다. 대신 우리는 학교와 직장 세계로 들어가기 전에 모든 학생들에게 제안될 보다 일반적인 교육과정에 대해 숙고하고 있는 것이다. 그래서 도구주의자는 적어도 일반적인 교육과정은 모든 학생들이 학교에서 습득해야만 하는 규칙으로서 숙련될 수 있으며, 그들이 성인 노동자가 되었을 때 적합한 것으로 적용될 수 있다고 주장할 것이다.

비트겐슈타인은 규칙이라는 주제를 다음과 같이 광범위하게 다루었다. 그의 주된 강조점 중 하나는 규칙을 표현하는 단어(words)와 상징(symbols)이 확실하게 단일한 의미로 해석될 수 없다는 것이다. 누군가 나에게 규칙을 따르도록 가르친다면 단어와 상징들은 광범위하게 말해지지 않은 채로 공유된 일련의 맥락상 요소들에 항상 의존해야만 할 것이다. 그것들은 문화와 행동 양식 내의 습관들에 관한 지식 그리고 인간의 능력과 잠재력에 관한 지식과 더불어 세계의 자연적이고 문화적인 측면들을 포함할 것이다. 설(J. Searle)은 많은 그의 저서들에서 그것을 모든 의사소통에 있어 본질적인 '배경 지식(background)' 으로 언급하면서 이러한 비트겐슈타인 학파의 주제를 채택하고 있다. 단어들은 충분하지 못하다. 만약 우리가 그것들을 다른 단어를 사용함으로써 해석하고자 한다면, 그 단어들 역시 특별한 해석 가능성을 위한 배경 지식에 의존하게 될 것이다.

지면상의 한계로 설의 주장(1992, 1995)에 대한 요약 이상이 허락되지 않는다. 이에 대해 나는 1998년의 내 저작에서 더 많이 논의하였다. 설은 '샘은 잔디를 깎았다(cut).' '빌은 케이크를 잘랐다(cut).' '나는 살을 조금 베였다(cut).' 라는 문장에서처럼 'cut' 의 쓰임에 대해 숙고하였다. 그는 각 문장에서 'cut' 이 문자적으로 같은 의미를 갖는다고 주장하고 있다. 그럼에도 불구하고 그 단어는 각 문장에서 다르게 해석된다. 우리는 잔디를 깎는 것이 칼을 가지고 다가가서 찌르는 것을 의미하지 않으며, 케이크를 자르는 것이 잔디깎기로 풀을 베는 것을 의미하지 않는다는 사실을 명확히 안다. 설은 각 문장이 어떤 일을 하는 방식, 노하우, 확실한 방법 등에 임하는 인간의 능력에 대한 배경 지식에 기대어 해석된다고 주장한다. 그 배경 지식은 'cut' 이라는 단어가 문자적인 의미를 갖고 있을지라도 문장마다 다르게 해석되는 것을 결정한다. 그는 이것이 모호성의 문제는 아니라고 주장한다. 우리는 문제의 그 맥락에서 정확한 cutting의 의미가 무엇인지 보다 명확히 함으로써 'cut' 의 '잘못된' 해석을 막을 수 있었다. 우리는 결코 해석을 위한 시도들을 끝내지 않을 것이며, 더욱이 각 조건(qualification)은 특정한 해석을 위한 배경 지식에 종속될 것이다.

만약 비트겐슈타인이나 설의 통찰을 이해하지 못한다면 아마도 단어로 표현된 규칙을 한 번 가지면 그 적용이 미래의 경우에도 맞아떨어진다고 믿게 될 것이다. 우리는 아마도 직장 맥락의 범주로부터 상황의 유형들을 알 수 있다고 생각할 것이다. 우리는 이러한 상황에 처한 노동자들이 필요로 하는 수행능력과 그것이 적용되는 규칙의 틀을 정의할 수 있다고 생각할 것이다. 그것은 단지 학생들이 관련된 '규칙들' 을 따르도록 가르침을 받는 방식으로 교육과정을 설계하는 또 다른 하나의 단계일 뿐이다.

특정한 규칙을 올바르게 적용하기 위해서는 다른 많은 지식이 필요할 것이며 가치판단의 범위를 정해야 할 것이다. 1998년의 내 저서에 나와 있는 방식에 따라 한 예를 들어 이 주장을 설명하겠다. 우리가 모든 노동자들은 어떤 영어 쓰기능력을 필요로 한다고 생각한다고 가정해 보자. 그리고 궁극적으로 영어에서 교육과정 내용을 위한 특별한 함의를 도출해 내기를 바라면서 그 능력을 만들어 주는 어떤 규칙들을 판별하려고 시도했다고 하자. 한 가지 특별한 '규칙' 은 문장을 대문자로 시작하고 마침표로 끝내야 한다는 것이 될 수 있다. 이제 이러한 규칙은 사람들이 영어를 쓰는 직장 맥락의 범위에 근거해서 검증받을 필요가 있다. 컴퓨터에 데이터를 입력할 때 그 상황은 완전한 문장들을 인정할 것이다. 그러나 아마 모든 사용자들이 문장들의 마지막에 마침표를 사용하는 것이 적절하지는 않을 것이다. 한편으로 어떤 상황에서는 완전한 문장이 아닌 단어의 연속을 입력할 수도 있는데, 이 경우 대문자로 첫 단어를 시작했다면 적절한 것이 될 것이다. 그 규칙은 단지 시작을 대문자로 해야 한다고만 말하는 것이 아니라는 사실은 옳다. 그러나 우리는 계속해서 할 수 있다. 어떤 사람은 책의 목차를, 또는 반드시 들어가야만 하는 구두점 찍기를 빠뜨리거나 신청서를 작성해야 하는 학생을 위한 연습문제들을 모으게 될 수도 있다. 여러 가지 맥락들에서 대문자로 문장을 시작하지 않고 마침표로 문장을 끝내지 않는 것이 적절한 것일지도 모른다. 규칙을 그대로 적용하는 것은 미래의 다른 어떤 경우들에는 적절한 적용이 될 수 없다. 사용자들은 직장에서 발생하는 각각의 경우들에서 그 규칙을 사용할 것인지의 여부를 결정하기 위해서 언어와 청중 그리고 다른 많은 문제들에 관하여 반드시 지식의 복잡한 부분에 의존하게 된다. 요컨대, 성공적인 사용자는 배경 지식을 인지하고 그에 근거하는 사람이다.

요컨대, 양측의 회의적인 주장들은 일터에서의 요구에 대해 교육과정을 관련지으려는 시도들에 관하여 같은 결론을 강조한다. 요구되는 지식의 요소들을 어떤 정확한 방식으로 개념화하는 것은 가능하지 않다. 그래서 인식론의 전형적인 임무인 지식과 이해의 본질에 대한 적절한 설명으로부터 우리는 특정한 교육과정 내용에 관한 현재 유행하는 일련의 주장들을 약화시킬 수 있다. 인식론은 근본적으로 교육정책 결정과 관련된다는 것이 드러났다.

인식론에서 교육과정으로의 그러한 움직임은 부정적인 것이다. 그것은 물론 플라톤의 진리와 선에 대한 약속 그리고 거기서 나온 긍정적인 교육 비전과도 멀어지는 것이다. 그럼에도 불구하고 그것은 현대의 분석적인 관점들에서 논의되고 있다는 장점을 가지고 있다.

II

'믿음을 공유하는 것' 이란 무엇인가에 대한 저술에서 데이비스(A. Davis)는 필연적으로 대중적인 지식의 본질에 관심을 돌린다. 이제 믿음의 공유에 대해 공통된 믿음을 가진다는 의미에서의 개념으로부터 교사가 학습자와 함께 이해를 공유하기를 바라는 곳(예: 가르치는 곳)에서 수반되는 것을 공통되게 가진다는 의미에서의 개념으로 관심을 옮겨 보자. 교사가 되는 것은 진리를 추구하는 데 전념하는 것일 뿐만 아니라 지식을 공유하는 데 더 깊이 헌신해야 하는 것이다. 그리고 더 많은(전부는 아닐지라도) 학습이 이러한 관계성의 맥락에서 이루어진다. 우리는 여기서 단순히 동기부여자와 동기를 부여받는 사람 간의 관계성에 대해 이야기하고 있는 것이 아니다. 관여한다는 것은 오히려 공유할 수 있는 지식을 가지고 교사와 학습자 간의 관계성을 가능하게 해 주는 것이다. 교육적 공유에 대한 관심은 그 인식론적 연구의 초점을 교과목의 경계에 대한 논리의 숙고에서 학습자에게 공유될 지식의 잠재력을 검토하는 것으로 확대시킨다. 이러한 풍부한 접근은 우리에게 교사, 학습활동 그리고 학습자의 세 가지 관계성을 포함하는 학습의 개념을 보여 준다.

과학, 역사, 문학 등의 과목들에서 그러한 확대를 방어하는 데 있어 핵심은 이러한 영역에서 제공하는 양질의 경험들과 그것들을 풍부한 개념에 연결시키는 것이다. 그러한 학습은 데이비스에 의해 묘사되었던 교육과정에 대한 관리자적인 관점의 피폐를 두드러지게 하는 풍부한 형식들을 취할 수 있다. 이러한 형식을 취하기 위해서 학습은 먼저 '치밀함(thickness)', 즉 정당화된 참된 믿음의 네트워크 내에 적절히 위치한 깊은 이해를 보여 주어야 한다. '풍부한' 학습이 되는 것만큼 중요한 것은 삶의 질을 높이는 데 이바지해야만 한다는 것이다(이러한 구분에 대해서는 뒤에서 설명할 것이다.). 교육적 공유의 목적은 학습에서의 풍부함을 보장하는 것이다. 이것은 가르치는 것의 가치와 학습자에 대한 교사의 개인적인 헌신을 요구한다.

플라톤에 의해 밝혀진 교육적 공유의 핵심적 의미에 대한 강조는 교육철학에서 영원한 관심이 되어 왔다. 예를 들면, 그것은 교육이라는 경험이 젊은이들로 하여금 '경이로움과 기쁨'의 세계로 들어가도록 해 주어야만 한다는 확신이 담긴 오크숏(Oakeshott)의 '문명화의 매개자'(Fuller, 1989, pp. 46, 48)로서의 교사 개념에서 발견된다. 오크숏에게 교사란 '인간 이해의 유산이 유지되고 영구적으로 다음 세대에게 전해지는 가운데 새로워지는' 문화의 '관리인'과 같다. 교사들은 문명의 특정 측면에 정통하고 있어서 그들 안에 문화의 일부분이 '살아 있어야' 한다(같은 책). 이러한 유산이 학습자의 마음과 정신 속에 울려퍼지고 단순한 '인식'보다 '참여'의 특성을 띠도록 하기 위해서(같은 책, p. 82), 교사는 먼저 '그의 학생에 대해 연구해야 한다'(p. 47). 호건(P. Hogan, 1995, p. 170)은 학교 맥락에서 교사와 학생의 관계를 설명하기 위해서 '문화적 구애(cultural courtship)'라는 함축적 메타포를 사용하고 있다. 교사들은 '진실한 언어—매력적이고 도전적인 방식으로 학생들의 감수성에 호소하는(같은 책)—를 약속하고' 실행해야만 하는 '그 과목에 대한 믿을 만한 목소리'의 통로와 같다. 게이든(G. Gaden)은 아동들의 경험과 연결되고 그들 모두가 학습활동을 수행하도록 하는 종류의 학습을 규명하는 데 도움을 주었다. 그는 이를 학습자들과 그들에게 가르치는 내용 사이의 정당화 관점에서 다룬다. 교사의 임무는 게이든이 '어떤 개인적인 중요성의 관계 혹은 동일시의 정도' (Gaden, 1990, p. 36)라고 언급했던 것을 학습자들과 그들에게 부여된 일 사이에 증진시키는 것이다. 그것은 학습자들의 삶의 '유지와 즐거움' 에 기여할 수 있다(Gaden, 1983, p. 52). 가르침과 배움에 대한 그의 설명의 핵심 역시 교사, 학습자 그리고 학습활동 사이의 관계다.

이제 풍부한 학습의 공유에 수반되는 보다 구체적인 세부사항을 고려해 보도록 하자.

공유하는 것으로서의 교육

예를 들어, 수학은 일종의 풍부한 학습 —기쁘게 마음을 자극시킬 수 있는(Murdoch, 1992, p. 338)—을 증진시킬 수 있으며 항상은 아닐지라도 이러한 풍부함과 흥분은 교육적 공유를 통해서 전해진다. 이러한 점은 18세의 어린 여성인 섀런이 심리학자 데이(J. Day)와 행한 인터뷰에서 다음과 같이 잘 나타난다. 데이에 따르면 섀런의 이야기는 '관계에 대한 서사' (Day, 1999, p. 270)로서 풍부한 학습에서의 감수성, 민감성 그리고 관계성의 두드러짐을 강조한다. 그녀는 수학에서 탄탄한 기초를 가지고 있었다. 그녀에 따르면, "대수(algebra)를 좋아하고 그것이 선생님에게 세계를 의미했기에 나 역시 그것을 좋아하게 될 거라고 느끼게 만들어 준 선생님을 만났어요. 그 선생님은 대수를 동화의 나라로 만들어 놓았고, 나를 대수 애호가가 되도록 만들어 주었지요." (같은 책, p. 266) "대수에 관한 모든 것은 매력적인 것이 되었고, 세상의 모든 것이 그 안에 있었어요. 대수는 갑자기 세상의 다른 문제들에 대해서도 중요한 것이 되었지요." (같은 책, p. 267) 이제 그녀는 다음과 같이 말한다. "대수에 대해 생각할 때, 나는 선생님을 생각해요. 선생님의 얼굴을 보고 그의 목소리를 들어요……. 지금 나에게 대수와 그의 관계는 잘 구별되지 않는 것 같아요." (pp. 267-268) 섀런은 자신의 삶에서 그리고 자신의 목적을 위해서 그 과목을 사용하도록 배워 왔던 것인 데도 계속해서 다음과 같이 말한다.

> 대수에 대한 생각이나 그 중요성에 대한 나의 느낌이 그와 무관하다고 말할 수 없네요……. 아마 노턴 선생님은 한 인간으로서 대수를 그와 우리에게 함께 있도록 해 줌으로써 그것을 사랑스럽게 여기도록 만들었던 것 같아요. 그러나 어쨌든 나는 당신이 무언가에 관심을 기울일 때, 그것에 대한 믿음을 갖게 되고 거기서 사랑이 연루된다고 생각해요. 마치 내가 대수를 대할 때 거기에도 일종의 사랑이 존재함을 느끼게 되듯이요……. 그 대상에 대한 어떤 종류의 깊은 이해와 몇 가지 차원에서의 관찰 그리고 그 쓰임새에 관하여 당신이 알고 있는 것을 능가하는 그 무엇에 대한 경외심을 바라보는 것은 당신이 여전히 배워야만 한다는 것을 보여 주지요……. 나는 대수를 사랑할 수 있으며, 때때로 다른 사람들도 그럴 수 있다고 생각해요……. 왜냐하면 노턴 선생님이 그의 수업시간에 나를 가르쳤던 방식, 대수를 선물로 나에게 주셨던 방식 때문이지요 (Day, 1999, pp. 268-269).

섀런의 아버지는 대수에 대한 그녀의 사랑이 그것을 가르치는 교사에 대한 낭만적인 짝사랑으로 연결된다고 생각한다. 그러나 그녀는 그 과목에 대한 그녀의 사랑과 노턴 선생님에 대한 관계는 전혀 별개의 것이라는 사실을 알고 있다. 그 선생님은 단순한 동기부여자가 아니다. 오히려 그는 섀런과의 관계를 통해 대수라는 대중적이고 항구적인 대상에 대한 관계를 가능하게 만들어 준 사람이다. 대수의 대중적인 특성은 이러한 서사의 흥미로운 특징을 강조한다. 섀런의 대수에 대한 이해가 그녀의 인생사의 관점에서 나름대로 획득되었다 할지라도, 그것은 오직 공적인 특징에 의해서만 지식으로 간주될 수 있다. 그러므로 이러한 이해는 단순히 사적인 구성물이나 개인적으로 '세상을 만드는 방식(way of world-making)' 이 아니다. 내가 영어를 통해 배웠던 피타고라스 정리의 증명은 나와 동시대 사람들이 아일랜드어를 통해 배웠던 그 증명과 다른 논리를 가지고 있지 않다.

그럼에도 불구하고 대수 자체는 섀런의 인생에서 매우 중요한 것이 되었다. 데이는 그것을 '신성하기조차 한 인간의 특성' (같은 책, p. 271)이라고 부르기를 바라면서 다음과 같이 설명한다.

> 그 총합을 부분들로 다시 환원시킬 수 없으며, 그것은 오직 매력과 열정, 관심, 의무와 책임 있는 사용을 통해서만 인식할 수 있다. 적절하게만 접근한다면 그것은 그에 대해 우리가 이해하기를 바랐던 것 이상을 주는 어떤 신비로운 것으로 남을 것이다. 사랑받는 것은 그로 인해 대수의 비밀과 힘이 생겨나는 조건이 된다. 사랑을 받는다는 것은 알게 된다는 것의 가능성이며…… 대수는 하나의 은유로서 우리가 이해하고 싶어하는 것과 맺는 관계가 아니라 앎에 대한 우리의 갈망과 무력함을 나타내 준다(Day, 1999, p. 271).

노턴 선생님은 학생들에게 양질의 가르침을 통해서 '그들의 소망을 대수에 연결시키는' '선물' 을 주었으며, 학생들에게 '지식이 소유의 문제가 되어서는 안 되며 존중과 관계의 문제…… 그리고 교육이 사랑에 관한 것이 될 수 있다는 가능성' 을 소개해 주었다고 데이는 말한다(같은 책, p. 271). 섀런은 이러한 교사를 통해서 그녀가 '최상의 교육을 받을 수 있었던 것' 에 대해 감사하게 되었다고 한다(p. 269).

지식을 통해서 교사와 학생이 사랑을 나눈다는 이 개념은 이례적인 것이 아니다. 최근 저명한 언어학자 호킨스(E. Hawkins, 1999, p. 278)의 자서전에는 그가 어떻게 교사들과의 공유를 통해 '다른 언어들의 노래' 속으로 여행을 떠날 수 있었는지에 관한 이야기들이 가득하다. 중등학교 마지막 학년의 선생님에 대하여 그는 이렇게 기록하고 있다. "그는 우리에게 그의 대학 시절 노트들에서 나온 생각들을 간접적으로 전달한 것이 아니라 우리를 발견의 항해 속으로 데려갔다. 독서의 재미를 공유하는 그러한 기분이 나를 어떻게 자극했는지 기억할 수 있다."(같은 책, p. 48) 교육적 공유는 학문적인 영역에 국한되지 않는다. 엔지니어이자 과학자인 쿨리(M. Cooley)는 '엔지니어링과 금속 세공이 사랑받을 수 있는 비전'(Cooley, in Quinn, 1997, pp. 59-60)을 제시해 주었고, 교사를 '위대한 문화를 전달'(같은 책, p. 60)하는 연결관으로서 인식했던 특별한 '위대한 재능을 가진' 금속 세공 교사에 대하여 이야기한다. 학생들은 이러한 방식으로 그들의 직업을 수행하며 살아가는 교사들에게 반응하는 경향이 있다.

또 하나 놀라운 것은 관계가 부재하면 학습은 비생산적이 되는 경향이 있다는 것이다. 『문 안으로 걸어 들어온 여자(*The Woman Who Walked into Doors*)』라는 소설에서, 도일(R. Doyle)은 주인공 파울라의 서로 다른 경험을 통해서 교육적 관계들의 측면을 매우 잘 보여 주고 있다. 파울라는 그녀의 초등학교 시절의 기억들을 소중하게 간직하고 있다. "나는 학교생활(특히 작문)을 잘했다……. 선생님은 항상 나에게 교실 앞으로 나가서 내 작품을 읽어 보게 했다……. 나는 그것을 매우 좋아했다……. 나는 그 이야기들을 기억하고 있지는 않지만 다 읽고 나서 받았던 박수갈채와 미소는 기억한다. 나는 착실한 학생이었다. 선생님은 우리가 훌륭하다고 생각하게끔 만들어 주었다."(Doyle, 1996, p. 25) 그러나 그녀의 중등학교에서의 만남은 매우 달랐다. 두 번째로 가장 낮은 부류의 반에 배정받아 사기가 꺾여 있었던 그녀에게 선생님과의 만남은 부정적인 이미지를 강화시켜 주었으며, 학교의 권위가 그녀를 무겁게 짓눌렀다. 그녀는 특히 영어 선생님에게 특별한 분노를 느꼈는데 그 선생님은 학생들의 무관심에 관하여 수사학적 질문들을 가지고 약올리면서 배움에 대해 적개심을 가지게 만들어 버렸다. "요점이 뭐야? 요점이 뭐냐구? 너희들은 시 같은 건 관심도 없구나, 안 그래?"(같은 책, p. 33) 이러한 질문은 "아니요, 선생님."(같은 책)이라는 대답만을 생각나게 했다. 파울라는 진심으로 그녀를 가르치려고 노력하지 않는다는 사실과 무심한 대우에 슬퍼했다. "나는 브릴 크림을 머리에 바른 그가 오기 전까지 영어를 잘했다. 그는 우리가 아둔하며 그의 시간을 낭비하고 있다고 생각하게끔 만들었다."(같은 책) 수학 선생님은 그녀의 언니를 얕보는 말을 하고 그녀를 교실에 세워 둠으로써 굴욕감을 주었다. 선생님이 수치심을 준 경험은 심각한 결과를 가져왔다. 그 선생님의 과목을 공부할 수 없었던 것이다. 수학은 절대 '이해되지' 않는 과목이 되어 버렸다. 파울라는 "신경 안 써."(같은 책)라는 선생님의 말을 듣고, 그녀가 자신에 대해 인간으로서도 학생으로서도 관심이 없다는 생각을 하게 되었다. 불행하게도 학교에서 이루어진 만남이 무엇보다 학교공부의 측면에서 그녀로 하여금 '악화 일로' (같은 책, p. 31)를 걷게 했으며, 그녀는 "나는 학교에서 새로운 거라곤 하나도 배우지 못했다."(같은 책)라고 단언한다.

그러나 교사가 그렇다고 해도 풍부한 이해는 습득 가능하다. 예를 들어, 바이어트(A. S. Byatt)의 짧은 이야기는 학습에 있어서 만남이 얼마나 집중을 유도하며, 만족스럽고, 자극적이며, 심지어 중독성까지 가질 수 있는지를 보여 준다. 그 이야기에서 에밀리라는 학생은 라신(J. Racine)의 연극들을 공부하는 데 심취하게 된다. 그녀는 '굽이굽이 명쾌하며 맹렬하면서도 절제된 라신의 소용돌이 같은 세계의 은밀한 중독자' (Byatt, 1995, p. 17)가 되었다. 에밀리는 온 마음을 다해 극작가의 세계에 들어갔다. 자신의 등장인물들은 '전적으로 양립할 수 없는 열정들에 사로잡혀 있었으며, 통제되지 않을 만큼 격앙되어 그들의 전체 세계를 가득 채우고 있었다' (같은 책). 라신의 『페드르(*Phèdre*)』[2]에 대한 다른 학생들의 '망설임' 과 '냉담' (같은

2) 역주: 라신이 1677년에 쓴 비극, 아테네 왕 테제의 왕비 페드르는 남편이 저승으로 내려가자 의붓아들 이폴리트에 대한 짝사랑을 노골적으로 불태운다. 그러나 이폴리트는 이미 아리시라는 처녀와 연인 사이였다. 한편 친구를 구출하기 위해 지옥까지 갔다가 간신히 혼자 살아 돌아온 테제는

책)을 공유하면서, 에밀리는 공포와 연민 그리고 심미적 만족의 조화를 그 작품의 등장인물들에게서 발견했다. "그들은 모두 소름이 끼칠 만큼 그리고 아름답게 어우러져 있었고, 각각 다른 부분에서 완벽하게 준비된 춤을 추고 있었으며, 모든 움직임이 필연적이고 사랑스럽고 파괴적이었다."(같은 책) 그러나 교사 자신은 라신에 대한 열정을 가지고 있지 않았다. 그녀가 가르친 것이 그것뿐이라면 비난받아야 했을 것이다. 그 교사는 '그리스인들과 프랑스인들이 스스로를 위해 불필요한 규칙을 만들고' '넓은 시야'를 갖지 못하는 '아이들'인 것처럼 '어린 시절의 자신'이 고전적 통일성을 추구했던 것을 경멸했다. 명백하게 교육적 공유가 학습으로의 유일한 통로인 것은 아니다.

이러한 공유가 항상 좋은 것만도 아니다. 정직하지 않고 쓸모없는 공유는 젊은이들이 비판적으로 그들의 문화에 동화되거나 그 문화유산 속에서 스스로를 발견하는 것을 가능하게 하려는 어떤 시도에도 해가 되고, 자유라기보다는 오히려 권력의 도구로 존재하게 된다. 워튼(E. Wharton)의 단편소설 『마담 드 트렘(*Madame de Treymes*)』은 학습에서 잘못 교육되고 있는 모든 것을 잘 묘사하고 있다. 미국 국적을 버린 말리브 부인은 남편과의 관계가 멀어졌는데, 남편과 그의 가족은 아들의 양육권을 잃게 될 두려움 때문에 이혼에 동의하는 것을 거부하고 있다. 워튼은 폐쇄적이고 작위적인 프랑스 상류계급의 삶과 아들에 대한 그들의 오만한 계획을 매우 잘 설명하고 있다. 상류계급의 다른 아이들과 같이, 그 소년은 '선입견과 편견들의 네트워크'에 둘러싸여 있다.

아들이 왕비를 범하려고 한 것으로 오인하고는 이폴리트에 대한 천벌을 신에게 기원한다. 마침내 이폴리트는 바다의 신이 보낸 괴수에 대항하다가 사라져 버리고, 사람들은 그가 죽었다고 생각한다. 뒤늦게 나타난 페드르는 그의 죽음을 자책하던 끝에 자결하고, 아내로부터 진실을 알게 된 테제 역시 바다에 투신하려 하나 네프튄에 의해 저지된다.

> 모든 것—그의 정치적 · 종교적 신념, 사람들에 대한 그의 판단, 존경심, 여성상, 삶에 대한 관점—이 이미 준비되어 있다. 그는 자기 자신의 사고방식 속에서가 아니라 다른 사람들 속에서, 자기 계급의 정치적 · 종교적 목적에 직접적으로 도움이 되지 않는 모든 사상들 속에서 부도덕과 부패를 보도록 가르침을 받는다. 진리는 고정된 것이 아니다. 그것은 행동들을 검증하는 것이 아니라 행동들에 의해 검증되며, 행동들에 맞게 조정된다. 그리고 이러한 마음을 형성하는 것은 아이의 첫 번째 의식에서 시작된다. 그것은 그 아이의 육아 이야기에, 아기때의 기도식 및 놀이 친구들과의 게임에 있는 것이다!(Wharton, 1995, p. 11)

이러한 형식의 사회교육의 목적은 아동에게 '그의 인종과 종교, 시물들의 질서에서의 그의 참된 위치'(같은 책, p. 80)를 제 것으로 만들게 해 주는 것이다. 주목할 만한 것은 '신념들이 밀집된 네트워크 속에서'(Davidson, 1985) 이루어지는 모든 사고의 함의에 대한 워튼의 섬세한 자각을 보여 주는 '네트워크'라는 은유의 출현이다. 비록 아동들에게 주어진 학습이 어느 정도까지는 공유 가운데 하나라고 설명될 수 있을지라도, 그것은 신념의 공유라기보다는 신념의 부과(imposition)다. 이러한 학습 프로그램은 또한 혼잡한 이해와 풍부한 이해 사이의 차이점을 밝혀 준다. 혼잡한 이해는 근본적인 신념들이 복잡하게 네트워크를 이루고 있거나 상호 연결되어 있으며, '삶에 대한 전체적인 관점'(Wharton, 1995, p. 11) 속에 근원을 두고 있다는 생각에서 비롯된 것이다. 그러나 그렇게 해서 얻어진 이해는 풍부하지 않다. 그것은 삶을 고양시켜 주지 못하기 때문이다. 그것은 편견에 의해서 오염되고, 결정적으로 사회정치적 제도의 이해와의 결합으로 심각하게 손상된다.

우리는 어떤 과목을 학습해야 하는가를 낭만적으로 기술하거나 혹은 감상에 젖어서 오크숏의 잘 알려진 '대화' 로서의 교육이라는 은유(Oakeshott, 1981, pp. 199-200, 304, 311-312)에 도취될 필요는 없다. 이 대화에 수반되는 공유는 모국어를 습득하는 데 수반되는 보다 덜 힘든 공유보다는 새로운 언어를 배우는 데 수반되는 공유에 더 가깝다. 우리 중 대부분은 라신의 작품들을 읽을 수 있는 수준에 도달하기 위한 기초들을 힘들게 공부하고 적용해 봐야 한다. 학교에서 외국어를 배우는 데 많은 학생들이 성공하지 못하는 한 가지 중요한(그러나 종종 간과되는) 이유는 특히 그 언어가 사용되는 나라에서 사는 것이 아니라 교실이라는 상황에서 그 언어를 배우는 것이 실질적으로 어렵기 때문이다. 전자의 상황에서 기초에 대한 선행학습은 학습자가 듣고자 하는 것과 기대하는 것을 준비시켜 준다(Hawkins, 1999, p. 85 참조). 대부분의 사람들이 우선 그 언어의 기초를 완벽히 이해한 후 유창하게 구사하기 위해서는 열심히 공부해야 한다. 어떤 복잡한 예술이나 기술의 연마에서도 유창해지기 위해서는 유사한 노력이 필요하다. 비록 학습이 때때로 선천적으로 주어지는 선물이 될지 몰라도, 오크숏이 '기질(inclination)의 훈련' (Fuller, 1989, p.68)이라고 묘사했던 것은 종종 하나의 도전인 것이다. 이것은 교사가 '많은 것을 요구하는 동시에 잘 배려해 주며 매우 능력 있는' 사람이었으며, 그의 과목과 학생들에 대한 관계가 '엄격하면서도 매우 매력적인 것' (Day, 1999, pp. 271-272)이었던 대수의 예에서 매우 잘 나타난다. 이는 여러 학습의 한 가지 공통된 특성에 대한 던(J. Dunne)의 연구에서 반복해서 다루어진다. 부수적으로 던은 또한 '격려(enablement)' '권한부여' '자존감' '자아 찾기' 와 같은 상투적인 표현들로부터 불순물들을 제거하는 데도 성과를 올렸다. 그는 학습이 '훈련을 부과하는 순종' 을 요구하지만, 엄밀히 말해서 그 훈련이야말로 '남용된' 용어들의 '실재적인 의미' 에서 '사람들에게 능력과 권한을 부여하는 것' 이라고 말한다(Dunne, 1995, p. 72). "연습 속에서 그리고 연습에의 실제적인 참여를 통해서 한 사람의 능력이 발현되고 관리되며 확장된다."(같은 책, pp. 72-73) '실재적이고 뿌리 깊은 '자존감' (같은 책, p. 76)에 그러한 방식을 적용함으로써, 이러한 순종은 사람들이 자기 자신을 발견할 수 있도록 한다.

학습자에게 요구한다는 것은 그 학습자의 세계에 대한 존중의 원리를 저버리는 것을 의미하지 않는다. 가르침과 배움 속에 수반되는 공유는 지식의 용어들로 표현되는 동등함 사이의 공유가 아니라 동등하게 학습자이면서 숙련도가 다른 단계에 있는 두 사람 간의 특성을 고려하는 공유다. 교육적 공유에서 수반되는 일종의 앎과 배움에 관한 생태학의 정신은 교사에게 교과목 밖에 서서 학생들의 입장에서 그들이 그것을 인식하는 것처럼 인식할 것을 요구한다. 그러므로 교사란 엘리엇(G. Eliot)이 언급한 '차바퀴를 만드는 사람과 대장장이도 이해할 수 있는 설교를 하는 놀라운 기교' 를 가진 훌륭한 설교자와 유사하다. "그가 일부러 자세를 낮추어 쓸데없는 소리를 해서가 아니라 꾸미지 않고 똑바로 말하기 때문이며, 그들을 말의 허례허식에서 해방시키는 방법을 알고 있기 때문이다."(Eliot, 1976, p. 48) 설교자는 이러한 기술을 연마하면서 반드시 다음과 같은 것을 갖추어야 한다.

> 설교자의 지리학적, 연대기적, 해석학적 정신은 빈민(pauper)의 관점과 거의 흡사하거나 또는 아무런 관점도 없어야 한다. 그는 반드시 자신의 두뇌의 풍부함 속에 수많은 생명력을 지니고 있는 교리가 그 안에서 현실에 관계없이 자체로 조화를 이루게 될 양식에 대하여 어떤 정확한 개념을 가지고 있어야 한다. 다시 말하면, 두뇌 속에서 그것은 지리학적인 것도 아니고, 연대기적인 것도 아니며, 해석학적인 것도 아니다. 그

것은 마치 매우 낯선 상황에서도 이야기할 수 있는 능숙한 언어능력이며 도약할 수 있는 융통성이 있는 상상이다(Eliot, 1976, p. 21).

훌륭한 교사와 마찬가지로 설교자가 진실로 필요로 하는 것은 '촉진' 또는 '학습관리' 의 기술보다는 '유연성 있는 상상력' 과 '재치 있는 말주변' 이다. 엘리엇이 이러한 자질들과 학습자와의 인격적인 관계를 형성할 수 있는 능력 간에 연결고리를 만든 것은 매우 의미 있는 일이다. 훌륭한 설교자의 예로 클리브즈(Cleves) 목사 역시 '사람들의 다양한 인생에 대한 선천적인 공감' 과 관련된 교수능력을 지니고 있었으며, 그의 야간 강좌들은 '유용한 실재문제들에 관한 일종의 대화적 강의' (같은 책, p. 48)로 묘사되었다. 그의 청중은 그를 (몇몇 성인교육 강좌들의 평가에 나온 것을 토대로 하면) '보기 드물게 박식하고 현명하고 자유롭게 이야기하는 신사, 매우 친절하며 선한 본성을 지닌 사람' (같은 책, p. 49)으로 생각했던 것 같다.

교육의 한계

전술한 것 중에서 어떤 것도 교사의 매우 성실한 직무 수행과 노력에 근거한 교육이 항상 성공한다는 의미로 이해되어서는 안 된다. 매우 다루기 어려운 학생들의 흥미와 관심을 얻는 데 오랫동안 크게 좌절했던 한 전직 교사는 다음과 같이 이야기한다. 어떤 아이가 아무런 시험도 치르지 않고 학교를 떠나려고 결심했다. 학교를 떠나면서 그 아이는 선생님이 그에게 아무것도 가르치지 못했다고 거만하게 떠들어댔다. 지금까지 왜 교실에 앉아 있었는지 묻자, 그 아이는 "나는 단지 당신이 포기하는지 아닌지를 보고 싶었어요." (Halpin, 1997, pp. 2-3)라고 대답했다. 교육적 실패가 필연적으로 업무 수행의 결핍이나 무능력을 의미하지는 않는다는 것을 이해하는 것은 어려운 일이 아니다. 소설 『아그네스 그레이(*Agnes Grey*)』에서 브론테

(A. Brontë) 역시 좌절하고 낙심한 교사들의 심금을 울리는 경험에 관한 글을 썼다. '가르침의 임무는 몸이 고된 만큼 마음도 고된 것' 이며, '부단한 인내와 끈기' 에도 불구하고 아그네스 그레이의 시조(始祖)가 되는 그 교사의 '최선의 의도와 불굴의 노력' 은 '아이들에게 놀이보다 더 나은 결과를 가져오지 못했으며……' 그녀 자신에게는 '고통인 것 같았다' (Brontë, 1994, p. 20).

풍부한 지식의 개념에 근거한 교육과정을 규정하는 것과 학습의 윤택함을 보장하는 것은 별개의 문제다. 우리는 교육과정의 계획이나 실천의 질은 고사하고 최소한의 교육도 보장할 수 없는 것이다. 우리는 학교제도가 갖는 권리 또는 자격을 규정할 수 있고, 젊은이들이 학교로부터 도움을 얻는다는 것을 확신하기 위해 우리의 최대한의 노력을 다할 수 있지만, 우리의 노력이 성공할 것이라고 확신하는 것은 불가능하다. 유사하게 아마도 우리는 최소한의 임금을 규정할 수는 있어도 최소한의 삶의 질을 보장할 수는 없다. 우리는 최소한의 건강관리 기준을 규정할 수는 있어도 건강을 보장할 수는 없다. 그러므로 교육에 거는 기대들은 결코 극단적이거나 비현실적이어서는 안 된다.

이것은 또한 학습을 평가하는 일에도 적용된다. 우리는 학습자의 성취의 질을 총체적인 방식으로 평가하는 것이 불가능함을 인정해야만 한다. 결과를 정의하고 평가하는 것은 어떤 빈약함(thinness)을 가지게 된다. 그것들은 풍부한 이해가 구현된 포괄적인 맥락을 포함할 수가 없다. 고맙게도 타인의 마음에 접근하는 것은 제한되어 있다. 그러나 우리가 평가하는 것이 전체적인 그림이라고 생각하지 않는 한, 우리는 이와 함께 살아가는 데 만족해야만 한다. 교육과정이 '고정된 내용—정보, 기술 또는 전수받은 의견—의 전달' (Blake et al., 1998, p. 190)이 되는 것에 대한 철학자들의 공포는 어떠한 교육적 평가에도 장애가 될 것이다. 엘리엇 자신은 전통적인 평가방식들이 불가피하게 '이해와 완전성을 향한 내면의 성향' (Eliot, 1970,

p. 175)을 좌절시킨다고 믿는 것 같다. 그러나 이것이 그러한 사례가 될 필요는 없으며(Williams, 1998 참조), 불가능한 최선을 추구하다가 가능한 선을 없애 버려서는 안 된다.

인식론의 한계

결론을 내리는 데 있어서 한 가지 중요한 점이 있다. 맥나이스(L. MacNeice)가 세계는 '걷잡을 수 없이 다양하며' 그것은 '우리가 생각하는 것 이상이다' 라고 가르치는 것처럼(Allott, 1968, pp. 191-192 참조), 철학적 탐구는 지식의 복잡성을 우리에게 경고하고 있으며 우리의 인식론적 지도들을 넓히고 강화시킨다. 그러한 탐구는 교육과정 설계에 의미를 가지고 있음이 분명하고, 교육과정 계획자들의 지식이론들을 보다 훌륭하고 분별력 있게 만들어 주는 것임에 틀림없다. 그러나 그것은 어떻게 그리고 언제 지식이 분배되어야 하는지를 우리에게 말해 줄 수 없다. 심지어 신학적으로 영감을 받은 지식의 개념들 —세계에 대한 포괄적 그림을 제공해 주는— 조차 지식을 아이들에게 가르치는 방법에 관해서는 무력하다. 우리가 살펴본 바와 같이, 엘리엇은 자신의 교단에 대한 신학적 지식을 가르치는 데 필수적인 상상력의 도약을 할 수 없는 성직자들을 조롱하고 있다. 성직자든 교사든 지식의 소유가 학습자들에게 이러한 지식의 '생명력' 을 공유할 수 있도록 하는 '유연성 있는 상상력' 과 '재치 있는 말주변' 까지 부여해 주는 것은 아니다. 교수방법과 학습 절차에 관한 의사결정에서, 우리는 숙련된 교사들의 지혜뿐만 아니라 경험적 연구로부터의 도움에 의존할 필요가 있다.

인식론과 교육과정의 관계성은 오크숏의 저명한 논문「정치적 교육(Political Education)」에서 잘 나타난다. 여기에서 오크숏은 시민문화의 본질에 대한 깊은 성찰 없이 시민교육의 교육과정을 구성하려고 시도하려는 어리석음에 대해 우리에게 확실하게 경고하고 있다. "우리의 이해가 보다 심오해질수록…… 우리는 그럴듯하지만 잘못된 유추에 덜 의존하고…… 거짓되거나 잘못된 모델에 덜 미혹되며, 무지와 경솔을 기대하는 환상들을 덜 받아들이게 될 것이다." (Fuller, 1989, p. 155) 정치적 교육에 관해서 오크숏에 의해 수행된 연구조사는 이 책의 여러 장에서 다른 주제들과 관련하여 다루어지고 있다. 이러한 분석들은 지식의 본질에 대한 우리의 철학적 탐구들을 보다 광범위하고 명석하게 보여 주며, 우리가 가르치고자 하는 그 과목과 영역, 기술에 대한 이해를 보다 향상시켜 줄 것이다. 그러한 연구는 학습에서 풍부함의 증진과 교육과정 설계에 일관성을 부여하기 위해서 필수적이다. 그러나 교육과정을 이론화하는 데 있어서 인식론의 역할은 개념적인 노력 너머로 확장된다. 그것은 또한 성공적으로 가르치는 데 필요한 개인적 자질들에 대해서 우리에게 알려 주며, '사상 혹은 과학의 아름다움' (Plato, 1979, p. 93)에 감명받은 교사들은 학생들과 그것을 공유하는 데서 활력을 얻을 것임을 우리에게 상기시킨다.[3)]

추 천 도 서

Blake, N., Smeyers, P., Smith, R., & Standish, P. (1998). *Thinking Again: Education after Post-modernism*, Bergin & Garvey.

Greco, J., & Sosa, E. (eds.) (1999). *The Blackwell Guide to Epistemology*, Blackwell.

Searle, J. (1995). *The Construction of Social Reality*, Penguin.

Walsh, P. D. (1993). *Education and Meaning: Philosophy in Practice*, Cassell.

3) 폴 스탠디시(Paul Standish)의 조언은 이 장의 집필에 많은 도움이 되었다.

제8장

성인들과 아동들

Paul Smeyers & Colin Wringe / 정훈 역

'전통적' 장면

교육의 진행과정에서 그 중심에 아동을 세운다는 것은 한때 좋지 않은 의미로 말해진 바 있다(Central Advisory Council for Education, 1967). 상대적으로 소수의 저명한 철학적 저작들의 제목만이 '아동' 이나 '아동기' 를 명시적으로 언급하고, 한 저자(M. Peters, 2000)가 분석철학에서 아동의 눈에 띄는 부재에 대해 언급한 바 있을 뿐이다. 그러나 그 언급된 아동은 양육이나 교육의 어떤 중대한 토론에서 눈에 띄지 않게 숨겨져 필연적으로 종종 알려지지도 알 수도 없는 암시로 존재한다. 학습은 학습자를 함축하는데 그 학습자는 아동이다. 어떤 교육이론은 아동의 특별한 개념을 함축한다. '아동' 과 '아동기' 는 모든 역할어(role-words)처럼 세대에 따라(Aries, 1973), 장소에 따라(Bronfenbrenner, 1970) 변화하는 변화무쌍한 사회적

구성개념이다. 이 점은 우리가 법령에서의 아동 개념을 빅토리아 시대의 아동 문학에서 발견되는 담론에 따른 아동 개념의 쓰임과 비교한다면 너무나 분명해지는 것처럼 거의 말할 필요가 없을 것이다. 이 장에서는 우선 계몽주의 교육사상가들에 의해 비로소 착상된 것으로서 우리가 '전통적 장면'이라고 부르는 것을 다루고, 다음으로 20세기 동안 이루어진 아동 개념의 변화하는 표상을 다룬다. 이어 포스트모더니스트들이 '아동' 개념에서 찾아낸 영감을 다루면서 아동기에 대한 변화하는 개념과 아동기에서 특별한 관계를 맺는 두 성인(부모와 교사)과의 관계에 초점을 맞출 것이다.

먼저 전통적 장면으로 칸트(1964)와 헤르바르트(1965) 같은 저자들(18세기나 19세기의)은 성인과 교육받고 있는 아동 간의 교육적 관계가 아동이 성인이 되게 하는 것을 주요 목적으로 하는 것으로 이해한다. 아이들에게 영향력을 행사하는 성인들은 아이들이 어떤 고귀한 삶의 프로젝트라고 불리는 것을 자기 힘으로 착수할 수 있게 하는 지점으로 그들을 이끌 것이다. 확실하고 궁극적인 전형은 아닐지라도 가정(假定)상 객관적으로 좋은 것의 한 표상인 성인들은 그들 스스로가 이미 성인 됨을 성취했기 때문에 교육할 위치에 서 있다. 누군가의 삶의 프로젝트를 실현하게 할 책임은 이성에 의해 명령된다. 성인기 자체는 다른 사람의 판단에 의지하지 않고 자기가 선택한 법칙에 스스로를 구속하고, 도덕적으로나 실천적으로 한결같은 관계를 유지할 수 있는 자기 자신의 명령 속에 존재한다는 점을 보여 준다. 좀 더 명확하게 설명하면, 객관적인 가치 기준에 개인적으로 접근할 수 있고 스스로를 더 높은 도덕적 권위 아래 위치시킬 수 있음을 보여 준다는 것이다. 이는 성인이 어떤 구성적인 방식 속에서 사회적 삶에 참여하는 것으로 그 자체를 보여 줄 것이다. 반면 아이들은 어떤 도덕적 측면에서 무력하다. 그들은 좋은 것이 무엇인지를 알지 못한다. 그 까닭에 아직 그들 자신의 행위에 책임을 질 수 없다. 그들은 안내해 달라고 소리치며, 단지 그런 안내가 제공되고 성인(처음에는 부모, 그다음에는 교사들)이 그들과의 관계

속에서 필요한 결정을 한다면 성인기에 도달할 수 있다. 이러한 전통적 교육 개념의 중심에는 교육자의 역할에 대한 이와 같은 의도가 담겨 있으며, 하나의 활동을 교육적으로 만드는 것은 바로 이러한 측면에 있다. 교육자가 착수하는 것은 어린 개인을 성인기에 이르게 하는 것이며, 단지 그들의 자율성을 목적으로 하고 그에 기여하는 한에서 교육으로 정당화될 수 있다. 이렇게 교육자들은 대리권자로서의 책임이 있고, 그들이 아이들과 맺는 관계는 신뢰에 토대를 둔다. 이는 어떤 조작적인 방식으로 내린 극단적으로 단순화한 추론이 아니다. 성인은 아직까지 합리적이지(이성적이지) 않은 아동을 대신해서 그리고 아동의 최선의 이익의 관점에서 의사결정을 한다. 성인은 아동을 이러한 방식으로 합리성과 직면하게 함으로써 합리적인 인간 존재가 될 아동의 잠재력을 일깨우려고 노력한다.

성인과 아동 사이의 이러한 관계는 18세기부터 제2차 세계 대전 때까지 독일 계몽주의 전통에서 하나의 전형으로 이해되는 방식이었다(Langeveld, 1946). 부모의 권위를 정당화하는 이와 같은 견해는 다양한 이유에서 근래 그 매력의 일부를 상실한 어떤 공평하고 질서정연한 사회 개념에 적합하다. 그렇지만 이 계몽주의적 전통 자체는 훈육을 단지 사실들이나 정보 덩어리들의 무비판적인 주입으로 지각했고, 훈육이 권위에 대한 순종으로 이해되었던 더 오래된 전통에 대한 '근대적인' 반응으로 초창기에 이해되었다.

반대로 계몽주의 전통 자체는 합리적이고 심지어 자유교양적 성격을 띠며, 학습자를 어떤 중대한 문화유산의 일부분인 사상과 이해의 형식에 입문시키는 것과 관계가 있다. 여기서 훈육은 주로 마음을 그러한 이해의 형식에 내재된 규범에 맞게 조율하는 것이다. 학습자는 공적이지만 아동의 이해를 넘어서는 사고의 형식으로 입문된다. 이러한 합리성의 규범들은 그것의 가장 강력한 공식 속에서 모든 문화를 안정적이고 타당하게 하는 사고였다. 이러한 전통의 독일적 해석으로, 교육의 개념은 또한 아동의 양육을 더욱 폭넓게 포괄한다. 성인들과 관련된 첫 번째 예는 부모일 것이다. 그러나 더욱 분명하게 헤겔적 입장의 해석 속에서 이성은 또한 사회제도, 특히 국가 속에 구현되어 있다. 그런 견해는 필연적으로 교육과 양육의 어떤 전수(傳授) 모델을 함축한다. 아동은 합리성과 문화의 수동적인 수납자로서나 주형되거나 새겨지는 다루기 힘든 재료로서 이해될 수 있다. 대안적으로 아동은 성채 밖의 야만인처럼(Hirst & Peters, 1970) 가치 있는 지식의 더미, 정서 그리고 내적으로 가치 있는 활동과 문명화된 삶의 실제 속으로 유인되고 능숙하게 입문되어야 한다.

'진보주의적' 장면

대조적으로 루소(1957)와 그를 추종하는 많은 아동 중심적 입장의 교육자들에게 성인세계는 결코 이성적이지 않으며 본질적으로 타락하고 속물적인 허영의 천박함에 빠져 있는 세계다. 진보주의 교육의 주제는 이 책의 16장(국내에서는 『현대 교육철학의 다양한 흐름 I』의 9장)에서 폭넓게 다뤘으니, 여기서는 교육과 양육에 대한 진보주의적 접근이 함축하는 아동기의 고유한 특징을 강조하는 것만으로 충분할 것이다. 이 관점에서 자연의 산물로서의 아동은 본질적으로 선하며, 경험주의적 지식론에 따라 아동은 그가 알아야 할 모든 것을 경험으로부터 배울 것이다. 성인세계가 부모보다 오히려 교사나 가정교사에 의해 표면상 재현된다고 하더라도, 그들 성인의 역할은 본질적으로 기르기의 역할이나 원예의 메타포로 묘사된다. 원예의 메타포에서 교사의 역할은 싹틔우는 식물을 해롭거나 유독한 영향력으로부터 보호하고, 씨앗이 그 안에 다 자란 식물의 이상적인 패턴을 미리 포함하고 있는 것처럼 완성된 어른으로의 발달이 아동 안에 미리 포함되어 있다고 가정하는 것과 관련된다.

더 엄밀하면서 상대적으로 더 최근의 교육철학자들(R. Peters, 1969; Dearden, 1972a)은 아동의 취약성과 개별성을 존중하는 아동 중심적 입장의 교육자들의 윤리적 관심에 갈채를 보냈다. 그러나 그들은 아동의 자연적 성장과 가정된 아동의 욕구들과 관심들이 얼마간의 숨겨진 가치판단을 구체화할 수 있다는 언급을 지적하면서 그들의 불개입주의(noninterventionist) 주장에 의문을 제기한다. 아동에 대한 우리의 서술로 나중에 전개할 관점에서 특히 중요한 것은 아동의 현재와 미래의 윤리적 관심들에 대한 중대성과 아동의 동기 패턴과 세계관의 심리적 고유성에 대해 이들 저자가 보이는 인식이다. 그렇지만 그들은 미래의 성인이 배워야 할 대부분은 물리적 세계와 아동의 접촉에서 자동적으로 생성되지 않는 본질상 개념적인 것이고, 전통적이라 말할 수는 없어도 그 기원상 사회적인 것이라고 주장한다.

아동과 성인 세계 사이의 관계에 대한 이후의 개념화는 아동 중심적 교육 개념을 그것의 논리적 결론 —또는 귀류법(歸謬法)[1]— 으로 간주하는 것으로 이해될 수 있다. 닐(Neill, 1962), 홀트(Holt, 1969), 듀안(Duane, 1971)과 같은 저자들은 철학자로 간주되지 않으나 철학적 논평을 끌어들이면서 아동의 개념화뿐 아니라 내적인 정합성을 가졌다고 여겨지는 성인과 아동의 관계를 다룬다. 이 저자들에게 교사들과 부모들의 성인세계와 아이들 사이의 관계는 민감하고 지적인 아이들이 처벌을 가하는 성인들의 우둔함과 신경증으로 인해 끊임없이 좌절을 겪는다는 점에서 학대받는 순진한 아동이라는 본질적으로 낭만적인 관계다. 여기서 한 걸음 더 나아가 이른바 '탈학교론자들' (Illich, 1971; Reimer, 1971; Goodman, 1971)은 아이들과 그들의 능력에 대해 훨씬 더 순진한 견해를 취한다. 의무교육은 표준적으로 '감금' 으로 언급되며, 아이들은 그들 자신의 교육적 요구들을 규명하고 그에 부합되는 그들 자신의 프로그램들을 조직할 수 있다고 가정된다.

---

1) 역주: 어떤 명제가 참임을 증명하려 할 때 그 명제의 결론을 부정함으로써 가정(假定), 공리(公理) 등이 모순됨을 보여 간접적으로 그 결론이 성립한다는 것을 증명하는 방법이다.

그렇지만 탈학교론자들의 사례에서 '억압자'는 결함이 있거나 냉혹한 개별 교사들이나 부모들이 아니라 위선적인 '사회'나 착취하는 자본주의체제 그리고 순종적이고 사회적으로 차별화된 노동력에 대한 사회나 체제의 요구들로 여겨진다.

사회의 일반적인 변화

언어와 사고 모두가 사회적 산물인 한, 아동기의 변화하는 개념들과 그것이 불러일으키는 논쟁은 필연적으로 이 장에서 언급된 다양한 철학적 성찰에 본질적인 맥락을 제공하는 사회적 변화들을 반영한다. 그 변화는 교육과 아동양육을 개념화하는 새로운 방식을 수반하는데, 그것은 다시 인간 삶의 변화하는 경험을 고려한다. 이러한 상황에서는 그들이 한때 그랬던 것처럼 아이들이 자기 부모들에 대해 동일한 중대성을 계속해서 유지해야 하는지의 여부에 대해 의문이 제기될 수 있다. 이를 다루기 전에(뒤의 '오늘날의 교육실천' 참조) 부모들이 현재 그들의 자식과 마주 대하면서 인식하는 사태에 관해 훨씬 더 일반적인 어떤 것을 이야기하는 것이 필요하다. 가령 오늘날 대부분의 사회는 부모들이 아이들을 특별한 삶의 방식으로 입문시키는 것이 더 이상 도덕적으로 정당화되지 않는다는 주장을 앞세우면서 윤리적 · 종교적 다원주의로 특징된다. 이는 학교에서 종교교육과 연관된 논쟁에서 취하는 상이한 입장들에 의해 예증될 수 있다(예: D. Carr, 1995, 1996; Mackenzie, 1998 참조). 따라서 교육자들이 대체로 이러한 문제들에 대한 가능한 입장들만을 단지 지적할 수 있다고도 주장된다. 이 주제와 관련하여 잘 알려진 현재의 저작들로는 칠먼(Chilman, 1998), 램(Lamb, 1982), 맥린과 루빈(Macklin & Rubin, 1983), 서스먼과 스타인메츠(Sussman & Steinmetz, 1987)가 있다. 더불어 널리 통용되는 관련 학술지들로는 『가족

관계(*Family Relations*)』, 『사춘기(*Adolescence*)』, 『청소년과 사춘기(*Journal of Youth and Adolescence*)』, 『결혼과 가족(*Journal of Marriage and the Family*)』이 있다.

사회의 더욱 일반적인 변형과는 별개로, 한층 더 중요한 변화는 부모들이 한때 그들 아이들의 기대와 가족 구성원이자 사회 구성원으로서 그들에게 요구된 것을 위해 생활했던 것보다 오늘날이 대처하기에 더 어렵다는 것이다. 소수의 사람들도 더 이상 집에서 일하지 않으며, 집에서 벗어나 보내는 시간은 필연적으로 그들 아이들을 위한 시간을 제한한다. 공동체 생활에 참여하는 것이나 한 가족의 맥락에서 하는 공동의 오락과 취미 또는 기분전환을 위해 사용할 수 있는 시간 역시 마찬가지라고 할 수 있다. 가족 구성원들은 더 개별적인 존재로 행동하도록 격려되고, 가족 자체는 오히려 그들의 다양한 구성원들에게 기회를 제공하는 제도로 이해되는 경향이 있다. 그렇게 할 수 없는 가족들은 결함이 있는 것으로 간주된다. 이렇게 지각된 결함이 일부분 그들이 속한 하위문화의 반영이라는 점은 부모들이 아이들의 양육과 관련하여 느끼는 불안을 가중시킬 뿐이다. 부분적으로 이러한 결과로 그리고 더 극단적인 아동중심성에 대한 일반적인 경향에 일치하여, 부모들은 그들 자신이 관여하지 않는 것이 더 쉽다고 인식하면서 아이들에 대한 많은 선택과 결정을 남겨 둘 수 있다. 거기에는 또한 아이들이 직접적으로 갈망하고 중요하다고 생각하는 것과 대체로 가족에 의해 제공될 수 있는 것 사이의 긴장이 증대하고 있다. 부모들이 가족생활에 투자하기를 원하는 시간에 반영된 부모들 자신의 우선권 및 선호도와 아이들이 그 시간에 쏟기를 원하는 우선권 및 선호도 사이의 긴장도 말할 필요가 없을 것이다. 마찬가지로 아이들은 그들이 부모를 필요로 하거나 원한다고 생각할 때마다 부모들이 자신의 바로 곁에 있기를 더 이상 기대할 수 없다. 더구나 돌봄을 행해야 한다는 사회적 요구는 아동을 한 개인으로서 대우해야 한다는 주장과 갈등을 이룬다. 돌봄의 실천에 대한 사회적 비율이 낮게 제시된 것은 이러한 가족생활의 범위를 해체하거나 축소시킬 수 있다.

개별 부모들 사이의 가치들 그리고 가족들 내에서 신봉하는 가치들과 사회에서 널리 신봉하는 가치들 사이에는 차이가 있을 수 있다. 더욱이 현재 사회에서 발생하고 있는 개인화 과정 때문에 자기 아이들에 대한 부모들의 통제는 계속해서 느슨해지지만 그들은 아이들이 확실히 '좋은 시민' 이 되기를 기대한다. 그런 갈등은 아마 '그것은 네 삶이야. 네가 원하는 대로 해.' 라는 태도를 이끌면서 부모 역할에 대한 책임감에서 부분적으로 손을 떼거나 심지어 완전히 책임을 철회할 수 있다. 그리하여 다른 사람들이 학교 교육과정에 가치들을 명시적으로 설정하라고 주장할 때, 학교로 하여금 '가정(家庭)' 기능의 일부를 떠맡게 강요하면서 부모들은 무기력함을 느낄 수 있으며 더 이상 의사결정을 할 수도 없다. '전문가들' 의 조언이 참고될 수 있고 심지어 부모 되기 강좌가 마련될 수 있다. 그들의 전문성이 분명히 부족하다는 것은 일부 부모들이 권한의 상실을 느끼도록 내버려 둘 수 있으며, 탐구되는 그 전문지식은 여전히 결과물을 가져올 수 없다. 논점은 가족생활에 대한 현재의 문제가 부모의 전문지식 부족에서 기인하는 것으로 이해되는지, 아니면 부모들의 역할이 바뀌고 있는 변화하는 사회에서 함께 살아간다는 예측할 수 있는 결과로 이해되는지 여부에 있다.

아동 노동과 근친상간은 말할 것도 없고 아동 학대의 문제에 대한 관심은 가족들이 운영되는 방식을 상이한 관점으로 만들었다. 공표된 공동의 목적이 '모든 가족 구성원의 행복과 자아실현' 이라는 신뢰의 맥락은 공격에 부딪혔고 아이들 권리(뒤의 절 참조)의 목소리를 사회 · 정치적 의제로 올려놓았다. 그리고 남들로부터 더 독립적으로 살고 싶고 자신들이 추구하기를 원하는 삶의 종류를 추구하고자 하는 아이들과 청소년들의 욕망은 경제적 측면의 변화에 의해 격려받아 왔다. 아이들이 재정적으로 그들 부모들로부터 독립적일수록, 그들은 부모들의 방식과 가치들을 어쩔 수 없이 점점 덜 받아들이게 된다. 물론 서구 국가들에서조차 아이들은 재정적으로 독립적이지 않다. 대다수는 스스로를 지탱할 수 있을 만큼의 수입이 충분하지 않으며, 설령 수입이 있다손 치더라도 그것을 거의 운용할 수 없을 것이다. 그렇지만 아이들이 자신의 선택대로 (한계 내에서) 사용할 수 있는 용돈은 요즈음 어느 정도 일종의 제도로 정립되어 있으며, 많은 청소년들은 한때 쉽지 않았던 얼마간의 시간제 일을 하면서 돈을 벌 수 있다. 더욱 중요한 것은 현재의 사회가 부모들의 자유재량에 놓여 있던 얼마간의 편의들과 기회들을 아이들에게 제공한다는 점이다. 전체적인 사회 풍토는 변화했으며, 그 결과 부모들은 그들이 아이들에게 더 독립적인 방식으로 행동하게 하는 수단을 제공해야 한다는 압박감 속에 놓여 있음을 인지한다. 잘 알려진 바처럼, 많은 아이들은 자신의 방, 라디오와 TV, CD 플레이어, 컴퓨터, 개인 예금 계좌, 전화기 등을 소유할 수 있다. 우리의 삶을 가능한 한 빨리 독립적으로 이끄는 것이 대체로 교육 목적이 되었고, 그러한 것은 널리 만연된 사회 풍토와 일치한다. 이러한 특권이 중간계층의 아이들에게 한정되어 있을지라도 그 배경이 되는 가정(假定)은 서구세계에서 모든 아이들을 위한 이상이나 규범으로 존재한다.

아동기 및 현대의 결혼

아이들과 관련된 얼마간의 다소 상이한 문제들은 이혼과 결혼의 안정성, 소위 아이들의 발달과 양육에 관한 변화들의 결과에 대한 우리의 변화하는 태도에 의해 제기된다. 친부모가 있고 그들이 지속적으로 결혼을 유지하고 있는 전통적인 가정에서 자라고 있는 아이들의 더 나은 건강, 교육적 발달 그리고 사회적 통합을 예증하기 위해 전통적인 사회와 가족 패턴의 옹호자들에 의해 인용되는 통계를 언급하는 것은 거의 필요하지 않을 것이다. 그런 통계는 늘 그리고 아마 필연적으로 동류를 동류와 비교하는 데 실패하기 때문에 한계가 있다. 미혼이나 이혼 또는 한부모를 둔 가족의 아이들 수치는 이혼이 회피되거나 가로막혀 있는 불행하고 실패한 가족의 아이들 수치와 비교되기보다, 전형적으로 (행복하고 안정적이고 성공적인 가족을 포함한) 전통적인 가족의 모든 아이들과 관련된 차별성 없는 수치와 비교된다. 거의 소수의 저자들만이 전통적인 가족구조가 유지되는 기간 동안(즉, 서로 소원하고 적대적인 부모들이 '함께' 남아 있던 때) 소위 아이들에게 행해지는 해로움과 이혼 자체의 사건과 결과에서 기인하는 해로움을 해결하려고 시도했다. 불가능하다고 말하는 것은 아니지만 실제로 그런 차이를 만드는 것이 어렵다는 사실은 경험적 연구의 결론들이 때때로 단지 그 연구가 필연적으로 수행되어야 할 조건들을 반영하는 방식에 대한 어떤 탁월한 사례를 제공한다.

이혼했거나 미혼 부모의 아이들을 위협하는 도덕과 발달상의 결과는 전쟁 미망인의 아이들이나 아버지 또는 어머니가 파견이나 비정규 노동인력으로서 어쩔 수 없이 집을 떠나야 하는 아이들의 경우에 비해 자주 예측되지 않는다. 이전 세대의 아동 소설에 묘사된 바처럼, 우리는 부득이하게 이성 간의 통상적인 짝을 이루지 못한 성인들이나 최소한 회사에서 많은 시간을 보내는 성인들에 의해 양육되는 아이들의 목가적인 아동기를 계속해서 칭송하거나 부러워하면서도, 동성애 커플들에 의해 양육되는 아이들의 운명은 몹시 불안해한다(Montgomery, 1984; Ransome, 1962; Spyri, 1953). 건강한 아동 발달이 양성의 역할 모델의 존재를 요구한다고 가정하는 것은 전통적인 성(gender) 역할, 그들 사이의 관계 그리고 아이들과 각 성의 부모들 사이의 전통적인 관계가 미래, 심지어 현재에도 적절한 것으로 유지될 것이라는 점을 함축한다. 우리가 지금 이해하는 바처럼, 이는 가족관계에서 물리적 강건함이나 위험에 대비한 공격성이 남성들에게 요청되고 여성들은 연속적인 임신으로 인해 다소 영구히 그 능력이 상실될 수 있는 시기에 특별한 노동의 분화를 반영하는 역사적 현상이 아니며, 오히려 자라

나는 아동기에 필요하고 영속하는 특징이라고 주장한다. 그 시기에 아이와 친아버지의 결속은 ('아이들을 위한') 재산과 지위의 축적에 대한 정당화로 그리고 그것의 전수를 위한 수단으로 공헌할 수 있을 것이다. 아동, 특히 남자 아동은 '세대를 이어야 하는' 가족 운명의 수단이었다. 개인의 교육적 · 사회적 유동성의 시대에서 그러한 개념은 사회적으로 역기능적이지 않더라도 점점 부적절한 것이 되었다.

아이의 권리

관습, 전통 그리고 종교의 권위가 쇠퇴하는 것은 우리가 아이들을 보는 방식과 아이들이 부모들과 성인세계와 일반적으로 처해 있는 관계에 얼마간의 다른 중요한 영향력을 행사한다. 특히 그런 새로운 사태는 많은 사람들이 좋음(the good)에 대한 어떤 고정된 개념보다 오히려 권리를 자유주의 사회에서 첫 번째 지표가 되는 개념으로 간주하도록 이끌었다. '무엇이 행해져야 하는가?' '아이들은 어떻게 살아가는 법을 배워야 하는가?'의 질문은 '누구의 관심이 고려되는가?' 그리고 궁극적으로 '누가 결정할 자격을 부여받았는가?'로 대체되었다. 1968년의 대학 사회 격동에 이어지는 시기는 아이들의 권리에 대한 관심의 폭발로 특징된다. 처음에 이 관심은 아이들의 소위 시민적 · 정치적 권리인 언론과 결사의 자유, 논평과 의견을 발표할 권리, 개인의 외양문제를 자유롭게 할 권리, 자유롭게 지식에 접근할 권리, 학교운영에 민주적인 방식으로 참여할 권리, 성인과 동등한 위치에서 술, 담배나 다른 약물을 사용할 권리, 책임감 있는 성행위를 할 수 있는 권리로 표현되었다(Wringe, 1981). 이런 것들이 지금은 거의 권리로 표현되고 있지 않지만, 성인세계가 어떤 측면에서 이러한 동요의 일부 결과들을 떠맡아야 한다는 희망은 아마 북돋아지고 있다. 예컨대, '학교 규칙들' 의 목록은 지금 그 특징으로 학생 사이에서뿐 아니라 학생과 교사들 사이에서 서로 간의 작업과 목표에 대한 상호 존중의 중요성에 대해 주목하도록 했다. 다양한 문제에 관하여 학생들이 '의논하는' 습관은 오늘날 학생관리의 영역에서 좋은 실천적 이미지의 일부로 정립되어 있다.

훨씬 더 중대한 철학적 수준에서 다른 몇몇 중요한 쟁점들(그것의 일부는 이미 아동중심적 입장의 교육자들의 저서에 제시되어 있다)은 또한 다양한 범주의 아이들 권리로 표현되었다. 우리는 1989년 유엔 아동권리협약(Convention on Children's Rights)에서 그 표현을 찾을 수 있다(Freeman & Veerman, 1992).

어느 정도의 합리성이 아이들 권리 행사의 논리적 전제조건으로 여겨질 것이라고 가정한다면, 1970년대에 아이들에 의해서나 그들을 대신해 표명된 자유와 정치적 참여의 권리에 대한 단호한 주장은 아마 다소 묵살될 수 있을 것이다. 그렇지만 이러한 망설임은 그들의 권리를 지역이나 부모, 종교 또는 가치체계를 지지하는 어떤 '열린 미래' 와 타협하지 않을 일련의 양육과 교육을 받는 아이들 편에서 가능한 자격을 함축한다(Feinberg, 1980; O'Neill & Ruddick, 1979). 반대로 이는 자율성의 발달을 적극적으로 강화하고 아이들이 궁극적으로 그들 자신의 가치 있는 삶의 개념을 선택할 수 있게 하는 교육과 양육에 대한 어떤 관점을 제안하는 것으로 여겨질 수 있다. 더불어 간섭과 해악으로부터 보호받을 아이들의 권리(소극적 자유권)는 잔혹한 행위, 착취, 학대, 성적 혹은 그밖의 것을 통해 아이들에게 행해진 악영향에 관한 많은 기록에 그 틀을 제공해 왔다(McGillivray, 1992; Kent, 1992). 이러한 종류의 권리와 관련해서 아이들이 덜 합리적이고 특정 권리를 얻기 위해 어떤 것도 행하지 않았기에 그들에게 권리가 없다는 반대는 적어도 만들어질 수 없다. 교사들로서는 오늘날 어쩔 수 없이 그들 자신의 존엄을 소유하고 있는 개인으로서 학생들을 대우하게 되는데, 학생들은 권위의 힘에 지배되기보다 오히려 교실에서 집행되는 기술들에 의해 관리되어야 한다. 그렇지만 아마 아이들의 권리 가운데 가장 널리 논의된 범주는 복지권이라 불리는 명시적인 요구에 의해 정당화된 권리일 것이다. 그것은 안전과 건강 그리고 꽤 좋은 아동기를 보내기 위한 물질적 지원을 받는 것에 대한 필요에서 발생하는 태만에 대항하는 권리다. 또한 아이들이 부주의하게 그들 자신의 안정이나 삶의 기회를 손상시키지 않도록 성숙기에 도달하기에 앞서 확고한 지도를 받아야 하는 권리를 포함한다. 이 권리의 중요한 측면은 아마 의무교육권을 포함하는 교육에 대한 권리다 (Haydon, 1977).

아동양육의 맥락에서, 특히 사랑과 애착 그리고 자유롭게 주어지는 상호존중이 지배적이어야 할 가족생활의 맥락에서 권리에 대해 이야기하는 것은 부적절하다고 종종 주장된다. 의심할 바 없이 이는 사실이다. 부모들이 아이들을 기분 상하게 하고 기꺼이 같은 방식으로 대응하려고 할 때마다 아이들이 끊임없이 그들의 권리를 요구하며 활보한다면, 삶은 관련된 모든 것에 참을 수 없게 될 것이다. 그렇지만 성인들(동료, 친구, 이웃)이 서로 상대하면서 그들의 권리에 대해 자주 언급하는 사태 역시 마찬가지로 유쾌한 것만은 아니다. 권리들이 계속해서 동일한 것으로 적용되는 것이 아니고 이해되고 존중되는 것이라는 점은 정중하고 문명화된 관계의 징표다. 우리가 의존과 애착의 결속에 의해 우리와 결합된다고 가정되는 사람들의 중요한 권리를 단순하게 경멸할 수 있다는 관념은 터무니없을 것이다.

부모의 권리와 아동양육의 본질

교육과 관련된 권리는 아이들을 대신해서뿐 아니라 부모들을 위해서도 주장될 수 있다. 부모들을 위한 권리 주장에는 두 가지 측면이 있어 왔다. 하나는 대개 국가에 의해 대표되는 보다 넓은 공동체에 대한 부모들의 권리 주장이다. 다른 하나는 아이들의 자유를 제한하고 그들에게 어떤 행동을 요구하며 부모들이 어느 정도 선택한 방식으로 그들을 양육하고자 하는 부모들의 아이들에 대한 권리 주장이다. 많은 국가에서의 교육과 종교 간 밀접한 역사적 연결을 가정해 본다면, 자유민주주의는 일부 국가(프랑스, 미국)에서 국가가 제공하는 교육이 비종교적이어야 한다고 주장하기는 하나 전통적으로 아이들의 학교를 선택할 부모들의 권리를 존중한다. 1948년의 보편적 인권선언문(Universal Declaration of Human Rights)은 이 문제에 대해 다소 양면성을 띤다. 제26조 2항은 "부모들은 자기 아이들에게 제공되어야 할 교육의 종류를 선택할 우선권을 갖는다."고 단언할 뿐 아니라, "교육이 인격의 완전한 발달뿐 아니라 인권과 기본적 자유에 대한 존중을 강화하도록 지향되어야 한다."고 단언한다. 인권선인문은 또한 아동에 대한 관심에서뿐 아니라 타자와 공적인 이상에 대한 관심에서 어떤 경우에 개입하는 국가나 세계 공동체의 일원으로서의 권리와 의무를 주장하면서, 교육이 모든 민족과 인종 또는 종교 집단 사이에서 이해와 관용, 우애를 증진시켜야 하고 평화를 유지하기 위한 유엔의 활동을 촉진시켜야 한다는 점을 추가하고 있다. 또한 더 광범한 성인세계가 어떤 방식으로든 미래의 시민들에게 권리가 부여되어야 한다는 생각에 미치지 못하는 교화나 교육으로부터 아동을 보호하기 위해 개입할 수 있어야 한다고 주장한다. 불확실하고 변화하는 가치들의 다원주의 사회에서 부모와 다른 성인들의 잠정적 권위에 단지 종속되는 선택자나 잠재적 선택자로서의 아이들이라는 관념은 사회화(현행 사회의 신념, 가치, 실천들로 안내되는)와 교육(비판적 통찰과 개인의 자율성 발달에 본질적인 자기 확신과 자기 신뢰의 성품 모두의 발달을 포함하는) 개념 간의 중요한 차이를 강조한다.

그런 고려는 특수목적학교건 '그렇지 않은' 배정된 학교건(1944년 영국 교육법에 의거한) 아이들 교육의 본질을 선택하는 부모들의 권리를 제한한다고 생각될 수 있을 것이다. 그렇지만 이 권리는 국가체제 내에서 사립학교들과 더불어 교육적 선발을 옹호하는 데서 중요한 역할을 한다(Cohen, 1981). 이렇게 영국에서 많은 부모들은 자기 아이들을 위해 종합학교보다 오히려 문법학교를 선택할 권리를 주장해 왔다. 그리하여 그 과정에서 다른 부모들의 아이들에게는 부득이하게 중등현대학교[2)]를 선택하게 했다. 아이들의 학교를 선택할 부모들의 권리는 또한 학교로 하여금 학생들을 경쟁하게 하거나 폐교에 직면하게끔 강제하기 위해 교육적 표준을 제기하는 '교육적 시장'으로 고정된 학군제를 대체하는 데 찬성하는, 1980년대와 1990년대 동안 영국 보수당이 사용한 수사(rhetoric)에서 중요한 요소를 형성했다.

그렇지만 우리는 미즐리(M. Midgley, 1991)에 의해 격렬하게 비판되어 온 경향인, 권리들의 측면에서 다시 한 번 이 쟁점들을 논의하는 데 주의를 기울여야 한다. 미즐리는 어떤 개념 도식도 도덕적 쟁점에 대한 논의에서 자동적으로 우선권을 갖지 않아야 하지만, 가장 경쟁적이고 논쟁의 여지가 있는 도덕 개념인 권리들에 대해 말하는 것에는 특별한 반대가 있다고 주장한다. 법률 모델과 같이, 이는 승자와 패자는 있어도 우리가 도덕적 딜레마에 직면했을 때 너무나 필요한 신중한 성찰을 위한 여지가 없는 제로섬의 해결을 지시한다. 그녀는 특정한 권리에 대한 신념에 의해서가 아니라 다른 사람들이 거의 언제나 부모들보다 훨씬 덜 기꺼이 그 일을 하려 한다는 보편적인 경험에 따라, 부모들이 통상적으로 자기 아이들을 위한 최소한의 결점을 지닌 가용한 양육자로 간주되는 이유를 언급한다. 그녀는 또한 임신과 출산의 경험이 통상적으로 태어나는 아기와 정서적으로 깊은 유대감을 만들어 내고, 문화가 대체로 이러한 유대감에 반대하는 대신 사회적 인정에 의해 그것을 지지한다는 사실에 주목했다. 그녀는 이러한 깊은 정서적 투입이 너무나 고통스러운 분리를 만들고, 그 결과 기꺼이 선천적

2) 역주: 문법학교가 대학 진학을 목표로 하는 영국의 전통적인 인문계 중등학교라면 중등현대학교는 일종의 직업교육을 위한 실업학교다.

인 정서적 성향에 대해 이야기한다는 사실을 지적한다. 그렇지만 이 모든 것이 어떤 무조건적인 '양육할 권리' 를 부모들에게 증여하지 않는다. 숙고되어야 하고 삶의 목적에 대한 법리적 견해를 심각하게 의심하는, 다시 말해 권리가 도덕성의 중심에 분명하게 위치하고 모든 다른 인간적 가치들은 무시되는 때때로 갈등하는 주장들의 연쇄가 존재한다.

오늘날의 교육실천: 시론적 해석

좋은 옛 시절에 그랬던 것처럼 교육을 낭만적인 것으로 묘사하는 것도, 과거를 부흥시키려고 시도하는 것도 아무 의미 없다. 가족이나 공동체에 소속해 있다는 감정이 아마 지금보다 과거에 훨씬 더 강했겠지만, 구성원들이 종종 삶에서 더 폭넓은 범위의 가능성을 탐색하는 데 방해를 받는다는 사실과 마찬가지로 이러한 삶에는 또 다른 측면이 있다(Macmillan, 1994 참조). 우리는 또한 성인들과 아이들 사이에 종종 실재했던 착취관계로 인해 질겁했던 중세시대로 되돌아가지 않아야 한다. 따라서 포스트모더니티 시대의 아동양육의 문제에서 부모의 의도에 대한 우리의 논평은 당대의 서구세계에서 목격될 수 있는 것과 관련된다.

우선 피임기구가 제공되고 낙태를 자유화한 변화된 법으로 인해 대다수 아이들은 부모들로부터 자발적이고 의도적으로 태어난다. 다음으로 대다수 아이들은 최소한 한 부모에 의해 그리고 다수는 양 부모에 의해 양육된다. 요즈음 많은 결혼들이 이혼으로 끝나고 한부모 가정의 수가 상당히 증가했다는 것을 인정하더라도, 대다수 아이들은 자신의 친부모 모두와 관계를 맺고 있다. 결과적으로 '교육실천' 과 같은 것은 여전히 가족의 맥락에서 가장 잘 발생할 것 같다. 교육실천은 어떻게 특성지을 수 있을까?

통상적으로 아이의 탄생은 그가 태어날 때 양친의 입장에서 그와 기꺼이 관계를 맺는다는 점을 나타낸다고 예상할 수 있다. 부모들에게 이 기간이 자기 인생에서 숙고하고 계획을 짜는 기간 중 하나일 것이라는 점은 말할 필요조차 없다. 왜냐하면 아이의 탄생은 단순히 그들에게 발생한 어떤 일의 결과가 아니며 그들이 한 것은 그들의 의지와 의도의 표명이라는 점에서 인간 존재의 본질에 속하기 때문이다. 아이들을 갖는다고 결정하는 것은 비용을 부담하고, 그들을 보살피고, 최소한 특정 나이까지는 그들과 함께 살아가고, 어느 정도의 재화를 분배하고, 필요할 때 거기에 있고, 이야기를 듣기 위해 준비하고 있는 것, 한마디로 그들을 돌보도록 준비하고 있는 것과 같은 의무를 불러온다. 대부분은 논쟁의 여지가 없어 보이지만, 문제는 가령 아이들에게 헌신할 시간이나 자원의 양과 관련해 의사결정을 해야 할 때 발생한다.

아주 흔한 경우로, 행해져야 할 것에 대한 적극적인 설명을 전개하는 것보다 받아들일 수 없는 것을 지적하는 것이 더 쉽다. 국가 개입에 대한 권리와 관련된 연구들이 보여 주는 바처럼, 아동의 최선의 이익에 무엇이 존재하는지는 결코 분명하지 않다(예: De Ruyter, 1993 참조). 아이들을 돌보고 양육하는 경우에, 또는 이혼한 부모가 합의할 수 없기 때문에 법원이 의사결정을 해야 하는 경우에, 그리고 교육적 문제에서 다소의 선택들이 고려되어야 한다. 그것은 몇몇 상이한 수단이 종종 특정한 목적의 달성을 위해 취해질 수 있기 때문에 그렇고, 교육과 아동양육에서 성취될 목적과 관련해 폭넓게 분기된 의견들이 있기 때문이다. 그런 고려는 일반적으로 피할 수 없는 교육의 사회적 배태성을 매우 분명하게 만든다.

다소의 선택이 열려 있다는 것은 어느 것이든 좋다는 점을 함축하지는 않는다. 인간 존재는 그들의 방식대로 존재하기 때문에 인간의 성장은 확실한 것을 함축한다. 목적이 우리가 해야 하는 것을 일일이 다 결정하지는 않는다 하더라도 그 둘 사이에는 필요한 관련성이 있다. 이런 점에서 도덕성은 심지어 그것들로 환원된 적 없이 필연적으로 인간의 필요에 대한 수단이 된다. 이러한 아리스토텔레스적인 사고는 교육 목적의 결정과 관련된다. 개인적이고 문화적인 가소성이 상당하다고 하더라도, 모든 것이 우리의 '본성'과 일치하도록 할 수 있는 것은 아니다. 그러나 현대사회에서 우리는 전에는 불가능했던 방식으로 우리의 문화를 거부할 수 있다. 그럼에도 병리적 또는 일탈적 행동으로 불리는 것은 문화적으로 결정된다. 또 우리가 그것을 좋아하든 그렇지 않든 다른 사람의 판단은 우리의 개인적 안녕(well-being)과 관련해 중요한 역할을 할 수 있다. 여기서 다시 필연적으로 인간 삶의 사회적 배태성이 명확해진다.

부모가 하는 실천의 측면에서 이것은 가족구조에서 필연적인 제한을 지적하는 것으로 보일 수 있을 것이다. 사회 수준에서 다원주의의 수용이 단순하게 가족 수준에서 복제될 수 없다. 좋은 삶에 대한 상이한 개념이 실재한다는 점을 수용하는 것이 가능하다 해도, 특정한 삶을 이끄는 개인에게 그것은 단지 인지적 수용에 불과하다. 우리가 남편이자 아내로 다른 누군가와 함께 살기를 결정할 때, 우리 신념의 차이는 단지 확실한 측면에서만 가능하다. 다른 것들 가운데 우리 아이들을 돌보는 것은 곧 그들이 돌봐야 하는 것을 돌본다는 것을 의미한다. 그리고 이는 받아들일 수 있는 것을 제한할 것이다. 우리가 믿는 것에 근본적으로 반대되는 것을 사랑하기는 어렵다. 그러나 우리가 싫어하는 것과 함께 살아가는 것은 다소 가능할 것이다. 우리는 서로에게 밀접한 이러한 생활이 불러오는 제한(함께이면서도 개별적으로 사는 것에 반대하는 것과 같은)을 강조한다. 이것은 부모들이 유지하고 있는 일련의 기본 신념들과 그들이 그 신념들을 논쟁의 여지가 없는 것으로 간주한다는 측면에서는 아동에게 문제의 원인이 될 수 있다. 그러나 그것은 모든 것이 동일하지 않은 삶, 모든 것이 공평무사하지 않은 실천 그리고 아동의 실존에 배태되어 있는 실천에 지불되는 공정한 대가로 생각될 수 있을 것이다.

일부 수단-목적의 추론과 일부 조작은 삶에 대한 의미를 제공하는 맥락의 일부일 수 있다. 아이들은 모든 것을 합리적으로 배울 수 없다. 부모들은 사회가 아이들에 대한 책임을 맡는 한 아이들의 삶이나 미래가 파괴되는 것으로부터 그들을 보호할 의무를 가지고 있다. 부모의 무관심은 아이들이 도덕적으로 용인되는 측면을 발달시키지 못할 경우 때때로 틀림없이 비난받을 것이다. 아이들이 하는 모든 것에 무관심한 것은 어떤 중요한 측면에서 그들을 무시하는 것이다. 추상적인 용어로 특정한 경우에서 '내부'에 존재하는 것과 '외부'에 존재하는 것을 결정하는 것은 어려울 수 있겠지만, 이것은 일반적으로 심각한 문제를 나타내는 것으로 보이지 않는다. 때때로 사회가 부모들이나 아이들이 이치를 깨닫도록 하는 것이 필요할 수 있겠지만, 아주 중요한 문제로 그것들 사이의 차이는 종종 발생하지 않는다. 또는 자주 처음에 보였던 것보다 극적으로 덜 중요한 것으로 판단될 수 있을 것이다. 그렇지만 우리는 또한 종종 좋은 삶에 속하는 것을 결정할 때 어떤 모순들이 비극적이어도 궁극적으로 화해되지 않은 채 남아 있을 수 있다는 점을 예상해야 한다. 그것은 피할 수 없는 인간 삶의 본질이다.

가치 있는 것과 관련된 사회적 합의가 부족하다는 점을 가정한다면, 부모들이 자기 삶의 방식에서 그들에게 중요하고 가치 있는 것과 이유를 분명하게 만드는 것은 중요하다. 가치들이 궁극적으로 오도된 것으로 판명되어 나중에 포기되는 지점에서도, 비평의 과정과 도덕적 발달은 좋음과 옳음 그리고 가치 있는 것에 대한 얼마간의 개념이 먼저 경험되지 않는다면 시작할 수 없다. 특정한 가치들에 입문시키는 것에 대한 정당화는 이처럼 부모들 자신이 가치 있는 것으로 인식하는 것에 의존한다. 부모들은 필연적으로(그리고 아마도 다시 비극적으로) 그들 자신이 아이들에 대한 봉헌물로 존재하는 사람이라는 것으로 제한된다. 이 요점을 뛰어넘는 정당화에 대해 질문하는 것은 순환적인 논쟁에 들어서는 것이다. 그렇지만 특정한 신념들에 대한 그들의 집착을 명료화하는 것과 함께, 부모들은 다른 대안들이 가능하나 그것이 그들에게 호소력 있지 않다는 점을 지적하는 데 또한 신중해야 한다. 우리가 지지하는 것을 명료화하는 것은 가치판단의 진행과정을 계속하는 것에 대한 응답일 것이다. 극단적인 경우는 제쳐두더라도, 가족생활을 '개선하기' 위한 끊임없는 개입은 정당화되기 어렵다. 인간관계에서 그런 모니터링은 스스로 모든 자발성과 진리를 질식시킬 위험성을 수반할 뿐더러, 앞서 언급했던 사회적 합의의 부족이 주어진다면 많은 경우 필요하지도 가능하지도 않아 보인다. 의견이 특정한 가족에서 차이가 있을 수 있더라도 그것을 변화시키는 것은 필연적으로 더 나은 것을 위한 것이 아닐 수 있으며, 또 그 현 사태가 대체로 아이들에게 심하게 해롭지 않을 수도 있다. 교육과 양육은 일상적인 가족생활의 구조 안에, 그리고 가족이 한 일원을 형성하는 더 폭넓은 공동체의 삶과 실제 둘 모두에 본질적으로 배태되어 있다. 특히 이는 가족이 가족생활과 아동양육과 관련된 추정들 및 가치들과 종교적 결연을 맺고 있는 곳에서 더욱 그럴 것이다.

부모들의 교육실천은 사람들이 스스로 추구해 왔던 관계로 기술될 수 있을 것이다. 거기서 부모들은 자신의 시간과 자원 및 대부분을 투자하도록 준비되며, 그들이 아이들에게 '그들이 형성해 왔던 것' 을 자랑스러워하게 하고, 아이들이 만족스러운 삶을 이끌 수 없다면 깊은 슬픔을 느낄 것이다. 또한 부모들 자신이 관여해 온 관계는 어떤 측면에서 사실 '그들의 자연스러운 남은 여생' 을 위한 것이다. 부모들이 아이들을 돌보는 것과 그들이 스스로 기만적이지 않은 삶을 살면서 살아가도록 하는 가치에 관하여 어떻게 걱정하지 않을 수 있겠는가? 이것이 그들 자신의 자율성과 아이들을 위해 고려된 자율성 사이에서 생성하는 긴장은 서로를 어렵게 하지만, 더불어 특별하게 가치 있는 인간의 경험을 만든다. 이것은 시간에 걸쳐 바뀌지 않았을 수 있다. 그러나 부모들이 한때 가졌다고 생각했던 확신은 궁극적으로 근거가 없는, 우리의 가장 기본적인 신념의 본질과 조화되어야 했다. 경제적 필요 역시 감소했고(과거에는 아이들에 대한 다른 대안이 없었다.), 아이들이 사람이면서도 사람이 아닐 가능성이 있다는 믿음은 널리 수용되어 왔다. 신체적 · 경제적 힘에 토대를 둔 권위에 존재하는 것과 결합되어, 우리가 언제나 옳았다는 부모들 사이의 생각은 대체로 합리적이고 결코 어리석은 의심이 아닌 의미로 대체되어 왔다.

자유주의자들이 이런 방식으로 아이들에게 그들의 삶의 방식을 부여하는 부모들의 권리에 때로 의문을 제기할 수 있지만, 좋은 삶에 대한 많은 해석이 가능하고 그중에 명확한 선택의 준거가 없다는 점 모두는 자유주의적 견해의 핵심 신조다. 적어도 많은 선택된 삶의 방식(비종교적이거나 종교적인)이 그들의 가치와 습관 그리고 전통에 따라 아이들이 양육되는 것을 가능하게 하기 때문에 충분한 도덕적 가치가 있다는 가정이 분명 있을 수 있다. 그렇지만 이 포스트근본주의 시대에 이러한 가정은 일부 집단의 아동양육 실천과 관련해 폐기될 수 있으며, 인간적이고 돌봄을 행하는 국가가 그런 실천이 실증적으로 비인간적이고 억압적이며 부패한 것으로 보이는 경우에 개입하는 것은 때때로 합리적이라고 생각될 수 있다. 그런 양육이 결국 아동이 자율적으로 선택할 수 있게 하는 것과 양립되어야 한다고 주장하게 만드는 견해는 자유주의자에게 때로 난처한 것으로 생각된다(Hobson, 1984; McLaughlin, 1984). 표면상 근본주의자는 합리적으로 다음과 같이 반박할 수 있다. "그들의 자율성을 결코 마음에 두지 말라. 그들의 구원이 더 중요하다. 자유주의자의 껍데기만 남은 애매한 말은 악마의 유혹이다." 우리가 독립적이고 평등한 존재로 태어난다는 그들(자유주의자들)의 근본적 가정에 의거하도록 강제하는 데 어떤 문제가 있고, 부모에 의해 가정된 삶의 방식을 선택할 권리가 신체적 강제나 주입에 의해 또는 교육과 더 폭넓은 지식에 접근하지 못하게 하는 것에 의해 궁극적으로 아동에게 거부될 수 없다는 점을 부인하는 것은 자유주의자들의 솔직하지 못함이다. 이는 자주 인용되는 미국의 위스콘신 주 대 요더 소송건(Wisconsin v. Yoder)[3] 사례의 반복이다. 그들의 입장을 지지하면서, 자유주의자들은 또한 많은 종교에서 신자가 종교적 계율을 따라야 할 뿐 아니라 그렇게 하기를 자발적으로 선택해야 하는 것이 중요하다는 점을 지적할 수 있을 것이다. 그들은 또한 삶의 방식이 진실로 좋다면 어떤 부가적인 지식, 심사숙고나 탐구가 그것을 약화시키기보다 틀림없이 강화시킨다는 밀(1910)의 견해를 추가할 수 있을 것이다.

아이들의 삶이 부모의 삶이 존재해 왔던 것과 거의 유사하지 않을 것 같은 현대세계에서 부모들이 아이들에 대한 정확한 미래를 상상하는 것은 점점 더 어렵다. 부모들이 자기 아이들을 위해 하는 것이 아이들의 삶에서 중요한 의견 차이를 만들 것이라는 점을 아무리 의식한다고 해도, 아이들이 부모의 역할을 절대적 권력과 권위를 소유하고 있으며 언제나 옳은 것으로 여기게끔 강요하는 것으로 간주하는 것 또한 더 이상 적절하지 않다.

리오타르와 아동의 '비인간성': 교육철학을 위한 급진적 영감 얻기

아동 개념의 발달과 성인세계와 아동의 관계를 규명하는 우리의 작업은 성인의 관점으로 대표되는 것처럼 이성의 성취로 인정되는 성인기의 상태로 아직까지 교육되지 않은 요청자로서 아동을 보는 합리적 견해로 시작했다. 이어서 우리는 아이들을 자신의 학습을 추구하는 능동적 주체로서, 어떤 의미에서 그들을 성인들과 도덕적으로 동등하게 하는 권리를 소유한 독립적 존재이면서 다른 권리들의 대상으로서 검토했다. 이러한 논의는 주로 아동이 성인세계와 관련하여 그리고 성인의 용어 속에서 지각되는 합리주의와 경험주의 철학이라는 전통적 틀 내에서 발생해 왔다. 그렇지만

---

3) 역주: 중등교육까지 의무교육으로 규정하고 있는 위스콘신 주법에 대해 아미시 공동체의 학부모들이 문제를 제기한 것이다. 연방대법원은 주정부가 그들에게 중등교육을 강요하는 것은 종교의 자유에 반한다고 판결했다.

최근에 일부 저자들은 아동기의 치유할 수 없는 다름을 거듭 주장했다. 그 시기가 극복될 수 있는 문제시되지 않는 열등함이나 무력함의 상태가 아니고 존경되는 워즈워스적인 도덕적 우월성의 상태가 아니라면, 최소한 접근하기 어렵고 불가해하고 성인세계와 통약 불가능한 상태라는 점에서 그렇다.

피터스(M. Peters, 2000)는 비트겐슈타인의 『탐구(*Investigations*)』에 제시된 잘 알려진 한 문장에 대한 캐벨(Cavell, 1995)의 해석에 주목하도록 했다. 즉, 캐벨은 아이들의 훈련이 제한된 범위의 언어로 작업하도록 강요되는 비트겐슈타인의 성인 건설자의 상태로 그들을 경직시키는 과정이라고 묘사한다. 캐벨은 아직 언어와 관습에 익숙하지 않은 아동의 목소리가 일상적인 성인의 언어와 인습에 관한 우리의 가정을 끊임없이 꼬치꼬치 캐묻는 광인의 목소리와 같이 『탐구』에서의 '근원적' 목소리들 중 하나라고 주장한다. 약간 상이한 관점의 논문에서 하트(Hart, 1993)는 아이들은 연구되기로 되어 있는 것이 아니라 흔쾌히 무언가를 하게끔 되어 있다는 오웬(W. Owen)의 언급을 거론하면서 과학적 아동 연구의 헛된 방법들에 의해 아동기를 '이해하려는' 성인들의 시도를 비판한다.

다른 저자들도 아동기의 환원 불가능성에 대한 주제를 발전시켜 왔다. 비트겐슈타인에 의거한 틀 내에서 새로운 종류의 확신을 거쳐, 우리는 '전통적' 장면에서 기술한 부모들의 확신으로부터 아동이 우리와 직면해 있는 도전으로 이동한다. 리오타르가 제공하는 아동기의 재해석은 우리의 '전형적인' 실천을 방해할 수 있을 것이다. 그렇지만 그것은 동시에 상당히 관련성 있는 대안적 입장을 만들어 낸다. 그는 자신이 '체계'로 언급하는 것의 인간성에 대항해 단지 하나의 가능한 저항의 원천, 이를테면 '인간 존재로 영원히 살아가는' 아동의 비인간성을 주장한다(Lyotard, 1988b, pp. 9-10). '발달의 이름하에 그 자체를 영속시키는' 체계의 비인간성은 아동기의 비인간성을 망각하는 우리에게 책임이 있다(같은 책). 희망, 유토피아, 비판 그리고 변화는 적절하게 이해된 아동의 비인간성이 결코 인간에게 완전하게 적응하지 않을 것이기에 정확하게 가능성의 상태로 남아 있다. 아동기는 특정한 나이도 일시적인 발달의 단계도 언급하지 않는다. 오히려 그것은 리오타르가 해석하는 영원한 확정 불가능성, 관리 불가능성, 또는 야생성, 초개념적 침묵을 나타낸다. 아동기나 유아기(infantia, 문자적으로 말할 수 없음을 뜻함)는 포함되거나 규제되지 않는 모든 것에 대한 포괄적 용어다. 즉, 효력 없고 할 수 없고 재현 불가능한 정서, 단어 없는 수용이나 경험을 의미한다. 리오타르에 따르면 그것은 이해되거나 학습되는 것이 아니며 저항과 민감성의 원천이다. 아동기는 우리로 하여금 '저항하도록 하기 위해 망각하지 않게 그리고 가능한 한 부정의하지 않도록' 격려한다(Lyotard, 1988b, p. 16). 죄책감은 아동이 계속해서 태어난다는 것에서 오는 희망 섞인 확정 불가능성에 있다. 이 저항은 그 가능성을 알리고 약속한다. 그러나 그것은 우리가 판단할 때 의존하는 생각의 확정 불가능성이 아니다. 그것은 그 사건의 실질적인 확정 불가능성이다.

이를 더욱 명료화하기 위해 리오타르는 사건으로서의 어떤 것의 의미인 'quod' (리오타르는 이러한 맥락에서 하나의 사건으로 문장의 사용을 언급한다.)와 그와 같은 어떤 것의 의미인 'quid' (개념)를 중요하게 구분한다. quod는 특정한 '의미화' 가 제공되기 이전의, 이를테면 그것이 특정한 개념에 의해 낙인되거나 명명되기 이전의 사건을 말한다. '무엇에 대한 기입' (the quid, 개념)을 요구하는 질문은 우리로 하여금 묻고자 하는 바에 관해 망각하게 한다. "언제나 들어오는 것으로부터 보호되는 '그 도달하는 어떤 것' 은 언제나 불가피하게 편향되는 개념적 틀과 조망으로 구체화된다." (Lyotard, 1988a, p. 43) 'quod' (사건)은 특정한 개념으로 용해되지 않는 뜻(의미)을 갖는다. 사건은 발생하기 위해 단어도, 의미도, 언어도 필요로 하지 않는다.

이러한 확정 불가능성에 의해 함축된 재현 불가능성은 초월성을 함축한다. 그러나 이러한 종류의 초월성을 인식하는 것은 아무것도 못하게 하는 것이다. 대신 그것은 가능하게 되어야 한다. 지탱되어야 하는 것은 이러한 확정 불가능성에 대한 민감성이다. 리오타르에게는 생각하게 만드는 불안과 걱정, 동요에 의해 살고 있는 교육받은 인간 존재의 특성을 기술하는 것도 이와 마찬가지다. 교육받은 개인은 어떤 고뇌에 찬 인간 존재다. 사건에 대한 고투는 참된 사고함, 아무것도 아니면서 어떤 것도 아닌 존재의 양태를 나타낸다. 아동기는 미래가 과거의 결과가 아니고 태어난 곳이 이미 거기에 존재하는 것으로부터 추론될 수 없는 한 시점으로 우리를 입문시킨다. 그런 미래에 응답할 수 있기 위해서는 근본적으로 질문을 제기하는 능력이 요구된다. 그것은 영속적인 혁신운동과 구분되는 어떤 것을 요구하는데, 그 경우 그것은 즉각적으로 사용되며 연속성을 방해하기보다 오히려 강화시킨다. 아동기는 가능한 것을 나타내는 것이 아니라 불가능한 것을 나타낸다. 그것은 실현될 수 없지만 그 진리는 그 자체로 표명될 수 있다. 그 진리와의 직면, 그에 대한 민감성이 우리를 가르치지 않는다. 그것은 우리를 변화시킨다.

리오타르는 그것이 재현되거나 단언될 수 없는 한 사실도 논거도 아닌 낯선 실재인 아동의 실재라고 불릴 수 있는 것으로부터 시작하는 교육철학으로의 길을 우리에게 제시한다. 대체로 교육이론은 아동의 이러한 실재에 관하여 어떤 것도 말하지 않았다. 그것은 울고 웃게 하고 객관적인 사고에 보이지 않은 채 남아 있는 '교감' 인 이러한 아동과 나 사이를 지나는 것의 실재에 대한 무지다. 아동의 실재는 수단과 목적의 세계, 재현, 교환할 수 있고 되풀이할 수 있는 것의 일부분이 될 수 없다. 이는 교육이론의 특성이자 재현에 의해 이해되는 행위와 사고의 특성인 원인과 결과, 필연과 우연, 불가역성과 공표와 같은 범주들을 삭제한다.

교육이론은 '사실들' 의 실재를 망각할 수 있다. 아동의 실재는 이론의 언어를 빠져나온다. 물론 (아동의 욕구와 아동의 사고를 연구하는) 아동심리학과 (아이들이 빠져들기 쉬운 고립이나 폭력을 연구하는) 사회학이 있다. 말할 필요도 없이 교육이론은 교육자들, 교사들, 심리치료자들, 심리학자들, 상담가들 그리고 평가하고 중재하는 장학관들에 대한 실제 정책의 문제들에 관심을 둔다. 아동기는 우리의 실천과 제도로 구체화되는 어떤 것이다. 아동기는 어떤 입장이 설명되고 이해되고 제공된다. 우리는 아동기에 대해서만 너무 잘 안다(Larrosa, 1998 참조). 그러나 리오타르에게는 아동기에 대한 입장을 제공하는 각각의 시도를 능가하는 더 많은 어떤 것이 있다. 그것은 우리 지식의 확실성을 전복하고 우리 실천의 힘과 역량에 의문을 제기한다. 그리고 아동기는 우리의 언어 속에 어떤 자리를 차지하고 있지 않다. 우리의 언어는 유아가 우리의 언어를 이야기할 수 없는 것처럼 유아를 파악할 수 없다. 이러한 결여가 지식의 어떤 결핍을 의미하는 것은 아니다. 이는 우리가 아직까지 알지 못하거나 또는 조작하거나 이해할 수 없는 것에 관한 것이 아니다. 단지 시간에 대한, 더 많은 연구, 더 많은 측정, 더 많은 제도에 대한 질문이 아니다. 아동의 실재는 지식이나 이해의 대상이 아니며 모든 객관화에서 벗어나는 것이다. 그것은 지배하는 우리 힘의 정박지가 아니라 무기력을 나타내는 정박지다. 아동의 실재는 우리가 (지식이 되는) 재현하는 세계와 (우리가 할 수 있는 것인) 힘과 관련해 절대적으로 이질적이며, 정서, 불안정, 빈 공간으로 명시하지만 아직까지 그에 대한 주장을 우리에게 전가하는 수수께끼 같은 실재다. 아동기는 우리가 결코 알고 있지 않은 것이라도 경청해야 할 진리의 담지자다. 그리고 우리는 아동의 실재가 우리를 움직이게 하는 것을 기초로 하여 말해질 수 있고 단지 말해질 것이라는 점을 망각하지 않아야 한다. 따라서 하나의 사건으로서 아동기를 이야기하는 것은 교육이 제도화되는 곳이 어디든지 아동기를 분류하고 측정하고 범주화하고 정리해 둬야 한다는 강박을 거스르면서 교육철학을 위한 과제로 삼을 수 있을 것이다.

추천도서

Aries, P. (1973). *Centuries of Childhood*, Penguin.

Chilman, C. S. (1988). *Variant Family Forms*, Sage.

Freeman, M., & Veerman, P. (1992). *The Ideologies of Children's Rights*, Martinus Nijhoff.

Lyotard, J.-F. (1991). *The Inhuman: Reflections on Time*, Trans. R. Bennington and R. Bowlby Polity Press.

제9장

교육에서의 자율성과 본래성

Michael Bonnett & Stefaan Cuypers / 강선보 · 고미숙 공역

자율성과 본래성에 대한 합리주의적 관점과 실존주의적 관점

교육에서 자율성(autonomy)과 본래성(authenticity)에 대한 논쟁은 주로 자유의 본질 및 자유와 교육의 관계에 대한 보다 일반적인 관심의 발달로 이해될 수 있다. 자유와 교육의 관계는 다양한 방식으로 표현되어 왔다. 교육은 그 자체로 자유로워야 한다는 생각에 대한 기원은 적어도 플라톤의 『국가(*The Republic*)』로 거슬러 올라간다. 자유가 단지 교육의 결과가 아니라 과정의 일부가 되어야 한다는 사상은 루소, 듀이, 로저스, 일리히(Illich)와 같은 아동중심적이고 인간주의적인 교육 전통 사상가들이 남긴 유산이다. 자율성과 본래성은 모두 개인적 자유의 본질에 초점을 두고 있다. 그렇지만 그 자유의 본질에 대해서는 상이한 해석을 제공하며, 교육에

대한 함의도 약간 상이하게 제안한다. 우리는 자율성의 개념을 살펴보면서 시작할 것이다.

'자치(self-rule)' 로서의 자율성에 대한 그리스어 어원은 유용한 예비적 정의를 제공한다. 자치로서의 자율성은 처음에는 신생 독립 도시국가에 적용되었지만, 자율적인 개인의 개념에도 통용되기 시작하였다. 독립적이고 자유로운 사고를 하는 개인에 대한 개념은 어떤 사람들에게는 인간의 탁월성이 되었다. 교육 상황에서는 이것이 루소의 『에밀(*Émile*)』과 닐(Neill)의 『서머힐(*Summerhill*)』에서 초기 교육 시 찬양받았던 자유의 의미였다. 두 저서 모두 학습자 자신의 생각이 존중받아야 하며, 학생들은 자신이 배우고 있는 것의 요점을 항상 파악해야 하고, 자신들이 배우고 있는 것에 대해 자신의 독특한 방식으로 자기만의 개념을 추구할 자유가 있다고 주장한다. 따라서 학생들은 자신의 판단에 대한 확실한 자기 신뢰를 발달시키며, 사회적 현상유지(social status quo)의 요구 및 다른 사람의 기대 속에서 생각 없이 순응하는 데 저항할 것이다. 특히 루소는 에밀이 편견이 없으며, 추상적 개념을 혼란스럽게 하는 생생한 비판적 능력을 발달시키기 위해서 직접 경험, 적극적인 문제 해결 및 자신의 행위 결과를 통해 배우도록 하는 데 열렬하였다. 이러한 전통이 어느 정도 현대 분석적 교육철학에 들어가게 된 것은 다음의 말로 개인적 자율성의 개념을 정교화했던 디어든(R. Dearden)으로 인해서이다..

> 그렇다면 삶의 중요한 영역에서 인간의 생각과 행동은 자신의 마음의 활동을 언급하지 않고는 설명될 수 없을 만큼 인간은 자율적이다. 말하자면 이러한 영역에서 인간의 생각 및 행동의 이유에 대한 설명은 자신의 선택 기준, 숙고, 결정, 반성, 판단, 계획이나 추론을 포함해야 한다 (Dearden, 1972b, p. 453).

칸트에게서 힌트를 얻어 디어든은 자신이 언급한 마음의 활동이란 이성의 공적인 형식에 의해 제공된 독립적인 판단 기준에 기초를 둘 필요가 있거나 그러한 기준의 표현으로 생각하였다. 칸트는 성향에 의해 지배되는 것과는 상반되게 사람들 자신의 이성에 의해 입법된 법칙이 자신의 행위를 구속한다면 도덕적으로 자율적인 인간이라고 보았다. 그때만이 마음의 활동은 진리에 대한 지각과 타당성을 왜곡시키는 원천들, 즉 강박, 중독 그리고 소망 및 목적의 힘과 같은 타율성의 다양한 내적 원천들로부터 자유로워질 수 있다. 이런 식으로 자유는 간단히든 심지어 주로든 우리의 행위에 대한 불간섭과 같은 일련의 객관적인 기준으로서가 아니라 마음의 틀로 이해된다(R. Peters, 1973a 참조). 이러한 '합리주의적' 전통에 있는 교육철학자들—피터스(R. Peters), 허스트(P. Hirst), 쉐플러(I. Scheffler), 베일리(C. Bailey)를 포함하며—은 자율성이란 합리적으로 식견 있는 선택을 하는 것이며, 그 결과로 자율성의 발달은 학생을 합리성의 적절한 형식에 입문시키고 필수적인 지식 기반을 제공하는 광범위한 필수 교육과정을 요구한다고 주장하는 경향이 있었다.

이러한 관점의 중심적 특징은 자율성 형성의 한 부분을 차지한다고 인정한 것이 '자기 자신의(own)' 라는 개념임을 받아들이는 것 같거나 혹은 그러한 개념을 문제없는 것으로 간주한다는 것이다. 말하자면 겉으로 보기에는 사고가 '우리 머릿속에서' 일어나고 또 합리적인 기준에 따라 평가되었다면 그것은 우리 자신의 것이다. 우리의 믿음, 사고와 선택의 '소유권' 에 대한 이러한 개념의 의미 및 중요성은 합리적 자율성의 지지자들과 본래성의 지지자들 사이에 한 가지 주요한 차이점이다. 합리주의적 관점은 피터스(1973a)에 의해서 잘 설명되었다. 그는 본래성을 자율성에 내재한 두 가지 기본적인 조건 중의 하나로서 인정하는데, 자율성의 또 다른 조건은 합리적 반성이다. 그러나 피터스가 본래성과 '자신이 가장 좋아하는 일을 하는 것' 이라는 대중적인 관념을 동일시하고 '온전한 나의 것(naked mineness)' 에 어떠한 가치도 부여하지 않는다고 주장함에 따라 자율성의 두 조건에서 상대적 중요성의 불균형이 순식간에 분명해진다. 정말로 피터스는 '일반화된 타자' 의 관점을 채택하는 인간인 미드(G. H. Mead)의 합리적인 인간의 개념을 찬성하면서, "……어떤 것을 합리적으로 평가하는 데 있어 정체성은 시간과 장소만큼 부적합하다."(Peters, 1974, p. 428)라고 제안한다. 그리고 합리적으로 파생된 인간존중의 도덕적 원리는 개인의 관점이 무시되지 말아야 한다는 것을 요구할지라도, "……이것은 자신의 소망이나 관점의 내용이 반드시 어떤 가치가 있다는 것을 의미하는 것은 아니다."(같은 책) 본래성의 가치는 합리성의 준거에 아무 생각없이 따르는 것은 그 자체로 합리성의 준거에 불충분한 일임을 단지 보여 준다는 사실에 있다. 피터스에게 본래성은 합리적 준거를 평가하는 기능에 완전히 부수적이라는 것이 명백하다(Bonnett, 1986).

이러한 설명이 갖고 있는 경솔함에 대한 관심은 느슨하게 자율성에 대한 '실존주의적' 해석이라고 부른 것을 고려함으로써 제기되며, 거기서는 본래성의 특징이 보다 충분하게 인정되고 그 의미가 보다 충분하게 탐구된다.

인간의 자유에 대한 논쟁점은 많은 실존주의를 떠오르게 하는 테마다. 특히 하이데거(1962)와 사르트르([1943] 1957)는 자유의 진정한 본질 및 정도를 우리가 많은 시간 동안 우리 자신에게서 은폐한다고 생각하였고, 그러한 은폐방식에 대해 두 사람은 상이한 접근에서 관심을 보였다. 실존주의자에게 우리가 항상 자유롭다는 것은 우리 삶에 영향을 미치는 요인들에 대해 충분한 선택을 한다는 의미에서가 아니라 우리가 자기 자신을 발견하는 상황에 어떻게 응답할 것인가에 대해 항상 선택을 한다는 의미에서다. 개인으로서 우리는 많은 방식으로 세상에 '내던져져' 있지만, 우리가 자기 자신에게 부과한 약속과 기획을 결정하고 책임을 져야 한다. 이러한 방식으로 산다는 것은 본래적이 된다는 것이며, 즉 자기 자신에게 진실해진다는 것이다. 하지만 자신의 삶에 대해 이 정도의 책임을 진다는 것은 부담이 될 수 있다. 그것은 고독하게 만들 수도 있고 때로는 굉장한 것이 될 수도 있다. 특히 인생의 많은 결정들이 명백하거나 확실한 정답이 없다는 것을 인정하게 될 때 생기는 불안(angst)은 순식간에 참을 수 없는 것이 된다. 예컨대, 우리 자신이 개인적으로 유한하다는 것을 알 때, 삶을 어떻게 살아야 하는가—어떤 목적을 추구하고 어떤 관계를 소중히 여겨야 하는가—는 덜 자명하며, 거의 확실히 사람마다 일반화할 수 없는 것이다. 그리고 실존주의 설명에 따르면 도덕적 원리나 종교적 입장은 저절로 구속력을 갖지는 않는다. 궁극적으로 그들은 선택되어야 하고, 책임은 이러한 선택과 그 선택의 결과이기에 수용되어야 한다.

따라서 우리는 대부분의 시간 동안 자신의 자유의 정도에 대해 스스로를 기만함으로써 책임을 회피하려고, 즉 비본래적으로 살기를 시도한다고 제안된다. 예컨대, 우리는 선택을 결정하기 위해 타인의 기대, 유행, 고정관념, 운명이나 신의 의지라고 생각하는 것과 같은 외적인 영향력을 인정한다. 우리는 심지어 편리하게 자신의 인성의 불변적인 측면이라고 생각하는 것 뒤에 숨을 수 있다. "나는 단지 게으르고 신경질적이고 자기중심적일 뿐이야……." 동시에 우리는 일상적인 실제적 문제로 여전히 너무나 바쁘며, 우리가 직면한 실제적인 결정에 참여하기 위해 만연된 소문과 당연하게 여겨지는 '상식'에 열중할 수도 있다. 하이데거 및 사르트르와 같은 이들에게 이런 것들은 우리의 자유의 진리가 가라앉게 된 모든 방식들이다.

자율성, 본래성 및 의욕적 필연성

하이데거와 사르트르의 본래성의 관점은 개인적 이상 및 자신의 삶과 같은 것들을 보살피거나 사랑하는 데 대한 프랑크푸르트(H. Frankfurt)의 개념분석과 밀접하게 관련되어 있다(Frankfurt, 1988, 1999; 또한 Cuypers,

1992, 근간, 4장과 5장도 참조). 영어 '배려(care)' 와 독일어 '염려(sorge)' 라는 언어적 의미 사이의 피상적인 유사성은 별 문제로 하고, 프랑크푸르트의 분석적인 배려 인간학(care anthropology)은 하이데거의 인간 의식에 대한 유럽 대륙 분석(현존재)과 현저한 유사성을 보여 준다. 하지만 프랑크푸르트의 배려 개념에 대한 해석은 나딩스(Noddings, 1984)와 같은 페미니스트 교육이론이나 배려윤리에서의 해석과 명백히 구분된다는 것이 중요하다. 많은 교육론자들과 사회과학자들은 특정한 다른 사람에 대한 '배려(caring for)' 를 설명하지만, 프랑크푸르트는 우리에게 그리고 종종 우리에게만 중요한 것에 대한 '배려(caring about)' 의 일반적인 설명을 제공한다. 그의 배려의 개념은 윤리적이라기보다는 인간학적이고 형이상학적이다. 프랑크푸르트의 배려 인간학은 무엇보다도 '삶의 의미의 문제' 에 대한 분석적 접근의 집단 내에 위치한다(Nozick, 1981; Nagel, 1986; Singer, 1997). 배려에 대한 성찰에서, 프랑크푸르트가 체계적으로 나타내려고 하는 것은 우리는 사물이 중요한 피조물이라는 사실의 기본적인 구조적 조건이다. 그의 실존적 의미나 가치에 대한 관점은 여기서 흥미롭게 나타난다. 왜냐하면 의지(will)의 복합적 이론 및 개인적 자율성의 변종이론의 상황에서 제시되고 있기 때문이다. 특히 그는 '생각할 수 없음(unthinkability)' 이라는 독창적인 개념을 자율성의 설명에 도입시킨다.

> 생각할 수 없음은 의지가 때때로 자신을 구속하고 선택을 제한하는 필연성의 양식이다. 이러한 제한은 기본적으로 정신이 온전함을 확인하고 드러내는 것일 수 있다……. 합리적인(정신이 온전한) 행위자의 의지는…… 실질적 인격이 결여되거나 없는 것이 될 필요는 없다. 그것은 반드시 그 자체의 내적인 성향이 없이 완전히 형식적이고 내용이 없는 것은 아니다……. 인간의 합리성(정신적 온전함)이 부분적으로 존재할 수 있는 것은…… 정확히 의지의 특정한 내용이나 특정한 인격에서다

(Frankfurt, 1988, pp. 189-190).

여기서 정의한 대로, 의지는 일시적인 욕구의 중립적인 장소가 아니며 이성의 명령하에 형식적인 집행을 하는 적극적인 힘도 아니다. 따라서 의지는 욕구 및 이성과 관계가 없는 그 자체의 본성을 갖고 있는 능력이다. 다른 말로, 이러한 개념에 따르면 의지는 그 자체의 실체를 갖고 있다. 이것이 프랑크푸르트의 배려 인간학의 정수에 있다. 인간의 실질적인 의지는 의지의 내재적인 성향과 의지 자체의 특정한 인격과 더불어 무엇인가를 배려하거나 사랑하는 그런 사람에 의해 구성된다. 프랑크푸르트에 따르면 무엇인가를 배려하고 사랑하는 것이 특정한 종류의 필연성, 즉 그가 의욕적 필연성(volitional necessity)이라고 부른 것을 드러내며, 이것에 의해 배려와 사랑은 완전히 인간의 자발적인 통제하에 있는 것은 아니다. 의욕적 필연성의 대응물인 생각할 수 없음도 유사하게 필연성의 양식이며, 이 양식이 의지의 역학과 조직을 구속하거나 제한한다. 이러한 의지의 필연성들은 일반적으로 자유의지와 양립할 수 없는 것으로 간주되지만, 프랑크푸르트는 일견 특이하면서도 역설적으로 그러한 의지의 필연성들이 진정한 자율성이나 본래성에 요구된다고 주장한다. 게다가 그는 의욕적 필연성이 또한 자아의 정신 건강을 구성하고 보존하는 데 요구된다고 주장한다. 기본적인 정신적 온전함이나 '합리성'을 유지하기 위해서 자아의 의욕적인 질서(economy)는 필연성에 의해 구속될 필요가 있다. 분명히 프랑크푸르트는 여기서 흄의 합리성에 대한 수단-목적 개념을 염두에 두지 않으며, 확실히 칸트의 실천적 합리성의 개념도 염두에 두지 않는다. 프랑크푸르트의 배려 인간학에서 주요 사상은 가장 진정한 자유와 자아의 보존은 필연적이 되는 것과 양립할 수 있을 뿐더러 적극적으로 필연성을 요구한다는 것이다. 이것은 명백히 자율성 그리고 어느 정도로는 본래성 및 자기 생존에 대한 많은 현대 표준적인 사상(이전에 논의된 합리주의 입장과 같은)과 맞지 않는다(Mele, 1995 참조).

그러나 의지에 대한 그의 이론이 받아들여진다면 적어도 두 가지 자율성 개념, 즉 자발적인 자율성과 비자발적인 자율성의 개념이 드러나게 된다(Cuypers, 2000). 그리고 이들은 자율성과 본래성 사이의 구분에 대한 흥미로운 설명으로 해석될 수 있다. 한편 자율성은 '선택하기' 혹은 '의사결정하기'에 의해 구성된 것으로 생각될 수 있다. 자율성은 적극적인 의지에 달려 있다. 자율적인 선택과 결정은 전적으로 개인의 자발적인 통제를 받는다. '자기 자신에게 진실해지는' 이러한 자발적인 개념은 자율성의 표준적인 정의에 동조한다. "정의상 자율적인 행위자는 오로지 자기 자신에 의해서만 지배된다. 그는 전적으로 자신의 통제하에 행위한다."(Frankfurt, 1999, p. 132) 한편 본래성은 '배려하기' 혹은 '사랑하기'에 의해 구성된 것으로 생각될 수 있으며, '의욕적 필연성'에 의해 구속된다. 이러한 관점에서 본래성은 실질적인 의지에 달려 있으며, 이러한 의지의 필연성 덕택에 본래성은 상당한 정도로 인간의 직접적인 자발적 통제를 넘어선다. 이러한 비자발적인 개념은 표준 개념은 아니다. "인간은 의지의 본질적인 인격으로부터 의욕이 파생되는 한 자율적으로 (본래적으로) 행위한다."(같은 책) 그리고 이러한 의욕들 중 어떤 것들은 인간의 직접적인 자발적 통제하에 있지 않다. 왜냐하면 그들은 의욕적 필연성에 의해 구속되기 때문이다. 프랑크푸르트에게 인간은 본질적으로 의욕적 실체라는 사실 때문에, 이러한 본래성의 원천은 그 인간의 '진정한 혹은 본래적인 자아'다.

> 인간의 본질은…… 인간의 의지가 사실상 구속되는 우연적인 의욕적 필연성들의 문제다……. 그들은 단지 형식적이라기보다는 실질적이다. 그들은 개인이 가지지 않을 수 없는 목적, 선호 그리고 다른 특성들에 속하며, 게다가 효과적으로 자신의 의지의 활동을 결정한다(Frankfurt, 1999, p. 138).

이러한 본래성의 개념은 교육철학에서 자율성과 본래성 사이의 구분을 주장하는 연구와 잘 맞는다(Cooper, 1983; Bonnett, 1978, 1986, 1994). 그러한 연구에서는 본래성의 보다 실질적이고 자기 준거적인 본질을 반영한다. 예컨대, 본래성의 개념은 실질적인 관심인 '구성적 자아(constituting self)' 로부터 파생하며, 이러한 자아의 상호작용은 발전하는 전망의 계보학을 형성한다(Bonnett, 1978). 하지만 이런 관점 사이에는 긴장이 명백히 남아 있다. 그 긴장은 관심들의 진정한 '소유권' 을 확인하는 데 있어 관심을 표현하는 데 대한 개인적 책임의 역할을 강조하고, 표면상으로는 프랑크푸르트의 본래성의 관점에 내재하는 매우 높은 정도의 수동성을 강조한다는 것이다.

본래성, 실존적 의미 및 개인적 정체성

이러한 중심적인 테마는 교육적인 관점에서 중요한 방식으로 발달될 수 있다. 특히 본래성과 ① 의미 사이에 주장된 관계와 ② 개인적 정체성의 개념은 자율성에 대한 합리주의적 해석이 함의하는 것과는 대조적인 교육 접근을 제안한다. 여기에서 우리는 이번에 이러한 관계를 각각 고찰할 것이다.

본래성과 의미 사이의 관계는 다음과 같이 나타난다. 사물은 우리의 본래적인 관심과의 관계에서 우리에게 중요하다. 즉, 본래적 관심이란 우리가 기꺼이 개인적 책임을 받아들이고, 게다가 우리 자신의 실존의 의미를 구성하는 표현에 대한 관심이다(Bonnett, 1994, 9장과 10장). 실제로든 상상력의 행위를 통해서든, 우리의 생각이 진정 의미하는 것을 발견하고 세계가 우리에게 의미하는 바가 무엇인지를 발견하는 것은 오직 그러한 본래적 관심을 표현하고 세계의 반응을 느낌으로써뿐이다. 이러한 방식으로 자신의 실존의 의미에 의하여 우리의 감정과 믿음, 또 우리가 배웠던 것들을 이해할 수 있게 된다. 니체를 해석함에 있어, 쿠퍼(Cooper, 1983, pp. 82-85)는 개인적 의미가 가치화(valuing)의 기능—우리가 배운 것이 우리의 생각과 행위에 어떻게 영향을 미쳐야 할 것인지를 결정하는—으로 이해될 수 있으며, 그러므로 철학—우리가 가치판단을 할 내용과 방법을 사고하는 기획으로서 적절하게 이해됨—이 삶을 위한 교육의 중심에 있다는 것을 주장하는 데서 이러한 점을 잘 발달시킨다. 그리고 합리주의적인 모델에 반대하여, "……우리 자신의 개념 및 '인간조건' 에 대한 우리의 이해에 영향을 미치는 정보에 대한 인식은 그 정보를 제공하는 학문에 입문하는 것으로는 거의 요구하지 않을 것이다."(같은 책, p. 54) 그렇다면 본래적 관심은 개인적으로 의미 있는 세계로의 다리며, 우리가 경험할 수 있는 의미의 종류는 우리가 이끄는 삶의 질, 즉 우리 의식의 본래적인 성질에 의해 조건화된다. 이러한 관점이 교수와 학습에 주는 방향은 본래성과 개인적 정체성 사이의 관계에 대해 좀 더 많이 진술한 다음에 전개될 것이다.

위의 관점에 따르면 명백히 우리의 본래적 관심은 우리 각자에게 세계에 대한 독특한 자세를 제시하며, 이러한 의미에서 상당한 정도로 개인으로서 우리가 누구인가를 구성한다. 우리의 본래적 관심에 대한 표현은 진정한 자기 표현의 기초이며, 본래적 관심의 기원과 조화 그리고 긴장은 자기 지식의 적절한 주제다. 우리는 이러한 관심을 인정하고 본래적 관심을 표현하는 데 대한 책임을 받아들임으로써 우리 자신의 삶의 저자가 되고—진정으로 자유로워지고—개인으로서 우리에 대한 존중은 정확히 본래적 관심을 표현하는 데 대한 존중으로 이루어져 있다. 우리가 표현하는 관심이 다른 사람들의 준거에 의해서 합리적인 것으로 판단되는지는 상관이 없다. 이것이 본래성의 지지자들과 합리적 자율성의 지지자들 간 논쟁의 핵심에 있는 쟁점을 이끈다.

어떤 합리성인가? 어떤 정설인가?

여기서 시도되었던 방식으로 자율성과 본래성 사이의 구분을 이끌어 내는 데 있어 가장 중요한 하나의 결과는 합리성 논쟁 자체를 비판하는 것이다. 즉, 명료하게 표현될 수 있는 합리성의 준거란 무엇인가? 예컨대, 그 준거들은 교육적인 상황, 말하자면 전통적인 학문의 사고와 지식에서 공적으로 공유된 객관적 준거가 될 수 있는가? 또는 개별 사상가들이 특정한 상황에 대한 자신의 체험된 경험—세계에서 자신의 직접적인 존재의 의미—에 뿌리박고 있는 개인적 준거가 될 수 있는가? 이러한 설명에서 나타난 관점에 의하면 자율성은 합리성을 요구하고 본래성은 합리성을 요구하지 않는다는 것이 아니다. 어떤 수준에서든 합리성의 작용을 포함하지 않는 선택이란 있을 수 없다. 논쟁점은 어떤 **종류**의 합리성인가 하는 점이다.

마찬가지로 일반적인 조건에서 '공적' 합리성과 '개인적' 합리성 사이에 필연적인 갈등이 있다고 주장하는 것이 아니며, 전자는 반드시 상당한 정도로 후자를 침투하게 된다는 것을 부정하는 것도 아니다. 개인의 이해 틀은 공유된 사회적 환경에 의해, 그리고 이런 의미에서 공적 합리성의 요소에 의해 항상 거대하게 결정된다. 정말로 개인 및 본래성의 개념이 고도로 발달되는 것은 일정한 사회적 환경 내에서만이다. 더욱이 테일러(C. Taylor, 1991, 6장)가 지적한 것처럼, 우리의 문화가 제공하는 '의미의 지평'은 우리 자신의 의미, 우리 앞에 놓여 있는 선택, 우리가 싸워야 하는 요구 및 긴장에 대한 본질적인 준거들이다. 이러한 '외적인' 규범적 고려사항의 중요성을 부정하는 자기 결정의 자유에 대한 개념은 '……조금도 결정적인 논쟁점이 없기 때문에 매우 의미 있는 선택이란 없는 무미건조한 세계'(같은 책, p. 68)를 초래함으로써 우리의 곤경을 하찮게 다룬다. 우리는 본질적으로 테일러의 공동체주의 접근으로 즉시 되돌아갈 것이지만, 이

지점에서 이러한 주장에 비추어 교육의 중요한 목적은 적어도 공적인 것이 이러한 개인적인 것을 침투하도록 조장하는 것이라고 말할 수 있다. 그 이유는 공유된 규범에 대한 요구들이 느껴질 수 있고, 경험이 점검될 수 있으며, 또 어떤 종류의 임의성이 제거될 수 있는 상호 주관적인 합의의 차원을 증진시키기 위해서다. 즉, 이러한 규범과 준거가 변화를 정교화시키고 변화를 일으킬 수 있지만, 학습자 자신의 참여 없이는 학습자의 관점을 절대로 제압하거나 대체하지 않는 방식으로 제시되는 경우라면 그렇다.

그러나 공적 합리성의 요구조건이 경험에 대한 상이한 해석을 요구하거나 주체 자신의 실존의 의미에서 나오는 상이한 선택을 요구하는 문제를 일으키는 경우들이 있다. 예컨대, '외부로부터' 합리성의 공적 준거는 매우 받아들이기 어려운, 말 그대로 '신의 말씀'을 듣는 경험을 했다고 주장하는 것일 수도 있다. 훨씬 더 그럴듯한 광범위한 설명을 제공할 수 있다. 그러나 이 경험의 주체가 이러한 설명에 의해 설득되어야 한다는 것은 결코 명백하지 않다. 왜냐하면 그런 인간은 자신의 경험의 특정한 성격을 이해하지 못한다고 느낄 수 있기 때문이다. 이것은 그 자체로 설명하기 어려운 것일 수 있다. 여기서 본래성은 주체가 자신의 경험의 의미와 결과적으로 자신이 할 수 있는 선택에 진실하게 남아 있을 것을 요구한다. 이것은 극단적인 경우처럼 들릴 수 있지만, 광범위한 필수 교육과정이 (합리적 자율성에 요구된 종류의) 작용하는 교육 상황에서 보다 일상적인 (그러나 덜 예리한 것이 아닌) 예를 관찰하는 것은 어렵지 않다. 예컨대, 학습자가 자료에 대한 자신만의 해석— 자신의 합리성의 산물—을 포기하고 더 식견 있다고 생각된 타인의 합리성의 산물과 바꾸도록 장려되는 경우가 정말로 있을 수 있다. 진정으로 자신의 독특한 관점을 생산하려는 노력은 전적으로 불필요한 상황이 있을 수 있다. 왜냐하면 교실의 전체 문화가 교사에 의해 '전달된' 사전에 정해진 끊임없는 자료 행렬(내용 및 그 내용을 평가하기 위한 '합리적' 규범에 의한)을 학습하는 것에 맞춰져 있기 때문이다.

교육적인 상황에서 공적 합리성을 크게 강조하는 이런 조건은 정설의 권력이 주는 협박의 위험과 밀접하게 관련되어 있다. 즉, 그 위험이란 학습자는 영역 전문가가 생산한 소위 규칙과 축적된 사고 및 지식의 중요성 때문에 개인적인 참여에—초기이며 시험적이기는 하지만 자신의 반응, 견해, 비판 및 추정을 형성하는 데—무능력감을 느낄 수 있다는 생각(예: Elliott, 1975; Cooper, 1983, p. 62 참조)이다. 학습자들은 자신의 가치 있는 견해를 형성하는 데 필요조건인 이전에 확립된 이러한 방대한 '본질적인' 지식체계가 있다는 인상을 쉽게 받아들일 수 있으며, 이러한 열망을 쉽게 포기하게 된다. 아마도 전통 보존으로서의 교육(Oakeshott, 1972; Haldane, 1995)과 교육적 과정에서 젊은이들의 본래적인 창의성으로서의 교육 사이에 항상 어떤 긴장이 존재하지만, 후자를 대체하기 위해 단지 전자를 인정하는 것은 진정한 참여의 부재를 묵인하는 것이다.

흥미롭게도 이에 대한 어느 정도 유사한 고찰이 교육철학 분야 자체 내에서 일어날 수 있다. 본질적으로 명백히 흥미롭기는 하지만, 개념의 사회적 구성 및 발달의 역사를 강조—예를 들면, 그 개념이 '위대한' 사상가들의 스펙트럼에 의해 어떻게 해석되어 왔으며, 그 개념의 사회적 결과는 어떠하였는지(이번에는 다수의 2차 문헌에 대한 지식을 요구한다)—하는 '학문적인' 동기가 현재 급성장하고 있는데, 이는 현 논쟁점에 대한 직접적 공격을 막연히 지연시킴으로써 그 쟁점에 개인이 참여하는 것을 좌절시킬 위험이 있다. 이러한 상황에서 쟁점은 그런 기여의 정확한 의미(이것이 분명히 쟁점이기는 할지라도)가 아니라 사상가와 사상 사이에 그 기여가 거리를 두게 되는 정도다.

이러한 의혹들(reservations)은 합리성이 그 자체로 어느 정도는 진짜가 아니거나 본래성에 해롭다는 잠재적인 심각한 비판과 관련된 것으로 이해될 수 있다. 로렌스(D. H. Lawrence)는 합리성에 대한 '가짜의 준거'—관념과 개념을 통해 '머리에서 살고 있는'—가 사고를 기계화하고 공허하게 할 것이며, 삶에 생기를 불어넣고 우리 자신의 진정한 표현이 되는 보다 직접적인 경험과 자발성의 영역에서 우리를 떼어놓게 될 것이라는 그의 두려움 때문에 잘 알려져 있다(예: 『인간의 교육(*Education of the People*)』(1936)과 논쟁하는 『벤자민 프랭클린(*Benjamin Franklin*)』(1923) 참조). 성찰 없는 삶의 열등함에 대한 '플라톤적' 직관과 대조적으로, 여기서 우리는 성찰된 삶의 유해성(corrosiveness)에 대한 강력한 '니체적' 직관을 갖고 있다. 광범위하게 말해서, 첫 번째 직관은 계몽주의의 전통에 좀 더 가깝지만 두 번째 직관은 낭만주의의 전통에 좀 더 가깝다. 전자는 데카르트와 흄을 생각나게 하고, 후자는 루소와 헤르더(Herder)를 생각나게 한다. 니체 자신은 계몽적이고 질서정연한 삶을 위한 매개물로서의 합리성에 혹평을 가하였다. 니체는 『우상의 황혼(*Twilight of the Idols*)』([1889] 1991)에서 소크라테스가 이성의 폭군을 만든다고 비난하고 있는데, 이성의 폭군은 극히 중대한 본능적인 삶에 대한 신뢰가 파괴되었음을 반영하였다. 니체는 소크라테스의 변증법에 대한 강조와 그의 '이성=덕=행복'이라는 '허위의' 등식을 비판하고는 다음과 같이 적고 있다.

> 소크라테스와 더불어 그리스 취향은 변증법을 지지하는 것으로 변화를 겪게 된다. 이것이 일어날 때 진정 무슨 일이 일어나고 있는 것일까? 무엇보다도 고귀한 취향이 패배하게 되었다……. 소크라테스 이전에 좋은 사회에서는 변증법적인 방법이 거부되었다. 즉, 변증법적 방법은 나쁜 방법의 형식으로 간주되었고 명성을 더럽히는 것이었다……. 자신의 이유를 그렇게 드러내 보이는 것은 불신으로 간주되었다. 정직한 사람처럼 정직한 것들은 이러한 방식으로 이유가 드러나도록 하지 않는다. 모든 우리의 선행을 드러내는 것은 점잖치 못한 것이다. 먼저 그 자체를 증명시켜야 하는 것은 가치가 거의 없다(같은 책, p. 41).

자율성, 본래성 및 공동체

자율성의 이상은 자유교육을 옹호하는 데 중추적인 역할을 해 왔다. 즉, 그것은 가장 중요한 교육적인 이상 중의 하나다. 자율성은 심지어 자유교육의 가장 중요한 목적이다(Dearden, 1975; 또한 Telfer, 1975; Ackerman, 1980; Callan, 1994도 참조). 하지만 자율성과 교육 사이의 이러한 밀접한 관계로 인해 현대 정치철학(Mulhall & Swift, 1996, 1부)과 교육철학(예: Jonathan, 1997a)에서 논쟁이 제기되었다. 주로 페미니즘(Friedman, 2000 참조)과 공동체주의(예: Sandel, 1982)의 영향하에 비판가들은 교육적 이상으로서 자율성, 자제 그리고 의지력에 대해 맹공격을 하였으며, 이들 대신 주요한 교육적 가치로서 헌신, 사랑 그리고 배려를 확립하려고 하였다. 자유주의적 합리주의의 사상에 반대하여, 매킨타이어(A. MacIntyre), 테일러 그리고 로티(R. Rorty)와 같은 '포스트분석(postanalytical)' 철학자들은 철학적 계몽주의로부터 파생하는 자유로운 선택과 합리적 의사결정의 개념을 비판하는 데 참여해 왔다. 여기서 우리는 자율성과 본래성의 구분에 대한 논쟁 및 그 논쟁의 함의와 관련하여 주로 테일러의 공동체주의 접근으로 되돌아갈 것이다(Taylor, [1977] 1985a, 1989, 1991; 또한 Cuypers, 1995, 근간, 6장도 참조).

테일러에게 급진적으로 자유로운 자기 결정에 기초한 것으로서 개인적 자율성의 자유주의적이고 개인주의적이며 심지어 나르시스적인 개념은 자기 자신에게 진실하다는 보다 적절한 개념에 대한 가치 저하되고 희화화된 표현일 뿐이다. 그리고 그가 '본래성의 이상(the ideal of authenticity)' 이라는 표현을 사용하기 때문에 자신만의 독창적인 방식을 갖는 좀 더 도덕적이고 이상적인 이러한 개념은 공동체주의 관점을 인간의 가치평가 체계의 구성과 통합시킨다. 테일러의 일반적인 논쟁은 우리의 공유된 인간조건을 전제로 받아들인다. 테일러가 우리의 주의를 끄는 공유된 인간조건에 대한 한 가지 일반적인 특징은 우리의 정체성에 대한 정의가 본질적으로 우리가 '의미 있는 타자(significant others)' ―미드가 명명함―로부터 얻게 되는 인정에 달려 있다는 것이다. 인간의 실존적 정체성과 자아존중감은 독백적인 방식이 아닌 대화적인 방식으로 형성된다. 표현된 언어 매개체를 통한 자아와 타자 사이의 교환은 자아의 서사적 정체성을 구성한다. 자서전적인 자아정의에서 자아는 용기 있거나 겁이 많고, 적절하게 반응하거나 부적절하게 반응하고, 진실하거나 기만적인 것과 같은 '강한 평가' 에 의해서 자신을 평가한다. 그리고 이러한 귀속(ascription)은 다른 사람들의 인정을 요구한다. 다른 사람들의 이런 평가적 태도 없이는 정신적 온전함과 적절한 정체감을 보존할 수 없었을 것이고, 우리는 진실하거나 진정한 개인적 가치에 대해 완전히 모르게 될 것이다. 따라서 개인의 정체성과 자아존중감은 결정적으로 다른 사람의 평가적 태도에 달려 있다고 주장된다.

그러나 물론 인간의 인격에 대한 신중한 평가에서 다른 사람들은 자신의 특이한 가치를 표현할 뿐만 아니라 일반적으로 공동체의 가치평가 틀을 표현한다. 자아정의와 자기평가에서 자율적인 의지에 관계없이 중요한 것의 의미를 배경으로 받아들여야 한다. 앞서 언급한 바와 같이, 우리의 정체성과 개인적인 가치는 단지 이해 가능성의 배경이나 테일러(하이데거를 따라서)가 '의미의 지평' 이라고 부른 것을 배경으로 하여 중요성을 얻게 된다. 테일러에게 의미의 지평은 역사적으로 성장한 공동체에 대한 가치평가 체계다. 의미의 지평은 규범적이고, 사회적으로 퍼져 있는 좋은 삶에 대한 관점을 나타내는 권위 있는 원칙, 규칙, 가치와 규범으로 이루어진다. 다른 사람들의 평가적 태도가 갖는 권위는 공동체의 의미의 지평이 갖는 권위에서 파생한다. 그리고 호소력 있는 이러한 최고의 법정은 원초적이거나 특별한 규범적 지위를 얻는다. 왜냐하면 다른 사람들의 평가뿐만 아니라 사람들의 그들 자신에 대한 평가를 넘어서기 때문이다. 의미의 지평은 자아를 넘어설 뿐만 아니라 타자를 넘어선다. 의미의 지평은 인정을 요청하는 사람과 인정해 주거나 인정해 주지 않는 다른 사람들이 복종하게 되는 물려받은 전통과 가치화의 관례에 의해 구성된다. 그러므로 자아의 지식은 자아와 타자 사이에 '진행 중인 대화' 에 의해서 물려받은 이해 가능성을 배경으로 하여 구성된다.

사회적 의존과 순응주의는 일반적으로 자기 자신에게 진실하다는 것과 양립할 수 없는 것으로 간주되지만, 다른 사람의 견해와 사회적 틀에 대한 이러한 특정한 의존과 순응주의는 장애물이라기보다는 본래적으로 사는 데 있어 구성적 기여를 한다. 테일러의 주요한 공동체주의 접근은 다음의 본래성에 대한 종합적인 정의를 이끈다.

> 간략하게 우리는 본래성이 (한편으로는) (A) (i) 발견뿐만 아니라 창조와 구성, (ii) 독창성 그리고 자주 (iii) 사회의 규칙 및 심지어 잠재적으로 우리가 도덕성으로 인정하는 것에 대한 반대를 포함한다고 말할 수 있다. 그러나 우리가 살펴본 것처럼, 그것은 (다른 한편으로는) (B) (i) 의미의 지평에 대한 개방성……(ii) 대화에서의 자아정의를 요구한다. 이러한 요구들이 긴장 속에 있을 수 있다는 것이 인정되어야 한다. 그러나 틀림없이 잘못된 것은 후자보다는 전자에, 말하자면 (수동적 차원) (B)를 희생하여 (적극적 차원) (A)에 완전한 특권을 부여하는 것이다. 혹은 그 반대의 경우도 가능하다(Taylor, 1991, p. 66).

이러한 접근에서 볼 때, 자유주의 전통의 많은 현대 교육실천과 교육이론에서 잘못된 것처럼 보이는 것은 정말로 그들이 수동적 차원인 (B)를 경시하는 동안 적극적 차원인 (A)를 강조한다는 것이다. 자유교육의 지지자뿐만 아니라 아동 중심적인 교육론자들(예: Neill, 1960)과 탈학교론자들(예: Illich, 1971)과 같은 개혁교육학의 옹호자들은 아동과 학생들이 급진적 의미에서 사실적으로나 잠재적으로 자율적인 존재라는 것을 자명한 원리로 받아들이는 것부터 시작한다. 이러한 교육 실천가들과 이론가들은 확실히 자율성이 다른 사람들의 태도와 더 큰 공동체 상황의 영향에 일시적이고 사실적으로 의존한다는 것을 부정하는 것이 아니다. 그러면서도 그들은 개개 아이들이나 학생들이 원칙적으로 여전히 그들의 가치뿐만 아니라 의욕적 인격을 갖고 있는 독립적인 창조자들이라고 생각한다. 하지만 테일러의 공동체주의 주장들이 그럴듯하다면, 그때 젊은이들의 자기 결정적인 자유에 대한 이러한 배타적인 강조—수동적인 차원보다는 적극적인 차원의 찬양—는 근거 없고 심지어 자멸적인 것이다. 의미의 지평과 대화적 관계를 피하고 자기 자신에게 진실하다는 모든 견해는 기본적으로 왜곡된 것이거나 오류가 있는 것이 된다.

그렇다면 이러한 관점에서 교육실천에서의 이상과 교육이론의 출발점은 급진적 자기결정 유형에서의 개인적 자율성이 될 수 있는 것이 아니라 위에서 정의된 의미에서 본래성이 되어야 한다. 따라서 동기부여적 혹은 의욕적인 장에서 기본적인 교육적 이상은 자율성이라기보다는 본래성이다(더 자세한 논의는 Morgan, 1996을 참조). 물론 테일러의 본래성에 대한 광범위한 공동체주의 접근에 공감하는 사람들은 정반대의 실패, 즉 적극적 차원을 희생하여 수동적 차원에 특권을 부여하는 것을 경계해야 할 것이다. 특히 페미니스트들과 공동체주의자들은 이러한 정반대를 과장하는 경향이 있다. 테일러의 분석을 고려하여, 그들은 자기 자신에게 진실하다는 것의 개념이 자유로운 선택이나 합리적 결정에 의한 (보다) 적극적인 자기 결정으로서의 자율성과 (보다) 수동적인 사회적 의존 및 순응주의로서의 본래성을 포함하고, 또 자율성은 비대칭적으로 본래성에 의존한다는 것을 인정하는 보다 온건한 공동체주의 접근을 더 잘 선택할지도 모른다(또한 Cuypers, 2000도 참조). 그렇다면 페미니스트와 공동체주의 교육철학에 적어도 다음의 두 가지 결과가 따라나온다.

첫째, 교육적 이상으로서 자율성에 대한 페미니스트 및 공동체주의자의 비판은 그 자체로 자기 자신에게 진실하다는 것을 향하기보다는 이것에 대한 특정한 해석, 즉 급진적인 자유로운 선택이나 합리적 결정에 기초한 것으로 보는 데 반대하는 것이다. 교육적인 이상으로서 이러한 자율성에 대한 비판은 자유주의 교육에서 자신의 독자적인 방식을 갖는 것이 너무나 쉽게 자율적인 자유로운 선택이나 합리적 결정으로 환원되고, 사회적 의존과 순응주의를 포함하는 본래성의 이러한 측면을 경시하게 된다는 사실에 비추어서 종종 정당화된다는 것이 인정되어야 한다. 확실히 본래성에 대한 자율성의 비대칭적인 의존이 진실이라면, 그때 이러한 환원은 근본적으로 잘못된 것이다. 왜냐하면 적극적 자율성은 혼자서는 설 수 없기 때문이다. 그러나 페미니스트들과 공동체주의자들은 소중한 것을 필요없는 것과 함께 버리지 않도록 주의해야 한다. 자신에게 진실하다는 것은 자기 결정으로서의 자율성과 사회적 의존을 포함하는 것으로서 본래성으로 이루어지며, 전자가 후자에게 의존한다는 것이 인정된다면, 그들은 적극적 자율성을 한 가지 중요한 교육적 이상으로서 정말 완벽하게 동의할 수 있다. 자기 자신에게 진실하다는 것—본래성—의 기본적인 개념은 배려에서의 정서적 애착과 공동체에 대한 소속감과 같은 결정적인 요소들을 포함할 정도로 충분히 열려 있다.

둘째, 그와 관련해서, 자제와 의지력의 자유주의적인 가치는 페미니스트와 공동체주의자의 배려 및 헌신의 가치와 완벽하게 양립할 수 있다. 단, 가령 사람들이 자신의 기본적인 관심과 헌신에 의해서 인도되려면 실질적인 선택과 결정을 내리기 위해 오직 의지력을 불러일으킬 수 있다는 의미에서 전자(자제와 의지력의 가치)가 후자(배려와 헌신의 가치)의 기능으로 간주되는 한 양립할 수 있다. 우리는 교육의 과정에서 이러한 두 가지 가치체계를 가질 수 있을 뿐만 아니라 양자를 다 갖고 있어야 한다(더 자세한 논의는 Aviram, 1995를 참조). 그러나 우리가 그러한 가치체계들에 대해 갖는 방식은 아주 중요하다. 자율성이 본래성에 의존한다고 할 때, 배려와 헌신의 가치는 일차적이다. 즉, 자유주의적인 가치는 이런 식으로 페미니스트와 공동체주의자의 가치에서 파생된다. 그리고 페미니스트들과 공동체주의자들은 중요한 수동적 차원을 인정하길 추구하는 점에서는 대체로 옳았더라도 본래성의 이상에서 적극적이 되는 것과 수동적이 되는 것 사이의 기본적인 긴장을 존중하는 것을 잊지 말아야 한다. 이러한 긴장이 바로 자아의 본질에 속하기 때문이다.

본래성, 책임 및 교육

다양한 해석 속에서 본래성에 대한 관심에 의해 고취된 합리성과 합리적 자율성에 대한 비판은 그만 다루기로 하자. 이제 우리는 교육적 상황에서 본래성 자체에 대한 잠재적으로 심각한 비판, 즉 자기중심성의 비난으로 돌아갈 것이다. 중요한 선택을 하게 될 때 공동체적 기준이 필연적이라는 것을 말해 왔음에도 개인적 본래성에 대한 강조가 자기 충족에 열광적으로 몰입하도록 하고 세계에 대한 자기만의 제한된 접근을 이끌지 않았는가? 완전히 본래적이 된다는 것은 비도덕적이 되고 사회적으로 고립되며 비교적 무지하다는 것과 일치하는 것이 아닌가? 교육적 상황에서는 결코 전도유망한 자질은 아니다.

우리가 적어도 우리의 사고와 행위의 결과를 인정하고, 그러한 결과들의 인간적 중요성을 지각하는 데 있어서는 세계와의 관계를 요구한다는 점에서 본래성이 탈중심화되고 있다는 중요한 의미가 있음을 이전 논의가 보여 주었을지라도 명백히 이러한 비판에는 일말의 진리가 있다. 그러나 그 비판은 두 가지 추가적인 의미에서, 즉 ① 본래성과 그 비판이 반대하기를 시도하는 어떤 교육 목적 사이의 내적인 관계에 의해서, ② 많은 현대 합리성에 내재하는 것보다 근본적으로 세계에 대한 덜 도구적인 태도를 끌어내기 위해 본래성의 발달된 의미의 가능성에 관해서 인정을 받을 필요가 있다.

본래성이 교육의 유일한 목적, 심지어 중심적인 목적이 되어야 한다는 제안은 명백히 받아들이기 어렵다. 본래성은 합리적 자율성과 대조를 이룬다. 합리적 자율성은 다른 교육 목적들을 합리성의 형식이나 고도로 합리적인 기획(예: 인간 존중의 합리적인 원리로부터 나오는 도덕성, 인지의 형식으로 생각된 정서; Hirst & Peters, 1970)으로 생각하여, 지식 및 이해의 폭 그리고 도덕적, 사회적, 개인적 발달과 같은 광범위한 다른 교육 목적들을 통합하기를 열망하는 합리성의 관점에서 작용하는 것으로 종종 제시되곤 한다. 그러나 이전의 논의에 비추어 볼 때 학생 본래성에 대한 존중은 이러한 다른 목적들이 교육적 가치를 가지려면 매우 중심적인 고려사항으로 남아 있어야 한다고 주장될 수 있다.

예컨대, 교육적 상황에서 인식 주체에게 개인적 의미를 갖지 않는 지식의 폭은 거의 가치가 없는 것 같다. 도덕적이 된다는 것은 단순히 어떤 사회적 규범을 동의하는 문제 이상이다. 즉, 그것은 특정한 삶의 방식에 대한 개인적인 헌신을 포함한다. 의미 있는 대인간의 관계는 타인에 대한 배려를 보여 주고 타인들을 이해하기 위한 —책임이 있게 된다는 것, 그리하여 인간 조건에 참여한다는 것을 내면으로부터 알기 위한— 필요조건으로서 발달된 소유권의 의미, 우리 자신의 삶에 대한 책임 및 우리 자신의 삶이 타인에게 미치는 결과를 요구한다. 마지막으로 본래성으로 개인에게 두었던 강조와 더 큰 '사회의 필요' 사이의 외관상 팽팽한 긴장감에 대한 논쟁은 민주주의적이 되기를 열망하는 사회에서 인정을 받아야 한다. 민주주의 절차는 그 절차를 작동시킬 본래적 개인을 전제할 수 있다면 도덕적 가치를 갖는다. 말하자면 여론이 오직 미디어 조작이나 정당의 지배세력의 산물이었다면 민주주의는 위선이 될 것이다. 따라서 민주주의에서 시민 교육은 본래적인 개인의 발달을 요구할 것이다. 그렇다면 각각의 경우에 본래성이 이러한 추가적인 목적을 성취하기 위한 충분조건은 아닐지라도 필요조건이 되는 것임을 이해할 수 있다. 본래성이 없이는 추가적인 목적들은 쓸모없어진다.

이제 본래성은 세계에 대한 점점 더 지배적인 도구적 태도를 변경하기 위한 잠재력을 갖고 있다는 주장을 전개해 보기로 하자. 책임 개념은 본래성 개념에 중심이 된다고 주장되어 왔다. 위에서 언급한 교육 목적과의 관계에 본래성을 끌어들일 뿐더러, 발달된 책임감은 사물 자체(things themselves)와의 관계에 본래성을 끌어들일 잠재력을 갖고 있다. 이는 주체-대상 관계의 중요한 변경을 나타낸다.

합리주의 접근에 의해 제공된 객관성의 특징(자기중심성에 대한 반대)을 고려해 보라. 합리적 사고는 우리를 세계와 관련짓고, 공적인 규칙 지배적인 절차를 경험에 적용하고, 그리하여 경험이 조직되고 타당성이 입증됨으로써 합리적 사고의 엄밀함을 성취한다. 이러한 방식으로 객관성은 본질적으로 합의된 규정의 기능, 사물이 어떻게 분류되고 진리로 간주되는 것은 무엇인가를 결정하기 위한 공유된 기준의 기능이 된다. 이제 몇몇 접근에 의거할 때 이것은 그 자체로 객관성에 대한 매우 자기중심적인 설명—지금은 인간중심이라는 의미에서—이다. 이러한 객관성의 틀에서 나타나는 것은 응용된 준거(규정, 기준 등)의 기초가 되는 주로 도구적인 목적에 의해서 결정된다. 예컨대, 많은 현대과학(많은 사람들에게 합리적인 기획의 패러다임)은 —그리고 현대과학이 갖고 있는 공정성의 자아상에도 불구하고— 자연을 범주화하고, 일반화하며, 설명하고 예측하고 통제하며, 점차 자연을 착취하려는 욕망에 의해 동기부여된다. 이러한 의미에서 현대과학은 결코 공정한 것이 아니며, 세계에 대한 만연된 계산적 자세를 동의하는 것으로 보일 수 있다. 환경에 대한 그런 자세의 누적적인 결과는 유감스럽지만 명백해지고 있는 중이다. 이와 뚜렷하게 대조를 이루어, 하이데거는 '사물 자체에 의해 위임된(commissioned by things themselves)' 사고의 종류를 자주 확언하였다(이러한 개념의 지나친 사용 가능성에 대한 1986년 아도르노의 신랄한 비판을 볼지라도). 본래성은 그러한 사고의 종류가 불러일으키는 '부정(negation)' 의 고조된 감각을 통해서 사물에 대한 진정한 개방성에—강요된 범주에 의해 과하게 정의된 대상에 대한 지각과는 대조적으로—특권을 부여하는 객관성에 대한 덜 공격적인 인간 중심적 해석 가능성을 제안한다고 주장될 것이다.

여기서 중심적인 논점은 하나의 방식으로 무엇인가를 본다는 것—특정한 경우에 정해진 방식으로 무엇인가를 드러내는 것—은 항상 무엇인가를 드러내는 또 다른 방식을 희생하게 된다는 것이다. 우리가 주의하지 않거나 우리의 관점 밖에 있는 사물의 측면이 항상 있다. 항상 알려지지 않은 채로 남아 있거나 이해할 수 없지만 사물 자체의 부분 — 예컨대 그리고 무엇보다도 거기에 있고 존재할 단순한 자격—인 측면들이 있다. 따라서 충분한 사물 자체에 대한 개방성은 '부정' 의 이해 —처음에 현존하고는 있지만 우리가 현재 지각할 때는 그 자체로 드러나지 않는 것의 분위기에 대한 느낌—를 포함한다. 이러한 방식에서만이 사물은 그 자체의 고결함에 본질적인 내재적 '타자성' 을 회복할 수 있을런지 모른다. 이런 의미에서 심지어 가장 친숙한 사물조차 그 자체의 신비한 측면을 갖고 있다. 이것이 정확히 우리가 사물에 적용된 미리 결정된 범주를 통해서 사물을 너무 쉽게 생각할 때 이면에 남겨지는 것이다. 여기서 도구적인 접근은 이른바 인간 범주체계의 권력구조를 통해 사물에 대한 일방적인 인간 중심적 통제를 얻으려고 애쓴다.

이제 이러한 '부정' 에 대한 지각, 즉 우리가 성취한 것에서 부정했던 것에 대한 지각은 정확히 개인적 책임의 핵심에 놓여 있는 것이다. 책임감이 일어나고 죄의식이 생길 수 있는 것은 오직 모든 선택에 포함된 '부정' 에 대한 의식에서뿐이다. 그렇다면 이러한 의미에서 볼 때 부정에 대한 의식은 실존주의 의미에서 본래적으로 살려고 노력하는 —즉, 책임 있게 그리고 가령 자신의 죽음을 면할 수 없음에 대한 지각 속에서— 개인들의 자기 표현에서 생기는 것처럼 사물 자체의 개인성과 특수성을 드러내는 데서 활동하게 되는 유한성에 대한 동일한 고조된 감각이다. '부정' 에 대한 지각은 무(nothing)에 대한 지각이 아니라 우리가 범주 속에서 사물을 판단하고 범주에 의해 우리의 삶과 세계를 질서 지으려고 시도할 때 잊혀지고 있는 것에 대한 기억이다. 그러므로 그것은 합리론에 의해 치켜 세워진 것보다 '타자' , 즉 '객관성' 에 대한 더 풍부하고 덜 편견 있는 의미를 나타내고, 그럼으로써 세계에 대한 보다 본래적인 이해가 된다. 즉, 상호성과 존중이 '좋은' 사고를 특징짓는 유리된(disengaged) 합리적 면밀함을 대체하는 이해다.

합리적 자율성과 본래성의 구분에 의해 제기된 또 다른 쟁점과 더불어 이러한 사물과의 보다 진정한 수용적-반응적 관계의 회복은 우리가 교육 상황에서 학습, 교수 그리고 교사-학생 관계의 질을 이해하는 데 큰 함의를 준다. 우리는 이제 이러한 문제에 눈을 돌릴 것이다.

교육에서 본래적 발달을 위한 주요한 고려사항은 학생들이 자신의 동기를 존중하고 자신들이 참여하고 있는 자료의 고결함을 존중하는 방식으로 자료에 참여하도록 조장되는 상황을 제공하는 것이다. 본래적 학습을 촉진시키는 것은 교사에게 학습자와 감정이입할 것을 요구한다. 자료에 처음에 있는 것, 즉 학습자의 현재의 생각이 본래 마음속에 품고 있는 쟁점과 가능성에 '경청함으로써' 학습자가 현재의 참여의 질에 대한 느낌을 발달시킬 것을 요구하며, 학습자들이 쟁점과 가능성을 인정하고 추구하도록 촉진할 것을 요구한다. 이를 위해서 교사는 또한 사물 자체(사물이 속해 있는 사고의 전통을 포함하여)가 기여해야 하는 것에 주의를 기울여야 한다. 그리하여 교사는 학습자의 사고를 정교화시키고 심화시키기 위한 자극을 제공할 수 있다. 따라서 교사는 고립된 학습자에게 집중하는 데 관심이 있거나 어떤 사전에 정해진 지식에 집중하는 것도 아니고, 진정으로 학습자를 채우고 있는 것은 무엇이든지 학습자의 참여에 집중하는 데 관심이 있다. 교사의 과제는 학습자가 이러한 상황에서 무엇을 생각하게 될 것인지에 대한 학습자 자신의 의미를 확인하고 발달시키도록 돕는 것이며, 이것이 일어날 공간을 제공하는 것이다(Bonnett, 1994, 14장 참조).

따라서 가르침(teaching)은 학생의 수용과 요구가 있어야 하며, 교육과정의 내용은 이러한 상호작용으로부터 자유롭게 일어나야 한다. 가르침은 학습 상황에 외재적인 사람들에 의해서 사전에 상세하게 정해질 수 없으며, 학습 상황 자체는 일련의 순전히 외적인 규범에 따라서 구조화될 수 없다. 이러한 접근은 합리적 자율성의 지지자들에 의해 요구된 것과는 명백히 다르다. 즉, 여기서 합리적 자율성의 지지자들에 의한 학습은 사전에 정해진 교육과정 내에서 일어나는 것이며, 이러한 교육과정의 목표 및 내용은 합리적인 학문의 내용 및 구조로부터—예컨대, 모든 '본질적인 지식', 주요 개념, 절차와 판단을 내리기 위한 기준— 파생될 것이다. 어떤 하나의 방법론이 이러한 입장으로부터 나올 것이라고 제안하는 것은 오도하는 것이 될 것이다. 하지만 합리적 사고의 공적인 준거가 무엇으로 고려되든지 그 요구를 중심으로 하여 상당한 양의 '예시된' 수업을 포함하는 접근을 명백히 이끌 것이다. 보다 광범위한 계산적인 정치적 상황에서 공적으로 증명할 수 있고 측정할 수 있는 목표에 초점을 둘 것 같다. 이것은 또다시 교육에서 본래성의 관심사인 개인적 참여라는 덜 확실한 자질과 대조를 이룬다.

적절하게 이해된 학생의 본래성은 교육에서 중심적인 관심사로 남아 있어야 한다. 왜냐하면 학습, 도덕교육, 대인관계의 이해 그리고 민주시민 교육에서 개인적인 중요성과 본래성의 내적인 관계 때문이다. 물론 학생의 본래성은 충분한 인간 존재—인간의 고결함과 존엄성이 의미한 바를 대부분 구성하는—가 되는 데 절대적으로 필요하다(Bonnett, 1978). 본래성은 성취되어야 할 것이면서도 교육의 과정에서 유지되고 존중받아야 하는 것이기에 솔직히 아마도 교육 목적이나 목표로서 (말하자면 수리적 지식이 교육 목적이나 목표가 될 수 있는 방식처럼) 가장 잘 생각나는 것은 아닐 것이다. 그럼에도 불구하고 본래성은 진실로 교육적 활동으로 간주될 수 있는 만큼 윤곽이 뚜렷한 기본적인 고려사항이다. 본래성의 중요성은 정치적 · 경제적으로 편리한 방식으로 개인의 표현을 조정함으로써 본래성을 억압하거나 사소하게 만들려고 시도하는 대중 소비사회에서 많은 반대 압력에 의해서만 강조된다. 더욱이 그 개념이 발달하는 과정에서 본래성은 사물과 보다 진정한 개방적 관계의 가능성을 암시함으로써 인류가 직면한 갑자기 출현한 환경문제를 전달하는 데 중심적인 방향의 역할을 할지도 모른다.

추천도서

Bonnett, M. (1994). *Children' s Thinking*, Cassell.

Cooper, D. (1983). *Authenticity and Learning*, Routledge & Kegan Paul.

Frankfurt, H. G. (1999). *Necessity, Volition, and Love*, Cambridge University Press.

Taylor, C. (1991). *The Ethics of Authenticity*, Harvard University Press.

| 참고문헌 |

Abu-Lughod, J. (1981). *Before European Hegemony: The World System AD 1250-1350* (Oxford University Press).

Ackerman, B. (1980). *Social Justice and the Liberal State* (New Haven, CT: Yale University Press).

Adams, J. (1933). *Modern Developments in Educational Practice* (London: University of London Press).

Adorno, T. (1966). *Negative Dialektik* (Frankfurt am Main: Suhrkamp).

Adorno, T. (1971a). Erziehung nach Auschwitz, in: T. Adorno *Erziehung zur Mündiakeit* (Frankfurt am Main: Suhrkamp).

Adorno, T. (1971b). *Erziehung zur Mündiakeit* (Frankfurt am Main: Suhrkamp).

Adorno, T. (1972). Theorie der Halbbildung, in: R. Tiedemann (ed.) *Gesammelte Schriften*, vol. VIII (Frankfurt am Main: Suhrkamp).

Adorno, T. (1986). *The Jargon of Authenticity* (London: Routledge & Kegan Paul).

Adorno, T., Frenkel-Brunswik, E., Jahoda, M., and Sanford, P. (eds.) (1950). *The Authoritarian Personality* (New York: Norton).

Ainley, P. (1993). *Class and Skill* (London: Cassell).

Albercht, C., Behrmann, G., and Bock, M. (1999). *Die Intellektuelle Gründung der Bunderepublik. Eine Wirkungsgeschichte der Frankfurterschule* (Frankfurt am Main and New York: Campus).

Alexander, H. A. (1981). Schools without faith, *Religious Education*, *77*, pp. 307-321.

Alexander, H. A. (1995). On the possibility of teaching theology, *Panorama: International

Journal of Religious Education and Values, 7, pp. 83-93.

Alexander, H. A. (1997a). Rationality and redemption: Ideology, indoctrination, and learning communities, in *Philosophy of Education Yearbook 1996* (Urbana, IL: Philosophy of Education Society).

Alexander, H. A. (1997b). Jewish education and the search of authenticity: A study in Jewish identity, in: D. Zisenwein and D. Schers (eds.) *Making a Difference: Jewish Identity and Education* (Tel Aviv: Tel Aviv University, Kelman Center for Jewish Education).

Alexander, H. A. (2000). Literacy, education, and the good life, in: D. Zisenwein and D. Schers (eds.) *Identity, Language, and Culture: Studies in Jewish Culture, Identity, and Community* (Tel Aviv: Tel Aviv University, Kelman Center for Jewish Education).

Alexander, H. A. (2001). *Reclaiming Goodness: Education and the Spiritual Quest* (Notre Dame, IN: University of Notre Dame Press).

Alibhai-Brown, Y. (1995). *No Place Like Home: An Autobiography* (London: Virago).

Allott, K. (ed.) (1968). *The Penguin Book of Contemporary Verse* (London: Penguin Books).

Apple, M. (1990). *Ideology and Curriculum* (New York: Routledge).

Arcilla, R. V. (1992). Tragic absolutism in education, *Educational Theory, 42*, pp. 473-481.

Arendt, H. (1958). *The Human Condition* (Chicago: University of Chicago Press).

Arendt, H. ([1991] 1993). *Between Past and Future* (Harmondsworth, UK: Penguin Books).

Arendt, H. (1968). *The Origins of Totalitarianism* (New York and London: Harvester and Harcourt Brace).

Arguelles, A. and Gonczi, A. (eds.) (2000). *Competency Based Education and Training: A World Perspective* (Balderas, Mexico: Conalep/Noriega).

Aries, P. (1973). *Centuries of Childhood* (Harmondsworth, UK: Penguin Books).

Arnold, M. (1932). *Culture and Anarchy* (London: Cambridge University Press).

Aront, M. (1997). "Gendered citizenry": New feminist perspectives on education and citizenship, *British Educational Research Journal, 23*, pp. 275-295.

Aront, M. and Dillabough, J. A. (eds.) (2000). *Challenging Democracy: International Perspectives on Gender, Education and Citizenship* (New York: Routledge).

Aronowitz, S. and Grioux, H. (1991). *Postmodern Education: Politics, Culture and Social Criticism* (Minneapolis and London: University of Minnesota Press).

Arthurs, J. and Grimshaw, J. (eds.) (1998). *Women's Bodies: Representation, Discipline and*

Transgression (London: Cassell).

Ashby, E. (1946). Universities in Australia, in: E. Ashby (ed.) *Challenge to Education* (Sydney and London: Angus and Robertson).

Ashby, E. (1966). *Technology and the Academics* (London: Macmillan).

Ashraf, S. A. (1986). Foreword, in: J. M. Halstead *The Case for Muslim Voluntary-Aided Schools: Some Philosophical Reflections* (Cambridge, UK: Islamic Academy).

Ashraf, S. A. and Hirst, P. H. (eds.) (1994). *Religion and Education. Islamic and Christian Approaches* (Cambridge, UK: The Islamic Academy).

Assister, A. (1996). *Enlightened Women: Modern Feminism in a Postmodern Age* (London: Routledge).

Astley, J. (1994). *The Philosophy of Christian Religious Education* (Birmingham, AL: Religious Education Press).

Audi, R. (1989). *Practical Reasoning* (London and New York: Routledge).

Audi, R. (1993). *The Structure of Justification* (Cambridge, UK: Cambridge University Press).

Audi, R. (2000). *Religious Commitment and Secular Reason* (Cambridge, UK: Cambridge University Press).

Aviram, A. (1995). Autonomy and commitment: Compatible ideals, *Journal of Philosophy of Education, 29,* pp. 61-73.

Avis, J., Bloomer, M., Esland, G., Gleeson, D., and Hodkinson, P. (1996). *Knowledge and Nationhood: Education, Politics and Work* (London: Cassell).

Ayim, M. (1987). Warning: Philosophical discussion, violence at work, in: *Women and Philosophy, Resources for Feminist Research,* Ontario Institute for Studies in Education, September, pp. 23-25.

Bailey, C. H. (1984). *Beyond the Present and the Particular: A Theory of Liberal Education* (London: Routledge & Kegan Paul).

Bailin, S. (1987). Critical and creative thinking, *Informal Logic, 9,* pp. 23-30.

Bailin, S. (1990). Argument criticism as creative, in: R. Trapp and J. Schuetz (eds.) *Perspectives on Argumentation: Essays in Honor of Wayne Brockriede* (Prospect Heights, IL: Waveland Press), pp. 232-240.

Bailin, S. ([1988] 1992a). *Achieving Extraordinary Ends: An Essay on Creativity* (Norwood, NJ, Ablex).

Bailin, S. (1992b). Culture, democracy and the university, *Interchange, 23,* pp. 63-69.

Bailin, S. (1995). Is critical thinking biased? Clarifications and implications, *Educational Theory,* 45, pp. 191-197.

Bailin, S. (1998). Education, knowledge and critical thinking, in: D. Carr (ed.) *Education, Knowledge and Truth: Beyond the Postmodern Impasse* (London: Routledge), pp. 204-220.

Bailin, S., Case, R., Coombs, J. R., and Daniels, L. B. (1999). Conceptualizing critical thinking, *Journal of Curriculum Studies, 31*, pp. 285-302.

Ball, S. (ed.) (1990). *Foucault and Education: Disciplines and Knowledge* (London: Routledge).

Ball, S. (1994). *Education Reform: A Critical and Post-Structural Approach* (Buckingham, UK and Philadelphia: Open University Press).

Banks, J. A. and McGee-Banks, C. A. (eds.) (1999). *Multicultural Education: Issues and Perspectives* (New York: Wiley).

Barnes, J. (ed.) (1984). *The Complete Works of Aristotle* (Princeton, NJ: Princeton University Press).

Barnett, C. (1986). *The Audit of War* (London: Macmillan).

Barnett, R. (1990). *The Idea of Higher Education* (Buckingham, UK: The Society for Research into Higher Education and Open University Press).

Barnett, R. (2000). *Realizing the University in an Age of Supercomplexity* (Buckingham, UK: Open University Press).

Bar On, B.-A. and Ferguson, A. (eds.) (1998). *Daring to Be Good: Essays in Feminist Ethico-Politics* (New York: Routledge).

Barr, J. (1999). *Liberating Knowledge: Research, Feminism and Adult Education* (Leicester, UK: National Institute for Adult Continuing Education).

Barrow, R. (1987). Skills talk, *Journal of Philosophy of Education, 21*(2), pp. 87-201.

Bassey, M. (2001). A solution to the problem of generalisation in educational research: Fuzzy prediction, *Oxford Educational Review, 27*(1), pp. 5-22.

Battersby, C. (1998). *The Phenomenal Woman: Feminist Metaphysics and the Patterns of Identity* (Cambridge, UK: Polity Press).

Bayer, L. E. and Liston, D. P. (1992). Discourse or moral action? A critique of postmodernism, *Educational Theory, 42,* pp. 371-393.

Bearn, G. (2000). The University of Beauty, in: P. Dhillon and P. Standish (eds.) *Lyotard: Just*

Education (London: Routledge), pp. 230-258.

Beck, J. (1999). "Spiritual and moral development" and religious education, in: A. Thatcher (ed.) *Spirituality and the Curriculum* (London: Cassell).

Beck, U. (1992). *The Risk Society* (London: Sage Publications).

Beckett, D. (1996). Critical judgment and professional practice, *Educational Theory, 46,* pp. 135-149.

Bell, D. (1993). *Communitarianism and its Critics* (Oxford: Oxford University Press).

Bellah, R. N., Madsen, R., Sullivan, W. M., Swidler, A., and Tipton, S. M. (1985). *Habits of the Heart. Individualism and Commitment in American Life* (Berkeley: University of California Press).

Belser, H. (ed.) (1972). *Kinder, Schule, Elternhaus: eine Untersuchung über das englische Primarschulwesen (Plowden-Report)* (Abridged edition in German). (Frankfurt, Berlin, München: Diesterweg).

Benhabib, S. (1992). *Situating the Self: Gender, Community and Postmodernism in Contemporary Ethics* (Cambridge, UK: Polity Press).

Benhabib, S. (ed.) (1996). *Democracy and Difference: Contesting the Boundaries of the Political* (Princeton, NJ: Princeton University Press).

Benhabib, S. (1996b). Toward a deliberative model of democratic legitimacy, in: S. Bendabib (ed.) *Democracy and Difference: Contesting the Boundaries of the Political* (Princeton, NJ: Princeton University Press).

Benjamin, H. ([1939] 1975). The saber-tooth curriculum, in: M. Golby, J. Greenwald, and R. West (eds.) *Curriculum Design* (London: Croom Helm/Open University Press).

Benner, D. (1998). Die Permanenz der Reformpädagogik, in: T. Rülcker and J. Oelkers (eds.) *Politische Reformpädagogik* (Bern, Switzerland: Peter Lang).

Benner, D. and Kemper, H. (1993). *Zur Theorie und Geschichte der Reformpädgogik 1-2.* (Hagen, Germany: Feruniversität).

Berlin, I. (1969). *Four Essays on Liberty* (Oxford and New York: Oxford University Press).

Berliner, D. and Biddle, B. (1996). *The Manufactured Crisis: Myths, Fraud and the Attack on America's Public Schools* (New York: Perseus Books).

Bernauer, J. and Rasmussen, D. (eds.) (1988). *The Final Foucault* (Cambridge, MA: MIT Press).

Bernstein, R. (1992). *The New Constellation* (Cambridge, MA: MIT Press).

Bertens, H. (1995). *The Idea of the Postmodern. A History* (London and New York: Routledge).

Best, R. (ed.) (1996). *Education, Spirituality and the Whole Child* (London: Cassell).

Beat, S. and Kellner, D. (1991). *Postmodern Theory: Critical Interrogations* (London: Macmillan).

Biesta, G. J. J. and Miedema, S. (1999). Dewey in Europe. Ambivalences and contradictions in the turn-of-the-century educational reform, in: J. Oelkers and F. Osterwalder (eds.) *Die neue Erziehung. Beiträge zur Internationalität der Reformpädagogik* (Bern: Per Lang), pp. 99-124.

Bishops' Conference of England and Wales (1997). *Catholic Schools and Other Faiths* (London: Bishops' Conference of England and Wales).

Blacker, D. (1993). Allowing educational technologies to reveal: A Deweyan perspective, *Educational Theory*, Spring, pp. 181-194.

Blacker, D. (1995). Philosophy of technology and education: An invitation to inquiry, in: M. S. Katz (ed.) *Philosophy of Education 1994* (Urbana, IL: Philosophy of Education Society), pp. 320-328.

Blake, N. P. (1992). Modernity and the problem of cultural pluralism, *Journal of Philosophy of Education, 26*, pp. 3-50.

Blake, N. P. (1995a). Truth, identity and community in the university, *Curriculum Studies,* October, pp. 263-281.

Blake, N. P. (1995b). Ideal speech condition, modern discourse and education, *Journal of Philosophy of Education, 29*, pp. 355-368.

Blake, N. P. (1996a). The democracy we need: Situation, post-foundationalism and enlightenment, *Journal of Philosophy of Education, 30*, pp. 215-238.

Blake, N. P. (1996b). Against spiritual education, *Oxford Review of Education, 22*, pp. 443-456.

Blake, N., Smeyers, P., Smith, R., and Standish, P. (1998). *Thinking Again: Education after Postmodernism* (Westport, CT and London: Bergin & Garvey).

Blake, N., Smeyers, P., Smith, R., and Standish, P. (2000). *Education in an Age of Nihilism* (London: RoutledgeFalmer).

Blake, N., Smith, R., and Standish, P. (1998). What we teach and what students learn, in: *The Universities We Need: Higher Education After Dearing* (London: Kogan Page), pp. 27-48.

Blake, N., and Standish, P. (eds.) (2000). *Enquiries at the Interface: Philosophical Problems of On-line Education* (Oxford: Blackwell); also in *Journal of Philosophy of Education, 34* (special issue).

Bloom, A. (1987). *The Closing of the American Mind: How Higher Education Has Failed Democracy and Impoverished the Souls of Today's Students* (New York: Simon and Schuster; London: Penguin Books).

Bloom, B. S. (1956). *Taxonomy of Educational Objectives, Part Ⅰ, Cognitive Domina* (New York: Longmans Green).

Bloom, H., De Man, P., Derrida, J., Hartman, G., and Miller, J. H. (eds.) (1979). *Deconstruction and Criticism* (New York: Seabury).

Bloomer, M. (1997). *Curriculum Making in Post-16 Education* (London: Routledge).

Blum, L. (1993). Vocation, friendship, and community: Limitations of the personal- impersonal framework, in: O. Flanagan and A. O. Rorty (eds.) *Identity, Character and Morality: Essays in Moral Psychology* (Cambridge, MA: MIT Press).

Blum, L. A. (1994). *Moral Perception and Particularity* (Cambridge, UK: Cambridge University Press).

Blunkett, D. (1998). Opportunities to live and learn, *Times Higher Education Supplement,* February, *27*, p. 18.

Bohman, J. (1997). The public spheres of the world citizen, in: J. Bohman and M. Lütz-Bachman (eds.) *Perpetual Peace: Essays on Kant's Cosmopolitan Ideal* (Cambridge, MA: MIT Press).

Bohman, J. (1998). The globalisation of the public sphere: Cosmopolitan publicity and the problem of cultural pluralism, *Philosophy and Social Criticism, 24*, pp. 199-216.

Bohnsack, F. (1976). *Erziehung zur Demokratie. John Deweys Pädagogik und ihre Bedeutung für die Reform unserer Schule* (Ravensburg, Germany: Otto Maier Verlag).

Boisvert, R. D. (1999). The nemesis of necessity: Tragedy's challenge to Deweyan pragmatism, in: C. Haskins and D. I. Seiple (eds.) *Dewey Reconfigured. Essays on Deweyan Pragmatism* (Albany: State University of New York Press).

Bonnett, M. (1978). Authenticity and education, *Journal of Philosophy of Education, 12,* pp. 51-61.

Bonnett, M. (1986). Public standards and personal significance, in: D. E. Cooper (ed.) *Education, Values and Mind* (London: Routledge & Kegan Paul).

Bonnett, M. (1994). *Children's Thinking* (London: Cassell).

Bono, P. and Kemp, S. (1991). *Italian Feminist Thought* (Oxford: Blackwell).

Bordo, S. (1987). *The Flight to Objectivity* (Albany, NY: State University of New York).

Bordo, S. (1993). *Unbearable Weight: Feminism, Western Culture, and the Body* (Berkeley: University of California Press).

Borgmann, A. (1984). *Technology and the Character of Contemporary Life* (Chicago: University of Chicago Press).

Bowers, C. A. (1982). The reproduction of technological consciousness: Locating the ideological foundations of a radical pedagogy, *Teachers College Record, 83*(4), pp. 529-557.

Bowers, C. A. (1988). *The Cultural Dimensions of Educational Computing: Understanding the Non-Neutrality of Technology* (New York: Teachers College Press).

Bowles, S. and Gintis, H. (1976). *Schooling on Capitalist America* (New York: Basic Books).

Braidotti, R. (1994). *Nomadic Subjects: Embodiment and Sexual Difference* (New York: Columbia University Press).

Braudel, F. (1981). *The Structures of Everyday Life: The Limits of the Possible* (trans. S. Reynolds) (New York: Harper & Row).

Brehony, K. J. (1997). "Undeniable" and "disastrous" influence? Dewey and English education (1895-1939), *Oxford Review of Education, 23*(4), pp. 427-445.

Brent, A. (1978). *Philosophical Foundations for the Curriculum* (London: Allen & Unwin).

Bricker, D. C. (1988). *Classroom Life as Civic Education* (New York: Teachers College Press).

Bridges, D. (1994). Parents: Customers or partners? in: D. Bridges and T. McLaughlin (eds.) *Education and the Market Place* (London: Falmer Press).

Bridges, D. and Husbands, C. (eds.) (1996). *Consorting and Collaborating in the Education Market Place* (London: Falmer Press).

Bridges, D. and McLaughlin, T. H. (eds.) (1994). *Education and the Market Place* (London: Falmer).

Bridges, T. (1991). Modern political theory and the multivocity of postmodern critical discourses, *Inquiry: Critical Thinking Across the Disciplines, 8,* pp. 3-7.

Brine, J. (1999). *underEducating Women: Globalizing Inequality* (Buckingham, UK: Open University Press).

Bronfenbrenner, U. (1970). *Two Worlds of Childhood, USA and USSR* (New York: Russell Sage).

Brontë, A. (1994). *Agnes Grey* (Ware, UK: Worldsworth).

Bryk, A. S., Lee, V. E., and Holland, P. B. (1993). *Catholic Schools and the Common Good*

(Cambridge MA: Harvard University Press).

Bubner, R. (1981). *Modern German Philosophy* (Cambridge, UK: Cambridge University Press).

Bukatman, S. (1993). *Terminal Identity: The Virtual Subject in Postmodern Science Fiction* (Durham, NC: Duke University Press).

Bullivant, B. (1986). Towards radical multiculturalism: Resolving tensions in curriculum and educational planning, in: S. Modgil, G. Verma, K. Mallick, and C. Modgil (eds.) *Multicultural Education: The Interminable Debate* (London: Falmer Press).

Burbules, N. C. (1990). *The tragic sense of education, Teachers College Record, 91,* pp. 467-479.

Burbules, N. C. (1995). Reasonable doubt: Toward a postmodern defense of reason as an educational aim, in: W. Kohli (ed.) *Critical Conversations in Philosophy of Education* (New York: Routldge), pp. 82-102.

Burbules, N. C. (1997). Rhetorics of the Web: Hyperreading and critical literacy, in: I. Snyder *Page to Screen: Taking Literacy into the Electronic Era* (Sydney, NSW: Allen and Unwin), pp. 102-122.

Butler, J. (1990). *Gender Trouble: Feminism and the Subversion of Identity* (New York: Routledge).

Butler, J. (1993). *Bodies that Matter* (New York: Routledge).

Butler, J. (1997). *The Psychic Life of Power: Theories in Subjection* (New York: Routledge).

Butler, S. (1994). *The Way of all Flesh* (Garden City, NY: Doubleday).

Byatt, A. S. (1995). *Sugar and Other Stories* (London: Vintage).

Callan, E. (1994). *Autonomy and alienation, Journal of Philosophy of Education, 28,* pp. 35-53.

Callan, E. (1997). *Creating Citizens: Political Education and Liberal Democracy* (Oxford: Clarendon Press).

Callan, E. (2000). Discrimination and religious schooling, in: W. Kymlicka and W. Norman (eds.) *Citizenship in Diverse Societies* (Oxford: Oxford University Press).

Caputo, J. D. (1993). *Against Ethics* (Bloomington: Indiana University Press).

Carr, D. (1994). Knowledge and truth in religious education, *Journal of Philosophy of Education, 28*, pp. 221-238.

Carr, D. (1995). Towards a distinctive conception of spiritual education, *Oxford Review of Education, 21*, pp. 83-98.

Carr, D. (1996). Rival conceptions of spiritual education, *Journal of Philosophy of Education,*

30, pp. 159-178.

Carr, D. (1998). *Education, Knowledge and Truth: Beyond the Postmodern Impasse* (London and New York: Routledge).

Carr, D. (2000). *Professionalism and Ethics in Teaching* (London: Routledge).

Carr, W. (1995). *For Education: Towards Critical Educational Enquiry* (Buckingham, UK and Philadelphia: Open University Press).

Carr, W. (1997). Professing education in a post-modern age, *Journal of Philosophy of Education, 31*, pp. 309-327.

Carr, W. and Hartnett, A. (1996). *Education and the Struggle for Democracy* (Buckingham, UK: Open University Press).

Carr, W. with Kemmis, S. (1986). *Becoming Critical: Education, Knowledge and Action Research* (Brighton, UK: Falmer Press).

Castells, M., Flecha, R., Freire, P., Grioux, H. A., Macedo, D., and Willis, P. (1999). *Critical Education in the New Information Age* (Lanham, MD: Rowman and Littlefield).

Cavarero, A. (1995). *In Spite of Plato: A Feminist Rewriting of Ancient Philosophy* (Cambridge, UK: Polity Press).

Cavell, S. (1972). *The Senses of Walden* (New York: Viking Press).

Cavell, S. (1995). Notes and afterthoughts on the opening of *Wittgenstein's Investigations,* in: S. Cavell, *Philosophical Passages: Wittgenstein, Emerson, Austin, Emerson* (Oxford: Blackwell).

Central Advisory Council for Education (1967). *Children and Their Primary Schools* (The Plowden Report) (London: HMSO).

Chilman, C. S. (1988). *Variant Family Forms* (London: Sage).

Chubb, J. and Moe, T. (1990). *Politics, Markets and America Schools* (Washington, DC: The Brookings Institution).

Chubb, J. and Moe, T. (1992). *A Lesson in School Reform from Great Britain* (Washington, DC: The Brookings Institution).

Clark, B. R. (1998). *Creating Entrepreneurial Universities* (Oxford: Pergamon).

Coffey, D. (1992). *Schools and Work: Developments in Vocational Education* (London: Cassell).

Cohen, B. (1981). *Education and the Individual* (London: Allen & Unwin).

Cohen, G. A. (1994). Back to socialist Basics, *New Left Review, 207,* September/October, pp. 3-16.

Conlon, T. (1997). The internet is not a panacea, *Scottish Educational Review, 29*, pp. 30-38.

Coons, J. E. and Sugarman, S. D. (1978). *Education by Choice: The Case for Family Control* (Berkeley: University of California Press).

Cooper, D. E. (1980). *Illusions of Equality* (London: Routledge & Kegan Paul).

Cooper, D. E. (1983). *Authenticity and Learning* (London: Routledge & Kegan Paul).

Copley, T. (2000). *Spiritual Development in the State School* (Exeter, UK: University of Exeter Press).

Cousinet, R. (1950). *L'Education Nouvelle.* (Neuchâtel, Switzerland: Delachaux et Niestlé).

Cox, C., Douglas-Hume, J., Marks, J., Norcross, L., and Scruton, R. (1986). *Whose Schools? A Radical Manifesto* (London: The Hillgate Group).

Cranston, M. (1967). Human rights, real and supposed, in: D. D. Raphael (ed.) *Political Theory and the Rights of Man* (London: Macmillan).

CSUP (Committee of Scottish University Principals) (1992). *Teaching and Learning in an Expanding Higher Education System* (the MacFarlane Report) (Lasswade, Scotland: Polton House Press).

Cuypers, S. E. (1992). Is personal autonomy the first principle of education? *Journal of Philosophy of Education, 26,* pp. 5-17.

Cuypers, S. E. (1995). What Wittgenstein would have said about personal autonomy, *Studies in Philosophy and Education, 14,* pp. 251-265.

Cuypers, S. E. (2000). Autonomy beyond voluntarism: In defense of hierarchy, *Canadian Journal of Philosophy, 30,* pp. 225-256.

Cuypers, S. E. (forthcoming). *Self-Identity and Personal Autonomy. An Analytic Anthropology* (Aldershot, UK: Ashgate).

Daniel, D. (1987). *The International Stance* (Cambridge, MA: MIT Press).

Darling, J. (1994). *Child-Centered Education and its Critics* (London: Paul Chapman Publishing).

Darling, J. and Nisbet, J. (2000). Dewey in Britain, *Studies in Philosophy and Education, 19* (1-2), pp. 39-52.

Davidson, D. (1985). Rational animals, in: E. LePore and B. McLaughlin (eds.) *Actions and Events* (Oxford: Blackwell).

Davies, B. (1989). *Frogs and Snails and Feminist Tales* (Sydney, NSW: Allen & Unwin).

Davies, B. (1993). *Shards of Glass: Children Reading and Writing Beyond Gendered Identities* (Sydney, NSW: Hampton Press).

Davis, A. (1998). *The Limits of Educational Assessment* (Oxford: Blackwell).

Day, J. (1999). The primary of relationship: A meditation on education, faith and the dialogical self, in: J. C. Conroy (ed.) *Catholic Education: Inside Out, Outside In* (Dublin: Veritas).

de Alba, A. (1995). *Postmodernidad y Educatión* (Mexico, Grupo Editorial).

Dearden, R. F. (1968). *The Philosophy of Primary Education* (London: Routledge & Kegan Paul).

Dearden, R. F. (1972a). Education as a process of growth, in: R. Dearden, P. Hirst, & R. S. Peters (eds.) *Education and the Development of Reason* (London: Routledge & Kegan Paul).

Dearden, R. F. (1972b). Autonomy and education, in: R. Dearden, P. Hirst, & R. S. Peters (eds.) *Education and the Development of Reason* (London: Routledge & Kegan Paul).

Dearden, R. F. (1975). Autonomy as an educational ideal Ⅰ, in: S. C. Brown (ed.) *Philosophers Discuss Education* (London: Macmillan).

Dearden, R. F. (1982). Philosophy of education, 1952-82, *British Journal of Educational Studies, 30*, pp. 57-71.

De Beauvoir, S. ([1949] 1972). *The Second Sex* (Harmondsworth, UK: Penguin).

de Bono, E. (1970). *Lateral Thinking* (London: Ward Lock Educational).

de Bono, E. (1976). *Practical Thinking* (Harmondsworth, UK: Penguin Books).

Delanty, G. (1997). Models of citizenship: Defining European identity and citizenship, *Citizenship Studies, 1*, p. 285-303.

Deleuze, G. (1983). *Nietzsche and Philosophy* (trans. H. Tomlinson) (New York: Columbia University Press).

Dennett, D. C. (1987). *The International Stance* (Cambridge, MA: MIT Press).

Department of Education and Science (DES) (1991). The Parents' Charter (London: Department of Education and Science).

Derrida, J. (1981). *Positions* (trans. A. Bass) (Chicago: University of Chicago Press).

Derrida, J. (1992). Mochlos: Or, the conflict of the faculties, in: R. Rand (ed.) *Logomachia: The Conflict of the Faculties.* (Lincoln, NE: University of Nebraska Press).

Derrida, J. (1997). *Politics of Friendship* (trans. G. Collins) (London: Verso Books).

Derrida, J. (n.d.). The Future of the Profession or The Unconditional University (Thanks to the "Humanities", What *Could Take Place* Tomorrow) (trans. P. Kamuf).

De Ruyter, D. (1993). Met recht ingrijpend. Een pedagogisch criteium voor het opleggen van hulp [The right to interfere. An educational criterion for the enforcement of guidance]

(Unpublished doctoral dissertation: Vrijr Universiteit, Amsterdam).

Desmond, W. (1995). *Perplexity and Ultimacy. Metaphysical Thought From the Middle* (Albany: State University of New York Press).

Dewey, J. (1927). *The Public and Its Problems* (Chicago: Sage).

Dewey, J. (1938). *Logic: The Theory of Inquiry.*

Dewey, J. ([1916] 1966). *Democracy and Education* (New York: Free Press/Macmillan).

Dewey, J. ([1891] 1969). Outlines of a critical theory of ethics, in: J. A. Boydston (ed.) *John Dewey: The Early* Works, vol. 3 (Carbondale: Southern Illinois University Press).

Dewey, J. ([1897] 1972). Ethical principles underlying education, in: J. A. Boydston (ed.) *John Dewey: The Early Works, 1882-1898*, vol. 5 (Carbondale: Southern Illinois University Press).

Dewey, J. ([1916] 1980). Democracy and education, in: J. A. Boydston (ed.) *John Dewey: The Middle* Works, vol. 9 (Carbondale: Southern Illinois University Press).

Dewey, J. ([1925] 1981). Experience and nature, in: J. A. Boydston (ed.) *John Dewey: The Later Works,* vol. 1 (Carbondale: Southern Illinois University Press).

Dewey, J. ([1922] 1983a). Individuality, equality and superiority, in: J. A. Boydston (ed.) *John Dewey: The Middle Works,* vol. 13 (Carbondale: Southern Illinois University Press).

Dewey, J. ([1922] 1983b). Human nature and conduct, in: J. A. Boydston (ed.) *John Dewey: The Middle Works,* vol. 14 (Carbondale: Southern Illinois University Press).

Dewey, J. ([1925] 1984). The development of American pragmatism, in: J. A. Boydston (ed.) *John Dewey: The Later Works,* vol. 2 (Carbondale: Southern Illinois University Press).

Dewey, J. ([1927] 1984). The public and its problems, in: J. A. Boydston (ed.) *John Dewey: The Later Works,* vol. 2 (Carbondale: Southern Illinois University Press).

Dewey, J. ([1930] 1984). From absolutism to experimentalism, in: J. A. Boydston (ed.) *John Dewey: The Later Works,* vol. 5 (Carbondale: Southern Illinois University Press).

Dewey, J. ([1915] 1985). German philosophy and politics, in: J. A. Boydston (ed.) *John Dewey: The Middle Works,* vol. 8 (Carbondale: Southern Illinois University Press).

Dewey, J. ([1932] 1985). Ethics, in: J. A. Boydston (ed.) *John Dewey: The Later Works,* vol. 7 (Carbondale: Southern Illinois University Press).

DfEE (1997). *Design of the New Deal for 18-14 Year Olds* (London: Department for Education and Employment).

DfEE (1998). *The Learning Age: A Renaissance for a New Britain* (London: Department for

Education and Employment).

Dhillon, P. A. (1994). *Multiple Identities: A Phenomenology of Multicultural Communication* (Frankfurt: Peter Lang).

Dhillon, P. A. (1996). Where do the birds go after the last sky? in: T. S. Popkewitz and L. Fendler (eds.) *Critical Theories in Education: Changing Terrains of Knowledge and Politics* (New York: Routledge).

Dhillon, P. A. (2001). The longest way home: Language, philosophy and creativity in diaspora, in: B, Kachru and C. Nelson (eds.) *Language and Identity in Diaspora Communities* (Urbana-Champaign: University of Illinois Press).

Dhillon, P. and Standish, P. (eds.) (2000). *Lyotard: Just Education* (London: Routledge).

Dickenson, D. (1997). *Property, Women and Politics: Subjects or Object?* (Cambridge, UK: Polity Press).

Diprose, R. (1994). *The Bodies of Women: Ethics, Embodiment and Sexual Difference* (New York: Routledge).

Docherty. J. (1993). (ed.) *Postmodernism: A Reader* (New York: Harvester Wheatsheaf).

Doll, W. (1993). *A Post-Modern Perspective on Curriculum* (New York: Teachers College Press).

Doyle, R. (1996). *The Women Who Walked Into Doors* (London: Jonathan Cape).

Dryzek, J. (1999). *Transnational democracy, Journal of Political Philosophy*, *7*, pp. 30-51.

Duane, M. (1971). Freedom and the state system of education, in: P. Adams, A. S. Neill, and R. Ollendorff (eds.) *Children's Rights* (London: Elek Books).

Dubiel, H. (1978). *Wissebschaftsorganisation und Politische Erfahrung. Studien zur Frühen Kritischen Theorie* (Frankfrut am Main: Suhrkamp).

Dunne, J. (1997). *Back to the Rough Ground: Practical Judgement and the Lure of Technique* (Notre Dame, IN: University of Notre Dame Press).

Dunne, J. (1995). What's the good of education?, in: P. Hogan (ed.) *Partnership and the Benefits of Learning: A Symposium on Educational Policy* (Maynooth: Educational Studies Association of Ireland).

Dunne, J. (1999a). Professional judgement and the predicaments of practice, *European Journal of Marketing* (special issue on pedagogy), *33*, pp. 707-719.

Dunne, J. (1999b). Phronesis, virtue and learning. in: D. Carr and J. Steutel (eds.) *Virtue Theory and Moral Education* (London: Routledge).

Dwyer, J. G. (1998). *Religious Schools v Children's Right* (Ithaca, NY: Cornell University Press).

Edel, A. (1972). Analytic philosophy of education at the cross-roads. *Educational Theory, 22*, pp. 131-152.

Edgerton, S. H. (1997). *Translating the Curriculum: Maulticulturalism Into Cultural Studies* (New York: Routledge).

Educa (2000). New Deal, *Educa, 205*, September, pp. 5-6.

Eliade, M. (1959). *The Sacred and the Profane. The Significance of Religious Myth, Symbolism and Ritual Within Life and Culture* (New York: Harcourt, Brace and World).

Eliot, G. (1970). *Daniel Deronda* (London: Panther).

Eliot, G. (1976). *Scenes of Clerical Life* (London and New York: Dent and Dutton).

Elliott, J. (1991). *Action Research for Educational Change* (Milton Keynes, UK: Open University Press).

Elliott, R. K. (1975). Education and human being, in: S. C. Brown (ed.) *Philosophers Discuss Education* (London: Macmillan).

Ellul, J. (1964). *The Technological Society* (trans. J. Wilkinson) (New York: Vintage Books).

Elshtain, J. B. (1981). *Public Man, Private Woman: Women in Social and Political Thought* (Princeton, NJ: Princeton University Press).

Ennis, R. H. (1961). Learning one's responses and only one's responses, *Studies in Philosophy of Education, 1*(4-5), pp. 202-211.

Ennis, R. H. (1962). A concept of critical thinking, *Harvard Educational Review, 32*, pp. 81-111.

Ennis, R. H. (1987). A taxonomy of critical thinking dispositions and abilities, in: J. Boykoff-Baron and R. J. Sternberg (eds.) *Teaching Thinking Skills: Theory and Practice* (New York: W. H. Freeman), pp. 9-26.

Ennis, R. H. (1996). *Critical Thinking* (Upper Saddle River, NJ: Prentice-Hall).

Enslin, P. (1999). The place of national identity in the aims of education, in: R. Marples (ed.) *The Aims of Education* (London: Routledge).

Enslin, P., Pendlenury, S., and Tjiattas, M. (2001). Deliberative democracy, diversity and the challenges of citizenship education, *Journal of Philosophy of Education, 35*, pp. 115-130.

Eraut, M. (1985). Knowledge creation and knowledge use in professional contexts, *Studies in Higher Education, 10*, pp. 117-133.

Eraut, M. (1994). *Developing Professional Knowledge and Expertise* (London: The Falmer Press).

Erricker, C. (2000). A critical review of spiritual education, in: C. Erricker and J. Erricker (eds.) *Reconstructing Religious and Moral Education* (London: RoutledgeFalmer).

Esland, G. (ed.) (1990). *Education, Training and Employment* (Wokingham, UK: Addison-Wesley/ Open University Press).

Faubion, J. (1998) (ed.). *Michel Foucault: Aesthetics, Method and Epistemology* (London: Allen Lane, The Penguin Press).

Feeberg, A. (1991). *A Critical Theory of Technology* (New York: Oxford University Press).

Feinberg, J. (1980). The child's right to an open future, in: W. Aiken and H. Lafollette (eds.) *Whose Child?* (Totowa, NJ: Littlefield Adams).

Feinberg, W. (1998). *Common Schools/Uncommon Identities. National Unity and Cultural Difference* (New Haven, CT and London: Yale University Press).

Fenstermacher, G. (1986). Philosophy of research on teaching, in: M. C. Wittrock (ed.) *Handbook of Research on Teaching,* 3rd edn. (New York: Macmillan).

Fenstermacher, G. (1987). Prologue to my critics, *Educational Theory, 37*, pp. 357-360.

Fenstermacher, G. and Richardson, V. (1993). The elicitation and reconstruction of practical arguments in teaching, *Journal of Curriculum Studies, 25*, pp. 101-114.

Ferry, L. and Renaut, A. (1990). *French Philosophy of the Sixties. An Essay on Antihumanism* (trans. M. Cattani) (Amherst: The University of Massachusetts Press).

Fielding, M. (1996). Beyond collaboration: On the importance of community, in: D. Bridges and C. Husbands (eds.) *Consorting and Collaborating in the Educational Market Place* (London: Falmer Press).

Fiske, J. (1996). Postmodernism and television, in: J. Curran and M. Gurevitch (eds.) *Mass Media and Society* (London: Arnold).

Flew, A. (1968). Against introduction, in: A. J. Ayer (ed.) *The Humanist Outlook* (London: Pemberton).

Flew, A. (1991). Education services: independent competition or maintained monopoly? in: D. G. Green (ed.) *Empowering Parents* (London: Inner London Education Authority, Health and Welfare Unit).

Flude, M. and Sieminski, S. (eds.) (1999). *Education, Training and the Future of Work II: Developments in Vocational Education and Training* (London: Routeldge/Open University Press).

Foot, P. (1978). *Virtues and Vices* (Berkeley: University of California Press).

Foucault, M. (1972). *The Archaeology of Knowledge and The Discourse on Language* (trans. A. M. Sheridan Smith) (New York: Pantheon Books).

Foucault, M. (1977). Nietzsche, genealogy, history, in: D. F. Bouchard and S. Simon (eds.) *Language, Counter-Memory, Practice: Selected Essays and Interviews* (Ithaca, NY: Cornell University Press).

Foucault, M. (1984). What is enlightenment? in: P. Rabinow (ed.) *The Foucault Reader* (London: Pantheon Books).

Foucault, M. (1991a). *Discipline and Punish, The Birth of the Prison* (Harmondsworth, UK: Penguin Books).

Foucault, M. (1991b). *The Foucault Effect: Studies in Governmentality* (with two lectures by and an interview with Michel Foucault), in: G. Burchell, C. Gordon, and P. Miller (eds.) (London: Harvester Wheatsheaf).

Frank, M. (1988). *What is Neo-Structuralism?* (trans. S. Wilke and R. Gray; foreword by M. Schwab) (Minneapolis: University of Minnesota Press).

Frankfurt, H. G. (1988). *The Importance of What We Care About* (Cambridge, UK: Cambridge University Press).

Frankfurt, H. G. (1999). *Necessity, Volition, and Love* (Cambridge, UK: Cambridge University Press).

Fraser, R. (1997). *Justice Interruptus: Critical Reflections on the "Postsocialist" Condition* (London: Routledge).

Fraser, R. (1972). *In Hiding: The Life of Manuel Cortez* (Harmondsworth, UK: Penguin Books).

Frazer, E. (1999). Introduction: The idea of political education, *Oxford Review of Education, 25,* pp. 5-22.

Freeman, A. (1999). Light without heat, *Lehigh Review, 7.*

Freeman, M. and Veerman, P. (1992). *The Ideologies of Children's Rights* (Dordrecht, Netherlands: Martinus Nijhoff).

Freire, P. (1973). *Pedagogy of the Oppressed* (New York: Seabury Press).

Friedman, G. (1981). *The Political Philosophy of the Frankfurt School* (Ithaca, NY: Cornell University Press).

Friedman, M. (2000). Feminism in ethics: conceptions of autonomy, in: M. Fricker and J. Hornsby (eds.) *The Cambridge Companion to Feminism in Philosophy* (Cambridge, UK:

Cambridge University Press).

Fuller, T. (1989) (ed.). *The Voice of Liberal Learning: Michael Oakeshott on Education* (New Haven, CT and London: Yale University Press).

Gadamer, H.-G. (1975). *Truth and Method* (ed. G. Barden and J. Cumming) (London: Sheed & Ward).

Gadamer, H.-G. (1977). *Philosophical Hermeneutics* (trans. D. E. Linge) (Berkeley: University of California Press).

Gaden, G. (1983). The case for specialisation, *Irish Educational Studies, 3*, pp. 47-60.

Gaden, G. (1990). Rehabilitating responsibility, *Journal of Philosophy of Education, 24,* pp. 27-38.

Gadet, F. (1989). *Saussure and Contemporary Culture* (trans. G. Elliot) (London: Hutchinson).

Gale, R. (1999). *The Divided Self of William James* (Cambridge, UK: Cmabridge University Press).

Galston, W. (1989). Civic education in the liberal state, in: N. L. Rosenblum (ed.) *Liberalism and the Moral Life* (Cambridge, MA: Harvard University Press).

Gardner, P. and S. Johnson (1996). Thinking critically about thinking: An unskilled inquiry into Quinn and McPeck, *Journal of Philosophy of Education, 30,* pp. 441-456.

Garrison, J. W. and Phelan, A. (1989). Toward a feminist poetic of critical thinking, in: R. Page (ed.) *Philosophy of Education 1989* (Normal, IL, Philosophy of Education Society), pp. 304-414.

Garry, A. and Pearsall, M. (eds.) (1996). *Women, Knowledge, and Reality: Explorations in Feminist Philosophy,* 2nd edn. (London: Routledge).

Gatens, M. (1996). *Imaginary Bodies: Ethics, Power and Corporeality* (London: Routledge).

Gee, J. P, Hull, G., and Lankshear, C. (1996). *The New Work Order. Behind the Language of the New Capitalism* (St. Leonards, UK: Allen & Unwin).

Gibbons, M., Limoges, C., Nowotny, H., Schwartzman, S., Scott, P., and Trow, M. (1994). *The New Production of Knowledge: The Dynamics of Science and Research in Contemporary Societies* (London: Sage).

Giddens, A. (1991). *Modernity and Self-Identity: Self and Society in the Late Modern Age* (Cambridge: Polity Press).

Giddens, A. (1998). *The Third Way: The Renewal of Social Democracy* (Cambridge: Polity Press).

Giesecke, H. (1987). *Das Ende der Erziehung: neue Chancen für Familie und Schule* (Stuttgart: Klett-Cotta).

Gilbert, R. (1992). Citizenship, education and postmodernity, *British Journal of Sociology of Education, 13*, pp. 51-68.

Gilligan, C. J. (1982). *In a Different Voice* (Cambridge, MA: Harvard University Press).

Gilroy, P. (1993). Reflections on Schön: An epistemological critique and a practical alternative, in: P. Gilroy and M. Smith (eds.) *International Analyses of Teacher Education: Festschrift for Edgar Stones* (Oxford: Carfax Publishing).

Giroux, H. (1983a). *Critical Theory and Educational Practice* (Geelong, Victoria: Deakin).

Giroux, H. (1983b). *Theory and Resistance in Education. A Pedagogy for the Opposition* (London: Heinemann).

Giroux, H. (1989). *Schooling for Democracy. Critical Pedagogy in the Modern Age* (London: New York: Routledge).

Giroux, H. (1997). *Pedagogy and the Politics of Hope: Theory, Culture and Schooling* (Boulder, CO: Westview Press).

Giroux, H., Lankshear, C., McLaren, P., and Peters, M. (1996). *Counternarratives: Cultural Studies and Critical Pedagogies in Postmodern Spaces* (London and New York: Routledge).

Giroux, H. and McLaren, P. (ed.) (1989). *Critical Pedagogy, the State, and Cultural Struggle* (Albany, NY: State University of New York Press).

Gleeson, D. (1996). Continuity and change in post-compulsory education and training, in: R. Halsall and M. Cockett (eds.) *Education and Training 14-19: Chaos or Coherence?* (London: David Fulton).

Gokulsing, K. and DaCosta, C. (eds.) (1997). *Usable Knowledges as the Goal of University Education* (Lampeter, UK: Edwin Mellen Press).

Goodman, P. (1971). *Compulsory Miseducation* (Harmondsworth, UK: Penguin Books).

Gordon, P. and White, J. (1979). *Philosophers as Educational Reformers* (London: Routledge & Kegan Paul).

Grace, G. R. (1988). *Education: Commodity or Public Good? Inaugural Lecture in Education* (Wellington, NZ: Victoria University Press).

Grace, G. R. (1989). Education: Commodity or public good? *British Journal of Educational Studies, 37*, pp. 207-221.

Grace, G. R. (1994). Education is a public good, in: D. Bridges and T. McLaughlin (eds.) *Education and the Market Place* (London: Falmer Press).

Gramsci, A. (1980). *The Modern Prince and Other Writings* (New York: International Publishers).

Greco, J. (1999). Introduction, in: J. Greco and E. Sosa (eds.) *The Blackwell Guide to Epistemology* (Blackwell: Oxford).

Green, A. (1994). Postmodernism and state education, *Journal of Education Policy, 9*, pp. 67-83.

Green, A. (1997). Core skills, general education and unification in post-16 education, in: A. Hodgson and K. Spours (eds.) *Dearing and Beyond: 14-19 Qualifications, Frameworks and Systems* (London: Kogan Page).

Green, D. G. (eds.) (1991). *Empowering the Parents: How to Break the Schools' Monopoly* (Choice in Welfare no. 9) (London: The Institute of Economic Affairs, Health and Welfare Unit).

Green, J. A. (ed.) (1912). *Pestalozzi's Educational Writing* (London: Edward Arnold).

Greene, M .(1988). *The Dialectic of Freedom* (New York: Teachers College Press).

Greene, M .(1995). *Releasing the Imagination: Essays on Education, the Arts and Social Change* (San Francisco: Jossey Bass).

Greene, M .(2000). Lived spaces, shared spaces, in: M. Fine and L. Weiss (eds.) *Construction Sites* (New York: Teachers College Press).

Griffiths, M. (1995). *Feminism and the Self: The Web of Identity* (Lodnon: Routledge).

Griffiths, M. (1998). *Educational Research for Social Justice: Getting off the Fence* (Buckingham, UK and Philadelphia: Open University Press).

Griffiths, M. (2000). Collaboration and partnership in question: Knowledge, politics and practice, *Journal of Education Policy, 15*, pp. 383-395.

Griffiths, M. and Davies, C. (1995). *In Fairness to Children: Working for Social Justice in the Primary School* (London: David Fulton).

Griffiths, M. and Whitford, M. (eds.) (1988). *Feminist Perspectives in Philosophy* (Bloomington: Macmillan and Indiana University Press).

Gross, B. and Gross, R. (1977). *The Children Rights Movement: Overcoming the Oppression of Young People* (New York: Doubleday).

Grosz, E. (1994). *Volatile Bodies: Towards a Corporeal Feminism* (Bloomington: Indiana University Press).

Gunew, S. (ed.) (1990). *Feminist Knowledge: Critique and Construct* (London: Routledge).

Gur-Ze'ev, I. (1998). Toward a nonrepressive critical pedagogy, *Educational Theory, 48,* pp.

463-487.

Gur-Ze'ev, I. (1999). Cyberfeminism and education in the era of the exile of spirit, *Educational Theory, 49*(4), pp. 437-456.

Gustavsson, B. (1996). *Bildning I vår tid. Om bildningens möjligheter och villkor i det moderne samhället.* (Stockholm: Wahlström & Widstrand).

Gutmann, A. (1987). *Democratic Education* (Princeton, NJ: Princeton University Press).

Gutmann, A. (1995). Civic education and social diversity, *Ethics, 105,* pp. 516-534.

Gutmann, A. and Thompson, D. (eds.) (1996). *Democracy and Disagreement* (Cambridge, MA: Belknap Press).

Haber, J. G. and Halfon, M. S. (eds.) (1998). *Norms and Values: Essays on the Work of Virginia Held* (Lanham, MD: Rowman & Littlefield).

Habermas, J. (1968). *Erkenntnis und Interesse* (Frankfurt am Main: Suhrkamp).

Habermas, J. (1969). *Protestbewegung und Hochschulreform* (Frankfurt am Main: Suhrkamp).

Habermas, J. (1970a). *Toward a Rational Society* (Boston: Beacon Press).

Habermas, J. (1970b). Toward a theory of communicative competence, in: H. Dreitzel (ed.) *Patterns of Communicative Behaviour* (New York: Macmillan).

Habermas, J. (1971a). Vorereitende Bemerkungen zu einer Theorie der kommunikativen Kompetenz, in: *Theorie der Gesellschaft oder Sozialtechnologie* (Frankfurt am Main: Suhrkamp).

Habermas, J. (1971b). *Knowledge and Human Interests* (trans. J. Shapiro) (Boston: Beacon Press).

Habermas, J. (1971c). Science and technology as ideology, in: *Towards a Rational Society* (London: Heinemann).

Habermas, J. (1981a). *Therie des Kommunikativen Handelns,* 2 vols. (Frankfurt am Main: Suhrkamp).

Habermas, J. (1981b). *The Theory of Communicative Action,* vol. 1 (trans. T. McCarthy) (Boston: Beacon Press).

Habermas, J. (1981c). Modernity versus postmodernity, *New German Critique, 22,* pp. 3-22.

Habermas, J. (1987a). *The Philosophical Discourse of Modernity* (trans. F. Lawrence) (Cambridge, MA: MIT Press).

Habermas, J. (1987b). *Towards a Rational Society* (Cambridge, UK: Policy Press).

Habermas, J. (1990a). Philosophy as stand-in and interpreter, in: J. Habermas *Moral Conscious-*

ness and Communicative Action (Cambridge, UK: Policy Press).

Habermas, J. (1990b). *The Philosophical Discourse of Modernity* (Oxford: Polity Press).

Habermas, J. (1990c). Remarks on the discussion, *Theory, Culture and Society, 7,* pp. 127-132.

Habermas, J. (1992). Citizenship and national identity: Some reflections on the future of Europe, *Praxis International, 12,* pp. 1-19.

Habermas, J. (1996). Citizenship and national identity, in: *Between Facts and Norms: Contributions to a Discourse Theory of Law and Democracy* (Cambridge, UK: Policy Press).

Habermas, J. (1998). *Between Facts and Norms* (Cambridge, UK: Policy Press).

Hadot, P. (1995). *Philosophy as a Way of Life. Spiritual Exercises from Socrates to Foucault* (trans. M. Chase, ed. with an introduction by A. I. Davidson) (Oxford: Blackwell).

Hager, P. (1990). Vocational education/general education—a false dichotomy?, *Studies in Continuing Education, 12*, pp. 13-23.

Hager, P. (1996). Professional practice in education: research and issue, *Australian Journal of Education, 40*, pp. 235-247.

Hager, P. (1998). On-the-job and off-the-job assessment: Choosing a balance, *Australian and New Zealand Journal of Vocational Education Research, 6*, pp. 87-103.

Hager, P. (1999) Review of J. White (1997). *Education and the End of Work: A New Philosophy of Work and Learning, Journal of Education and Work, 12,* pp. 95-100.

Hager, P. and Beckett, D. (1995). Philosophical underpinnings of the integrated conception of competence, *Educational Philosophy and Theory, 27*, pp. 1-24.

Haldane, J. (1986). Religious education in a pluralist society: A philosophical examination, *British Journal of Educational Studies, 34,* pp. 161-181.

Haldane, J. (1995). Education: Conserving tradition, in: B. Almond (ed.) *Introducing Applied Ethics* (Oxford: Blackwell).

Haldane, J. (2000). On the very idea of spiritual values, in: A. O'Hear (ed.) *Philosophy, the Good and the Beautiful* (Cambridge, UK: Cambridge University Press).

Halpin, D. (1997). *Utopian Ideals, Democracy and the Politics of Education* (London: University of London. Goldsmiths College).

Halsall, R. and Cockett, M. (eds.) (1996). *Education and Training 14-19: Chaos or Coherence?* (London: David Fulton).

Halsey, A. H. (1992). *Decline of Donnish Dominion* (Oxford: Oxford University Press).

Halstead, J. M. (1995a). Voluntary apartheid? Problems of schooling for religious and other minorities in democratic societies, *Journal of Philosophy of Education, 29*, pp. 257-272.

Halstead, J. M. (1995b). Towards a unified view of Islamic education, *Islam and Christian-Muslim Relations, 6*, pp. 25-44.

Halstead, J. M. (1996). Liberal values and liberal education, in: J. M. Halstead and M. J. Taylor (eds.) *Values in Education and Education in Values* (London: Falmer Press).

Hand, S. (1989). *The Levinas Reader* (Oxford: Blackwell).

Haraway, D. (1985). A manifesto for cyborgs: Science, technology, and socialist feminist in the 1980s, in: L. J. Nicholson (ed.) *Feminism/Postmodernism* (London: Routledge).

Haraway, D. J. (1991). *Simians, Cyborgs, and Women: The Reinvention of Nature* (London: Free Association Books).

Haraway, D. J. (1996). Modest_Witness@Second_Millennium.FemaleMan© *Meets_ Oncomouse™: Feminism and Technoscience* (London: Routledge).

Harding, S. (1991). *Whose Science? Whose Knowledge? Thinking from Women's Lives* (Milton Keynes, UK: Open University Press).

Harding, S. and Hintikka, M. B. (eds.) (1983). *Discovering Reality* (Dordrecht, Netherlands and London: D. Reidel).

Hare, W. (1979). *Open-Mindedness and Education* (Kingston, ONT: McGill-Queen's University Press).

Hare, W. (1985). *In Defense of Open-Mindedness* (Kingston, ONT: McGill-Queen's University Press).

Hare, W. (1995). Content and criticism: The aims of schooling, *Journal of Philosophy of Education, 29*, pp. 47-60.

Harland, R. (1987). *Superstructuralism: The Philosophy of Structuralism and Post-Structuralism* (London and New York: Methuen).

Harland, R. (1993). *Beyond Superstructuralism: The Syntagmatic Side of Langaude* (London: Routledge).

Harman, G. and Thompson, J. J. (1996). *Moral Relativism and Moral Objectivity* (Oxford: Blackwell).

Hart, W. (1993). Children are not meant to be studies, *Journal of Philosophy of Education, 27*, pp. 17-26.

Hartshorne, H. and May, M. (1928-1930). *Studies in the Nature of Character, vol. 1: Studies in Deceit, vol. 2: Studies in Self-control, vol. 3: Studies in the Organization of Character* (New York: Macmillan).

Harty, S. (1994). Pied Piper revisited, in: D. Bridges and T. McLaughlin (eds.) *Education and the Market Place* (London: Falmer Press).

Hassan, I. (1993). Toward a concept of postmodernism, in: J. Docherty (ed.) *Postmodernism: A Reader* (New York: Harvester, Wheatsheaf).

Hawkins, E. (1999). *Listening to Lorca: A Journal Into Language* (London: Center for Information on Language Teaching and Research).

Haydon, G. (1977). The "right to education and compulsory schooling" *Educational Philosophy and Theory, 9,* pp. 1-15.

Haydon, G. (1997). *Teaching About Values. A New Approach* (London: Cassell).

Heidegger, M. (1962). *Being and Time* (trans. J. Macquarrie and E. Robinson) (New York: Harper & Row).

Heidegger, M. (1991). *Nietzsche*, 2 vols. (trans. D. Krell) (San Francisco: Harper).

Held, D. (1980). *Introduction to Critical Theory. Horkheimer to Habermas* (Berkeley: University of California Press).

Held, V. (1993). *Feminist Morality* (Chicago: University of Chicago Press).

Herbart, J. F. (1806). *The Science of Education* (trans. H. M. and E. Felkin) (London: Swan Sonnenschein).

Herbart, J. F. (1965). *Pädagogische Schriften*, vol. 2 (Düsseldorf, Germany: Kupper).

Herrmann, U., Kaufmann, H. B., Flitner, W., and Bollnow, O. F. (1987). *Kontinuität und Traditionsbrücke in der Pägagogik.* (Münster: Comenius).

Hick J. (1999). *The Fifth Dimension. An Exploration of the Spiritual Realm* (Oxford: Oneworld Publications).

Hickman, L. A. (1990). *John Dewey's Pragmatic Technology* (Bloomington and Indianapolis: Indiana University Press).

Hillman, J. (1997). *University for Industry: Creating a National Learning Network* (London: Institute for Public Policy Research).

Hirsch, E. D. (1988). *Cultural Literacy: What Every American Needs to Know* (New York: Vintage Books).

Hirst, P. H. (1974a). Realms of meaning and forms of knowledge, in: P. H. Hirst *Knowledge and the Curriculum: A Collection of Philosophy Papers* (London: Routledge & Kegan Paul).

Hirst, P. H. (1974b). *Knowledge and the Curriculum: A Collection of Philosophy Papers* (London: Routledge & Kegan Paul).

Hirst, P. H. (1981). Education, catechesis and the church school, *British Journal of Religious Education*, Spring, pp. 85-93, 101.

Hirst, P. H. (1985). Education and diversity of belief, in: M. C. Felderhof (ed.) *Religious Education in a Pluralistic Society* (London: Hodder & Stoughton).

Hirst, P. and Peters, R. (1970). *The Logic of Education* (London: Routledge & Kegan Paul).

Hobson, P. (1984). Some Reflections on parents' rights in the upbringing of their children, *Journal of Philosophy of Education, 18*, pp. 63-74.

Hobson, P. R. and Edwards, J. S. (1999). *Religious Education in a Pluralist Society. The Key Philosophical Issues* (London: Woburn Press).

Hodgson, A. and Spours, K. (eds.) (1997). *Dearing and Beyond: 14-19 Qualifications, Frameworks and Systems* (London: Kogan Page).

Hoffmann, D. (1978). *Kritische Erziehungswissenschaft* (Stuttgart and Berlin: Kohlhammer).

Hoffman, M. (1984). Empathy, its limits, and role in a comprehensive moral theory, in: W. Kurtines and J. Gewirtz (eds.) *Morality, Moral Behavior, and Moral Development* (New York: Wiley).

Hoffman, M. (2000). *Empathy and Moral Development: Implications for Caring and Justice* (New York: Cambridge University Press).

Hogan, P. (1995). *The Custody and Courtship of Experience: Western Education in Philosophical Perspective* (Dublin: The Colomba Press).

Hollinger, R. (ed.) (1985). *Hermeneutics and Praxis* (Notre Dame, IN: Notre Dame University Press).

Holmes, S. (1995). *Passions and Constraint: On the Theory of Liberal Democracy* (Chicago: University of Chicago Press).

Holt, J. (1969). *How Children Fail* (Harmondsworth, UK: Penguin Books).

Holub, R. (1991). *Jürgen Habermas: Critic in the Public Sphere* (London: Routledge).

Honneth, A. and Bonss, W. (1982). *Materialen zur Kritischen Theorie* (Frankfurt am Main: Suhrkamp).

Hook, S. (1974). *Pragmatism and the Tragic Sense of Life* (New York: Basic Books).

Horkheimer, M. (1972). *Gesellschaft im Übergang. Aufsätze, Reden und Vorträge 1942-1970* (ed. W. Brede) (Frankfurt am Main: Fischer).

Horkheimer, M. (1974). *Eclipse of Reason* (New York: Continuum).

Horkheimer, M. (1976). *Zur Kritik der Instrumentellen Vernunft* (Frankfurt am Main: Fischer).

Horkheimer, M. (1977). Traditionelle und kritische Theorie, in: A. Schmidt (ed.) *Kritishce Theorie* (Frankfurt am Main: Fischer).

Horkheimer, M., Fromm, E., and Marcuse, H. ([1936] 1987). *Studien über Autorität und Familie: Forschungsberichte aus dem Institut für Sozialforschung* (Lüneburg, Germany: zu Klampen).

Horkheimer, M. and Adorno, T. (1947). *Dialektik der Aufklärung* (Frankfurt am Main: Fischer).

Horkheimer, M. and Adorno, T. (1991). *Dialectic of Enlightenment* (New York: Continuum).

Hoy D. Couzens (ed.) (1986). *Foucault: A Critical Reader* (Oxford: Basil Blackwell).

Hughes, J .(1988). The philosopher's child, in: M. Griffiths and M. Whitford (eds.) *Feminist Perspectives in Philosophy* (Bloomington: Macmillan and Indiana University Press).

Hull, J. (1984). *Studies in Religion and Education* (London: Falmer Press).

Hull, J. (1996). The ambiguity of spiritual values, in: J. M. Halstead and M. J. Taylor (eds.) *Values in Education and Education in Values* (London: Falmer Press).

Hume, D. ([1751] 1983) *An Enquiry Concerning the Principles of Morals* (Indianapolis, IN: Hackett).

Hunter, I. (1996). Assembling the school, in: A, Barry, T, Osborne, and N. Rose (eds.) *Foucault and Political Reason. Liberalism, Neo-liberalism and Rationalities of Government* (London: UCL), pp. 143-66.

Huchings, K. (1996). *Kant, Critique and Politics* (New York: Routledge).

Hyland, T. (1994). *Competence, Education and NVQs: Dissenting Perspectives* (London: Cassell).

Hyland, T. (1999). *Vocational Studies, Lifelong Learning and Social Values* (Aldershot, UK: Ashgate).

Hyland, T. (2000a). Vocational education and training under the New Deal: Towards a social theory of lifelong learning, *Journal of Vocational Education and Training, 52,* pp. 395-411.

Hyland, T. (2000b). Values and studentship in post-compulsory education and training, in: M. Leicester, C. Modgil, and S. Modgil (eds.) *Education, Culture and Values IV-Moral Pluralism* (London: Falmer).

Ihde, D. (1990). *Technology and the Lifeworld: From Garden to Earth* (Bloomington: Indiana University Press).

Illich, I. (1971). *Deschooling Society* (London: Calder Boyars).

Irigaray, L. (1985a). *This Sex Which is Not One* (Ithaca, NY: Cornell University Press).

Irigaray, L. (1985b). *Speculum of the Other Woman* (Ithaca, NY: Cornell University Press).

Jagger, A. (1983). *Feminist Politics and Human Nature* (Brighton, UK: Harvester).

James, W. ([1890] 1950). *The Principles of* Psychology, vols 1 and 2 (New York: Dover Publications).

James, W. ([1899] 1958). *Talks To Teachers on Psychology* (New York: W. W. Norton).

James, W. (1985). *The Varieties of Religious Experience* (New York: Penguin Books).

James, W. (1992). Talks to teachers on psychology, in: *James: Writings 1878-1899* (New York: The Library of America).

Jaspers, K. ([1946 1965). *The Idea of the University* (London: Peter Owen).

Jay, M. (1973). *The Dialectical Imagination* (Boston: Little, Brown).

Jencks, C. (1996). *What is Post-Modernism?* 4th rev. edn. (London: Academy Editions).

Joas, H. (ed.) (2000). *Philosophie der Demokratie. Beiträge zum Werk von John Dewey* (Frankfurt: Suhrkamp).

Johnson, R. H. and Blair, J. A. (1994). Informal logic: Pat and present, in: R. H. Johnson and J. A. Blair (eds.) *New Essays in Informal Logic* (Windsor, UK: Informal Logic), pp. 1-20.

Johnson, S. and Gardner, P. (1999). Some Achilles' heels of thinking skiils: A response to Higgins and Baumfield, *Journal of Philosophy of Education, 33*, pp. 435-449.

Jonathan, R. (1983). The manpower service model of education, *Cambridge Journal of Education, 13*, 2.

Jonathan, R. (1989). Choice and control in education: Parental rights, individual liberties and social justice, *British Journal of Educational Studies, 37*, pp. 321-338.

Jonathan, R. (1990). State education service or prisoner's dilemma: The "hidden hand" as a source of education policy, *British Journal of Educational Studies, 38*, pp. 116-132.

Jonathan, R. (1993). Parental rights in schooling, in: P. Munn (ed.) *Parents and Schools: Customers, Managers or Partners?* (London: Routledge).

Jonathan, R. (1997a). Illusory freedoms: Liberalism, education and the market, *Journal of Philosophy of Education, 31*, pp. 1-220.

Jonathan, R. (1997b). *Illusory Freedoms: Liberalism, Education and the Market* (Oxford: Blackwell).

Jonathan, R. (2000). Cultural diversity and public education: Research negotiation and hard cases. *Journal of Philosophy of Education, 34*(2), pp. 377-393.

Joncich, G. (1968). *The Sane Positivist* (Middleton, CT: Wesleyan University Press).

Jones, A. R. (ed.) (1990). *Wordsworth: The 1807 Poems* (Basingstoke and London: Macmillan).

Jones, K. (1990). Citizenship in a women-friendly polity, *Signs, 15*, pp. 781-812.

Judd, C. H. (1936). *Education as Cultivation of the Higher Mental Processes* (New York: Macmillan).

Kaminsky, James S. (1993). *A New History of Educational Philosophy* (Westport, CN: Greenwood Press).

Kane, P. (2000). Play for today, in: *The Observer Magazine,* 22 October.

Kant, I. (1964). *Werke Bd. VI. Schriften zur Anthropologie, Geschichtphilosophie, Politik und Pädagogik* (Frankfurt am Main: Suhrkamp).

Kant, I. ([1785] 1983). *Ethical Philosophy: The Metaphysics of Morals* (trans. J. W. Ellington) (Indianapolis, IN: Hackett).

Kearney, R. (1988). *The Wake of Imagination* (London: Huchinson).

Keller, E. Fox (1985). *Reflections on Gender and Science* (New Haven, CT: Yale University Press).

Kellner, D. and Best, S. (1991). *Postmodern Theory: Critical Interrogations* (London: Macmillan).

Kent, G. (1992). Little foreign bodies: International dimensions of child prostitution, in: M. Freeman and P. Veerman (eds.) *The Ideologies of Children's Rights* (Dordrecht, Netherlands: Martinus Nijhoff).

Kenway, J. and Nixon, H. (1999). Cyberfeminisms, cyberliteracies, and educational cyberspheres, *Educational Theory, 49*(4), pp. 457-474.

Kerr, C. (1972). *The Uses of the University* (Cambridge, MA: Harvard University Press).

Kerr, F. (1998). Truth in religion: Wittgensteinian considerations, in: D. Carr (ed.) *Education, Knowledge and Truth. Beyond the Postmodern Impasse* (London: Routeldge).

Kilpatrick, W. H. ([1918] 1961). In retrospect at ninety, *Studies in Philosophy and Education, 1*(4-5), pp. 146-152.

Kincheloe, J. L. and Steinberg, S. R. (1997). *Changing Multiculturalism* (Buckingham: Open University Press).

King, A. (1984). *The Bungalow: The Production of a Global Culture* (London: Routledge & Kegan Paul).

Kirp, D. L. (1979). *Doing Good by Doing Little: Race and Schooling in Britain* (Berkeley: University of California Press).

Kiziltan, M. U., Bain, W. J. and Canizares, A. M. (1990). Postmodern conditions: Rethinking public education, *Educational Theory, 40*, pp. 351-369.

Klafki, W. (1976). *Aspekte kritisch-konstrucktiver Erziehungswissenschaft* (Weinheim, Germany: Beltz).

Kleinespel, K. and Tillmann, K.-J. (1998). Reformpädagogische Argumente in der bildungspolitischen Debatte-zwei Fallstudien, in: T. Rülcker and J. Oelkers (eds.) *Politische Rrformpädagogik* (Bern: Peter Lang), pp. 715-741.

Kleinig, J. (1976). Mill, children and rights. *Educational Philosophy and Theory, 8*, pp. 1-15.

Kohlberg, L. (1981). *The Philosophy of Moral Development*, vol. 1 (San Francisco: Harper & Row).

Korsgaard, C. (1998). From duty and for the sake of the noble: Kant and Aristotle on morally good action, in: S. Engstrom and J. Whiting (eds.) *Aristotle, Kant, and the Stoics: Rethinking Happiness and Duty* (Cambridge, UK: Cambridge University Press).

Korthals, M. (1981). Inleiding, in: H. Horkheimer and H. Marcuse *Filosofie en Kritische Theorie* (Mellel, Netherlands: Boom), pp. 7-61.

Kourany, J. A. (1998). *Philosophy on a Feminist Voice: Critiques and Reconstructions* (Princeton, NJ: Princeton University Press).

Kuhn, T. (1962). *The Structure of Scientific Revolutions* (Chicago: University of Chicago Press).

Kumar, R. (1993). *The History of Doing: An Illustrated Accounts of Movements for Women's Rights and Feminism in India 1800-1990* (London: Verso and New Delhi: Kali for Women).

Kymlicka, W. (1989). *Liberalism, Community and Culture* (Oxford: Oxford University Press).

Kymlicka, W. (1995). *Multicultural Citizenship* (Oxford: Clarendon Press).

Kymlicka, W. (1996). Three forms of group-differentiated citizenship in Canada, in: S. Benhabib (ed.) *Democracy and Difference* (Princeton, NJ: Princeton University Press).

Kymlicka, W. (1999). Education for citizenship, in: J. M. Halstead and T. McLaughlin (eds.) *Education in Morality* (London: Routeldge).

Kymlicka, W. and Norman, W. (1994). Return of the citizen: A survey of recent work on citizenship theory, *Ethics*, *104*, pp. 352-381.

Lakoff, G. and Johnson, M. (1980). *Metaphors We Live By* (Chicago: University of Chicago Press).

Lamb, M. E. (ed.) (1982). *Nontraditional Families. Parenting and Child Development* (London: Erlbaum).

Langeveld, M. (1946). *Beknopte Theoretische Pedagogiek* [Concise Philosophy of Education] (Groningen, Netherlands: Wolters-Noordhoff).

Lankshear, C., Fnobel, M. and Peters, M. (2000). Information, knowledge and learning: Some issues facing epistemology and education in a digital age, in: N., Blake and P. Standish (eds.) *Enquiries at the Interface: Philosophical problems of on-line education, Journal of Philosophy of Education, 34* (special issue), pp. 17-40.

Lankshear, C. and McLaren, P. (eds.) (1993). *Critical Literacy: Politics, Praxis and the Postmodern* (Albany, NY: State University of New York Press).

Larrosa, J. (1998). *Apprendre et Être. Langage, Littérature et Expérience de Formation* (Paris: ESF).

Lash, N. (1988). *Easter in Ordinary: Reflections in Human Experience and the Knowledge of God* (Notre Dame, IN: University of Notre Dame Press).

Lather, P. (1991). *Getting Smart: Feminist Research and Pedagogy With/In the Postmodern* (London: Routledge).

Lave, J. and Wenger, E. (1991). *Situated Learning: Legitimate Peripheral Participation* (Cambridge, UK: Cambridge University Press).

Lawrence, D. H. ([1923] 1973). Benjamin Franklin, in: J. Williams and R. Williams (eds.) *D. H. Lawrence on Education* (Harmondsworth, UK: Penguin Books).

Lawrence, D. H. ([1936] 1973). Education of the people, in: J. Williams and R. Williams (eds.) *D. H. Lawrence on Education* (Harmondsworth, UK: Penguin Books).

Leavis, F. R. (1943). *Education and the University* (Cambridge, UK: Cambridge University Press).

Le Doeuff, M. (1991). *Hipparchia's Choice: An Essay concerning Women, Philosophy, Etc.* (trans. T. Selous) (Oxford: Blackwell).

Lee, D., Marsden, D., Richman, P. and Dunscome, J. (1990). *Scheming for Work: A Study of the YTS in the Enterprise Culture* (Milton Keynes, UK: Open University Press).

Lennon, K. and Whitford, M. (eds.) (1994). *Knowing the Difference: Feminist Perspectives in*

Epistemology (London: Routledge).
Levinas, E. (1987). *Time and the Other* (Pittsburgh, PA: Duquesne University Press).
Levinson, M. (1999). *The Demands of Liberal Education* (Oxford: Oxford University Press).
Lewis, T. (1991). Difficulties attending the new vocationalism in the USA, *Journal of Philosophy of Education, 25*, pp. 95-108.
Lewis, T. (1997). Towards a liberal vocational education, *Journal of Philosophy of Education, 31*(3), pp. 477-489.
Lickona, T. (1991). *Educating for Character: How Our Schools Can Teach Respect and Responsibility* (New York: Bantam Books).
Lifton, R. J. (1993). *The Protean Self: Human Resilience in an Age of Fragmentation* (Ithaca, NY: Cornell University Press).
Lilley, I. M. (1967). *Friedrich Froebel: A Selection from his Writings* (Cambridge, UK: Cambridge University Press).
Lipman, M. (1991). *Thinking in Education* (Cambridge, UK: Cambridge University Press).
Lloyd, G. ([1984] 1993). *The Man of Reason: "Male" and "Female" in Western Philosophy*, 2nd edn. (London: Routledge).
Løvlie, L. (1997). On the uses of example in moral education, *Journal of Philosophy of Education, 33*, p. 3.
Luhmann, N. and Schorr, K. E. (eds.) (1982). *Zwischen Technologie und Sekbstreferenz: Fragen an die Pädagogik*. (Frankfurt: Suhrkamp).
Lukasiewicz, J. (1994). *The Ignorance Explosion* (Ottawa, ONT: Carleton University Press).
Lum, G. (1999). Where's the competence in competence-based education and training? *Journal of Philosophy of Education, 33*, pp. 403-418.
Lustgarten, L. S. (1983). Liberty in a culturally plural society, in: A. Phillips Griffiths (ed.) *Of Liberty* (Cambridge, UK: Cambridge University Press).
Lyotard, J.-F. (1984). *The Postmodern Condition: A Report on Knowledge* (trans. G. Bennington and B. Massumi; foreword by F. Jameson) (Minneapolis: University of Minnesota Press and Manchester, UK: University of Manchester Press).
Lyotard, J.-F. (1985). *The Postmodern Condition: A Report on Knowledge* (Minneapolis: University of Minnesota Press).
Lyotard, J.-F. (1988a). *L'inhumain: Causeries sur le temps* (Paris: Galilée).

Lyotard, J.-F. (1988b). *The Differend: Phrases in Dispute* (trans. G. Van Den Abbeele) (Minneapolis: University of Minnesota Press).

Lyotard, J.-F. (1992). *The Postmodern Explained to Children: Correspondence 1982-1985* (Sydney, NSW: Power Publications).

Lyotard, J.-F. (1993a). *Libidinal Economy* (trans. I. Grant) (Bloomington, Indiana University Press).

Lyotard, J.-F. (1993b). *Political Writings* (trans. B. Readings and K. P. Geiman) (Minneapolis: University of Minnesota Press).

Lyotard, J.-F. (1994). *Lessons on the Analytic of the Sublime* (trans. E. Rottenberg) (Stanford, CA: Stanford University Press).

Lyotard, J. -F. (1998). A propos du différend. Entretien avec Jean-Francois Lyotard. *Les Cahiers de Philisophie*, *5*, pp. 35-62.

MacDowell, J. (1996). Deliberation and moral development in Aristotle's ethics, in: S. Engstrom and J. Whiting (eds.) *Aristotle, Kant and the Stoics* (Cambridge, UK: Cambridge University Press).

Macedo, S. (1990). *Liberal Virtue: Citizenship, Virtue and Community in Liberal Constitutionalism* (Oxford: Clarendon).

Macedo, S. (ed.) (1999). *Deliberative Politics* (Oxford: Oxford University Press).

Macedo, S. (2000). *Diversity and Distrust: Civic Education in a Multicultural Democracy* (Cambridge, MA: Harvaard University Press).

MacIntyre, A. (1977). Epistemological crises, dramatic narrative, and the philosophy of science. *The Monist*, *60*, pp. 453-472.

MacIntyre, A. (1981). *After Virtue: A Study in Moral Theory* (Notre Dame, IN: University of Notre Dame Press).

Mackenzie, P. J. (1998). David Carr on religious knowledge and spiritual education. *Journal of Philosophy of Education*, *32*, pp. 409-427.

Macklin, E. D. and Rubin, R. (eds.) (1983). *Contemporary Families and Alternative Lifestyles. Handbook on Research and Theory* (London: Sage).

Maclure, S. (1991). *Missing Links: The Challenge to Further Education* (London: Policy Studies Institute).

Macmillan, C. J. B. (1994). Is community necessary? Quasi-philosophical ruminations, *Studies in Philosophy and Education, 15*, pp. 77-78.

Malkin, J. and Wildavsky, A. (1991). Why the traditional distinction between public and private goods should be abandoned, *Journal of Theoretical Politics, 3*, pp. 355-378.

Mani, L. (1998). *Contentious Traditions: The Debate on Sati in Colonial India* (Berkeley: University of California Press).

Marcuse, H. (1964). *One-Dimensional Man: Studies in the Ideology of Advanced Industrial Society* (Boston: Beacon Press).

Marcuse, H. (1972). Philosophy and critical theory, in: M. Marcuse and J. J. Shapiro (eds.) *Negations: Essays in Critical Theory* (Harmondsworth, UK: Penguin Books).

Marshall, J. (1996). *Michel Foucault: Personal Autonomy and Education* (Dordrecht, Netherlands: Kluwer).

Marshall, T. H. (1950). *Citizenship and Social Class and Other Essays* (Cambridge, UK: Cambridge University Press).

Martin, J. R. (1985). *Reclaiming a Conversation: The Ideal of the Educated Woman* (New Haven, CT: Yale University Press).

Martin, J. R. (1992). Critical thinking for a humane world, in: S. P. Norris (ed.) *The Generalizability of Critical Thinking* (New York: Teachers College Press), pp. 163-180.

Martin, J. R. (1994). *Changing the Educational Landscape: Philosophy, Women and Curriculum* (London: Routledge).

Maskell, D. (1999). Education, education, education: Or, what has Jane Austen to teach Tony Blunkett? *Journal of Philosophy of Education, 33*(2), pp. 157-176.

Masschelein, J. (1991a). *Kommunikatives Handeln und Pädagogisches Handeln* (Leuven, Belgium: Leuven University Press and Weinhein, Germany: Deutscher Studien Verlag).

Masschelein, J. (1991b). The relevance of Habermas' communitive turn. Some reflections on education as communicative action. *Studies in Philosophy and Education, 11*, pp. 95-111.

Masschelein, J. (1997). In defence of education as problematisation: Some preliminary remarks on a strategy of disarmament, in: D. Wildemeersch, M. Finger, and T. Jansen (eds.) *Adult Education and Social Responsibility. Reconciling the Irreconcilable* (Frankfurt and Bern: Peter Lang).

Masschelein, J. (1998). How to imagine something exterior to the system: Critical education as problematization. *Educational Theory, 48*, pp. 521-530.

Masschelein, J. and Smeyers, P. (2000). L'enfance, education, and the politics of meaning, in: P. A. Dhillon and P. Standish (eds.) *Lyotard. Just Education* (London: Routeldge).

Matthews, J. (ed.) (1998). *Jane Gallop Seminar Papers* (Canberra, ACT: Humanities Research Centre, Monography Series, 7, ANU).

May, S. (1999). Critical multiculturalism and cultural difference: Avoiding essentialism, in: S. May (ed.) *Critical Multiculturalism: Rethinking Multicultural and Antiracist Education* (London: Falmer Press).

McClintock, R. O. (1988). Introduction: Marking the second frontier, in: R. O. McClintock (ed.) *Computing and Education: The Second Frontier* (New York: Teachers College Press).

McClintock, R. and Paechter, C. (eds.) (1999). *Learning and Knowledge* (London: Paul Chapman).

McGhee, M. (2000). *Transformations of Mind. Philosophy as Spiritual Practice* (Cambridge, UK: Cambridge University Press).

McGillivary, A. (1992). Reconstructing child abuse: Western definition and non-western experience, in: M. Freeman and P. Veerman (eds.) *The Ideologies of Children's Rights* (Dordrecht, Netherlands: Martinus Nijhoff).

McLaren, P. (1989). *Life in Schools. An Introduction to Critical Pedagogy in the Foundations of Education* (New York: Longman).

McLaren, P. (ed.) (1995). *Postmodernism, Postcolonialism and Pedagogy* (Albert Park, Victoria: James Nicholas).

McLaren, P. (1999). *Schooling as Ritual Performance: Towards a Political Economy of Educational Symbols and Gestures* (Lanham, MD: Rowman & Littlefield).

McLaren, P. (2000). *Che Gueavara, Paulo Freire, and the Pedagogy of Revolution* (New York and Oxford: Rowman & Littlefield).

McLaughlin, T. H. (1984). Parental rights and the religious upbringing of children, *Journal of Philosophy of Education, 18,* pp. 75-83.

McLaughlin, T. H. (1990). Peter Gardner on religious upbringing and the liberal ideal of religious autonomy, *Journal of Philosophy of Education, 24,* pp. 107-125.

McLaughlin, T. H. (1992a). Citizenship, diversity and education: A philosophical perspective, *Journal of Moral Education, 21,* pp. 235-250.

McLaughlin, T. H. (1992b). The ethics of separate schools, in: M. Leicester and M. Taylor (eds.) *Ethics, Ethnicity and Education* (London: Kogan Page).

McLaughlin, T. H. (1994). The scope of parents' educational rights, in: J. M. Halstead (ed.) *Parental Choice and Education. Principles, Policy and Practice* (London: Kogan Page).

McLaughlin, T. H. (1995a). Liberalism, education and the common school, *Journal of Philosophy of Education, 29,* pp. 239-255.

McLaughlin, T. H. (1995b). Wittgenstein, education and religion, in: P. Smeyers and J. D. Marshall (eds.) *Philosophy and Education: Accepting Wittgenstein's Challenge* (Dordrecht, Netherlands: Kluwer).

McLaughlin, T. H. (1996a). Education of the whole child? in: R. Best (ed.) *Education, Spirituality and the Whole Child* (London: Cassell).

McLaughlin, T. H. (1996b). The distinctiveness of Catholic education, in: T. H. McLaughlin, J. O'Keefe and B. O'Keeffe (eds.) *The Contemporary Catholic School: Context, Identity and Diversity* (London: Falmer).

McLaughlin, T. H. (1998). Sex education, moral controversy and the common school, *Muslim Education Quarterly, 15*(3), pp. 28-52.

McPeck, J. E. (1981). *Critical Thinking and Education* (New York: St. Martin's Press).

McPeck, J. E. (1990). *Teaching Critical Thinking* (New York: Routledge).

McWilliam, E. and Taylor, P. (eds.) (1998). *Pedagogy, Technology and the Body* (New York: Peter Lang).

Mele, A. R. (1995). *Autonomous Agents. From Self-Control to Autonomy* (New York: Oxford University Press).

Mernissi, F. (1987). *Beyond the Veil: Male-Female Dynamics in Modern Muslim Society* (Bloomington: Indiana University Press).

Merquior, J. G. (1985). *Foucault* (London: Fontana Press and Collins).

Middleton, S. (1998). *Disciplining Sexuality: Foucault, Life Histories and Education* (New York: Teachers College Press).

Midgley, M. (1989). *Wisdom, Information, and Wonder: What is Knowledge For?* (London: Routledge).

Midgley, M. (1991). *Can We Make Moral Judgments?* (New York, St. Martin's Press).

Milan Women's Bookstore Collective (1990). *Sexual Difference: A Theory of Social-Symbolic Practice* (Bloomington: Indiana University Press).

Miliband, D. (1991). *Markets, Politics and Education* (Education and Training Paper 3) (London:

Institute for Public Policy Research).

Mill, J. S. ([1867] 1979). Inaugural address at the University of St Andrews, in: F. W. Garforth *John Stuart Mill's Theory of Education* (Oxford: Martin Robertson).

Mill, J. S. (1910). On liberty, in: J. S. Mill, Utilitarianism, Liberty, *Representative Government* (London: Dent).

Miller, D. (1989). In what sense must socialism be communitarian? in: E. F. Paul, F. D. Miller Jr, J. Paul, and D. Greenberg (eds.) *Socialism* (Oxford: Blackwell).

Miller, D. (1992). Community and citizenship, in: S. Avinieri and A. De-Ahalit (eds.) *Communitarianism and Individualism* (Oxford: Oxford University Press).

Minogue, K. (1973). *The Concept of a University* (London: Weidenfeld & Nicolson).

Missimer, C. (1990). Perhaps by skill alone, *Informal Logic, 12*, pp. 145-153.

Moberly, W. (1949). *The Crisis in the University* (London: SCM Press).

Mollenhauer, K. (1972). *Theorien zum Erziehungsprozess* (München: Juventa).

Montgomery, L. M. (1994). *Anne of Green Gables* (London: Puffin).

Moody-Admas, M. (1997). *Fieldwork in Familiar Places: Morality, Culture, and Philosophy* (Cambridge, MA: Harvard University Press).

Morgan, J. (1996). A defence of autonomy as an educational ideal, *Journal of Philosophy of Education, 30*, pp. 239-252.

Morris, G. (1994). Local education authorities and the market place, in: D. Bridges and T. McLaughlin (eds.) *Education and the Market Place* (London: Falmer Press).

Mourad, R. (1997). *Postmodern Philosophical Critique and the Pursuit of Knowledge in Higher Education* (Westport, CT and London: Bergin & Garvey).

Mulhall, S. and Swift, A. (1996). *Liberals and Communitarians,* 2nd edn. (Oxford: Blackwell).

Murdoch, I. (1992). *Metaphysics as a Guide to Morals* (London: Shatto & Windus).

Murphy, J. P. (1990). *Pragmatism. From Peirce to Davidson* (Boulder, CO: Westview Press).

Murungi, K. (1994). Get away from my genitals! A commentary on Warrior Marks, *Interstices, 2*(11), p. 13.

Nagel, T. (1986). *The View form Nowhere* (Oxford: Oxford University Press).

Naismith, D. (1994). In defence of the educational voucher, in: D. Bridges and T. McLaughlin (eds.) *Education and the Market Place* (London: Falmer).

Narayan, U. (1997). *Dislocating Cultures: Identities, Traditions, and Third Wolrd Feminisms*

(London: Routledge).

Nash, P. (1966). *Authority and Freedom is Education* (New York: Wiley).

Nash, R. (1999). *Faith, Hype, and Clarity: Teaching about Religion in American Schools and Colleges* (New York: Teachers College Press).

Neill, A. S. (1928). Summerhill, *The New Era*, *9*(34), pp. 70-72.

Neill, A. S. (1960). *Summerhill* (New York: Hart).

Neill, A. S. (1962). *Summerhill. A Radical Approach to Education* (London: Gollancz).

Neiman, A. (2000). Self examination, spirituality, and philosophical education, *Journal of Philosophy of Education, 34*(4), pp. 571-590.

Newman, J. H. ([1853] 1976). *The Idea of a University* (ed. I . T. Ker) (Oxford: Oxford University Press).

New Zealand Treasury (1987). *Government Management: Brief to the Incoming Government*, vol. 2 (Wellington: Education Issues, Government Printer).

Nicholls, D. (1974). *Three Varieties of Pluralism* (London: Macmillan).

Nicholls, D. (1975). *The Pluralist State* (London: Macmillan).

Nicholson, L. (ed.) (1990). *Feminism/Postmodernism* (New York: Routledge).

Nietzsche, F. ([1889] 1981). *Twilight of the Idols* (trans. R. J. Hollingdale) (Harmondsworth, UK: Penguin Books).

Nietzsche, F. (1967). *On the Genealogy of Morals* (trans. W. Kaufmann and R. J. Hollingdale) (New York: Vintage Books).

Nietzsche, F. (2000). *The Birth of Tragedy* (trans. and with an introduction by. D. Smith) (Oxford: Oxford University Press).

Noddings, N. (1984). *Caring: A Feminine Approach to Ethics and Moral Education* (Berkeley: University of California Press).

Noddings, N. (1986). Fidelity in teaching, teacher education and research for teaching, *Harvard Educational Review*, *56*, pp. 496-510.

Noddings, N. (1993). *Educating for Intelligent Belief or Unbelief* (New York and London: Teachers College Press).

Noddings, N. (1995). *Philosophy of Education* (Boulder, CO: Westview Press).

Noddings, N. (1997). Character education and community, in: A. Molner (ed.) *The Construction of Children's Character* (Chicago: National Society for the Study of Education).

Noddings, N. (1998a). Feminist morality and social policy, in: J. G. Haber and M. S. Halfon (eds.) *Norms and Values* (Lanham, MD: Rowman and Littlefield).

Noddings, N. (1998b). Thoughts on John Dewey's "Ethical principles underlying education." *The Elementary School Journal, 98*, pp. 479-488.

Noddings, N. (2001a). *Starting at Home: Care Theory and Social Policy* (Berkeley: University of California Press).

Noddings, N. (2001b). *A Sympathetic Alternative to Character Education* (New York: Teachers College Press).

Nohl, H. (1970). *Die pädagogische Bewegung in Deutschland und ihre Theorie* (Frankfurt: Verlag G. Schulte-Bulmke).

Nordenbo, S. E. (1984). *Bidrag til den danske pedagogiks historie* (Copenhagen: Museum Tusculanum).

Nordenbo, S. E. (1986). Justification of paternalism in education, *Scandinavian Journal of Educational Research, 30*, pp. 121-139.

Norris, S. P. (ed.) (1992). *The Generalizability of Critical Thinking* (New York: Teachers College Press).

Nozick, R. (1974). *Anarchy, State and Utopia* (Oxford: Blackwell).

Nozick, R. (1981). *Philosophical Explanations* (Cambridge, MA: The Belknap Press of Harvard University Press).

Nunn, P. (1945). *Education, Its Data and First Principles*, 3rd edn. (London: Arnold).

Nussbaum, M. (1985). The discernment of perception: An Aristotelian conception of private and public rationality, in: J. Cleary (ed.) *Proceedings of the Boston Area Colloquium in Ancient Philosophy*, vol. 1.

Nussbaum, M. (1986). *The Fragility of Goodness: Luck and Ethics in Greek Tragedy and Philosophy* (Cambridge, UK: Cambridge University Press).

Nussbaum, M. (1988). Non-relative virtues: An Aristotelian approach, *Midwest Studies in Philosophy, 13*, pp. 32-35.

Nussbaum, M. (1990). *Love's Knowledge: Essays in Philosophy and Literature* (Oxford: Oxford University Press).

Nussbaum, M. (1996). *For Love of Country* (Boston: Beacon Press).

Nussbaum, M. (1997). *Cultivating Humanity: A Classical Defense of Reform in Liberal Education*

(Cambridge, MA: Harvard University Press).

Nussbaum, M. (2000). *Women in Development* (Cambridge, MA: Cambridge University Press).

Nye, A. (1990). *Words of Power: A Feminist Reading of the History of Logic* (New York: Routledge).

Oakeshott, M. (1972). Education: The engagement and its frustration, in: R. Dearden, P. Hisrt, and R. Peters (eds.) *Education and the Development of Reason* (London: Routledge & Kegan Paul).

Oakeshott, M. (1981). *Rationalism in Politics and Other Essays* (London: Methuen).

Obeyeskere, G. (1992). *The Apotheosis of Captain Cook: European Mythmaking in the Pacific* (Princeton, NJ: Princeton University Press).

Oelkers, J. (1989). *Reformpädagogik. Eine kritische Dogmengeschite* (Weinheim and München: Juventa).

Okin, S. M. (1979). *Women in Western Political Thought* (Princeton, NJ: Princeton University Press).

Okin, S. M. (1989). *Justice, Gender, and the Family* (New York: Basic Books).

Okin, S. M. (1992). Women, equality and citizenship, *Queen's Quarterly, 99*, pp. 56-71.

Okin, S. M. (1995). Women and the complex inequality of gender, in: D. Miller and M. Walzer (eds.) *Pluralism, Justice, and Equality* (Oxford: Oxford University Press).

Okin, S. M. (1999). Is multiculturalism bad for women? in: J. Cohen and M. Howard (eds.) *Is multiculturalism Bad for Women?* (Princeton, NJ: Princeton University Press).

Oldfield, A. (1990). *Citizenship and Community: Civic Republicanism and the Modern World* (London: Routledge).

O'Neill, O. and Ruddick, W. (eds.) (1979). *Having Children: Philosophical and Legal Reflections on Parenthood* (New York: Oxford University Press).

Orr, D. (1989). Just the facts ma'am: Informal logic, gender and pedagogy, *Informal Logic, 11*, pp. 1-10.

Ortega y Gasset, J. (1946). *Mission of the University* (London: Kegan Paul).

Orwell, G. (1956). *The Orwell Reader* (New York: Harcourt, Brace).

Oser, F. (1986). *Transformation und Entwicklung: Grundlagen der Moralerziehung* (Frankfurt: Suhrkamp).

Otto, R. (1950). *The Idea of the Holy* (Oxford: Oxford University Press).

Papert, S. (1980). *Mindstorms: Children, Computers and Powerful Ideas* (New York: Basic Books).

Parekh, B. (1986). The concept of multicultural education, in: S. Modgil, G. Verma, K. Mallick, and C. Modgil (eds.) *Multicultural Education: The Interminable Debate* (London: Falmer).

Parekh, B. (1999). The logic of intercultural evaluation, in: J. Horton and S. Mendus (eds.) *Toleration, Identity and Difference* (London: Macmillan).

Parekh, B. (2000). *Rethinking Multiculturalism: Cultural Diversity and Political Theory* (London: Palgrave).

Parker, S. (1997). *Reflective Teaching in the Postmodern World: A Manifesto for Education in Postmodern* (Buckingham, UK and Philadelphia: Open University Press).

Parry, G. and Moyser, G. (1994). More participation, more democracy? in: D. Beetham (ed.) *Defining and Measuring Democracy* (London: Sage).

Pateman, C. (1988). *The Sexual Contract* (Cambridge, UK: Polity Press).

Pateman, C. (1989). *The Disorder of Women* (Cambridge, UK: Polity Press).

Pateman, C. and Grosz, E. (eds.) (1986). *Feminist Challenges: Social and Political Theory* (London and Sydney: Allen and Unwin).

Patten, P. (1989). Taylor and Foucault on power and freedom, *Political Studies, 37*, pp. 260-76.

Paul, R. (1990). *Critical Thinking: What Every Person Needs to Survive in a Rapidly Changing World* (Rohnert Park, CA: Center for Critical Thinking and Moral Critique).

Pearson, A. T. ([1980] 1984). Competence: A normative analysis, in: E. C. Short (ed.) *Competence: Inquiries Into its Meaning and Acquisition in Educational Settings* (Lanham, MD: University Press of America).

Pedretti, C. (1980). *Leonardo da Vinci Nature Studies from the Royal Library at Windsor Castle* (London: Phaidon).

Peirce, C. S. ([1868] 1992). Some consequences of four incapacitates, in: N. Houser and C. Kloesel (eds.) *The Essential Peirce*, vol. 1 (Bloomington: Indiana University Press).

Peirce, C. S. ([1878] 1992). How to make our ideas clear, in: N. Houser and C. Kloesel (eds.) *The Essential Peirce*, vol. 1 (Bloomington: Indiana University Press).

Peirce, C. S. ([1887] 1992). The fixation of belief, in: N. Houser and C. Kloesel (eds.) *The Essential Peirce*, vol. 1 (Bloomington: Indiana University Press).

Peirce, C. S. ([1887-8] 1992). A guess at the riddle, in: N. Houser and C. Kloesel (eds.) *The*

Essential Peirce, vol. 1 (Bloomington: Indiana University Press).

Peirce, C. S. ([1905] 1998). Pragmatism, in: N. Houser and C. Kloesel (eds.) *The Essential Peirce*, vol. 2 (Bloomington: Indiana University Press).

Pelikan, J. (1992). *The Idea of the University: A Reexamination* (New Haven, CT and London: Yale University Press).

Pendlebury, S. (1990a). Practical reasoning and situational appreciation in teaching, *Educational Theory, 40,* pp. 171-179.

Pendlebury, S. (1990b). Liberty, community and the practice of teaching, *Studies in Philosophy and Education, 10,* pp. 263-279.

Pendlebury, S. (1993). Practical arguments, rationalization and imagination in teachers' practical reasoning, *Journal of Curriculum Studies, 25*, pp. 145-151.

Pensky, M. (ed.) (1994). *The Past as Future: Jürgen Habermas. interviewed by Michael Haller* (trans. and ed. M. Pensky; foreword by P. Hohendahl) (Cambridge, UK: Policy Press).

Perelman, L. J. (1992). *School's out: Hyperlearning, the New Technology, and the End of Education* (New York: William Morrow).

Peters, M. A. (1994). Habermas, poststructuralism and the question of postmodernity: The defiant periphery, *Social Analysis, 36*, September, pp. 1-18. Reprinted as: Habermas, poststructuralism and the question of postmodernity, in: M. A. Peters, J. D. Marshall, W. Hope, and S. Webster (eds.) (1996). *Critical Theory, Poststructuralism and the Social Context* (Palmerston North, NZ: Dummore Press).

Peters, M. A. (ed.) (1995). *Education and the Postmodern Condition* (Westport, CT and London: Bergin & Garvey).

Peters, M. A. (1996). *Postsructuralism, Politics and Education* (Westport, CT and London: Bergin & Garvey).

Peters, M. A. (1997). Poststructuralism and the French reception of Nietzsche, *Political Theory Newsletter, 8*, pp. 39-55.

Peters, M. A. (1998a). Introduction: Naming the multiple: Poststructuralism and education, in: M. A. Peters (ed.) *Naming the Multiple: Poststructuralism and Education* (Westport, CT and London: Bergin & Garvey).

Peters, M. A. (ed.) (1998b). *Naming the Multiple: Poststructuralism and Education* (Westport, CT and London: Bergin & Garvey).

Peters, M. A. (ed.) (1999). *After the Disciplines? The Emergence of Cultural Studies* (Westport, CT and London: Bergin & Garvey).

Peters, M. A. (ed.) (2000). Deranging the *Investigations*: Cavell on the figure of the child, *Educational Philosophy and Theory, 21*, pp. 88-96.

Peters, M. A. and Ghiraldelli, P. Jr. (eds.) (2001). *Richard Rorty: Philosophy, Education, and Politics* (Boulder, CO: Rowman & Littlefield).

Peters, M. A., Hope, W., Marshall, J., and Webster, S. (eds.) (1996). *Critical Theory, Post-structuralism and the Social Context* (Palmerston North, NZ: The Dummore Press).

Peters, M. A. and Lankshear, C. (1996). Postmodern counternarratives, in: H. Giroux, C. Lankshear, P. McLaren, and M. Peters (eds.) *Counternarratives: Cultural Studies and Critical Pedagogies in Postmodern Spaces* (New York and London: Routledge).

Peters, M. A. and Marshall, J. D. (1996). *Individualism and Community: Education and Social Policy in the Postmodern Condition* (London: Falmer).

Peters, M. A. and Marshall, J. D. (1999). *Wittgenstein: Philosophy, Postmodernism, Pedagogy* (Westport, CT and London: Bergin & Garvey).

Peters, M. A. and Marshall, J. D., and Smeyers, P. (eds.) (2000). *Nietzsche's Legacy for Education: Past and Present Values* (Westport, CT and London: Bergin & Garvey).

Peters, R. S. (1966). *Ethics and Education* (London: Allen & Unwin).

Peters, R. S. (1969). *Perspectives on Plowden* (London: Routledge & Kegan Paul).

Peters, R. S. (1973a). Freedom and the development of the free man, in: J. F. Doyle (ed.) *Educational Judgements* (London: Routledge & Kegan Paul).

Peters, R. S. (ed.) (1973b). *The Philosophy of Education* (Oxford: Oxford University Press).

Peters, R. S. (1974). Subjectivity and standards, in: *Psychology and Ethical Development* (London: Allen & Unwin).

Peters, R. S. (1975). The justification of education, in: R. S. Peters (ed.) *Philosophy of Education* (Oxford: Oxford University Press).

Peters, R. S. (1978). Ambiguities in liberal education and the problem of its content, in: K. A. Strike and K. Egan (eds.) *Ethics and Educational Policy* (London: Routledge & Kegan Paul).

Peterson, M., Hasker, H., Reichenbach, B., and Basinger, D. (1991). *Reason and Religious Belief: An Introduction to the Philosophy of Religion* (Oxford: Oxford University Press).

Peukert, H. (1983). Kritische Theories und Pädagogik. *Zeitschrift für Pädagogik, 30*, pp. 195-

217.

Phillips, A. (1991). *Engendering Democracy* (Cambridge, UK: Policy Press).

Phillips, A. (1993). *Democracy and Difference* (Cambridge, UK: Policy Press).

Phillips, A. (1996). Dealing with difference: A politics of ideals, or a politics of presence?, in: S. Benhabib (ed.) *Democracy and Difference* (Princeton, NJ: Princeton University Press).

Phillips, D. Z. (1993). *Wittgenstein and Religion* (London: Macmillan).

Phillips, D. Z. (ed.) (1997). *Rush Rhees on Religion and Philosophy* (Cambridge, UK: Cambridge University Press).

Piaget, J. ([1932] 1948). *The Moral Judgement of the Child* (New York: Free Press).

Piaget, J. (1971). *Insights and Illusions of Philosophy* (New York: World).

Plant, S. (1997). *Zeros + Ones* (London: Fourth Estate).

Plato (1937). *The Dialogues of Plato,* 2 vols (trans. B. Jowett) (New York: Random House).

Plato (1979). *The Symposium* (trans. W. Hamilton) (London: Penguin Books).

Pleines, J. E. (ed.) (1987). *Das Problem des Allgemeinen in der Bildungstheorie.* (Wurzburg, Germany: Königshausen und Neumann).

Poirier, R. (1987). Writing off the self, in: R. Poirier (ed.) *The Renewal of Literature* (New York: Random House).

Poirier, R. (1992). *Poetry and Pragmatism* (Cambridge, MA: Harvard University Press).

Polanyi, M. (1964). *Personal Knowledge: Towards a Post-Critical Philosophy* (New York: Harper).

Popkewitz, T. S. and Fendler, L. (eds.) (1999). *Critical Theories in Education* (New York and London: Routledge).

Poster, M. (1989). *Critical Theory and Poststructuralism: In Search of a Context* (Ithaca, NY: Cornell University Press).

Power, M. (1999). *The Audit Society* (Oxford: Oxford University Press).

Pring, R. (1995). *Closing the Gap: Liberal Education and Vocational Preparation* (London: Hodder & Stoughton).

Pring, R. (2000). *Philosophy of Educational Research* (London: Continuum).

Quinn, J. (1997). *My Education* (Dublin: Town and Country House).

Radice, B. (ed.) (1974). *The Letters of Abelard and Heloise* (trans. with Introduction by B. Radice) (London: Penguin).

Raggart, P. and Williams, S. (1999). *Government, Markets and Vocational Qualifications: An*

Anatomy of Policy (London: Falmer).

Rand, R. (ed.) (1992). *Logomachia: The Conflict of the Faculties* (Lincoln, NE and London: University of Nebraska Press).

Ransome, A. (1962). *Swallows and Amazons* (Harmondsworth, UK: Penguin Books).

Rawls, J. (1971). *A Theory of Justice* (Cambridge, MA: Harvard University Press).

Rawls, J. (1993). *Political Liberalism* (New York: Columbia University Press).

Raz, M. (1986). *The Morality of Freedom* (Oxford: Oxford University Press).

Readings, B. (1996). *The University in Ruins* (Cambridge, MA: Harvard University Press).

Reeves, M. (1988). *The Crisis in Higher Education: Competence, Delight and the Common Good* (Milton Keynes, UK: Open University Press).

Reimer, E. (1971). *School is Dead* (Harmondsworth, UK: Penguin Books).

Robertson, E. (1995). Reconceiving reason, in: W. Kohli (ed.) *Critical Conversations in Philosophy of Education* (New York: Routeldge), pp. 116-126.

Robertson, E. (1999). The value of reason: Why not a sardine can opener?, in: R. Curren (ed.) *Philosophy of Education 1999* (Urbana, IL: Philosophy of Education Society), pp. 1-14.

Rorty, A. (1985). Postmodernist bourgeois liberalism, in: R. Hollinger (ed.) *Hermeneutics and Praxis* (Notre Dame, IN: Notre Dame University Press).

Rorty, A. (1988). *Mind in Action: Essays in the Philosophy of Mind* (Boston: Beacon Press).

Rorty, A. (1998). *Philosophers of Education: Historical Perspectives* (London: Routledge).

Rorty, R. (1980). *Philosophy and the Mirror of Nature* (Oxford: Basil Blackwell).

Rorty, R. (1982). *Consequences of Pragmatism* (Minneapolis: University of Minnesota Press).

Rorty, R. (1986). Foucault and epistemology, in: D. Couzens-Hoy (ed.) *Foucault: A Critical Reader* (Oxford: Basil Blackwell).

Rorty, R. (1989). *Contingency, Irony, and Solidarity* (Cambridge, UK: Cambridge University Press).

Rorty, R. (1990a). The dangers of over-philosophication: Reply to Arcilla and Nicholson, *Educational Theory, 40*, pp. 41-44.

Rorty, R. (1990b). Education without dogma, *Dialogue, 2*, pp. 44-47.

Rorty, R. (1992). Trotsky and the wild orchids, *Common Knowledge, 1*, pp. 140-153.

Rorty, R. (1999). *Philosophy and Social Hope* (Harmondsworth, UK: Penguin Books).

Rosen, M. (1997). *On Voluntary Servitude* (Cambridge, UK: Polity).

Rosenau, J. (1998). Governance and democracy in a globalizing world, in: D. Archibugi, D.

Held, and M. Köhler (eds.) *Re-imaging Political Community: Studies in Cosmopolitan Democracy* (Cambridge, UK: Polity).

Rosenblum, N. L. (ed.) (2000). *Obligations of Citizenship and Demands of Faith. Religious Accommodation in Pluralist Democracies* (Princeton, NJ: Princeton University Press).

Rothblatt, S. ([1988] 1997a). The idea of the idea of a university and its antithesis, in: *The Modern and its Discontents* (Cambridge, UK: Cambridge University Press).

Rothblatt, S. (1997b). *The Modern University and its Discontents* (Cambridge, UK: Cambridge University Press).

Rousseau, J. J. ([1762] 1957). *Émile ou de L'Éducation* (Paris: Garnier).

Ruddick, S. (1989). *Maternal Thinking: Towards a Politics of Peace* (Boston: Beacon Press).

Sagzebski, L. T. (1996). *Virtues of the Mind. An Inquiry into the Nature of Virtue and the Ethical Foundations of Knowledge* (Cambridge, UK: Cambridge University Press).

Salomone, R. C. (2000). *Visions of Schooling. Conscience, Community and Common Education* (New Haven, CT: Yale University Press).

Sandel, M. (1982). *Liberalism and the Limits of Justice* (Cambridge, UK: Cambridge University Press).

Sandel, M. (1996). *Democracy's Discontent: America in Search of a Public Philosophy* (Cambridge, MA: Harvard University Press).

Sandmark, S. (2000). *Is World-View Neutral Education Possible and Desirable? A Christian Response to Liberal Arguments* (Carlisle, UK: Paternoster Press and Stapleford Centre).

Sartre, J.-P. ([1943] 1957). *Being and Nothingness* (trans. H. Barnes) (London: Methuen).

Saussure, F. (1959). *Course in General Linguistics*, in: C. Bally and A. Sechehaye (eds.) (New York: The Philosophical Library).

SCANS (1991). *US Department of Labor, Secretary's Commission on Achieving Necessary Skills: What Work Requires of Schools* (Washington, DC: US Department of Labor).

Scheffler, I. (1960). *The Language of Education.* (Springfield, IL: Thomas).

Scheffler, I. (1965). *Conditions of Knowledge: An Introduction to Epistemology and Education* (Chicago: Scott Foresman).

Scheffler, I. ([1967] 1982). *Science and Subjectivity*, 2nd edn. (Indianapolis: Hackett).

Scheffler, I. ([1973] 1989). *Reason and Teaching* (Indianapolis: Hackett).

Scheffler, I. (1991). *In Praise of the Cognitive Emotions* (New York: Routledge).

Scheffler, I. (1995). *Teachers of My Youth. An American Jewish Experience* (Dordrecht, Netherlands: Kluwer).

Scheibe, W. ([1969] 1994). *Die Reformpädagogische Bewegung* (Weinheim, Germany and Basel, Switzerland: Taschenbuch).

Scheman, N. (1993). *Engenderings: Constructions of Knowledge, Authority and Privilege* (New York and London: Routeldge).

Schofield, H. (1972). *The Philosophy of Education—An Introduction* (London: Allen & Unwin).

Schön, D. A. (1983). *The Reflective Practitioner* (New York: Basic Books).

Schön, D. A. (1987). *Educating the Reflective Practitioner* (San Francisco: Jossey Bass).

Scott, P. (1995). *The Meanings of Mass Higher Education* (Buckingham, UK: Open University Press).

Scottish Education Department (SED) (1965). *Primary Education in Scotland (the Primary Memorandum)* (Edinburgh, HMSO).

Searle, J. (1969). *Speech Acts* (Cambridge, UK: Cambridge University Press).

Searle, J. (1992). *The Rediscovery of the Mind* (Cambridge, MA: MIT Press).

Searle, J. (1995). *The Construction of Social Reality* (London: Penguin).

Seifried, C. H. (1996). *Pragmatism and Feminism: Reweaving The Social Fabric* (Chicago: University of Chicago Press).

Seldon, A. (1986). *The Riddle of the Voucher: An Inquiry Into the Obstacles to Introducing Choice and Competition in State Schools* (London: Institute of Economic Affairs).

Seller, A. (1996). Hannah Arendt's politics of difference, in: M. Griffiths and M. Whitford (eds.) *Women Review Philosophy* (Nottingham, UK: Nottingham University Press).

Sergiovanni, T. J. (1994). *Building Community in Schools* (San Francisco: Jossey Bass).

Shanley, M. L. and Pateman, C. (eds.) (1991). *Feminist Interpretations and Political Theory* (Cambridge, UK: Polity Press).

Sherman, N. (1989). *The Fabric of Character: Aristotle's Theory of Virtue* (Oxford: Clarendon Press).

Shklar, J. (1995). *American Citizenship: The Quest for Inclusion* (Cambridge, MA: Harvard University Press).

Shohat, E. (ed.) (1998). *Talking Visions: Multicultural Feminism in a Trasnational Age* (Cambridge, MA: The MIT Press).

Shohat, E. and Stam, R. (1994). *Unthinking Eurocentricism: Multiculturalism and the Media* (London and New York: Routledge).

Siegel, H. (1988). *Educating Reason: Rationality, Critical Thinking and Education* (New York: Routledge).

Siegel, H. (1993). Not by skill alone: The centrality of character to critical thinking, *Informal Logic, 15*, pp. 163-177.

Siegel, H. (1995). "Radical" pedagogy requires "conservative" epistemology, *Journal of Philosophy of Education, 29*, pp. 33-46.

Siegel, H. (1997). *Rationality Redeemed? Further Dialogues on an Educational Ideal* (New York: Routledge).

Siegel, H. (1998). Knowledge, truth and education, in: D. Carr (ed.) *Education, Knowledge and Truth: Beyond the Postmodern Impasse* (London: Routledge), pp. 19-36.

Siegel, H. (1999). What (good) are thinking dispositions?, *Educational Theory, 49*, pp. 207-221.

Siltanen, J. and Stanworth, M. (1984). The politics of private woman and public man, in: J. Siltanen and M. Stanworth (eds.) *Women and the Public Sphere* (London: Hutchinson).

Silver, H. and Bernnan, J. (1988). *A Liberal Vocationalism* (London: Methuen).

Simon, L. (1999). *Genuine Reality: A Life of William James* (Chicago: University of Chicago Press).

Singer, P. (1997). *How Are We to Live? Ethics in an Age of Self-Interest* (Oxford: Oxford University Press).

Skilneck, M., Connell, H., Lowe, N., and Tait, K. (1994). *The Vocational Quest: New Directions in Education and Training* (London: Routledge).

Skinner, Q. (1992). On justice, the common good and the priority of liberty, in: C. Mouffe (ed.) *Dimensions of Radical Democracy: Pluralism, Citizenship and Community* (London: Verso).

Slater, D. (1995). Photopgraphy and modern vision, in: C. Jenks (ed.) *Visual Culture* (London and New York: Routledge).

Slaughter, S. and Leslie, L. (1997). *Academic Capitalism: Politics, Policies, and the Entrepreneurial University* (Baltimore, MD: Johns Hopkins University).

Slote, M. (1992). *From Morality to Virtue* (Oxford: Oxford University Press).

Slote, M. (1998). Caring in the balance, in: J. G. Haber and M. S. halfon (eds.) *Norms and Values* (Lanham, MD: Rowman & Littlefield).

Slote, M. (2001). *Morals from Motives* (Oxford: Oxford University Press).

Smith, A. (1986). *The Ethnic Origins of Nations* (Oxford: Blackwell).

Smith, R. (1987). Skills: The middle way, *Journal of Philosophy of Education, 21*(2), pp. 197-201.

Smith, R. (1999). Paths of judgment: The revival of practical wisdom, *Educational Philosophy and Theory, 31*, pp. 327-340.

Sockett, H. (1976). *Designing the Curriculum* (London: Open Books).

Sockett, H. (1987). Has Shulman got the strategy right? *Harvard Educational Review, 57*, pp. 208-219.

Spinner-Halev, J. (2000). Extending diversity: Religion in public private education, in: W. Kymlicka and W. Norman (eds.) *Citizenship in Diverse Societies* (Oxford: Oxford University Press).

Spyri, J. (1963). *Heidi* (London: Blackie).

Standish, P. (1995). Postmodernism and the education of the whole person, *Journal of Philosophy of Education, 29*, pp. 121-135.

Standish, P. (2000). Only connect: Computer literacy from Heidegger to cyberfeminism, *Educational Theory, 49*(3), pp. 417-435.

Stanley, L. (1997). *Knowing Feminisms: On Academic Borders, Territories and Tribes* (London: Sage).

Steedman, C. (1986). *Landscape for a Good Woman: A Story of Two Lives* (London: Virago).

Stehr, N. (1994). *Knowledge Societies* (London: Sage).

Stich, S. (1996). *Deconstructing the Mind* (New York: Oxford University Press).

Stocker, M. (1996). *Valuing Emotions* (Cambridge, UK: Cambridge University Press).

Strike, K. (1994). On the construction of public speech, *Educational Theory, 44*, pp. 1-26.

Strike, K. (1996). *Democracy's Discontent* (Cambridge, MA: Harvard University Press).

Stronach, I. (1990). Education, vocationalism and economic recovery: The case against witchcraft, in: G. Esland (ed.) *Education, Training and Employment* (Wokingham, UK: Addison-Wesley/Open University Press).

Sturrock, J. (1986). *Structuralism* (London: Paladin).

Sünker, H. and Krüger, H. H. (eds.) (1999). *Kritische Erziehungswissenschaft am Neubegimm?* (Frankfurt am Main: Suhrkamp).

Sussman, M. B. and Steinmetz, S. K. (eds.) (1987). *Handbook of Marriage and the Family* (New

York: Plenum).

Swartz, R. J. and Perkins, D. N. (1989). *Teaching Thinking: Issues and Approaches* (Pacific Grove, CA: Midwest Publications).

Symes, C. and McIntyre, J. (eds.) (2000). *Working Knowledge: The New Vocationalism and Higher Education* (Buckingham, UK: SRHE/Open University Press).

Tamir, Y. (1993). *Liberal Nationalism* (Princeton, NJ: Princeton University Press).

Tamir, Y. (1995). *Democratic Education in a Multicultural State* (Oxford: Blackwell).

Taylor, C. (1975). *Hegel* (Cambridge, UK: Cambridge University Press).

Taylor, C. ([1977] 1985a). What is human agency? in: C. Taylor *Human Agency and Language, Philosophical Papers 1* (Cambridge, UK: Cambridge University Press).

Taylor, C. (1985b). Foucault on freedom and truth, in: *Philosophy and the Human Sciences, Philosophical Papers 2* (Cambridge, UK: Cambridge University Press).

Taylor, C. (1989). *Sources of the Self: The Making of the Modern Identity* (Cambridge, MA: Harvard University Press).

Taylor, C. (1991). *The Ethics of Authenticity* (Cambridge, MA: Harvard University Press).

Taylor, C. (1992). *Multiculturalism and "The Politics of Recognition"* (ed. A. Gutmann) (Princeton, NJ: Princeton University Press).

Taylor, C. (1995a). Overcoming epistemology, in: C. Taylor *Philosophical Arguments* (Cambridge, MA: Harvard University Press).

Taylor, C. (1995b). Explanation and practical reason, in: C. Taylor *Philosophical Arguments* (Cambridge, MA: Harvard University Press).

Telfer, E. (1975). Autonomy as an educational ideal *II*, in: S. C. Brown (ed.) *Philosophers Discuss Education* (London: Macmillan).

Tenorth, H.-E. (1994). Nachwort, in: W. Scheibe (ed.) *Die reformpädagogische Bewegung* (Weinheim and Basel: Beltz Taschenbuch), pp. 438-449.

Thatcher, A. (ed.) (1999). *Spirituality and the Curriculum* (London: Cassell).

Thayer-Bacon, B. (1992). Is modern critical thinking sexist? *Inquiry: Critical Thinking Across the Disciplines, 10,* pp. 3-7.

Thayer-Bacon, B. (1993). Caring and its relationship to critical thinking, *Educational Theory, 43,* pp. 323-340.

Thiessen, E. J. (1993). *Teaching for Commitment. Liberal Education, Indoctrination and Christian*

Nurture (Montreal: McGill-Queen's University Press).

Thompson, D. (1999). Democratic theory and global society, *Journal of Political Philosophy, 7,* pp. 111-125.

Thompson, J. A. C. (trans.) (1976). *Aristotle: Ethics* (Harmondsworth, UK: Penguin).

Tillich, P. (1957). *Dynamics of Faith* (New York: Harper).

Tillmann, K.-J. (ed.) (1987). *Schultheorien.* (Hamburg: Bergmann-Hellig).

Tocqueville, A. de (1961). *Democracy in America* (New York: Schocken Books).

Tooley, J. (1992a). The prisoner's dilemma and educational provision: A reply to Ruth Jonathan, *British Journal of Educational Studies, 40,* pp. 118-133.

Tooley, J. (1992b). The "Pink Tank" on the educational reform act, *British Journal of Educational Studies, 40,* pp. 335-349.

Tooley, J. (1993a). *A Market-led Alternative for the Curriculum: Breaking the Code* (London: Tufnell Press).

Tooley, J. (1993b). Education and "public goods": Markets versus the state. Paper presented to the annual conference of the Philosophy of Education Society of Great Britain, New College, Oxford.

Tooley, J. (1994). In defence of markets in educational provision, in: D. Bridges and T. McLaughlin (eds.) *Education and the Market Place* (London: Falmer Press).

Tooley, J. (2000). *Reclaiming Education* (London: Cassell).

Turkle, S. (1996). *Life on the Screen: Identity in the Age of the Internet* (London: Weidenfeld & Nicolson).

Usher, R. and Edwards, R. (1994). *Postmodernism and Education* (London: Routledge).

Vaage, S. (2000). Innleiing, in: S. Vaage (ed.) *Learning by Dewey. Barnet, Skolen og den Nye Padagogik.* (Oslo: Gyldendal Uddannelse).

van Eemeren, F. H. et al. (1996). *Fundamentals of Argumentation Theory: A Handbook of Historical Backgrounds and Contemporary Developments* (Mahwah, NJ: Erlbaum).

van Gunsteren, H. (1978). Notes towards a theory of citizenship, in: F. Dallmayr (ed.) *From Contract to Community* (New York: Marcel Decker).

Vogt, W. P. (1997). *Tolerance and Education: Learning to Live With Diversity and Difference* (Thousand Oaks, CA: Sage).

Wach, J. (1958). *The Comparative Study of Religious* (New York: Columbia University Press).

Wacjman, J. (1988). *Feminism Confronts Technology* (University Park: Pennsylvania State University Press).

Waldron, J. (1995). Rights, in: R. E. Goodin and P. Pettit (eds.) *A. Companion to Contemporary Political Philosophy* (Oxford: Blackwell).

Walker, L. (1998). Home and away: The feminist remapping of public and private space in Victorian London, in: R. Ainley (ed.) *New Frontiers of Space, Bodies and Gender* (New York: Routledge).

Walkerdine, V. (ed.) (1989). *Counting Girls Out* (London: Virago Press).

Walkerdine, V. (ed.) (1990). *Schoolgirl Fictions* (London: Verso).

Walsh, P. D. (1978). Upgrading practical subjects, *Journal of Further and Higher Education, 2*(3), pp. 58-71.

Walzer, M. (1983). *Spheres of Justice: A Defense of Pluralism and Equality* (New York: Basic Books).

Walzer, M. (1986). The politics of Michel Foucault, in: D. Couzens-Hoy (ed.) *Foucault: A Critical Reader* (Oxford: Basil Blackwell).

Warren, M. (1996). Deliberative democracy and authority, *American Political Science Review, 90*, pp. 46-60.

Wellbery, D. (1985). Postmodernism in Europe: On recent German writing, in: S. Trachtenberg (ed.) *The Postmodern Moment* (London: Greenwood Press).

Wellman, D. T. (1977). *Portraits of White Racism* (Cambridge, UK: Cambridge University Press).

Wenger, E. (1998). *Communities of Practice: Learning, Meaning and Identity* (Cambridge, UK: Cambridge University Press).

Wertsch, J. (1985). *Vygotsky and the Social Formation of Mind* (Cambridge, MA: Harvard University Press).

West, C. (1989). *The American Evasion of Philosophy* (Madison: University of Wisconsin Press).

West, C. (1993). The new cultural of difference, in: C. West (ed.) *Keeping Faith: Philosophy and Race in America* (New York and London: Routledge).

Wharton, E. (1995). *Madame de Treymes* (London: Penguin Books).

White, J. (1973). *Towards a Compulsory Curriculum* (London: Routledge & Kegan Paul).

White, J. (1990). *Education and the Good Life. Beyond the National Curriculum* (London: Kogan Page).

White, J. (1996). Education and nationality, *Journal of Philosophy of Education, 30,* pp. 327-343.

White, J. (1997). *Education and the End of Work: A New Philosophy of Work and Learning* (London: Cassell).

White, J. T. (1909). *Character Lessons in American Biography* (New York: Character Development League).

White, P. (1996). *Civic Virtues and Public Schooling: Educating Citizens for a Democratic Society* (New York: Teachers College Press).

White, S. (1988). *The Recent Work of Jürgen Habermas: Reason, Justice and Modernity* (Cambridge, UK: Cambridge University Press).

Whitehead, A. N. (1950). *The Aims of Education and Other Essays* (London: Ernest Benn).

Whiteside, T., Sutton, A., and Everton, T. (eds.) (1992). *16-19 Changes in Education and Training* (London: David Fulton).

Whitford, M. (1991). *Luce Irigaray: Philosophy in the Feminine* (London: Routledge).

Wiener, M. (1981). *English Culture and the Decline of the Industrial Spirit, 1850-1980* (Cambridge, UK: Cambridge University Press).

Wiggershaus, R. (1995). *The Frankfurt School: Its History, Theories and Political Significance* (Cambridge, UK: Polity Press).

Wiggins, D. (1980). Deliberation and practical reason, in: A. O. Rorty (ed.) *Essay on Aristotle's Ethics* (Berkeley: University of California Press).

Wilds, E. H. and Lottich, K. V. (1970). *The Foundations of Modern Education* (New York: Holt, Rinehart & Winston).

Williams, B. (1976). Persons, character, and morality, in: A. M. Rorty (ed.) *The Identities of Persons* (Berkeley: University of California Press).

Williams, B. (1981). The truth in relativism, in: B. Williams *Moral Luck* (Cambridge, UK: Cambridge University Press).

Williams, B. (1985). *Ethics and the Limits of Philosophy* (Cambridge, MA: Harvard University Press).

Williams, K. (1996). The discipline of inclination: Michael Oakeshott's treatment of the issue of compulsion in the teacher-pupil relationship, *Westminster Studies in Education, 19,* pp.

15-23.

Williams, K. (1998). Assessment and the challenge of scepticism, in: D. Carr (ed.) *Education, Knowledge and Truth: Beyond the Postmodern Impasse* (London and New York: Routledge).

Williams, M. (1994). The significance of learning in Wittgenstein's later philosophy, *Canadian Journal of Philosophy, 24*, pp. 173-203.

Williams, P. (1993). *The Alchemy of Race and Rights* (London: Virago).

Williams, R. (1977). *Marxism and Literature* (Oxford: Oxford University Press).

Williams, R. (1981). *Culture* (London: Fontana).

Wilson, A. (1992). New maps of old terrain, *Times Higher Education Supplement,* May, 1, pp. 17-20.

Winch, C. (1995). Education needs training, *Oxford Review of Education, 21*, pp. 315-325.

Winch, C. (1996). *Quality and Education* (Oxford: Blackwell).

Winch, C. (1998). *The Philosophy of Human Learning* (London and New York: Routledge).

Winch, P. (1958). *The Idea of a Social Science and its Relation to Philosophy* (London: Routledge & Kegan Paul).

Wittgenstein, L. (1953). *Philosophical Investigations* (Oxford: Blackwell).

Wittgenstein, L. (1979). *Remarks on Frazer's* Golden Bough (ed. R. Rhees, trans. A. C. Miles) (Doncaster, UK: Brynhill Press).

Wlodkowski, R. J. and Ginsberg, M. B. (1995). *Diversity and Motivation: Culturally Responsive Teaching* (San Francisco: Jossey-Bass).

Wolf, A. (1989). Can competence and knowledge mix? in: J. W. Burke (ed.) *Competency Based Education and Training* (London: Falmer).

Woolf, V. ([1938] 1977). *Three Guineas* (Harmondsworth, UK: Penguin Books).

Wright, A. (2000). *Spirituality and Education* (London: RoutledgeFalmer).

Wringe, C. (1981). *Children's Rights.* (London: Routledge & Kegan Paul).

Young, I. M. (1990a). *Justice and the Politics of Difference* (Princeton, NJ: Princeton University Press).

Young, I. M. (1990b). *Throwing like a Girl* (Bloomington: Indiana University Press).

Young, I. M. (1996). Communication and the other: Beyond deliberative democracy, in: S. Benhabib (ed.) *Democracy and Difference: Contesting the Boundaries of the Political*

(Princeton, NJ: Princeton University Press).

Young, I. (1997). Difference as a resource for democratic communication, in: J. Bohman and W. Rehg (eds.) *Democracy: Essays on Reason and Politics* (Cambridge, MA: MIT Press).

Young, I. M. (2000). *Inclusion and Democracy* (Oxford: Oxford University Press).

Young-Bruehl, E. (1982). *Hannah Arendt: For Love of the World* (New Haven, CT: Yale University Press).

Zagzebski, L. T. (1996). *The Dilemma of Freedom and Foreknowledge* (Oxford: Oxford University Press).

Zembylas, M. (2000). Something "paralogical" under the sum: Lyotard's Postmodern Condition and science education, *Educational Philosophy and Theory, 32*, pp. 159-184.

| 찾아보기 |

인 명

Adorno, T. 23, 46, 47
Alibhai-Brown, Y. 54
Anderson, J. 140
Arendt, H. 53, 75
Austins, J. L. 146
Ayim, M. 72

Battersby, C. 53
Bearn, G. 147
Bentham, J. 69
Bernstein, R. 40
Black, M. 73
Blake, N. P. 42
Bloom, A. 141, 156
Bordo, S. 58
Borgmann, A. 179
Bowers, C. A. 179
Bowles, S. 182
Bridges, D. 118

Carr, W. 42
Cavell, S. 257
Cohen, G. A. 122
Cooley, M. 225

Davidson, D. 213
Davis, A. 220
Dearden, R. F. 129
Dennett, D. 178
Derrida, J. 141
Dewey, J. 52, 69, 81, 97, 98, 99, 103, 172
Doyle, R. 225
Duane, M. 239
Duune, J. 229

Ellul, J. 179
Elshtain, J. 70

Feenberg, A. 182
Fielding, M. 122
Flew, A. 111
Foucault, M. 48
Frankfurt, H. 267, 268, 269, 271
Freire, P. 40
Freud, S. 29

Gaden, G. 221
Gintis, H. 182
Giroux, H. 23, 39
Grace, G. 115

Habermas, J. 19
Haraway, D. 74
Hart, W. 257
Hawkins, E. 224
Heidegger, M. 172, 266
Hirst, P. H. 84, 129, 132, 204, 265
Hogan, P. 221
Holt, J. 239
Hume, D. 208
Hypatia 56

Ihde, D. 174

Johnson, M. 73

Kane, P. 189
Kant, I. 83, 96, 265
Kearney, R. 199
Keller, F. 74
Kemmis, S. 42
Kerr, C. 156, 166
Klafki, W. 37
Kumar, R. 54

Lakoff, G. 73
Leavis, F. R. 154
Levinas, E. 47
Lyotard, J.-F. 141, 258

MacIntyre, A. 101, 102, 140, 277
MacNeice, L. 233
Mandelbrot, B. 142
Mann, H. 73
McClintock, B. 73
Medawar, P. 142
Merleau-Ponty, M. 56
Midgley, M. 249
Miliband, D. 124
Mill, J. S. 83
Mollenhauer, K. 37
Morrison, T. 71

Neil, A. S. 30, 239, 264
Newman, C. 151
Newman, J. H. 140
Nietzsche, F. W. 29, 276
Noddings, N. 268

Oakeshott, M. 140, 221
Okin, S. 70
Owen, W. 257

Papert, S. 181
Pater, W. 196
Pelikan, J. 141
Peters, M. 257
Peters, R. S. 28, 84, 129, 265, 266
Plato 263
Popper, K. 35
Power, M. 114
Prynne, H. 73

Rawls, J. 82, 90, 99, 102
Readings, B. 143
Rich, A. 55
Ricoeur, P. 30
Rorty, R. 169, 277
Rousseau, J. J. 238, 264

Sandel, M. 101, 102, 103
Sartre, J.-P. 266
Scheffler, I. 205, 265
Searle, J. 217
Sergiovanni, T. J. 119
Siegel, H. 206
Siltanen, J. 70
Slater, D. 195
Stanworth, M. 70
Steedman, C. 54
Stich, S. 213

Taylor, C. 273, 277, 280
Thom, R. 142
Tooley, J. 113, 120
Turkle, S. 190

Walker, L. 79
Weber, M. 34
Wittgenstein, L. 31, 206

Young, M. F. D. 41

내 용

1944/1945 영국 교육법 127
1948년 보편적 인권선언문 248
1988/1989 영국 교육법 127
1989년 유엔 아동권리협약 246
ICT 185
quid 258
quod 258

개인적 안녕 252
개인적 자유 263

개인적 자율성 82, 105, 268
개인적 합리성 273
결혼 243
계몽주의 237
고등교육 140
고등교육 철학 157
고상한 거짓말 175
공공재 119
공동체주의 82, 95, 96, 100, 106, 279
공동체주의자 280, 281
공유 222
공적 영역 69
공적 합리성 273, 274, 275
과정 중의 자아 63
관심의 경제 186
교육공학 171
교육의 본성 119
교육의 시장화 115
교육의 한계 231
교육학적 선택 175
구성적 자아 271
귀류법 239
급진적 교육이론 33
긍정적 무의미성 159
기술비판론 182
기술실체론 179

다원대학 156
다원주의의 사실 99, 100
담론 33
담론윤리 25
당위 207
도구적 이성 비판 23
도구주의 181, 184
디지털 ICT 206

리얼리즘 45

마르크스주의 19, 41
마음 흐리기 174
매니페스토 157
무연고적 자아 102
무의미성 148
문명화의 매개자 221
물통이론 35
미래상 147
민속심리학 213
민주주의 공동체 98

발단적 환원 143
배려 281, 282
배려 인간학 268, 269
보편성의 종언 152
보편적 이성 162
보편주의 34
본래성 263, 265, 267, 271, 273, 277, 279, 281, 280, 281, 282, 283, 284, 286, 287, 288
본래적 관심 271, 272
부모헌장 112

부정성 21
분석철학 203
불개입주의 239
비유 71
비지위적 혜택 118
비판이론 19

사고 144
사적 영역 69
사회의 요구 132
사회적 가치 121
사회적 정의 67
사회적 포섭 144
사회정의 139
상식의 구조적 불확실성 177
생활세계의 식민화 25
서머힐 264
서사적 정체성 278
성 56
성인 236
소극적 자유 83, 86
소극적 자유권 246
수단-목적 접근 196
수월성 143
시장 선택의 합리성 117
신교육사회학 30
실재주의 229
실존 271
실존주의 266
실증주의 142
실체론 184

아고라 68
아동 235
아동기 235
아동의 비인간성 256
언어적 전환 25
에듀테인먼트 191
연고적 자아 102
유사시장 109, 114
의욕적 필연성 267, 269, 270
이동 가능성 143
이모티콘 175
이상적 담화 상황 153
이성 265
인격 형성적 기획 103
인문학 146
인식론 203
인터넷 206
일과 놀이의 재구조화 188
일신교 34

자기조정 능력 115
자유 99, 263, 266, 267, 269
자유교양교육 162
자유교육 84, 277
자유주의 82, 83, 84, 87, 88, 93, 94, 95, 96, 101, 105, 106, 279
자유주의적 개인주의 94
자유주의적 보수주의 109

자유주의적 중립주의 128
자율성 83, 85, 89, 90, 92, 263, 265, 267, 270, 271, 273, 277, 280, 281, 282
자치로서의 자율성 264
재귀성 33
적극적 자유 82
절반의 교육 23
절충주의 199
정치 67
정치적 자유주의 90, 91
존재 207
존재하는 방식 147
죄수의 딜레마 117
주변성 52
중등현대학교 249
지위적 이익 118
진보주의 238

책임 간의 양립 불가능성 158
초복잡성 159, 163

칸트주의 128

통약 가능성 143
특성화 123

패러독스 142
페미니스트 280, 281
페미니즘 51
평등주의적인 자유주의 87
포괄적 교리 91
포괄적 자유주의 91
포스트모더니즘 152, 162
포퍼주의 209
프랑크푸르트 학파 19

하이퍼복잡성 163
학생운동 43
합리성 265, 273, 274, 275
합리적 자율성 286
합리주의적 관점 265
해체적 동요 147
훈육 237
희망 169

| 편집자 소개 |

나이젤 블레이크(Nigel Blake) 영국 개방대학교 재직. 영국교육철학회 회장

폴 스마이어스(Paul Smeyers) 벨기에 루벤의 가톨릭대학교 교육학과 교수. 교육철학 강의

리처드 스미스(Richard Smith) 영국 더럼 대학교 교육학과 교수. 종합사회과학부 고문

폴 스탠디시(Paul Standish) 영국 던디 대학교 교수. 『교육철학(*Journal of Philosophy of Education*)』 편집자

상기 편집자들은 최근 『재성찰: 포스트모더니즘 이후의 교육(*Thinking Again: Education After Postmodernism*)』(1998), 『니힐리즘 시대의 교육(*Education in an Age of Nihilism*)』(2000)을 공동 집필함.

원저자 소개 ● ● ●

※ 하난 알렉산더(Hanan Alexander)　이스라엘 하이파 대학교의 유대교 교육센터 및 윤리학과 교육 프로젝트 인도. 『종교교육: 영성, 성장, 변화의 신앙(*Religious Education: An Interfaith Journal of Spirituality, Growth, and Transformation*)』의 편집장. 유대교 대학교 학술부 부의장. UCLA 교육학과 강사. 『선의 재고찰: 교육과 영적 탐구(*Reclaiming Goodness: Education and the Spiritual Quest*)』(2001)의 저자

※ 샤론 베일린(Sharon Bailin)　캐나다 사이먼 프레이저 대학교 교육학과 교수. 주요 연구 영역은 비판적 사고 및 창의성에 대한 철학적 고찰. 최근 연구로는 『특별한 결과의 성취: 창의성에 대한 에세이(*Achieving Extraordinary Ends: An Essay on Creativity*)』(1992)와 비판적 사고, 과학교육, 인식론, 이해, 비판적 사고에 대한 오해, 비판적 사고의 개념에 관한 다수의 논문이 있음.

※ 로널드 바넷(Ronald Barnett)　영국 런던 대학교 교육학부 전문개발부서 의장, 고등교육 교수. 고등교육 및 대학 이론의 세계적인 권위자. 그의 저서 『고등교육의 관념과 경쟁력의 한계(*The Idea of Higher Education and The Limits of Competence*)』는 영국에서 우수 학술도서로 표창됨. 최근 저서로는 『초복잡성의 시대에 선 대학(*Realizing the University in an Age of Supercomplexity*)』이 있음. 런던 대학교에서는 그에게 교육 부문 최고 학자로 표창함.

※ 데이비드 블래커(David Blacker)　미국 델라웨어 대학교 교육대학원 조교수. 『가르침의 소명: 교육자의 영원을 향한 열정(*Dying To Teach: The Educator's Search For Immortality*)』(1997)의 저자. 『미국 교육연구(*American Journal of Education*)』, 『교육이론(*Educational Theory*)』, 『교육철학(*Journal of Philosophy of Education*)』 등의 학술지에 교육철학 분야의 논문 발표. 현재 정의와 민주적 교육의 이론에 대한 저서 집필 중

※ 마이클 보닛(Michael Bonnet)　영국 케임브리지 대학교 교육철학 교수. 『아동의 사고(*Children's Thinking*)』(1994)의 저자. 환경교육의 철학에 관한 책 집필 중

※ 데이비드 브리지스(David Bridges)　영국 이스트앵글리아 대학교 교육응용연구센터 객원교수. 영국동부대학협회 총무. 저서로 『교육과 시장(*Education and the Market*

Place)』(1994) 등이 있음.

※ 이몬 캘런(Eamonn Callan)　미국 스탠퍼드 대학교 교육대학원 부원장, 교육학과 교수. 『시민의 양성(*Creating Citizens*)』(1997)의 저자

※ 스테판 퀴퍼스(Stefaan Cuypers)　벨기에 루벤의 가톨릭대학교 철학과 조교수. 철학과 교사훈련의 책임자. 『철학적 탐색: 정신과 행동의 철학 국제연구(*Philosophical Explorations: An International Journal for the Philosophy of Mind and Action*)』의 편집자. 최근 저서로는 『자아정체성 및 인격적 자율: 분석적 인류학(*Self-Identity and Personal Autonomy: An Analytic Anthropology*)』(2001) 등이 있음.

※ 존 달링(John Darling)　영국 애버딘 대학교 교육연구소 공동소장. 최근 사망. 연구 관심 영역은 진보적 교육의 철학 및 역사임. 『아동중심교육 및 그 비판(*Child-Centered Education and Its Critics*)』(1994)의 저자

※ 앤드류 데이비스(Andrew Davis)　영국 더럼 대학교 교육학과 교수. 고등교육을 전공하기 전 다년간 4~11세 아이들을 가르침. 분석철학을 적용하여 현실의 교육문제에 접근하는 데 관심이 많음. 『교육 측정의 한계(*The Limits of Educational Assesment*)』(1998)의 저자, 『초등 교사를 위한 수학적 지식(*Mathematical Knowledge for Primary Teachers*)』(1998)의 공저자. 현재 외부적인 기구가 교수방법을 일관적으로 부여할 수 있는 정도에 관한 연구 중

※ 프래딥 딜런(Pradeep A. Dhillon)　미국 일리노이 대학교 교육철학 조교수. 『다중적 정체성: 다문화적 의사소통의 현상학(*Multiple Identities: A Phenomenology of Multicultural Communication*)』(1994)의 저자, 『리오타르: 정당한 교육(*Lyotard: Just Education*)』(2001)의 공저자. 심미학, 언어학, 교육철학에 관한 논문들을 발표했고 현재 칸트와 국제교육에 관한 책을 집필 중

※ 조셉 던(Joseph Dunne)　아일랜드 더블린의 성패트릭 대학교 교육철학 교수. 『단순한 기초로의 회귀: 현대철학 및 아리스토텔레스의 '프로네시스'와 '테크네'(*Back to the Rough Ground: 'Phronesis' and 'Techne'*)』(1993)의 저자

※ 페니 엔슬린(Penny Enslin)　남아프리카 요하네스버그의 비트바테르스란트 대학교 교육학과 교수. 주요 관심 영역은 자유민주주의와 관련된 민주주의와 시민교육임. 남아프리카 시민교육, 국가 형성 및 시민성, 정치적 자유주의, 성과 시민성 등에 관한 논문 발표

※ 짐 게리슨(Jim Garrison) 미국 버지니아 공과대학교 교육철학 교수. 최근 저서로 『듀이에 관한 새로운 학문(*The New Scholarship on Dewey*)』(1995), 『듀이와 에로스(*Dewey and Eros*)』(1997) 등이 있음. 전 교육철학회 회장.

※ 맥신 그린(Maxine Greene) 미국 컬럼비아 대학교 교원대학 교육철학 교수. 이 대학의 예술, 사회적 사유, 교육을 위한 센터를 창립함. 전 미국교육연구협회 회장, 전 교육철학회 회장. 저서로 『상상의 전개: 교육, 예술, 사회 변화에 대한 연구(*Releasing the Imagination: Essays on Education, the Arts*)』 등이 있음.

※ 모웨나 그리피스(Morwenna Griffiths) 영국 노팅엄 트렌트 대학교 교육연구소 교수. 교육에서의 사회정의, 성, 연대성에 관한 연구 과제 수행 중. 『사회정의를 향한 교육연구: 장벽을 넘어(*Educational Research for Social Justice: Getting off the Fence*)』(1998), 『페미니즘과 자아: 정체성의 그물망(*Feminisms and the Self: The Web of Identity*)』(1995) 등의 저자

※ 폴 헤이거(Paul Hager) 호주 시드니 공과대학교 교육학과 교수. 관심 영역은 버트런드 러셀의 철학, 교육철학, 현장학습 등. 그의 저서 『러셀 철학의 발달에서의 연속성과 변화(*Continuity and Change in the Development of Russell's Philosophy*)』(1994)는 1996년 러셀 학회의 수상작임. 최근에 『삶, 일 그리고 배움: 포스트모더니티의 실제(*Life, Work, and Learning: Practice in Postmodernity*)』(2001)를 데이비드 베켓(D. Beckett)과 공동 집필함.

※ 마크 할스테드(J. Mark Halstead) 도덕교육학회 심사자. 영국 플리머스 대학교 RIMSCUE 센터장. 『교육, 정의, 문화적 다양성(*Education, Justice and Cultural Diversity*)』(1998)의 저자

※ 파드레이그 호건(Pádraig Hogan) 메이누스의 아일랜드 국립대학교 교육학과 교수. 『경험의 관리와 구애: 철학적 관점에서 본 서양 교육(*The Custody and Courtship of Experience—Western Education in Philosophical Perspective*)』(1995)의 저자. 전 아일랜드교육연구협회 회장. 학술지 『교육철학』의 편집자

※ 테리 하일랜드(Terry Hyland) 교사로서 다년간 학교 및 고등교육에 종사함. 볼튼 대학교 성인교육과정 교수. 저서로 『직업연구, 평생학습, 사회적 가치(*Vocational Studies, Lifelong Learning and Social Values*)』(1999) 등이 있음.

※ 루스 조나단(Ruth Jonathan) 영국 에든버러 대학교 교육 및 사회정책 교수. 주요 연

구 영역은 자유주의, 교육, 사회 정의 및 평등 문제임. 『환상적인 자유: 자유주의, 교육, 시장(*Illusory Freedoms: Liberalism, Education, and the Market*)』(1997)의 저자. 전 영국교육철학회 회장

※ 테렌스 맥러플린(Terence H. McLaughlin) 영국 케임브리지 대학교 교육학 교수. 에드먼드 대학 철학연구 고문. 『현대 가톨릭 학교. 맥락, 정체성, 다원성(*The Contemporary Catholic School. Context, Identity and Diversity*)』(1996) 출간

※ 제인 매키(Jane McKie) 영국 워윅 대학교 평생교육 강사. 평등한 기회, 연구 기술, 성인 학습 및 교수 이론 등을 강의하며 개방학습 프로그램에 관여함. 관심 영역은 심리학, 사회인류학, 종교 및 철학의 학제적 연구 등

※ 젠 매스첼라인(Jan Masschelein) 벨기에 루벤의 가톨릭대학교 교육과학부 교육철학 교수. 주요 연구 영역은 교육이론, 비판이론, 비판적 교육학, 대화의 철학 등

※ 앨 나이먼(Al Neiman) 미국 노트르담 대학교 철학박사. 박사논문은 성 어거스틴의 철학에 담긴 회의주의에 관한 내용임. 1982~1998년 노트르담 대학교 문예대학 부학장. 1998년 이래 노트르담 대학교 철학과 교수 역임

※ 넬 나딩스(Nel Noddings) 미국 스탠퍼드 대학교 교수. 최근 저서로 『가정에서 시작하기: 배려와 사회정책(*Starting at Home: Caring and Social Policy*)』(2001), 『인격 교육을 위한 정감적인 대안(*A Sympathetic Alternative to Character Education*)』(2001) 등이 있음.

※ 스벤 에릭 노덴보(Sven Erik Nordenbo) 덴마크 코펜하겐 대학교 교육학과 교수. 『주체의 변증법. 철학 교수에 관한 교육적 담론(*Subject Didactics. An Educational Discussion of Teaching Philosophy*)』(덴마크어판)(1997)의 저자

※ 셜리 펜들베리(Shirley Pendlebury) 남아프리카 요하네스버그 비트바테르스란트 대학교 교육학과 교수, 교육대학원장. 주요 연구 영역은 교수에서의 실천적 지혜, 민주주의적 이론과 교육, 교육정책 및 정의에 관한 문제 등

※ 마이클 피터스(Michael Peters) 영국 글래스고 대학교 및 뉴질랜드 오클랜드 대학교 교육학 교수. 주요 연구 영역은 교육 이론 및 정책, 현대철학 등. 『교육과 포스트모던 조건(*Education and Postmodern Condition*)』(1995), 『탈구조주의, 정치, 교육(*Poststructuralism, Politics and Education*)』(1996) 등 다수의 저서가 있음.

※ **하비 시겔**(Harvey Siegel) 미국 마이애미 대학교 철학과 교수. 저서로 『이성의 교육: 합리성, 비판적 사고, 교육(*Educating Reason: Rationality, Critical Thinking and Education*)』(1988), 『구원받은 합리성? 교육적 이상에 대한 재성찰(*Rationality Redeemed? Further Reflections on an Educational Ideal*)』(1997) 등이 있음.

※ **마이클 슬로트**(Michael Slote) 미국 메릴랜드 대학교 철학과 교수. 『도덕성으로부터 미덕으로(*From Morality to Virtue*)』(1992)의 저자

※ **케네스 웨인**(Kenneth Wain) 몰타 대학교 교육학과 교수. 교육철학 및 도덕, 정치철학을 가르침. 저서로 『평생교육의 철학(*Philosophy of Lifelong Education*)』(1987), 『교수이론(*Theories of Teaching*)』(1992) 등이 있음.

※ **존 화이트**(John White) 영국 런던 대학교 교육학부 교육철학 교수. 주요 관심 영역은 다양한 교육목표들과 학교 교육과정 적용의 상관관계 등. 최근 저서로 『교육과 좋은 삶: 국가 교육과정을 넘어(*Education and the Good Life: Beyond the National Curriculum*)』(1990), 『교육과 작업의 끝(*Education and the End of Work*)』(1997) 등이 있음.

※ **패트리샤 화이트**(Patricia White) 영국 런던 대학교 교육학부 교육철학 연구원. 최근 연구로 『시민의 미덕과 공립 학교교육: 민주적 사회를 위한 시민 교육(*Civic Virtues and Public Schooling: Educating Citizens for a Democratic Society*)』(1996) 등이 있음. 연구 관심사는 교육정책 및 교육 실제의 문제와 관련된 윤리학과 정치철학 등

※ **케빈 윌리엄스**(Kevin Williams) 아일랜드 더블린 시립대학교 메터 다이 연구소 교육학부 부장. 주요 연구 영역은 학교 교육과정 등. 『말의 홀로서기: 현대 아일랜드 영어 교수 및 사용(*Words Alone: The Teaching and Usage of English in Contemporary Ireland*)』(2000) 편집

※ **콜린 린지**(Colin Wringe) 학교 교사, 영국 킬 대학교 교육학과 연구심사관. 『아동의 권리: 철학적 연구(*Children's Rights: A Philosophical Study*)』(1981), 『교육목표의 이해(*Understanding Educational Aims*)』(1988) 등 현장 교수 및 교육철학 분야에서 다수 저작. 최근 연구 관심사는 영적, 도덕적 교육, 시민성 교육 등. 영국교육철학회 총무

역자 소개 • • •

▩ 강선보

고려대학교 교육학과 졸업

고려대학교 대학원 교육학과 석사 및 박사

이스라엘 벤구리온 대학교 및 미국 위스콘신 대학교 연구교수

현 고려대학교 사범대학장 및 교육대학원장, 교육학과 교수

주요 저서 및 논문: 『마르틴 부버: 만남의 교육철학』(원미사, 2003), 『인성교육』(공저, 양서원, 2008), 『교육철학』(공저, 박영사, 1998), 「부버의 성인교육론」(교육철학, 1996), 「실존적 아이디어의 교육방법적 원용에 관한 연구」(한국교육사학, 1999) 등

주요 연구 관심사: 부버, 실존주의, 포스트모더니즘 등

▩ 고미숙

충북대학교 교육학과 졸업

한양대학교 대학원 교육학과 석사(교육학 전공)

고려대학교 대학원 교육학과 박사(교육철학 및 교육사 전공)

미국 University of Illinois at Urbana-Champaign Post-Doc. 연구원

고려대학교 Post-Doc. 연구원 및 고려대학교 교육문제연구소 연구교수

현 한남대학교 교육대학원 교수

주요 저서 및 논문: 『대안적 도덕교육』(교육과학사, 2005), 『교육철학』(문음사, 2006), 『인성교육』(공저, 양서원, 2008), 「현상학과 몸 교육」(한국교육학연구, 2004), 「사이버공간과 몸 교육」(교육과정평가연구, 2006), 「여성의 모성경험 분석을 통한 배려교육의 재음미」(도덕윤리과교육, 2007) 등

주요 연구 관심사: 몸 교육, 도덕교육, 배려교육, 정서교육, 대화교육 등

▩ 권명옥

한남대학교 교육학과 졸업

고려대학교 대학원 교육학과 석사(교육철학 및 교육사 전공)

고려대학교 대학원 박사과정 수료

주요 연구 관심사: 평화교육, 코메니우스

⊠ 김상무

고려대학교 영문학과 졸업
고려대학교 대학원 교육학과 석사(교육철학 및 교육사 전공)
독일 하이델베르크 대학교 박사(교육철학 및 교육사 전공)
현 고려대학교 교육문제연구소 연구교수
가톨릭대학교 겸임교수

주요 저서 및 논문: 『주요 선진국의 대학 발전 동향: 이론과 실제』(공저, 학지사, 2009), 『학교 통일교육의 인식론』(한국교육학술정보, 2008), 『Transformation und Lerninhalte』(Bibliothek der Uni. Heidelberg, 2006), 「독일 대학의 자율성 확대를 위한 개혁 동향의 비판적 고찰」(비교교육연구, 2009), 「동서독교육계의 교류와 협력 경험이 남한의 대북 교육교류와 협력에 주는 시사점」(교원교육, 2008) 등
주요 연구 관심사: 통일교육, 평화교육, 상호문화교육, 사회철학의 제 개념과 교육, 독일 교육사

⊠ 김희선

고려대학교 교육학과 졸업
고려대학교 대학원 교육학과 석사 및 박사(교육철학 및 교육사 전공)
현 보건복지가족부 사무관

주요 논문: 「성인학습에 대한 비판적 관점과 포스트모던적 관점의 고찰」(한국교육학연구, 2004) 등
주요 연구 관심사: 직업교육, 성인학습

⊠ 심승환

고려대학교 교육학과 졸업
고려대학교 대학원 교육학과 석사(교육철학 및 교육사 전공)
미국 Loyola University of Chicago 철학박사(교육철학 전공)
고려대학교 BK21 교육학 사업단 연구교수
현 부산외국어대학교 교양교직학부 교수

주요 저서 및 논문: 『가르침과 배움의 철학』(교육과학사, 2007), 『Two Model Teachers: Jesus and Confucius』(Xlibris Corp., 2006), 「비판적 사고를 통한 배움의 의미」(교육철학, 2008), 「A Philosophical Investigation of the Role of Teachers」(Teaching and Teacher Education, 2008) 등
주요 연구 관심사: 공자, 예수, 가르침, 배움, 동서비교철학

◈ 장지원

고려대학교 교육학과 졸업

고려대학교 대학원 교육학과 석사(교육철학 및 교육사학 전공)

고려대학교 대학원 박사과정 수료

주요 연구 관심사: 서양 고대 교육철학 및 과학기술학

◈ 정훈

한양대학교 교육공학과 졸업

고려대학교 대학원 교육학과 석사 및 박사(교육철학 및 교육사학 전공)

현 대구대학교 교육대학원 교육학과 교수

주요 저서 및 논문: 『자발성과 협력의 프레네 교육학』(내일을 여는 책, 2009), 「노작교육의 내재적 정당화에 관한 탐색」(교육문제연구, 2009), 「교육 시장화 정책의 전제에 대한 비판적 검토」(교육철학, 2008), 「교육적 놀이의 범주화를 위한 시도: 프레네 '놀이-일' 개념으로」(교육과학연구, 2008) 등

주요 연구 관심사: 프레네 교육학, 일과 놀이의 교육적 의미, 사회철학의 주제와 교육의 연관성 등

현대 교육철학의 다양한 흐름 II

The Blackwell Guide to the Philosophy of Education

2009년 12월 24일 1판 1쇄 인쇄
2009년 12월 30일 1판 1쇄 발행

편집자 • Nigel Blake · Paul Smeyers · Richard Smith · Paul Standish
옮긴이 • 강선보 · 고미숙 · 권명옥 · 김상무 · 김희선 · 심승환 · 장지원 · 정훈
펴낸이 • 김진환
펴낸곳 • (주) 학지사
121-837 서울시 마포구 서교동 352-29 마인드월드빌딩 5층
대표전화 • 02-330-5114 팩스 • 02-324-2345
등록번호 • 제313-2006-000265호

홈페이지 • http://www.hakjisa.co.kr
커뮤니티 • http://cafe.naver.com/hakjisa

ISBN 978-89-6330-136-5 94370
978-89-6330-132-7(전2권)

정가 14,000원

역자와의 협약으로 인지는 생략합니다.
파본은 구입처에서 교환해 드립니다.